Übungsgrammatik DaF
für Fortgeschrittene

Verlag für Deutsch

Zu dieser Übungsgrammatik gehört ein Lösungsschlüssel
mit umfangreichen Wortlisten
(Bestellnummer 3-88532-647-7)

5. 4. 3. 2. | Die letzten Ziffern
2000   1999   98 | bezeichnen Zahl und Jahr des Druckes.
Alle Drucke dieser Auflage können, da unverändert,
nebeneinander benutzt werden.
2. Auflage 1997 R
© 1995 VERLAG FÜR DEUTSCH
Max-Hueber-Straße 8, D-85737 Ismaning
Umschlag und Layout: Peer Koop, München
Druck und Bindearbeiten: Clausen & Bosse, Leck
Printed in Germany
ISBN 3-88532-642-6

Vorwort

Diese Übungsgrammatik ist für anspruchsvollere fort-
geschrittene Deutschlerner im Mittel- und Oberstufen-
bereich gedacht. Sie kann als studienvorbereitendes und
studienbegleitendes Lehrwerk für ausländische Deutschlerner, aber auch zur gezielten Vorbereitung auf die
Aufnahmeprüfungen an deutschen Universitäten und
Hochschulen eingesetzt werden. Das Lehrwerk eignet
sich sowohl für den Unterricht in Gruppen als auch
für das Selbststudium. Besonders Selbstlernern bietet der
Lösungsschlüssel die notwendige Kontrolle.

Das im Sprachunterricht erprobte Lehrwerk ist aus
dem Bedürfnis entstanden bestimmte Problembereiche
der deutschen Grammatik, die fortgeschrittenen Deutsch-
lernern erfahrungsgemäß besondere Schwierigkeiten
bereiten, intensiver zu üben. Ziel ist die vorhandenen
Grundkenntnisse zu festigen, zu erweitern und zu
vertiefen. Auf diese Weise soll der Lerner befähigt werden
komplexe Sprachstrukturen zu durchschauen
und das Gelernte aktiv anzuwenden.

Ein Prinzip der Übungsgrammatik ist es, die ausgewähl-
ten Kapitel der deutschen Grammatik detailliert und mit
vielen Beispielen zu erklären und im Anschluß daran
zunächst in Einzelschritten, dann in Gesamtübungen zu
trainieren. Ein weiteres Prinzip ist die Schwierigkeiten der
deutschen Grammatik möglichst in zusammenhängenden Texten oder in einem geschlossenen Kontext,
zumindest aber in Sinneinheiten zu üben um die
Beschäftigung mit grammatischen Fragen durch thema-
tisch orientierte Übungen interessanter zu machen.
Die einzelnen Paragraphen müssen nicht in der vorge-
gebenen Reihenfolge erarbeitet werden. Quereinstiege
sind möglich; Verweise helfen dabei, Verbindungen
zwischen den Paragraphen herzustellen.

Für wertvolle Anregungen und konstruktive Kritik bei der
Erstellung des Lehrwerks danken wir unseren Kollegen
am Internationalen Studienzentrum der Universität
Heidelberg, vor allem Hella Engel, Monika Gardt, Renate
Kinzinger, Rolf Koeppel und Michael Neutsch.
Besonderen Dank sagen wir Klaus Rave für die kritische
Durchsicht des Manuskripts.

Abkürzungsverzeichnis

Adj.	Adjektiv
A	Akkusativ
bzw.	beziehungsweise
ca.	circa
D	Dativ
ebd.	ebenda
etw.	etwas
G	Genitiv
GZ	Gleichzeitigkeit
HS	Hauptsatz
jdm.	jemandem
jdn.	jemanden
Ind.	Indikativ
Inf.	Infinitiv
itr.	intransitiv
Konj.	Konjunktion
N	Nominativ
ng.	nachgestellt
NS	Nebensatz
NZ	Nachzeitigkeit
Part.	Partizip
Pass.	Passiv
Perf.	Perfekt
Plusq.	Plusquamperfekt
Präp.	Präposition
Präs.	Präsens
Prät.	Präteritum
refl.	reflexiv
st.	stark
Subst.	Substantiv
süddt.	süddeutsch
sw.	schwach
tr.	transitiv
u.a.	und andere
ugs.	umgangssprachlich
usw.	und so weiter
u.U.	unter Umständen
vg.	vorangestellt
vgl. S.	vergleiche Seite
VZ	Vorzeitigkeit
z.B.	zum Beispiel
*	nicht möglich, fehlerhaftes Beispiel

Inhaltsverzeichnis

§1 Bildung des Perfekts mit *haben* oder *sein*

I Übersicht

Folgende Verbgruppen bilden das Perfekt mit *haben*

1. Transitive Verben, auch wenn das Akkusativobjekt im Satz fehlt

   Sie **hat** einen Brief **geschrieben**. Sie **hat** geschrieben. (schreiben)

   Ausnahmen:

   Sie **ist** kein Risiko **eingegangen**. (eingehen)

   Sie **ist** die alte Wohnung schnell **losgeworden**. (loswerden)

   Sie **ist** (seltener: hat) sämtliche Zeitungen auf Stellenanzeigen **durchgegangen**. (durchgehen)

   (süddt.:) Sie **ist** ihr Wohnungsproblem energisch **angegangen**. (angehen)

2. Intransitive Verben,

   a) die einen Zustand oder Vorgang ohne zeitliche Begrenzung, aber keine Fortbewegung angeben

   Er **hat** lange **geschlafen**. (schlafen)

   Ausnahmen:

   Sie **ist** gestern abend bei mir **gewesen**. (sein)

   Sie **ist** aber nicht sehr lange **geblieben**. (bleiben)

   (süddt.:) Sie **ist** lange in der Sonne **gesessen/gestanden/gelegen**. (sitzen, stehen, liegen)

   b) Verben mit Dativ- und Präpositionalobjekt, ausgenommen Verben der Fortbewegung und Zustandsveränderung

   Ihrem Vater **hat** sie immer fest **vertraut**. (vertrauen)

   Sie **hat** fest mit seiner Unterstützung **gerechnet**. (rechnen mit)

3. Reflexive Verben

   Über deinen Brief **hat** er sich sehr **gefreut**. (sich freuen)

   Wir **haben** uns gestern kurz **getroffen**. (sich treffen)

   Aber:

   Wir **sind** uns zufällig auf der Hauptstraße begegnet. (sich begegnen) (Vgl. S. 15)

4. Modalverben

   Sie **hat** das gut **gekonnt**. Sie **hat** das gut machen **können**. (können)

   Aber:

   Sie **soll** immer zu spät zum Unterricht gekommen sein. (Vgl. S. 128 und 140ff.)

5. Unpersönliche Verben

   Es **hat** auch hier im Süden stark **geregnet**. (es regnet)

   Es **hat** natürlich wieder Schwierigkeiten gegeben. (es gibt)

   Ausnahmen:

   Es **ist** um ein schwieriges Problem **gegangen**. (es geht um)

   Es **ist** auf eine schnelle Entscheidung angekommen. (es kommt auf ... an)

Folgende Verbgruppen bilden das Perfekt mit *sein*

1. Intransitive Verben der Fortbewegung

Auf der Autobahn nach Bonn **ist** er viel zu schnell **gefahren**. (fahren)

2. Intransitive Verben der Zustandsveränderung

Die Gartenabfälle **sind verbrannt**. (verbrennen)

Ausnahmen:

Sie **hat** gestern schon mit der Arbeit **angefangen / aufgehört**. (anfangen / aufhören)

Die Autofahrt **hat** gut **begonnen** und böse **geendet**. (beginnen / enden)

Die Atmung des Kindes **hat eingesetzt / ausgesetzt**. (einsetzen / aussetzen)

Monika **hat** im letzten Jahr stark **zugenommen / abgenommen**. (zunehmen / abnehmen)

Monikas schulische Leistungen **haben** in letzter Zeit **nachgelassen**. (nachlassen)

Manche Verben der Fortbewegung und der Zustandsveränderung können auch mit Akkusativobjekt, also transitiv gebraucht werden:

Er **hat** den neuen Wagen vorsichtig in die Garage **gefahren**.

Der Gärtner **hat** die Gartenabfälle **verbrannt**.

3. Ereignisverben

An seinem dreißigsten Geburtstag **ist** etwas Unerwartetes **passiert**. (passieren)

Die Verhandlungen zur Beilegung des Streiks **sind gescheitert**. (scheitern)

Ausnahmen:

Die Organisation des Kongresses **hat** gut **geklappt**. (klappen)

Der Kongress **hat** in der Stadthalle **stattgefunden**. (stattfinden)

II Verben der Fortbewegung

1 Kommentieren Sie die Ereignisse im Perfekt.

Beispiel: die Musikbegeisterten / in großen Scharen / das Konzert / kommen zu
Die Musikbegeisterten sind in großen Scharen zu dem Konzert gekommen.

1. viele Besucher / von weit her / zu dem Konzert / anreisen
2. der Verkehr / fast / zum Erliegen / kommen
3. viele / nur im Schrittempo / sich fortbewegen
4. die meisten Besucher / das Konzert / aber trotzdem / pünktlich / erreichen
5. die Besucher / die Anweisungen der Platzanweiser / folgen + D
6. viele / in der Pause / dem Gedränge / entfliehen / und / ins Freie / sich begeben
7. nur wenige / schon / in der Pause / nach Hause / gehen
8. am Ende des Konzerts / das Publikum / vor Begeisterung / seine Plätze / sich erheben von
9. die Fans / nach vorn / sich drängen
10. sie / dicht / das Podium / herangehen an
11. sie / den Künstlern / so weit wie möglich / sich nähern + D
12. einige Fans / sogar / das Podium / klettern auf
13. die Künstler / wegen des starken Beifalls / immer wieder / auf der Bühne / erscheinen
14. erst dreißig Minuten nach Ende der Veranstaltung / die letzten / die Konzerthalle / verlassen

---

(1) Die Rennfahrer **sind** täglich zum Training **gefahren**.

Verben mal transitiv, mal intransitiv

(2) Sie **haben** ihre Rennwagen nach dem Training an die Boxen **gefahren**.

---

2 Intransitiver oder transitiver Gebrauch?
Spielen Sie den Reporter. Berichten Sie im Perfekt.

1. Die Rennfahrer fuhren täglich zum Training.
2. Sie fuhren ihre Rennwagen in die Garage.
3. Die Fahrer starteten ihre Rennwagen.
4. Für die Bundesrepublik starteten vier Fahrer.
5. Einige Rennfahrer flogen mit eigenen Sportflugzeugen zum Rennen.
6. Sie flogen die Sportflugzeuge zum Teil selbst.
7. Vor dem Rennen zogen sie genaue Erkundigungen über das Wetter ein.
8. Die Rennfahrer fuhren unter dem Jubel der Zuschauer in das Stadion ein.
9. Mechaniker rollten Ersatzreifen heran.
10. Die Rennwagen rollten langsam zum Start.
11. Staubwolken zogen hinter ihnen her.
12. Ein Transporter zog einen Ersatzwagen hinter sich her.
13. Der Fahrer fuhr mit einem Ruck an.

14. Zum Glück fuhr er niemanden an.
15. Die Wagen jagten davon.
16. Der ohrenbetäubende Lärm der Motoren jagte einige Zuschauer in die Flucht.

(1) Die Sieger **sind** auf **das** Podest **getreten**.	Manche Verben der Fortbewegung (z. B. *treten, fahren*) werden mit Präposition (*treten/fahren auf*) intransitiv (1) und mit Vorsilbe (z. B. *betreten, befahren*) transitiv (2) gebraucht. (Vgl. S. 24)
(2) Die Sieger **haben** das Podest **betreten**.	

3 Bilden Sie aus den Satzteilen Sätze im Perfekt.

Beispiel: ein Testfahrer / die regennasse Strecke (fahren auf – befahren)
Ein Testfahrer ist auf der regennassen Strecke gefahren.
Ein Testfahrer hat die regennasse Strecke befahren.

1. Sicherheitskräfte / das Gelände (streifen durch – durchstreifen)
2. Ballonfahrer / während des Rennens / das Gelände (fliegen über – überfliegen)
3. die Rennfahrer / ihre Rennwagen (steigen in – besteigen)
4. ein Rennwagen / eine Absperrung (fahren durch – durchfahren)
5. die Rennfahrer / den verunglückten Wagen (herumfahren um – umfahren)
6. einige Fans / die Ehrentribüne (klettern auf – erklettern)
7. der Sieger / zur Siegerehrung / das Siegerpodest (steigen auf – besteigen)
8. einige Fans / die Absperrungen (springen über – überspringen)

Verben der Fortbewegung in bildlicher Bedeutung	Viele Verben der Fortbewegung kommen in bildlicher Bedeutung vor (1), besonders in Redewendungen (2). Sie bilden das Perfekt nach denselben Regeln wie Verben der Fortbewegung in wörtlicher Bedeutung – selbst wenn die ursprüngliche Bedeutung des Verbs nicht mehr erkennbar ist. Viele dieser Redewendungen sind umgangssprachlich.
(1) Er **hat** die Zeitung **überflogen**.	
(2) Er **ist** mit ihr durch dick und dünn **gegangen**.	

4 Bildliche Bedeutungen in konzentrierter Form. – Erzählen Sie im Perfekt bzw. Plusquamperfekt.

Familienleben

Bald nachdem Brigitte und Thomas in den Stand der Ehe traten (Plusq.), kam das erste Kind zur Welt. Damit ging ihr größter Wunsch in Erfüllung. Die junge Mutter ging
5 sehr liebevoll mit ihrem Kind um. Dem jungen Vater ging diese Fürsorge manchmal zu weit. Und das Kindergeschrei ging ihm oft auf die Nerven. Trotzdem fuhr er nicht aus der Haut. Im Gegenteil: Bei der Kinderpflege
10 ging er ihr oft zur Hand. Und wenn das Kind schlief, ging er wie auf Eiern durch die Wohnung. Allerdings trat Thomas bei seiner Frau immer mehr in den Hintergrund. In ihren Gesprächen ging es fast nur noch um das Kind. Finanziell kamen sie über die Runden, 15 obwohl das Kind ins Geld ging. Der vielbeschäftigten Mutter fiel zu Hause mit der Zeit die Decke auf den Kopf. Brigittes Unzufriedenheit trat klar zutage. Deshalb kam sie auf die Idee wieder halbtags zu arbeiten. Thomas 20

ging sofort auf diesen Vorschlag ein. Sein Organisationstalent kam jetzt voll zum Zuge: Mit seiner Hilfe ging die Arbeitssuche glatt über die Bühne. Brigitte kam bei einer angesehenen Firma unter. Gleichzeitig trat eine

akzeptable Kinderfrau in Erscheinung. Das neue Leben ging nun seinen Gang. Die junge Familie kam mit der neuen Organisation ihres Alltags gut zurecht.

Redewendungen

fallen
(1) aus allen Wolken fallen
(2) aus dem Rahmen fallen
(3) mit der Tür ins Haus fallen
(4) jdm. fällt ein Stein vom Herzen

gehen
(5) jdm. geht der Hut hoch
(6) der Sache auf den Grund gehen
(7) mit jdm. hart ins Gericht gehen

(8) jdm. gegen den Strich gehen
(9) wie die Katze um den heißen Brei herumgehen/herumschleichen

kommen
(10) auf den (richtigen) Trichter kommen
(11) auf keinen grünen Zweig kommen

treten
(12) (bei jdm.) ins Fettnäpfchen treten

---

5 Sagen Sie es anders, indem Sie die angegebenen Redewendungen – zum Teil in negierter Form – verwenden. (Erzählzeit: Perfekt)

Beispiel: Die Schauspielschülerin hat den Direktor wegen ihrer Rolle in der nächsten Aufführung bedrängt; das hat ihn verärgert. Sie hat gemerkt, dass sie ... (12)
Sie hat gemerkt, dass sie bei ihm ins Fettnäpfchen getreten ist.

Beim Theaterdirektor
1. Sie hat ihm ihr Anliegen direkt und ohne Umschweife vorgetragen: Sie ... und ... (3) (9)
2. Er war völlig überrascht: Er ... (1)
3. Ihm war nicht recht, dass sie ihn damit an ein früheres Versprechen erinnerte. Das ... (8)
4. Während sie ihren Vorstoß begründete, stieg sein Ärger, bis ... (5)
5. Sie dachte, sie habe die Form gewahrt und ... (2)
6. Nach diesem Vorfall wird es für sie wohl nicht leichter werden. Schon bisher ... (11)
7. Sie weiß einfach nicht, wie sie zu einer guten Rolle kommen soll: Sie ... noch ... (10)
8. Schon bei früheren Meinungsverschiedenheiten ... er ... (7)
9. Als er sie am darauffolgenden Tag freundlich grüßte, war sie sehr erleichtert: Ihr ... (4)
10. Sein freundliches Verhalten kann sie sich nicht erklären, sie ... bisher noch ... (6)

Fortbewegung oder Bewegung am festen Ort?

(1) Die Schmetterlinge **sind** um die Blüten **herumgeflattert**.
(2) Die Segel **haben** im Wind **geflattert**.

Bei Verben, die eine Bewegung als Fortbewegung, Lage- oder Ortsveränderung ausdrücken, wird das Perfekt mit *sein* gebildet. Bei Verben, die eine Bewegung am festen Ort angeben, wird das Perfekt mit *haben* gebildet.

6 Was passierte wirklich? Im Perfekt wird es klarer.

1. Ein Auto pendelte am Kran.
2. Quellwasser sprudelte aus dem Felsen.
3. Das Badewasser schwappte über den Rand der Wanne hinaus.
4. Im Kessel sprudelte kochendes Wasser.
5. Aus dem Geysir schoss heißes Wasser in die Luft.
6. Wasser tropfte aus der Regenrinne.
7. Der Wasserhahn tropfte tagelang.
8. Der Mast des Schiffes schwankte im Wind.
9. Ein Fallschirmjäger schwebte langsam zu Boden.
10. Ein Tourist bummelte fasziniert durch die fremde Stadt.
11. In angetrunkenem Zustand wankte ein Mann durch die Straße.
12. Fahnen flatterten im Wind.
13. Die Erde bebte kräftig.
14. Herr Müller pendelt ständig zwischen Wohnort und Arbeitsplatz.
15. Er drehte auf halber Strecke um.

Zeitliche und räumliche Ausdehnung

(1) Er **ist** jeden Tag zwei Stunden **spazieren gegangen**. (Wann? Wie lange?)
(2) Gestern **ist** er zunächst etwa zwei Kilometer den Fluss **entlanggegangen** und dann noch einen Hang **hinaufgestiegen**. (Wie weit? Wo? Wohin?)

Verben der Fortbewegung bilden in Verbindung mit einem Akkusativ, der eine zeitliche (1) oder räumliche Ausdehnung (2) angibt, das Perfekt mit *sein*. Dieser Akkusativ ist kein Objekt, sondern hat adverbialen Charakter (= adverbialer Akkusativ) und antwortet auf die Fragen: *Wann? Wie lange? Wie weit? Wo? Wohin?*

---

7 Lesen Sie zuerst und berichten Sie dann, als wären Sie dabeigewesen. (Erzählzeit: Perfekt)

Eine Exkursion

Im letzten Sommer ging eine Gruppe von Studenten einen Tag auf Exkursion. Sie fuhren mehrere Stunden mit dem Bus. Einer der Studenten fuhr den Bus. Gleich nach der Ankunft kletterten sie einen steilen Berg hinauf und liefen auf der Suche nach Steinen den ganzen Bergrücken entlang. So streiften sie den halben Tag durch die Natur. Plötzlich rutschte ein Student aus und stürzte den Hang hinunter. Die anderen rannten dann auch den Berg hinunter und kamen ihm zu Hilfe. Zwei trugen ihn zum Bus und fuhren ihn gleich ins Krankenhaus. Die anderen gingen zu Fuß bis zum nächsten Ort. Sie marschierten drei Stunden und fuhren dann mit dem Zug zurück. So fand die Exkursion ein vorzeitiges Ende.

Erzählen Sie so: Im letzten Sommer sind wir ...

Womit und wie kann man sich fortbewegen?

(1) Er **ist** gern Auto **gefahren**. (Womit?)
(2) Er **ist** am liebsten Galopp **geritten**. (Wie?)
(3) Er **ist** gegen die Erhöhung der Tabaksteuer Sturm **gelaufen**.

fahren: Auto, Motorrad, Roller, Bus, Straßenbahn, Zug, Lift, Seilbahn, Rad, Bob, Schlitten, Ski, Boot, Kahn, Kajak, Kanu, Schiff, Achterbahn, Karussell, Riesenrad, Kolonne, Schritt

laufen: Rollschuh, Schlittschuh, Ski; Amok laufen (= in Raserei / Geistesgestörtheit mit einer Waffe töten, aber auch in bildlicher Bedeutung), Gefahr laufen (= gefährdet / in Gefahr sein), Sturm laufen gegen etw. (= heftig protestieren gegen etw.)

reiten: Galopp, Schritt, Trab

Verben der Fortbewegung bilden das Perfekt mit *sein*, wenn sie in artikellosen festen Verbindungen mit einem Akkusativ stehen, der das Mittel (z. B. *Auto, Ski*) oder die Art und Weise (z. B. *Kolonne, Galopp*) angibt. Dieser Akkusativ ist kein Objekt, sondern hat adverbialen Charakter (= adverbialer Akkusativ) und antwortet auf die Fragen: *Womit? Wie?* (1) (2).

8 Erzählen Sie im Perfekt, was Sie früher alles gemacht haben. Verwenden Sie die oben angegebenen Wörter.

1. Als ich noch kein Auto hatte, ...   2. Im Winter ... auf dem zugefrorenen See ...   3. Beim Reitunterricht ... ich am liebsten ...   4. Auf Volksfesten ...   5. Seit meinem Skiunfall ...   6. Auf der Donau ...   7. Ich ... noch nie ohne Führerschein ...   8. In den Ferien ...   9. Als Jugendlicher ... gegen die Welt der Erwachsenen ...

9 Beschreiben Sie den Autofahrer im Perfekt und entscheiden Sie dann:

Ein vorbildlicher Autofahrer?
1. er / noch nie / größere Strecken / ohne Sicherheitsgurt / fahren   2. er / noch nie / mehr als acht Stunden am Tag / Auto fahren   3. er / seine neuen Autos / immer / gut / einfahren   4. er / noch nie / auf der Autobahn / rasen   5. er / noch nie / einen Radfahrer / anfahren   6. er / auf dem Seitenstreifen / immer / Schritt fahren   7. er / noch nie / etwas / umfahren   8. er / bisher / nur selten / sich verfahren   9. er / noch nie / Gefahr laufen seinen Führerschein zu verlieren   10. er / schon oft / Kollegen / nach Hause / fahren 11. er / gegen die Geschwindigkeitsbegrenzung auf der Autobahn / Sturm laufen   12. er / nach dem Genuss von Alkohol / noch nie / Auto fahren

Sportliche Betätigungen

(1) Er **ist** regelmäßig auf dem offenen Meer gesegelt.
(2) Gestern **ist** er bis zu einer entfernten Insel gesegelt.
(3) Er **hat (ist)** täglich mehrere Stunden gesegelt.
(4) Er **hat (ist)** mit großem Vergnügen gesegelt.

Einige Verben der Bewegung bezeichnen sportliche Betätigungen (z. B. *klettern, reiten, paddeln, rudern, schwimmen, segeln, surfen, rodeln*). Wenn diese Bewegung vor allem als Fortbewegung gesehen wird – oft in Verbindung mit Raumangaben (1) oder Zielangaben (2) – wird das Perfekt mit *sein* gebildet. Sollen aber vor allem die Dauer (3) oder die Art und Weise (4) hervorgehoben werden, kann das Perfekt mit *haben* gebildet werden. Meist wird aber *sein* gebraucht.

10 Was passierte wirklich? Im Perfekt wird es klarer.

1. Der trainierte Schwimmer schwamm regelmäßig mit großer Ausdauer.   2. Eine Anfängergruppe kletterte auf den Felsen.   3. Das Mädchen surfte oft den ganzen Tag.   4. Es surfte nie aufs offene Meer hinaus.   5. Um seine Sportlichkeit zu beweisen, schwamm der alte Mann bis zu dem Riff.   6. Im Winter rodelten die Kinder den ganzen Tag.   7. Sie rodelten auf der verschneiten Rodelbahn.   8. Die Reiterin ritt in den frühen Morgenstunden durch den Wald.   9. Der junge Mann ruderte leidenschaftlich gern.   10. Der Anfänger ruderte mit letzter Kraft zum Ufer.

Reflexive Verben der Fortbewegung

(1)   Fritz **hat sich** in fremden Städten schon oft **verlaufen**.
(2)   Die beiden Freunde Fritz und Paul **haben sich/einander** schon länger nicht **getroffen**. (= Fritz hat seinen Freund Paul nicht getroffen und Paul hat seinen Freund Fritz nicht getroffen.)
(3)   Fritz **ist sich** in der fremden Stadt ziemlich hilflos **vorgekommen**.
(4)   Die beiden Freunde Fritz und Paul **sind sich/einander** in der Stadt **begegnet**. (= Fritz ist seinem Freund Paul begegnet und Paul ist seinem Freund Fritz begegnet.)

Reflexive Verben der Fortbewegung mit einem Reflexivpronomen im Akkusativ bilden das Perfekt mit *haben* (1) (2), reflexive Verben der Fortbewegung mit einem Reflexivpronomen im Dativ bilden das Perfekt mit *sein* (3) (4). Manche dieser Verben sind nicht obligatorisch reflexiv. Statt des Reflexivpronomens kann auch ein Akkusativ- oder Dativobjekt stehen (2) (4).
Einige reflexive Verben haben reziproke Bedeutung, d. h., sie drücken eine wechselseitige Beziehung zwischen mindestens zwei Personen aus (2) (4).
Reflexive Verben der Fortbewegung mit einem Reflexivpronomen im Dativ gibt es nur in begrenzter Zahl: *sich ausweichen / begegnen / entgegenkommen / näher kommen*; in bildlicher Bedeutung z. B.: *sich durchs Haar fahren / in die Haare geraten / um den Hals fallen / auf die Nerven gehen / in die Quere kommen / in den Rücken fallen / aus dem Weg gehen / über den Weg laufen / vorkommen*.

11 Im Perfekt bzw. Plusquamperfekt erzählt es sich leichter.

Eine Freundschaft
1.   Zwei Freunde gerieten sich eines Tages fürchterlich in die Haare.
2.   Der eine verspätete sich bei einer Verabredung erheblich. (Plusq.)
3.   Sie gingen sich früher schon oft auf die Nerven. (Plusq.)
4.   In schwierigen Situationen fielen sie sich aber nie in den Rücken. (Plusq.)
5.   Eine gewisse Zeit gingen sie sich aus dem Wege.
6.   Dennoch kamen sie sich gelegentlich in die Quere.
7.   Eines Tages begegneten sie sich zufällig auf der Straße.
8.   Sie kamen sich in einer engen Gasse entgegen.
9.   Dieses Mal wichen sie sich nicht aus, sondern bewegten sich entschlossen aufeinander zu und fielen sich um den Hals.
10.   Sie kamen sich wieder näher.

III Verben der Zustandsveränderung

Beginn →	Zustand →	Veränderung zum Ende hin
(1) Die Blume ist aufgeblüht.	Sie hat geblüht.	Sie ist verblüht.
(2) Peter ist eingeschlafen.	Er hat geschlafen.	—
(3) —	Viele haben gehungert.	Viele sind verhungert.

Intransitive Verben der Zustandsveränderung bilden das Perfekt mit *sein*. Sie bezeichnen ein zeitlich begrenztes Geschehen, das einen neuen Zustand herbeiführt. Diese Veränderung kann ein Beginn sein (*aufblühen, einschlafen*) oder zum Ende führen (*verblühen, verhungern*).
Oft bezeichnet das einfache Verb einen Zustand (*blühen, schlafen, hungern*), das entsprechende Verb mit Vorsilbe eine Zustandsveränderung (*auf-/verblühen, einschlafen, verhungern*).

12 Drücken die folgenden Verben eine Zustandsveränderung oder einen Zustand aus? Sätze im Perfekt geben Aufklärung.

1. wachsen   2. dauern   3. vertrocknen   4. hängen   5. verheilen   6. verfaulen
7. scheinen   8. sterben   9. sitzen   10. verdursten   11. ertrinken   12. verunglücken
13. warten   14. verwelken   15. ersticken   16. verstauben   17. gedeihen   18. stehen
19. brennen   20. aufwachen

13 Was fällt Ihnen bei den jeweils gegenüberliegenden Sätzen auf? Machen Sie die Probe im Perfekt.

1. Die Suppe kocht.   Sie kocht über.
2. Das Mädchen kränkelte.   Es erkrankte aber nicht ernsthaft.
3. Er stand um sechs auf.   Er stand lange an der Haltestelle.
4. Das Kind schlief schnell ein.   Es schlief zwölf Stunden.
5. Es taute gestern.   Das Eis taute auf.
6. Tom wachte spät auf.   Ein Krankenpfleger wachte bei ihm.
7. Das Feuer brannte lichterloh.   Das Haus brannte aus.
8. Es entstand Sachschaden.   Es bestand ausreichend Versicherungsschutz.
9. Sie lag mehrere Wochen im Krankenhaus.   Sie erlag der Krankheit.

Verben der Zustandsveränderung, die von Substantiven oder Adjektiven abgeleitet sind

(1) Das Kind **ist** früh **verwaist**.
(= Das Kind ist früh zur Waise geworden.)
(2) Die Farbe auf der Tapete **ist** schnell **getrocknet**.
(= Die Farbe auf der Tapete ist schnell trocken geworden.)

Viele Verben der Zustandsveränderung leiten sich von Substantiven (1) oder Adjektiven (2) her und entsprechen der Bedeutung von Substantiv/Adjektiv + *werden*.

14 Welche Veränderung führte zu dem jetzigen Zustand? Leiten Sie von den kursiv gedruckten Substantiven Verben ab und setzen Sie diese im Perfekt ein.

Beispiel: Ein *Waisen*kind ist ein Kind, das ...
              Ein Waisenkind ist ein Kind, das verwaist ist.

1. *Sumpf*landschaften findet man dort, wo Land durch viel Wasser ...
2. *Steppen* nennt man Landschaften, die ...
3. Ein Flussbett ohne Wasser, aber mit viel *Sand* ist ein Flussbett, das ...
4. *Karst*gebiete sind Gebiete, die durch Entwaldung ...
5. Unter Versteinerungen versteht man Tiere und Pflanzen, die zu *Stein* geworden sind, also ...
6. *Kalk* findet man in Wasserleitungen, die ...
7. *Rost* findet man an Autos, die ...
8. *Schimmel* findet man auf Nahrungsmitteln, die ...
9. Von *Staub* bedeckt sind Möbel oder Bücher, die ...
10. Ein Ofenrohr voller *Ruß* ist ein Ofenrohr, das ...
11. Mit *Eis* bedeckt sind Straßen, die ...
12. Ein leichter *Dunst* lag über der Stadt, weil Feuchtigkeit ... (Plusq.)
13. *Dampf* ist nicht mehr zu sehen, wenn eine Flüssigkeit vollständig ...
14. Glas*splitter* liegen herum, wenn Glas ...

15 Welche Veränderung führte zu dem jetzigen Zustand? Leiten Sie von den Adjektiven Verben ab und setzen Sie diese im Perfekt ein.

Beispiel: Matt wirkt jemand, dessen Kräfte ...
              Matt wirkt jemand, dessen Kräfte ermattet sind.

1. Blind ist jemand, der ...
2. Krank ist jemand, der ...
3. Grau sind Haare, die ...
4. Schlaff sind Muskeln, die ...
5. Blass sind Erinnerungen, die ...
6. Reif ist Obst, das ...
7. Faul sind Früchte, die ...
8. Welk sind Blumen, die ...
9. Wild wirkt ein Garten, der ...
10. Öde sind Landschaften, die ...
11. Kalt ist eine Suppe, die ...
12. Alt ist jemand, der ...

16 Wie kam das? Vervollständigen Sie die Sätze mit dem jeweils passenden Verb im Perfekt.

verfallen, vertrocknen, aussterben, eingehen, erfrieren, verkommen, sterben, verderben, ersticken, verkümmern, ertrinken, verdursten, verunglücken, ~~verkohlen~~, verhungern

Beispiel: Weil das Holz lange im Feuer lag, ...
           Weil das Holz lange im Feuer lag, ist es verkohlt.

1. Weil die Wohnung nicht gepflegt wurde, ...
2. Weil das Gebäude nicht renoviert wurde, ...
3. Weil die Pflanze zu wenig Wasser bekam, ...
4. Weil die Pflanze nicht den richtigen Standort hatte, ...
5. Weil der letzte Winter zu kalt war, ... viele Pflanzen ...
6. Weil der Mensch zu stark in den Naturhaushalt eingreift, ... bereits viele Tier- und Pflanzenarten ...
7. Weil die Lebensmittel nicht vorschriftsmäßig aufbewahrt wurden, ...
8. Weil seine Talente nicht erkannt und gefördert wurden, ...
9. Weil er sich fahrlässig verhalten hat, ...
10. Weil er unheilbar krank war, ...
11. Weil er nicht schwimmen konnte, ...
12. Weil er keine Luft mehr bekam, ...
13. Weil er seinen Durst über eine längere Zeit nicht stillen konnte, ...
14. Weil er zu lange nichts zu essen hatte, ...

17 Intransitiver oder transitiver Gebrauch? Setzen Sie die Sätze mit den Verben, die teils in wörtlicher, teils in bildlicher Bedeutung gebraucht sind, ins Perfekt.

1. Nach dem Baden trockneten wir unsere Haare.
2. Unsere Handtücher trockneten schnell in der Sonne.
3. Unser ganzer Proviant verdarb in der Hitze.
4. Das verdarb uns den Spaß am Picknick.
5. Beim Abspülen zerbrach das kostbare antike Glas.
6. Das Kind zerbrach eine Tasse.
7. Der Hausmann taute Erdbeeren für seinen Geburtstagskuchen auf.
8. Im warmen Zimmer tauten die Erdbeeren schnell auf.
9. Eines Tages riss Anne die Geduld.
10. Sie riss ihrem Freund den Brief aus der Hand.
11. Sie brach die Verbindung zu ihm ab.
12. Auch der Kontakt zu seinen Freunden brach bald ab.
13. Anne brach vor Kummer fast das Herz.
14. Die Autofahrt ermüdete den Fahrer.
15. Dieser ermüdete sonst nicht so schnell.

18 Beschreiben Sie, was auf einem Bauernhof passiert ist. Bilden Sie aus den Satzteilen Sätze im Perfekt.

1. Kinder / gestern abend / im Schuppen eines Bauernhofs / Papier / verbrennen
2. dabei / im Schuppen / ein Feuer / ausbrechen
3. das Holz im Schuppen / verbrennen
4. der Schuppen / bis auf die Grundmauern / niederbrennen
5. fast / auch ein daneben stehendes Haus / abbrennen (Konj. II)
6. durch die Hitze / das Plexiglas der Veranda / schmelzen
7. die Feuerwehr / das Feuer / nicht gleich / ersticken
8. im Qualm / die Feuerwehrleute / fast / ersticken (Konj II)
9. schließlich / die Feuerwehr / das Feuer / löschen

IV Ereignisverben

> Ereignisverben bezeichnen ein Geschehen. Sie kommen nur in der 3. Person vor, das Subjekt kann nur eine Sache oder das Pronomen *es* sein (Ausnahme: *geraten in*). Die meisten Ereignisverben bilden das Perfekt mit *sein*.

Ereignisverben mit *sein* im Perfekt

Gestern ist etwas Seltsames passiert. (passieren)
Ein Wunder ist geschehen. (geschehen)
So etwas ist schon öfter vorgekommen. (vorkommen)
Was ist denn in jener Nacht vorgefallen? (vorfallen)
Bei der Operation ist es zu Komplikationen gekommen. (es kommt zu)
Der armen Frau ist schon viel Leid widerfahren. (jdm. widerfahren)
Dem Kind ist doch hoffentlich nichts Schlimmes zugestoßen. (jdm. zustoßen)
Dem Chirurgen ist ein Fehler unterlaufen. (jdm. unterlaufen)
Eine Korrektur des Fehlers ist bisher unterblieben. (unterbleiben)
Die Krankheit ist zunächst ganz normal verlaufen. (verlaufen)
Während der Operation sind Komplikationen aufgetreten. (auftreten)
Der Tod des Patienten ist kurz nach der Operation eingetreten. (eintreten)
Eine Untersuchung des Falls ist bisher nicht erfolgt. (erfolgen)
Die Operation ist dem Chirurgen gelungen/misslungen. (jdm. gelingen/misslingen)
Dem Arzt ist der Eingriff geglückt/missglückt. (jdm. glücken/missglücken)
Die Arbeit ist ihr gut geraten. Die Arbeit ist ihr missraten. (jdm. geraten/missraten)
Das Schiff/Der Segler ist in einen Sturm geraten. (geraten in)
Alle Versuche des Ehepaars sich zu versöhnen sind fehlgeschlagen. (fehlschlagen)
Die Ehe ist schon nach kurzer Zeit gescheitert. (scheitern)
Der Versuch der Gangster eine Bank auszurauben ist schief gegangen. (schief gehen, ugs.)

Ereignisverben mit *haben* im Perfekt

Bei der Prüfung hat alles geklappt. (klappen, ugs.)
Die Prüfung hat in der Aula der Universität stattgefunden. (stattfinden)

Reflexive Ereignisverben mit *haben* im Perfekt

Der Streit der Nachbarn hat sich auf offener Straße abgespielt. (sich abspielen)
Heute hat sich nichts Besonderes ereignet. (sich ereignen)
Gestern hat sich etwas Seltsames zugetragen. (sich zutragen)
Es hat sich gut getroffen, dass wir uns vorige Woche begegnet sind. (es trifft sich (gut), dass)

19 Der Direktor kommt von einer längeren Reise zurück. Setzen Sie das Gespräch mit seinem Assistenten ins Perfekt.

Direktor: in meiner Abwesenheit irgend etwas Aufregendes (passieren)?
Assistent: nein, es ... nichts Aufregendes (sich ereignen).
Direktor: Schwierigkeiten (auftreten)?
Assistent: erfreulicherweise nichts (schief gehen).
Direktor: alle Laborarbeiten und Versuche nach Plan (verlaufen)?
Assistent: ja, alles wie geplant (klappen), kein Versuch (missglücken). Auch keinem der Mitarbeiter ein schwerwiegender Fehler (unterlaufen).

Direktor:	auch privat keinem Mitarbeiter etwas (zustoßen)?
Assistent:	nein, es … wirklich nichts Beunruhigendes (vorfallen).
Direktor:	die Vorlesungen und Übungen regelmäßig (stattfinden)?
Assistent:	auch hier keine Unregelmäßigkeiten (vorkommen).
Direktor:	und was in der Zwischenzeit hinsichtlich der beantragten Laborerweiterung (geschehen)?
Assistent:	da allerdings manches Neue (sich zutragen). Der Assistent zitiert aus einem Protokoll: In den Verhandlungen mit dem Universitätsbauamt ein Stillstand (eintreten). Von unserer Seite keine Anstrengungen (unterbleiben) die Gespräche wieder aufzunehmen. Die Verhandlungen zwar nicht endgültig (fehlschlagen), aber auf unseren Kompromissvorschlag bisher keine Reaktion (erfolgen). Schon im Vorfeld merkwürdige Dinge (sich abspielen). Gestern es dem Verwaltungsrat endlich (gelingen), das Bauvorhaben auf die Liste der dringend notwendigen Baumaßnahmen zu setzen.

V Gesamtübungen

20 Der Hafendirektor erzählt den Journalisten, was geschehen ist. (Erzählzeit: Perfekt)

Frachter rammte Elbbrücke

Im Hamburger Hafen ereignete sich bei dichtem Nebel ein folgenschwerer Unfall. Dabei geschah Folgendes: Ein Frachter rammte die größte Hubbrücke Europas. Er fuhr nicht un-
5 ter dem Mittelteil der Brücke hindurch, sondern prallte gegen ein Seitenteil. Dabei stürzte die Brücke teilweise ein, Brückenteile fielen in die Elbe. Das Schiff streifte auch das Brückenhaus mit den Wächtern und drückte
10 es ein. Die beiden Wächter kamen mit dem Schrecken davon. Der Frachter beschädigte auch einen Brückenpfeiler. Zusätzlich riss die Hochspannungsleitung der Hafenbahn ab. An der Brücke entstand ein Schaden in Millionenhöhe. Der Frachter selbst blieb fast un- 15 beschädigt. Er transportierte Soja. Ein Schlepper begleitete ihn. Im Hafen staute sich der Schiffsverkehr. Die Polizei sperrte den Hafen für den gesamten Verkehr.

21 Ein Reporter berichtet. (Erzählzeit: Perfekt)

Fußballweltmeisterschaft 1990

Mit dem Schlusspfiff des Weltmeisterschaftsfinales in Rom im Juli 1990 begann in Deutschland eine lange Jubelnacht. Sie dauerte für viele – wie allgemein üblich – bis weit
5 nach Mitternacht. Sekt floss in Strömen. Die Nachricht vom Sieg verbreitete sich wie ein Lauffeuer. Aus Wohnungen, Kneipen und Hotels strömten die Menschen auf die Plätze. Fußballfans zogen singend durch die Straßen.
10 Autos drängten sich hupend durch die Menschenmenge. Sie fuhren mit wehenden Fahnen durch die Innenstadt. In einigen Städten zog man Busse und Straßenbahnen aus dem Verkehr. Sie kamen erst nach ein Uhr wieder zum Einsatz. Zum Schluss kam es noch zu 15 heftigen Krawallen, die Verletzte und hohen Sachschaden forderten. Auch Schaufensterscheiben gingen zu Bruch. Die Polizei griff mehrmals ein. Am nächsten Tag kommentierten und verurteilten alle Zeitungen und 20 Nachrichtensendungen die Vorfälle.

22 Sie waren Zeuge. Berichten Sie. (Erzählzeit: Perfekt)

Glück im Unglück

Ein angetrunkener Mopedfahrer überquerte die Kreuzung Bismarckstraße/Berliner Straße. Auf seinem Anhänger befand sich ein Leichtmotorrad. Mitten auf der Kreuzung löste sich
5 die Befestigung und es fiel herunter. Der Mopedfahrer erschrak heftig und stieg sofort ab. Auf den stark befahrenen Straßen entstand sofort ein Stau. Unglücklicherweise regnete es auch noch in Strömen. Dem Mopedfahrer
10 gelang es nicht, das Moped wieder auf seinen Anhänger zu laden – es klappte einfach nicht. Kaum lag die eine Hälfte des Gefährts auf dem Anhänger, rutschte sie auch schon wieder herunter. Ihm selbst fiel es in seinem
15 Zustand schwer, das Gleichgewicht zu halten. Die vergeblichen Anstrengungen ermüdeten ihn und seine Kräfte ließen allmählich nach.

Die Autofahrer beobachteten den angetrunkenen Mann, lachten, fluchten und hupten, 20 aber niemand stieg aus. Auch Fußgänger blieben stehen und verfolgten das Geschehen. Aber niemand kam auf die Idee dem unglücklichen Mopedfahrer zu helfen. Dann geschah etwas Unerwartetes: Eine elegant 25 gekleidete ältere Dame erschien auf der Kreuzung. Entschlossen ging sie auf die Unglücksstelle zu. Sie trat sehr sicher und selbstbewusst auf. Sie fasste das schmutzige Motorrad an und lud es gemeinsam mit dem Moped- 30 fahrer auf den Anhänger. Sie half ihm es gründlich zu befestigen. Dem verwunderten Mopedfahrer verschlug es die Sprache. Er lächelte ihr verlegen zu. Dann bestieg er schnell sein Moped und fuhr davon. 35

Beginnen Sie so:
„Stellt euch vor, was heute Mittag passiert ist. Ein angetrunkener Mopedfahrer ...“

23 Ein Reiseleiter berichtet einer Gruppe von Touristen. (Erzählzeit: Perfekt bzw. Plusquamperfekt)
Die eingeklammerten Sätze bleiben unverändert.

Der Schiefe Turm von Pisa

Der Schiefe Turm von Pisa stürzt – trotz aller Voraussagen – noch immer nicht ein. Aber am 6. Januar 1990 geschah etwas, was niemand für möglich hielt (Plusq.): Der Turm
5 wurde wegen möglicher Einsturzgefahr zum ersten Mal in seiner über 800-jährigen Geschichte für Besucher geschlossen. Bereits in den Mittagsstunden versammelten sich viele Schaulustige (Plusq.). Kurz vor 15 Uhr stiegen
10 die letzten Touristen unter den Augen der Fernsehkameras über die 293 Stufen des Kampanile* hinauf. Zuvor standen sie an der Kasse Schlange (Plusq.). Die Bauarbeiten begannen gleich am nächsten Tag.
15 Die Idee von der Schließung des Schiefen Turms ging vom Minister für öffentliche Arbeiten in Rom aus (Plusq.). Er begann die Debatte um das Bauwerk im Herbst 1989 mit der Bemerkung (Plusq.), (der Turm könne je-

den Augenblick einstürzen). Das löste eine 20 intensive öffentliche Diskussion aus (Plusq.). In Pisa kam es zu heftigen Protesten gegen die Schließung des Turms (Plusq.). Die Stadt geriet fast in Panik (Plusq.).
(Diese Reaktion war verständlich), denn 25 schon immer lebte die Stadt Pisa vom Tourismus. Allein durch die Eintrittskarten für den Schiefen Turm flossen jährlich etwa 20 Millionen Mark in die Kassen der toskanischen Stadt. Die meisten Touristen kamen nämlich 30 wegen des Schiefen Turms: Sie bestiegen ihn und bummelten dann noch ein wenig durch die Altstadt. So blieben die meisten Gäste nur wenige Stunden, ließen aber viel Geld in der Stadt. Seit 1922, als man erstmals Eintritts- 35 karten verkaufte (Plusq.), stiegen fast 18 Millionen Menschen auf den rund 55 Meter hohen Turm. Entsprechend wuchsen auch die

Einnahmen der Stadt. Der Besucherrekord
40 vom 6. Januar 1990 überstieg mit 2 644 Besuchern alle Erwartungen.
Der zu Beginn des Jahres 1992 genau 4,42
Meter überhängende Turm wurde jedes Jahr
um 1,2 Millimeter schiefer. Im April 1992 be-
45 trug der Neigungswinkel 5,5 Grad. Bei Mes-
sungen gelangten Experten allerdings immer
wieder zu unterschiedlichen Ergebnissen. Die
Neigung des auf sandigem Boden gebauten
Turms setzte schon nach Baubeginn im Jahre
50 1173 ein (Plusq.). Deshalb unterbrach man
die Bauarbeiten bereits nach fünf Jahren

(Plusq.). Erst zwischen 1350 und 1370 gelang
es (Plusq.), (die fehlenden sieben Stockwerke
fertigzustellen). Seitdem verschlechterte sich
der Zustand des Turms laufend.   55

(Nach: Letzter Ansturm auf den Schiefen Turm.
dpa vom 8.1.1990; Dem „Schiefen" droht
der Einsturz. AP vom 24.4.1992)

* der Kampanile: freistehender Glockenturm
  neben einer Kirche

§ 2 Transitive und intransitive Verben

I Transitive und intransitive Verben mit gleicher Bedeutung

(1) In vielen Filmen **kämpft** der Held **gegen** eine Übermacht von Gangstern.
In vielen Filmen **bekämpft** der Held eine Übermacht von Gangstern.

(2) Die Schauspieler **klagen über** die lange Drehzeit.
Die Schauspieler **beklagen** die lange Drehzeit.

Manchen intransitiven Verben, teils mit Präposition, entsprechen transitive Verben mit Präfixen. Die Bedeutung ist zum Teil gleich (1) (2) (*enden – beenden*) oder ähnlich (*glücken – beglücken*), oft besteht aber ein großer Bedeutungsunterschied (*kommen – bekommen*). (Vgl. S. 11)

1 Berichten Sie von den Dreharbeiten zu einem Spielfilm.

Beispiel: der Filmproduzent / positiv / die Marktchancen des Films
(urteilen über – beurteilen)
Der Filmproduzent urteilt positiv über die Marktchancen des Films.
Der Filmproduzent beurteilt die Marktchancen des Films positiv.

1. der Produzent / ein Verkaufserfolg (hoffen auf – erhoffen)
2. er / die Qualität des Drehbuchs (nicht zweifeln an – nicht bezweifeln)
3. der Regisseur / die Verteilung der Rollen (zögern mit – hinauszögern)
4. er / noch / die Besetzung der Hauptrollen (schweigen über – verschweigen)
5. die hohen Produktionskosten / der Produzent (lasten auf – belasten)
6. der Regisseur / geduldig / alle Fragen des Produzenten (antworten auf – beantworten)
7. die Regieassistentin / mit Spannung / der Drehbeginn (warten auf – erwarten)
8. sie / ein Vorschuss (bitten um – erbitten)
9. das Filmteam / gewissenhaft / die Anweisungen des Regisseurs (folgen + D – befolgen)
10. in dem historischen Film / ein Tyrann / ein ganzes Volk (herrschen über – beherrschen)

II Transitive schwache und intransitive starke Verben

Transitives Verb: schwache Verbform	Intransitives Verb: starke Verbform
Er **hat** die Gläser in den Schrank **gestellt**.	Die Gläser **haben** im Schrank **gestanden**.
Handlung Objekt der Handlung (= Akkusativobjekt) Frage: **Wohin?** → Ortsangabe mit Präposition + Akkusativ Perfekt mit *haben*	Zustand als Ergebnis einer Handlung Subjekt des Geschehens Frage: **Wo?** → Ortsangabe mit Präposition + Dativ Perfekt mit *haben*

In einer Kneipe

hängen, hängte, hat gehängt
Der Wirt hat die Tafel mit den Tagesgerichten an die Wand gehängt.

hängen, hing, hat gehangen
Die Tafel mit den Tagesgerichten hat ab 12 Uhr an der Wand gehangen.

(sich) legen, legte, hat gelegt
Er hat neue Flaschen ins Weinregal gelegt.
Er hat sich kurz auf die Couch gelegt.

liegen, lag, hat gelegen*
Die neuen Flaschen haben nicht lange im Weinregal gelegen.

(sich) setzen, setzte, hat gesetzt
Er hat sich zu einem Gast an den Tisch gesetzt.
Er hat den Betrag auf die Rechnung gesetzt.

sitzen, saß, hat gesessen*
Der Wirt hat bei einem Gast am Tisch gesessen.

(sich) stellen, stellte, hat gestellt
Die Bedienung hat die Gläser in den Schrank gestellt.
Sie hat sich hinter die Bar gestellt.

stehen, stand, hat gestanden*
Die Gläser haben im Schrank hinter der Bar gestanden.

stecken, steckte, hat gesteckt
Der Wirt hat den Schlüssel ins Schloss gesteckt und zweimal zugeschlossen.

stecken, (stak)/steckte, hat gesteckt
Der Schlüssel hat im Schloss gesteckt.

* Südlicher deutscher Sprachraum:
Ich bin gelegen/gesessen/gestanden.

2   Geben Sie eine Zustandsbeschreibung.

Beispiel: Die Fans der beiden Mannschaften hatten sich an den Ausgang des Stadions gestellt.
Die Fans der beiden Mannschaften standen am Ausgang des Stadions.

Nach einem Fußballspiel im Stadion
1.   Einige hatten sich auf die hinterste Sitzreihe gelegt.
2.   Sie hatten leere Pappbecher auf die Bänke gestellt.
3.   An ihre Hemden hatten sie sich Buttons gesteckt.
4.   Ihre Jacken hatten sie auf den Boden gelegt.
5.   Irgendjemand hatte knallrote Fähnchen in den Rasen gesteckt.
6.   An die Umrandung des Spielfelds hatte man große Werbeplakate gehängt.
7.   Einer der Trainer hatte sich an den Rand des Spielfelds gestellt.
8.   Der Trainer der gegnerischen Mannschaft hatte sich in die hinterste Reihe des Stadions gesetzt.
9.   Er hatte den Sportteil einer Tageszeitung auf seine Knie gelegt.
10. Einige Spieler hatten sich neben ihn gesetzt.

3 Sagen Sie, was der Bademeister alles getan hat. Ergänzen Sie die Artikel.

Beispiel: Auf dem Gelände standen überall Stühle herum. (auf / Terrasse)
              Der Bademeister hat sie auf die Terrasse gestellt.

Feierabend im Schwimmbad

1. An einem Baum hing ein nasses Handtuch. (auf / Leine im Waschraum)
2. In einer Umkleidekabine lag eine goldene Uhr. (in / Schublade im Kassenraum)
3. Neben der Kasse stand ein Fahrrad. (in / Abstellraum)
4. Im Fahrradschloss steckte ein Schlüssel. (in / Tasche)
5. Ein paar Badegäste saßen immer noch am Schwimmbecken.
   (er hat sie gebeten, in / Restaurant)
6. Spielzeug lag im Gras. (auf / Tisch im Kassenraum)
7. Ein Wasserschlauch lag auf dem Boden. (in / Geräteschuppen)
8. Der Verbandskasten stand vor dem Erste-Hilfe-Schrank. (in / Schrank)
9. Ein Liegestuhl stand im Sandkasten. (auf / Liegewiese)
10. Eine Decke lag auf der Liegewiese. (in / Regal im Kassenraum)

Weitere Verben, die schwer zu unterscheiden sind

Transitives Verb: schwache Verbform	Intransitives Verb: starke Verbform
Die Waldarbeiter **haben** die Bäume **gefällt**.	Die Bäume **sind** krachend zu Boden **gefallen**.
Handlung	Vorgang: Zustandsveränderung als Ergebnis einer Handlung
Objekt der Handlung (= Akkusativobjekt)	Subjekt des Geschehens
Perfekt mit *haben*	Perfekt mit *sein*

bleichen, bleichte, hat gebleicht Die Hausfrau hat die Wäsche in der Sonne gebleicht.	*verbleichen, verblich, ist verblichen (auch: ausbleichen)* Die Farbe der Gardinen ist verblichen.
(sich) erschrecken, erschreckte, hat erschreckt Der Hund hat das kleine Kind erschreckt.	*erschrecken, erschrickt, erschrak, ist erschrocken* Das kleine Kind ist fürchterlich erschrocken.
ertränken, ertränkte, hat ertränkt Er hat seine Sorgen im Alkohol ertränkt.	*ertrinken, ertrank, ist ertrunken* Junge Leute sind bei einem Schlauchbootunfall ertrunken.
fällen, fällte, hat gefällt Die Waldarbeiter haben die Bäume mit Motorsägen gefällt.	*fallen, fällt, fiel, ist gefallen* Die Bäume sind krachend zu Boden gefallen.
löschen, löschte, hat gelöscht (auch: auslöschen) Die Feuerwehr hat das Feuer gelöscht.	*erlöschen, erlischt, erlosch, ist erloschen (auch: verlöschen)* Das Feuer ist nur langsam erloschen.

schwellen, schwellte, hat geschwellt (selten gebraucht) (auch: anschwellen)
  Der Dauerregen hat den Fluss anschwellen lassen.

schwellen, schwillt, schwoll, ist geschwollen
  (auch: anschwellen)
  Der Fluss ist schnell angeschwollen.

schwemmen, schwemmte, hat geschwemmt
  (auch: fort-/wegschwemmen)
  Die Strömung hat das Holz ans Ufer geschwemmt.

schwimmen, schwamm, ist geschwommen
  Das Holz ist auf der Wasseroberfläche
  geschwommen.

(sich) senken, senkte, hat gesenkt
  Die Firma hat ihre Betriebskosten weiter
  gesenkt.

sinken, sank, ist gesunken
  Die Betriebskosten sind allmählich
  gesunken.

sprengen, sprengte, hat gesprengt
  Sprengstoffexperten haben eine alte Fabrik gesprengt.

springen, sprang, ist gesprungen (auch: zer-
  springen)
  Dabei sind in der Nachbarschaft viele
  Fensterscheiben zersprungen.

(sich) steigern, steigerte, hat gesteigert
  Das Unternehmen hat seine Produktion
  in letzter Zeit enorm gesteigert.

steigen, stieg, ist gestiegen (auch: ansteigen)
  Die Produktion ist in letzter Zeit enorm
  gestiegen.

verschwenden, verschwendete, hat verschwendet
  Der Filmstar hat sein ganzes Vermögen
  verschwendet.

verschwinden, verschwand, ist verschwunden
  Er ist dann bald aus den Schlagzeilen
  verschwunden.

4 Hier geht es um einige sprachliche Feinheiten. Setzen Sie das jeweils richtige Verb
im Partizip Perfekt ein.

1. verschwenden – verschwinden
   Eine Kommission soll feststellen, ob
   Geld ... worden ist.

   Viele Millionen Mark sind unkontrolliert ....

2. schwemmen – schwimmen
   Bei der Überschwemmung hat der Rhein
   viel Schlamm in die Häuser ....

   Viel Schmutz ist auf der Wasseroberfläche ....

3. sprengen – springen
   In Berlin hat ein Sprengmeister eine
   Fliegerbombe aus dem Zweiten Weltkrieg
   ....

   Er ist schnell zur Seite ....

4. senken – sinken
   Die Politiker haben die Steuern nicht ....

   Die Realeinkommen sind weiter ....

5. steigern – steigen
   Der Sportler hat seine Leistungen ...

   Dadurch sind seine Siegeschancen ....

6. erschrecken
   Die Nachricht von einer Steuererhöhung
   hat die Bürger ....

   Sie sind ..., als sie die Gehaltsabrechnung
   bekamen.

7. *fällen – fallen*
   Der Richter hat ein mildes Urteil ....   Die Entscheidung ist ihm nicht leicht ....
                                                    Die Kurse sind ..., nicht gestiegen.

Verben für Spezialisten

senken (sw./tr.: Perfekt mit *haben*)
= etw. abwärts bewegen (z. B. den Blick, den Kopf, ein Schiff ver-)
= etw. herabsetzen, ermäßigen (z. B. Preise, Steuern)
= die Stimme senken (= leiser sprechen)

sich senken (sw./refl.: Perfekt mit *haben*)
= niedriger werden (z. B. Boden, Grundwasserspiegel)

sinken (st./itr.: Perfekt mit *sein*)
= sich langsam abwärts bewegen (z. B. Schiff, Sonne; ein Mensch: zu Boden, in die Knie, auf einen Stuhl)
= niedriger werden (z. B. Stimmung, Temperatur, Preise, Steuern)
= an Wert verlieren (z. B. Aktienkurse, Achtung, Ansehen, Einfluß)

---

5   *senken* oder *sinken*? Setzen Sie das richtige Verb im Perfekt bzw. als Partizip Perfekt ein.

Es geht abwärts
1. Als Folge des Bauverbots ... der Wert der Grundstücke .... Die Grundstücksbesitzer ... deshalb die Grundstückspreise ....
2. Der Boxer wurde k. o. geschlagen. Er ... in die Knie ....
3. Die Sonne ist nicht mehr zu sehen. Sie ist im Meer ver....
4. Die Temperatur ... auf den Gefrierpunkt ....
5. Während der langen Trockenperiode ... der Wasserstand in den Flüssen .... Infolgedessen ... sich der Grundwasserspiegel ....
6. Der Sarg mit dem Verstorbenen wurde in die Erde .... Freunde und Verwandte standen mit ... Kopf am Grab.
7. Der Mann ... vor Erschöpfung in den Sessel ....
8. Nachdem der Wasserstand in der Schleuse ... worden war, konnte das Schiff weiterfahren.
9. Ich bin sehr enttäuscht von ihm. Er ... in meiner Achtung ....
10. An dieser Stelle ... sich der Boden leicht ....

Weitere Verben für Spezialisten

steigern (sw./tr.: Perfekt mit *haben*)
= etw. erhöhen, vergrößern, verstärken (z.B. Produktion, Leistung, Umsatz)

sich steigern (sw./refl.: Perfekt mit *haben*)
= zu größeren Leistungen gelangen
= stärker/größer werden (z.B. Konzentrationsfähigkeit, Druck, Spannung, Absatz)

steigen (st./itr.: Perfekt mit *sein*)
= sich nach oben bewegen
= größer/höher/stärker werden (z. B. Temperatur, Anforderungen, Druck, Erwartungen, Leistung, Preise, Spannung)

6 *steigern* oder *steigen*? Ein Sportlerleben im Perfekt.

Es geht wieder aufwärts

1. Der Läufer ... seine Leistungen kontinuierlich ....
2. Dadurch ... sein Ansehen bei seinen Sportsfreunden sehr ....
3. Mit jedem Sieg ... die Erwartungen an ihn noch ....
4. Er ... sich kurz vor dem Ziel immer ....
5. Dadurch ... seine Laufgeschwindigkeit auf den letzten hundert Metern immer noch an....
6. Auch beim letzten Lauf ... er sein Tempo zum Schluss noch einmal deutlich ....
7. Dadurch ... seine Gewinnchancen ....
8. Nach dem Lauf ... er zu Freunden ins Auto ..., weil er zum Fahren zu erschöpft war.
9. Durch seine Siege ... sich der Absatz einiger Sportartikel sichtbar ....

Schrecken in vielen Variationen

abschrecken (sw./tr.: Perfekt mit *haben*)
= jdn. (durch ein schlechtes Beispiel oder durch Androhung einer Strafe) von etw. abbringen/abhalten:
   Die Todesstrafe hat bisher kaum einen Menschen vom Töten abgeschreckt.

aufschrecken (sw./tr.: Perfekt mit *haben*)
= jdn. so erschrecken, dass er mit einer plötzlichen, heftigen Bewegung reagiert:
   Der Jagdhund hat den Hasen aufgeschreckt.

auf-/hochschrecken (sw./itr.: Perfekt mit *sein*)
= in die Höhe fahren/plötzlich auffahren:
   Der Hase ist auf-/hochgeschreckt.

erschrecken (sw./tr.: Perfekt mit *haben*)
= jdn. in Schrecken versetzen; ängstigen:
   Der laute Knall hat ihn erschreckt.

sich erschrecken (ugs.) (st. oder sw./refl.: Perfekt mit *haben*)
= in Schrecken geraten:
   Er hat sich bei dem lauten Knall sehr erschreckt/erschrocken.

erschrecken (st./itr.: Perfekt mit *sein*)
= in Schrecken geraten:
   Er ist bei dem lauten Knall sehr erschrocken.

zurückschrecken vor (sw./itr.: Perfekt mit *sein*)
= erschrecken und zurückweichen; bildlich: nicht wagen, etw. zu tun:
   Die Randalierer sind vor dem massiven Polizeieinsatz zurückgeschreckt.

zusammenschrecken (sw./itr.: Perfekt mit *sein*)
= vor Schreck eine ruckartige Bewegung machen; zusammenzucken:
   Sie ist im Schlaf zusammengeschreckt.

7   So ein Schrecken! (Erzählzeit: Perfekt)

1.   Heute nacht ... Thomas plötzlich aus dem Schlaf auf....
2.   Er ... richtig zusammen..., dann hoch... und schließlich aufgestanden.
3.   Es war ein schrecklicher Traum, der ihn so ... .
4.   Straßenräuber haben ihn im Schlaf bedroht, so dass er vor ihnen ängstlich zurück... ....
5.   Seine lauten Schreie ... sie nicht ab ... ihn weiter zu verfolgen.
6.   Aber er konnte im Traum nicht fliehen, was ihn fast zu Tode ... .
7.   Er ... so furchtbar ..., dass er klopfenden Herzens aufwachte.

III Starke und schwache Verben

Einige Verben haben eine schwache und eine starke Form.
Diese unterscheiden sich in ihrer Bedeutung:

Schwache Verben

Starke Verben

etw./jdn. bewegen, bewegte, hat bewegt
=   Lage / Stellung verändern:
     Der Wind hat die Blätter leicht bewegt.
=   jdn. rühren / innerlich beschäftigen:
     Die historischen Aufnahmen haben mich sehr bewegt.

jdn. bewegen, bewog, hat bewogen zu
=   jdn. veranlassen / dazu bringen, etw. zu tun:
     Die wirtschaftliche Situation hat den Studenten zum Abbruch seines Studiums bewogen.

es gärt, gärte, hat gegärt
=   bildlich: unruhig sein, weil man unzufrieden ist mit jdm./etw.:
     Schon seit einiger Zeit hat es im Volk gegärt.

gären, gärte/gor, hat gegoren/ist gegoren (zu)
=   chemischer Vorgang, bei dem Zucker zu Alkohol wird:
     Der Saft hat lange gegoren. Er ist zu Most gegoren.

etw. schaffen, schaffte, hat geschafft
=   etw. bewältigen / fertigbringen / erreichen / zustande bringen:
     Die Bauarbeiter haben ihr heutiges Soll geschafft.

etw. schaffen, schuf, hat geschaffen
=   etw. Neues hervorbringen; etw. formen / künstlerisch gestalten:
     Der Künstler hat eine neue Plastik geschaffen.
     Man hat für die Bauarbeiter günstigere Bedingungen geschaffen.

wie geschaffen sein für jdn./etw.
=   besonders gut für jdn./etw. geeignet sein:
     Hans ist für die Arbeit mit Jugendlichen wie geschaffen.

etw. schaffen, schaffte/schuf, hat geschafft/ geschaffen
=   Abhilfe / Klarheit / Ordnung / Platz / Raum schaffen:
     Sie hat in ihrem Zimmer endlich Ordnung (geschafft) geschaffen.

sich scheren, scherte, hat geschert (ugs.)
= sich scheren um jdn./etw. = sich kümmern um jdn./etw. (meist verneint):
  Sie hat sich nie um anderer Leute Angelegenheiten geschert.
= sich entfernen / aus dem Staube machen
  (meistens in Befehlen und Verwün-
  schungen):
  Er soll sich zum Teufel scheren!

schleifen, schleifte, hat geschleift
= etw. berührt bei einer Bewegung etw. anderes; schleifend eine Fläche berühren /
  bearbeiten:
  Beim Fahrradfahren hat ihre Tasche am
  Schutzblech geschleift.

jdn./etw. (hinter sich her-) schleifen
= jdn./etw. über den Boden ziehen:
  Er hat sein Gepäck hinter sich herge-
  schleift.

etw. senden, sendete, hat gesendet
= etw. ausstrahlen / durch Funk oder Fernsehen übertragen:
  Das Fernsehen hat den umstrittenen
  Film erst spät abends gesendet.

etw. wachsen, wachste, hat gewachst (auch:
einwachsen)
= etw. mit Wachs einreiben:
  Früher hat man die Fußböden gründlich
  gewachst.

aufweichen, weichte auf, ist aufgeweicht
= weich werden:
  Bei dem starken Regen ist die Erde
  schnell aufgeweicht.

etw. aufweichen, weichte auf, hat aufgeweicht
= etw. durch Flüssigkeit weich machen:
  Der Regen hat die Erde aufgeweicht.

etw. einweichen, weichte ein, hat eingeweicht
= etw. in eine Flüssigkeit legen, um es
  weich zu machen oder zu reinigen:
  Der Hausmann hat die Bohnen am
  Abend eingeweicht.

etw. scheren, schor, hat geschoren
= etw. abschneiden / kurz schneiden (Bart,
  Haare, Wolle):
  Der Schäfer hat die Schafe geschoren.

etw./jdn. schleifen, schliff, hat geschliffen
= etw. schärfen / glätten:
  Der Scherenschleifer hat diese Schere besonders gut geschliffen.
= jdn. hart ausbilden / drillen (beim Militär):
  Der Offizier hat die Rekruten ziemlich
  geschliffen.

(jdm.) etw. senden, sandte, hat gesandt
= jdm. etw. schicken / zukommen lassen:
  Er hat seiner Freundin ein Überra-
  schungspäckchen gesandt.

wachsen, wächst, wuchs, ist gewachsen
= groß werden; sich entwickeln; zunehmen; sich ausdehnen:
  Das Kind ist zur Freude der Eltern
  schnell gewachsen.

jdm./etw. weichen, wich, ist gewichen (auch:
ausweichen)
= zurückgehen; jdm./etw. aus dem Weg
  gehen:
  Das Segelboot ist dem Dampfer ausgewi-
  chen.

(sich/etw.) wenden, wendete, hat gewendet
= sich/etw. in die entgegengesetzte Richtung bringen/drehen; (sich/etw.) umdrehen, (etw.) umkehren:
Er hat (den Wagen) gewendet.
Der Wind hat sich gewendet.

etw. entwenden
= etw. stehlen:
Die Kassiererin hat wiederholt Geld entwendet.

sich/etw. wenden, wendete/wandte, hat gewendet/gewandt
a) mit Präposition = etw. wenden nach/von;
sich wenden an/gegen/nach:
Sie hat den Kopf nach rechts gewendet/gewandt.
Er hat sich an einen Experten gewendet/gewandt.
b) mit Vorsilbe = etw. ab-, an-, auf-, ein-, um-, verwenden;
sich ab-, umwenden; sich verwenden für; sich jdm. zuwenden:
Diese Methode hat man schon oft angewendet/angewandt.
Er hat sich einem anderen Thema zugewendet/gewandt.
Der Chef hat sich für ihn verwendet/verwandt.

sich/jdn. wiegen, wiegte, hat gewiegt
= jdn. schaukeln / schaukelnd bewegen:
Die Mutter hat ihr Kind in den Armen gewiegt.
= Der Dieb hat sich in Sicherheit gewiegt.

(sich/etw.) wiegen, wog, hat gewogen
= das Gewicht von jdm./etw. feststellen:
Die Krankenschwester hat das Baby/sich gewogen.
= ein bestimmtes Gewicht haben:
Das Baby hat schon fast sechs Kilogramm gewogen.

Anmerkungen

1. Einige Verben haben schwache und starke Formen, die sich in ihrer Bedeutung nicht unterscheiden (*backen, glimmen, hauen, melken, saugen, schallen, (sich) spalten, weben*)
2. Beim Verb *spalten* sind in konkreter Bedeutung beide Formen gebräuchlich, in bildlicher Bedeutung hingegen ist nur die starke Verbform möglich:
Der Hausherr hat Holz gespaltet/gespalten.
Aber: Die Partei hat sich gespalten.

3. Beim Verb *weben* ist in konkreter Bedeutung die schwache Form gebräuchlich, in bildlicher Bedeutung die starke Verbform:
   Sie **hat** diesen Wandteppich selbst **gewebt**.
   Er **hat** in seiner Musik verschiedene Motive miteinander **verwoben**.

8 Starke oder schwache Verbform? Setzen Sie das Perfekt bzw. das Partizip Perfekt ein.

bewegen
1. Der frühe Tod seines besten Freundes … ihn sehr ….
2. Dieses Erlebnis … ihn dazu …, sich Rechenschaft abzulegen.
3. Er … sich länger nicht aus dem Hause ….
4. Schließlich … ihn seine Freunde dazu …, unter Leute zu gehen.

gären
1. Der Apfelmost kann nicht mehr getrunken werden, denn er … zu lange ….
2. Unter Weinbauern … es kräftig …, als der Handel liberalisiert wurde.

schaffen
1. Der Hausmann … die Arbeit problemlos ….
2. Er … im ganzen Haus Ordnung ….
3. Er scheint für Hausarbeit wie ….
4. Wenn seine Frau abends nach Hause kommt, … er alle Arbeit….
5. Sie … es gemeinsam …, ihr Leben zu organisieren.
6. Sie sind glücklich und glauben füreinander … zu sein.

scheren
1. Du warst beim Frisör? Der … dich ja ganz schön kahl ….
2. Wie ich dich kenne, … du dich nicht darum ….

schleifen
1. Sabine … ihren Schal hinter sich her …, so dass er ganz schmutzig geworden ist.
2. Vorsicht! Die Messer sind scharf ….
3. Von Soldaten sagt man, dass sie beim Militär … werden.
4. Der Abgeordnete hielt eine … Rede.

senden
1. Geburtstagskinder bekommen manchmal Blumen über ein Blumengeschäft zu….
2. Glückwünsche werden vom Rundfunk zusammen mit einem Musikstück ….
3. Er hat ihr die herzlichsten Glückwünsche zum Geburtstag ….
4. Er schrieb begeistert von einem Film, den das Fernsehen letzten Samstag … ….
5. Wie nett von dir, dass du mir die Fotos gleich zu… ….

wachsen
1. Fritz … als Kind nur sehr langsam ….
2. Er … aber allen ganz besonders ans Herz ….
3. Er meint, dass er jetzt er… ist.

weichen
1. Über Nacht … der Regen die Wege auf….
2. Bei dem Regen … die Wege ganz auf….
3. Beim Spazierengehen … wir großen Pfützen aus….
4. Mein Hund … mir dabei nicht von der Seite ….

wenden
1. Das Aupairmädchen … sich beim Kochen oft an die Hausfrau um Rat ….
2. Die Ratschläge, die sie bekam, … sie immer gleich an….
3. Sie … beim Kochen gern scharfe Gewürze ver….

4. Vorhin … sie den Braten zum zweiten Mal ….
5. Aus dem Küchenfenster hat sie die Autofahrer beobachtet, die vor dem Haus … ….
6. Wir hatten mal den Verdacht, dass jemand Geld aus der Wirtschaftskasse ent… ….
7. Alles … sich inzwischen aber zum Positiven ….

wiegen
1. Die Mutter … ihr Kind in den Schlaf ….
2. Sie … es täglich auf der Waage ….
3. Es … schon fast sieben Kilogramm ….

9 Starke oder schwache Verbform? Ergänzen Sie das Partizip Perfekt.

Streik

Während des Streiks hat es die Bundespost natürlich nicht … (schaffen), die Postsendungen zügig zu befördern. Man hat nicht mal alle Pakete … (wiegen). Wer Briefe … (absenden) hat, wusste nicht, wann sie den Empfänger erreichen. Viele hat das dazu … (bewegen), lieber zu telefonieren. Rundfunk und Fernsehen haben täglich Berichte darüber … (senden.) In der Wirtschaft hat es schon nach ein paar Tagen Poststreik kräftig … (gären), Privatpersonen haben es mit Humor genommen und sich kaum darum … (scheren).

IV Gesamtübungen

10 Erzählen Sie, was der Hausmann Hans-Dieter gestern nachmittag alles gemacht hat. (Erzählzeit: Perfekt)

1. Der Hausmann Hans-Dieter bäckt zuerst Kuchen. Er wiegt 500 g Mehl ab und weicht Rosinen ein.
2. Gleichzeitig wendet er ab und zu den Braten für das Abendessen. Hans-Dieter bewegt sich rastlos zwischen Kinderzimmer und Küche hin und her.
3. Im Kinderzimmer liegt der kleine Tobias.
4. In der Küche steht ein voller Mülleimer; das bewegt den fleißigen Hausmann dazu, sofort in den Hof zu gehen und ihn zu leeren.
5. Dann schleift er noch sämtliche stumpfen Messer.
6. Schließlich, als alle Töpfe dampfen, weicht er nicht mehr vom Herd.
7. Von Zeit zu Zeit wendet er den Blick der aufgeschlagenen Zeitung zu um sich noch schnell über die Tagesereignisse zu informieren.
8. Beim Anblick des perfekt vorbereiteten Abendessens schmilzt seiner Frau Beate fast das Herz.
9. „Wie schaffst du das nur!", sagt sie voller Bewunderung und deckt den Tisch.

11 Starkes oder schwaches Verb? Setzen Sie das Partizip Perfekt ein.

Die energische Schwester
1. Der Student Roland hat seiner Familie einen langen Brief geschrieben und nach einigem Zögern … (absenden). Er schreibt, dass finanzielle und andere Gründe ihn zum Abbruch des Studiums … (bewegen) haben.
2. Offensichtlich haben die Gegenargumente, mit denen sie ihm schon wiederholt eine Fortsetzung des Studiums … (nahe legen/nahe liegen) haben, nicht schwer genug … (wiegen). Sie haben es bisher nicht … (schaffen), ihn umzustimmen.

3. Das hat die ganze Familie … (bewegen). Dabei hatte er sein Studium fast …
    (schaffen).
4. Er selbst hat sich nicht gerade die günstigsten Bedingungen für sein Studium …
    (schaffen). Auch seine Eltern haben das nicht … (schaffen).
5. Warum hat er sich wegen eines Stipendiums nicht mal an das Studentenwerk …
    (wenden)? Neulich hat dort ein Informationsblatt … (aushängen), das hat er sich
    nicht mal angeschaut.
6. Seine Eltern beanspruchen das Kindergeld nicht, obwohl ihr Anspruch noch
    nicht … (löschen/erlöschen) ist.
7. Er hat sich keiner Diskussion mit seiner Familie mehr … (stellen/stehen).
8. Daraufhin ist seine Schwester kurz entschlossen zum Studentenwerk gegangen,
    hat sich die Unterlagen … (beschaffen), hat sie in einen Umschlag … (stecken)
    und an ihn … (absenden).
9. Dann hat sie sich ans Telefon … (hängen) und ihren Besuch für die nächste
    Woche angekündigt.
10. Sie hat einfach Klarheit … (schaffen) und er hat das Studium schließlich doch
    noch … (schaffen).

12 Beschreiben Sie den Verlauf einer Turnstunde. Setzen Sie die Verben im Präteritum
bzw. im Partizip Perfekt oder Infinitiv ein.

1. Im Umkleideraum … (legen/liegen) die Schülerinnen ihre Sachen auf die Bänke
    oder … (hängen) sie an die Haken.
2. In der Turnhalle … (setzen/sitzen) sie sich auf die Bänke. Als die Lehrerin herein-
    kam, … sie … (aufstellen/aufstehen) und … sich in einer Reihe … (aufstellen/auf-
    stehen).
3. Sie … (stellen/stehen) so lange, bis es ganz still war.
4. Zwei Schülerinnen waren … (setzen/sitzen) geblieben und … (scheren) sich nicht
    um das Erscheinen der Lehrerin.
5. Die Turnlehrerin … (verschwenden/verschwinden) nicht viele Worte, sondern
    ließ die Schülerinnen gleich mit einigen Turnübungen beginnen.
6. Sabine … (hängen) sich an die Ringe und … (bewegen) sich leicht hin und her.
    Sie … (senken/sinken) ihren Kopf.
7. Als ihre Kräfte … (verschwenden/schwinden), wäre sie fast auf den Boden …
    (fällen/fallen). Aber sie … (sprengen/abspringen) noch rechtzeitig und lachte.
8. Einige Mädchen … (legen/liegen) auf dem Boden. Sie hatten sich auf Matten …
    (legen/liegen) und machten schwierige Gymnastik-Übungen.
9. Dann … (setzen/sitzen) sie sich und … (setzen/sitzen) ganz aufrecht.
10. Ein paar von ihnen … (bewegen) sich mit Seilen durch die Turnhalle. Sie …
    (schleifen) die Seile hinter sich her.
11. Das ehrgeizigste Mädchen der Klasse … (steigern/steigen) an der Sprossenwand
    bis ganz nach oben und machte dort ihre Übungen.
12. Nach der Turnstunde … (stecken) die Lehrerin ihre Trillerpfeife in die Hosen-
    tasche und … (hängen) den Turnhallenschlüssel ans Schlüsselbrett im Lehrer-
    zimmer. Eine Turnstunde wie immer.

13 Berichten Sie im Präteritum bzw. Perfekt.

Ein versuchter Diebstahl

Als das berühmte Gemälde von R. noch im Museum ... (hängen), ... eines Nachts die Alarmglocke den Wärter auf... (schrecken). Der versuchte Diebstahl ... die Museumslei-
5 tung ... (bewegen) das Bild erst einmal in Sicherheit zu bringen. Man ... es in einen Tresor ... (legen/liegen). Dort ... es längere Zeit ... (legen/liegen). Auf diese Weise ... man im Museum Platz für ein gerade erworbenes Bild
10 ... (schaffen). Aber vielen Kunstfreunden ... daran (legen/liegen), das Bild wieder sehen zu können. Deshalb ... sie sich an die Museumsleitung mit der Bitte ... (wenden) das Bild der Öffentlichkeit wieder zugänglich zu machen. Man ... viel Geld für die Sicherung 15 des Bildes ... (aufwenden) und es wieder an seinen alten Platz ... (hängen). Der versuchte Diebstahl ... das Interesse der Öffentlichkeit für das Bild und den Maler noch ... (steigern/steigen). Vielleicht ... die Museumslei- 20 tung bis zu dem versuchten Diebstahl nicht genügend Wert auf die Sicherheit ihrer Kunstschätze ... (legen/liegen). Sie ... sich vielleicht zu sehr in Sicherheit ... (wiegen). Seit der Verschärfung der Sicherheitsmaßnah- 25 men im Museum ... kein Bild mehr ... (verschwenden/verschwinden).

§ 3 · Untrennbare und trennbare Verben

Einfache Verben (*stehen*) können mit untrennbaren, unbetonten Vorsilben (*bestehen*) oder
trennbaren, betonten Vorsilben (*aufstehen*) verbunden sein.

I Verben mit untrennbaren, unbetonten Vorsilben

(1) Der Geschäftsmann **verreist/verreiste** gern. (2) Er **ist** gern **verreist**. (3) Es macht ihm Spaß, öfter **zu verreisen**.	Untrennbare Vorsilben sind *be-, emp-, ent-, er-, ge-, hinter-, miß-, ver-, zer-*. Diese Vorsilben werden im Präsens und Präteritum nicht vom Verb getrennt (1). Das Partizip Perfekt wird ohne *ge* gebildet (2), *zu* steht vor dem Infinitiv (3). Die Betonung liegt auf dem Stammvokal, die Vorsilbe ist unbetont.

1 Suchen Sie Verben mit den jeweiligen Vorsilben und versuchen Sie herauszubekommen, ob die Vorsilben eine bestimmte Bedeutung haben. Nehmen Sie dabei ein Wörterbuch zu Hilfe.

1.	be-:	behalten, …
2.	emp-:	empfangen, …
3.	ent-:	entnehmen, …
4.	er-:	erkennen, …
5.	ge-:	gehören, …
6.	hinter-:	hinterlassen, …
7.	miß-:	missverstehen, …
8.	ver-:	vermeiden, …
9.	zer-:	zerbrechen, …

II Verben mit trennbaren, betonten Vorsilben

(1a) Der Zug **kommt/kam** pünktlich **an**. (1b) Der Zug, der pünktlich **ankam**, hielt nicht lange. (2a) Der Zug ist pünktlich **angekommen**. (2b) Gepäckwagen haben Koffer und Pakete **abtransportiert**. (3) Niemand schätzt es, mit Verspätung **anzukommen**.	Trennbare Vorsilben sind betont und werden im Präsens und Präteritum vom Verb getrennt (1a), allerdings nicht im Nebensatz (1b). Im Partizip Perfekt tritt *ge* zwischen Vorsilbe und Verbstamm (2a), bei Verben auf *-ieren* entfällt *ge* (2b). Im Infinitiv steht *zu* zwischen Vorsilbe und Verbstamm (3).

Trennbare Vorsilben sind häufig Präpositionen
oder Adverbien, seltener Adjektive, Verben oder
Substantive:

1. **Präpositionen:** z. B. ab, an auf, aus, bei, mit, nach, vor, zu; ausschlafen, mitfahren, vorkommen
2. **Adverbien:** z. B. beisammen-, da,- dar-, darauf-, ein-, einher-, empor,- entgegen-, fort-, gegen-, her-, herauf-, herunter-, hervor-, hin-, hinaus-, hinein-, inne-, los-, nieder-, überein-, umher-, vorbei-, vorweg-, weg-, zurecht-, zurück-, zuwider-: emporsteigen, innehalten, übereinstimmen
3. **Adjektive:** z. B. bereit-, fehl-, kaputt-, leck-, tot-: fehlschlagen, sich kaputtlachen, totschlagen
4. **Substantive:** z. B. heim-, irre-, preis-, stand-, statt-, teil-, wett-, wunder-: preisgeben, standhalten, teilnehmen

Einige Verben mit einem Substantiv werden fast
nur im Infinitiv (mit *zu*), in Einzelfällen auch als
Partizip I und II gebraucht, z. B. *bergsteigen,
notlanden, notschlachten, schutzimpfen, sonnenbaden, wettlaufen, zwangsräumen*:

> Der Pilot versuchte **notzulanden**. Er ist vor kurzem schon mal **notgelandet**.

Einige Verben mit einem Substantiv, Adjektiv
oder Verb als erster Silbe sind, obwohl diese betont ist, untrennbar; im Partizip II steht das *ge-*
vor dem Verb z. B. *argwöhnen, fachsimpeln, früh-
stücken, handhaben, kennzeichnen, langweilen,
maßregeln, mutmaßen, ohrfeigen, rechtfertigen,
schlussfolgern, weissagen, wetteifern*:

> Der ältere Bruder **ohrfeigte** seine Schwester und versuchte sich **zu rechtfertigen**.
> Die beiden haben sich nie **gelangweilt**.

Diese Verben sind untrennbar, weil sie von Substantiven abgeleitet sind:

Wetteifer	$\rightarrow$	wetteifern
Frühstück	$\rightarrow$	frühstücken
Kennzeichen	$\rightarrow$	kennzeichnen

Nach der Rechtschreibreform bilden viele Adverbien, Adjektive (soweit sie steiger- oder er-
weiterbar sind), Substantive sowie alle Verben
(als Infinitiv und Partizip) mit einem Verb Wortgruppen, die grundsätzlich getrennt geschrieben werden (*auseinander gehen, fertig stellen,
Maschine schreiben*).

Manche Adverbien, Adjektive und Substantive
bilden mit Verben sowohl Zusammensetzungen
(Zusammenschreibung: *vorhersagen, fernsehen,
notlanden*) als auch Wortgruppen (Getrennt-
schreibung: *vorher sagen, fern liegen, Not leiden*).

2 Suchen Sie weitere Verben, die als Vorsilbe eine Präposition, ein Adverb, ein Adjektiv
oder ein Substantiv haben.

    1.   Präposition: vorziehen, ...
    2.   Adverb: hinunterschlucken, ...
    3.   Adjektiv: bereitstellen, ...
    4.   Substantiv: zweckentfremden, ...

3 Wo steht *zu*?

    1.   Es ist notwendig wichtige Termine (besprechen / absprechen).
    2.   Es ist empfehlenswert ein Thema gründlich (ausarbeiten / bearbeiten).
    3.   Es ist ratsam Türen (abschließen / verschließen).
    4.   Es empfiehlt sich unglaubwürdige Behauptungen (bezweifeln / anzweifeln).
    5.   Es ist mühsam steile Berge (hinaufsteigen / besteigen).
    6.   Manchen gelingt es immer und überall (gefallen / auffallen).

4 Hier fehlen die Verben im Infinitiv.

    1.   (erziehen / verziehen)
        Sie bemüht sich ihre Kinder gut ...
        Sie neigt dazu, das jüngste Kind ...
    2.   (entlassen / zulassen)
        Ihr fällt es schwer, ihre Kinder in die Selbständigkeit ...
        Sie ist entschlossen deren Eigenständigkeit nur in bestimmten Grenzen ...
    3.   (nachdenken / bedenken)
        Sie nimmt sich Zeit über anstehende Entscheidungen gründlich ...
        Es ist ihr wichtig, die Folgen genau ...
    4.   (zerbrechen / zusammenbrechen)
        Manchmal glaubt sie an ihren Sorgen ...
        Ihres labilen Gesundheitszustands wegen hat sie Angst eines Tages ...

5 Welches Verb passt? (Partizip Perfekt)

    1.   (versprechen / freisprechen)
        Der Angeklagte wurde doch nicht ...
        Der Richter hatte sich bei der Urteilsverkündung ...
    2.   (befallen / abfallen)
        Manche Bäume sind von Schädlingen ...
        Viele Früchte sind schon ...

   3. (verfallen / auffallen)
      In dem verlassenen Dorf sind viele Häuser ...
      Das ist jedem sofort ...
   4. (verladen / ausladen)
      Die Waren wurden auf Lastwagen ...
      Am Zielort wurden sie wieder ...
   5. (verschätzen / einschätzen)
      Der Kaufmann hat die Kosten niedrig ...
      Er hat sich ziemlich ...
   6. (erregen / sich aufregen)
      Sie hat sich über alles gleich furchtbar ...
      Sie war schnell ...

6 Hier geht es um die Beschreibung einer wichtigen Erfindung. Verfassen Sie, soweit nicht anders
angegeben, einen Text im Präteritum.

Die Glühbirne

Im Jahre 1879 (erfinden) Edison die Glühbirne. Er (hinterlassen) der Menschheit damit eine Erfindung von fundamentaler Wichtigkeit.

5 Edison (anstellen / Plusq.) zuerst eine Reihe von Versuchen, sie dann aber wieder (zurückstellen / Part. Perf.). Dann (beschließen) er sie wieder (aufnehmen / Inf. mit *zu*) und (fortführen / Inf. mit *zu*). Er (zurückkehren) zu 10 seiner alten Versuchsanordnung. Seine gesicherte finanzielle Situation (ermöglichen) es ihm, dafür Mitarbeiter (einstellen / Inf. mit *zu*) und die früheren Versuche im eigenen Labor nochmals (hinterfragen / Inf. mit *zu*). 15 Zunächst (misslingen) seine Bemühungen. Aber er (fortsetzen) seine Experimente unablässig. Schließlich (entwickeln) er eine Glühbirne, die er zunächst mit hohen Selbstkosten (herstellen). In seine Experimente (hineinstecken) er mehr als 40 000 Dollar. Aber 20 das Ergebnis (einbringen) am Ende mehr, als nötig war um die Ausgaben (abdecken / Inf. mit *zu*). Im ersten Jahr (verkaufen) Edison die Glühbirne, die ihn 1 Dollar und 10 Cents kostete, für 40 Cents. Später (verbessern) er seine 25 Produktionsweise. So (zurückgehen) der Selbstkostenpreis einer Birne auf ungefähr 60 Cents. Trotzdem (verlieren) Edison immer noch Geld, denn die Verkäufe (zunehmen) rasch. Erst im vierten Jahr nach seiner Erfin- 30 dung (herabdrücken) er den Selbstkostenpreis auf 37 Cents und (hereinbringen) das in den Vorjahren eingebüßte Geld wieder. Heute (herstellen / Passiv) die Birne millionenfach.

III Verben mit mehreren Vorsilben

(1) Der Lehrer **beaufsichtigt** seine Schüler beim Test. (beaufsichtigen)
Der Lehrer hat die Schüler beim Test **beaufsichtigt**.
Ist es nötig, die Schüler beim Test **zu beaufsichtigen**?

(2) Er **bestellt** die Zeitschrift **ab**. (abbestellen)
Er hat die Zeitschrift **abbestellt**.
Er schreibt an den Verlag um die Zeitschrift **abzubestellen**.

(3) Man **bereitet** atomare Brennstäbe **wieder auf**. (wiederaufbereiten)
Man hat atomare Brennstäbe **wiederaufbereitet**.
Ist es ungefährlich, atomare Brennstäbe **wiederaufzubereiten**?

(4) Der Firmenchef **macht** den Schaden **wieder gut**.
Der Firmenchef **hat** den Schaden **wiedergutgemacht**
Es hat viel Geld gekostet, den Schaden **wiedergutzumachen**.

(5) Der Chef **erkennt** Leistung **an/anerkennt** Leistung.

Hat ein Verb mehrere Vorsilben, so gilt:
Ist die erste Vorsilbe untrennbar (vgl. S. 38), wird nicht getrennt, das Perfekt wird ohne *ge* gebildet. *zu* steht vor dem Infinitiv (1).

Ist/sind die erste/n Vorsilbe/n trennbar (vgl. S. 38ff.), die restlichen aber nicht, werden die ersten Teile einzeln abgetrennt. Das Perfekt wird ohne *ge* gebildet; im Infinitiv steht *zu* zwischen den trennbaren und den untrennbaren Teilen (2) (3).

Sind alle Vorsilben trennbar, werden sie alle einzeln getrennt. *ge* und *zu* stehen zwischen den Vorsilben und dem Verb (4).

Die Vorsilben *durch-, über-, um-, unter-, wider-* und *wieder-* werden sowohl trennbar als auch untrennbar gebraucht, sie werden bei den Verben mit mehreren Vorsilben auch entsprechend wie trennbare und untrennbare Vorsilben behandelt. (Vgl. S. 43ff.)
Einige Verben werden heute trennbar und untrennbar gebraucht, z. B. *anerkennen, zuerkennen, auferlegen* (5).

---

7 Berichten Sie von einer Mitarbeiterversammlung. Ergänzen Sie die Verben in der angegebenen Form.

Der Firmenchef (einberufen / Perf.) letzte Woche eine Mitarbeiterversammlung. Sie war schon auf 8 Uhr (anberaumen / Part. Perf.). Er sagte gleich zu Beginn, dass er besonderen
5 Wert darauf legt, die Betriebsangehörigen in wichtige Entscheidungen (einbeziehen / Inf. mit *zu*). Er (voraussetzen / Präs.) natürlich das Interesse der Mitarbeiter.
Er hatte sich vor allem vorgenommen den
10 Mitarbeitern keine wichtigen Informationen (vorenthalten / Inf. mit *zu*). Zunächst hat er seine Entscheidung bekannt gegeben die vor zwei Jahren geschlossene Niederlassung in Hamburg wieder zu eröffnen und das Unter-
nehmen (umgestalten / Inf. mit *zu*). Die allgemeine Wirtschaftslage schien er relativ positiv (beurteilen / Inf. mit *zu*). Die in den letzten Jahren vernachlässigten Geschäftsbeziehungen zu ausländischen Firmen sollen wieder belebt werden. Er hat auch zu dem Gerücht Stellung genommen, dass ein Prokurist Gelder (veruntreuen / Part. Perf.) habe.
Dann haben sich einige Mitarbeiter zu Wort gemeldet und beklagt, dass sie zu stark belastet sind und dass ihnen manchmal zuviel (abverlangen / Pass. Präs.). Sie haben auch bemängelt, dass die Geschäftsleitung dazu neige, die Leistungen mancher Mitarbeiter

(herabsetzen / Inf. mit *zu*). Außerdem habe
30 man ein gutes Recht mehr Mitbestimmung
und Eigenverantwortlichkeit (beanspruchen /
Inf. mit *zu*). Sie (verabscheuen / Präs.) es, (be-
vormunden / Part. Perf.) zu werden. Es wurde
ihnen versprochen, dass in Zukunft weniger
35 in den Verantwortungsbereich einzelner Mitarbeiter (hineinreden / Pass. Präs.). In der Firma hatten in letzter Zeit Krankmeldungen
überhand genommen. Das (verunsichern /
Plusq.) die Verantwortlichen außerordent-
40 lich. Die Kritik der Mitarbeiter (beunruhigen /
Perf.) die Geschäftsleitung zusätzlich. Sie hatte
es versäumt, den Vorwürfen (zuvorkommen /

Inf. mit *zu*). Man (übereinkommen / Perf.)
schließlich sich in Zukunft mit den anstehenden Problemen rechtzeitig und offen 45
(auseinandersetzen / Inf. mit *zu*). Herr Wag-
ner hat versprochen das frühere vertrauens-
volle Betriebsklima wieder herzustellen. Zum
Schluss konnte er noch einen Erfolg verbu-
chen: Alle (übereinstimmen / Prät.) mit ihm 50
darin, eine alte Tradition wieder zu beleben
und wieder einmal einen Tag der offenen Tür
(veranstalten / Inf. mit *zu*).

45

IV Verben mit trennbaren und/oder untrennbaren Vorsilben

Die Vorsilben *durch-, über-, um-, unter-, wider-*
und *wieder-* werden trennbar (betont) und untrennbar (unbetont) gebraucht. Manche Verben
sind nur trennbar (*unterbringen*), manche nur
untrennbar (*unterrichten*). Es gibt aber auch Verben, die trennbar und untrennbar sind (*umfahren*).
Bei den trennbaren Verben bleibt der Sinn der
Vorsilbe im Allgemeinen erhalten; sie haben
wörtliche, konkrete Bedeutung. Die untrennbaren Verben haben meist eine veränderte, d.h.
bildliche, übertragene Bedeutung. Für die Vorsilben *durch-, über-, unter-* trifft das nicht immer
zu und für die Bedeutung der Vorsilbe *um-* gelten eigene Regeln.
Vorsilben, die trennbar und untrennbar gebraucht werden können, werden bei den Verben mit mehreren Vorsilben auch entsprechend
wie trennbare und untrennbare Vorsilben behandelt. (Vgl. S. 42)

1. Verben mit trennbaren oder untrennbaren Vorsilben

a) Die Vorsilben *voll-, wider-, wieder-*

(1a) In seinen frechen Bemerkungen haben sich Witz und gute Laune **widergespiegelt**. (widerspiegeln)
(1b) Der Lehrer hat die „wilden" Behauptungen der Schüler **widerlegt**. (widerlegen)
(2a) Die Schüler haben sich große Mühe gegeben dem Lehrer die ausgeliehenen Bücher in gutem Zustand **wiederzugeben**. (wiedergeben)
(2b) Der Lehrer vermied es, die üblichen Ermahnungen ständig zu **wiederholen**. (wiederholen)

Die trennbare, betonte Vorsilbe *wider-* hat die wörtliche Bedeutung „gegen", „zurück" (*widerhallen, widerspiegeln*) (1a). Die untrennbare unbetonte Vorsilbe *wider-* hat übertrage Bedeutung (*widerfahren, widerlegen, widerrufen, sich widersetzen, widersprechen, widerstehen, widerstreben*) (1b).
Die trennbare, betonte Vorsilbe *wieder-* hat die wörtliche Bedeutung „etw. zurückbekommen" oder „zurückgeben" (*wiederbringen, wiederkommen, wiedergeben, wiederhaben, wiederholen, wiederkriegen* (ugs.)). Bei Verben mit *wieder* in der Bedeutung „noch einmal, erneut" handelt es sich um Wortgruppen, die grundsätzlich getrennt geschrieben werden. Ebenso „voll" in der wörtlichen Bedeutung (*voll tanken*). Mit der untrennbaren, unbetonten Vorsilbe *wieder-* gibt es nur das Verb *wiederholen* (= etw. noch einmal tun oder sagen) (2b).

8 Ergänzen Sie, wenn nicht anders angegeben, die Verben im Partizip Perfekt.

1. Aus den Ferien ist unser Lehrer immer gut erholt (wiederkommen).
2. Er hat stichhaltigen Argumenten seiner Schüler nie (widersprechen).
3. Im Sprachunterricht hat er mit seinen Schülern regelmäßig Vokabeln (wiederholen).
4. Er hat die ausgeliehenen Bücher immer pünktlich (wiederbekommen).
5. In seinem langen Lehrerdasein ist ihm manches Seltsame (widerfahren).
6. Die Hefte seiner Schüler haben die klare Konzeption seines Unterrichts (widerspiegeln).
7. Das Verteilen von Strafarbeiten hat ihm immer (widerstreben).
8. Seine Schüler haben seine seine schon oft verloren geglaubte Brille stets (wiederbringen).
9. Er war dann immer froh sie (wiederhaben/Inf. mit zu).
10. Er hat sich nie dazu überreden lassen, begründete Entscheidungen (widerrufen / Inf. mit *zu*).
11. Seine energische Stimme hat oft im Treppenhaus (widerhallen).
12. Er hat vernünftigen Anweisungen seines Rektors nie (sich widersetzen).

b) Die Vorsilben *durch-, über-, unter-*
(Vgl. S. 49ff.)

(1a) Er **hat** das Unterrichten noch lange nicht **über**. (überhaben)
(1b) Für seinen Unterricht **überlegt** er sich immer wieder etwas Neues. (sich überlegen)
(2a) Der Lehrer hat die Hausaufgaben **durchgesehen**. (durchsehen)
(2b) Er hat seine Aktentasche nach seinem Notenbuch **durchsucht**.(durchsuchen)
(3a) Auf Wanderungen versucht er manchmal in Jugendherbergen **unterzukommen**. (unterkommen)
(3b) Er vermeidet es bewusst seine Schüler **zu unterbrechen**. (unterbrechen)

Der Regel entsprechend haben die trennbaren Verben *durchsehen* und *unterkommen* wörtliche Bedeutung (2a) (3a), die untrennbaren Verben *überlegen* und *unterbrechen* bildliche Bedeutung (1b) (3b).
Entgegen der Regel hat das trennbare Verb *überhaben* bildliche Bedeutung (1a), das untrennbare Verb *durchsuchen* wörtliche Bedeutung (2b).

9 Wie heißt das Präteritum?

1. Der Lehrer (übertreffen) in seinem Engagement für die Schüler alle Kollegen.
2. Er (durchgreifen) öfters mal energisch.
3. Er (unterlassen) es aber bewusst, auf seine Schüler unnötig Druck auszuüben.
4. Immer (überleiten) er mit pädagogischem Geschick zu neuen Themen.
5. Seine Unterrichtsvorbereitungen (überarbeiten) er in jedem Schuljahr neu.
6. In den Ferien (unterbringen) er viele seiner Schüler in ausländischen Gastfamilien.

10 Ergänzen Sie das Partizip Perfekt.

1. Der Lehrer hat das Leistungsvermögen seiner Schüler nie (überschätzen).
2. Deshalb hat er sie auch nie (überfordern).
3. Bei den Abiturvorbereitungen hat er sie immer sehr (unterstützen).
4. Meistens hat er sie alle (durchbringen).
5. Er hat schon manche Nacht mit seinen Schülern (durchfeiern).
6. Seine wohlgemeinten Ermahnungen sind dann manchmal im Gelächter und Lärm (untergehen).

11 Wo steht *zu*?

1. Der Lehrer fordert die Schüler auf im Geschichtsbuch ein paar Seiten (überschlagen).
2. Er versucht eigentlich nie einen Schüler zu irgendetwas (überreden).
3. Es liegt ihm sehr daran die Schüler (überzeugen).
4. Er ist jederzeit bereit auch persönliche Probleme mit ihnen (durchsprechen).
5. Den Schülern fällt es deshalb nicht schwer sich seiner Autorität (unterordnen).
6. Er nimmt sich immer genug Zeit um die schriftlichen Arbeiten gründlich (durchsehen).

12 Trennbar oder untrennbar? Ordnen Sie die Verben.

	trennbar	untrennbar		trennbar	untrennbar
überkochen	✗	☐	sich nicht unterkrie-		
untersagen	☐	✗	gen lassen (ugs.)	☐	☐
unterbleiben	☐	☐	übersenden	☐	☐
durchkommen	☐	☐	unterschreiben	☐	☐
überblicken	☐	☐	übersiedeln	☐	☐
untertauchen	☐	☐	überdenken	☐	☐
überqueren	☐	☐	durchstreichen	☐	☐
durchleben	☐	☐	überdauern	☐	☐
unterwerfen	☐	☐	durchhalten	☐	☐
überlassen	☐	☐	überweisen	☐	☐
durchlassen	☐	☐	durchregnen	☐	☐
übertreiben	☐	☐	durchsuchen	☐	☐

c) **Die Vorsilbe** *um-*
   (Vgl. S. 52ff.)

(1a) Sie freut sich darauf, bald nach Hamburg **umzuziehen**. (umziehen)
(1b) Der Hausbesitzer **baut** sein Haus schon zum zweitenmal **um**. (umbauen)
(1c) Es war nicht seine Absicht, das Bierglas **umzustoßen**. (umstoßen)
(1d) Die Wanderer sind schon nach einer Stunde **umgekehrt**. (umkehren)
(2) Der Hubschrauber **umkreiste** den Unfallort (umkreisen)

Die trennbare, betonte Vorsilbe *um-* hat die Bedeutung „Veränderung":
– Ortsveränderung (*umladen, umsteigen, umziehen*) (1a)
– Zustandsveränderung (*umändern, umbauen, umtauschen*) (1b)
– Richtungsänderung von der Vertikale in die Horizontale (*umbiegen, umfallen, umstoßen*) (1c)
– Richtungsänderung in eine andere oder in die entgegengesetzte Richtung (*umblättern, umkehren, sich umschauen*) (1d).
Die untrennbare, unbetonte Vorsilbe *um-* hat die Bedeutung „kreis- oder bogenförmige Bewegung" (*umarmen, umkreisen, umzäunen*) (2).

13 Ordnen Sie die Verben der entsprechenden Gruppe zu.

	Veränderung	kreis- oder bogenförmige Bewegung
die Sonne umkreisen	☐	✗
mit Sack und Pack umziehen	✗	☐
umfallen	☐	☐
den Verkehr umleiten	☐	☐
die Mutter ängstlich umklammern	☐	☐
sich nach einer schönen Frau umblicken	☐	☐
einen Sonnenschirm umwehen	☐	☐
ein Buch umtauschen	☐	☐

sich umziehen	☐	☐
Erde umgraben	☐	☐
in einen anderen Zug umsteigen	☐	☐
seine Taille umfassen	☐	☐
einen Braten umwenden	☐	☐
Satzglieder umformen	☐	☐
eine Person umrennen	☐	☐
einen Filmstar umschwärmen	☐	☐
eine Freundin umarmen	☐	☐
die Hosentaschen umstülpen	☐	☐
den Bodensee mit dem Fahrrad um-runden	☐	☐
einen Menschen umerziehen	☐	☐
einen Kranken umbetten	☐	☐
einen verletzten Arm mit einer Binde umwickeln	☐	☐
jemanden umstimmen	☐	☐

14 Sagen Sie im Perfekt, was Frau Müller alles verändert hat.

1. (das Wohnzimmer umräumen)
2. (einige Bilder umhängen)
3. (die Kinder am Esstisch umsetzen)
4. (Blumen umpflanzen)
5. (ihren Garten umgestalten)
6. (eine geplante Reise umbuchen)
7. (lange gehegte Wünsche in die Tat umsetzen)
8. (auf Ernährungsberaterin umschulen)

15 Die Infinitivsätze sind nicht vollständig. Ordnen Sie die Verben zu. Manchmal passen mehrere Verben.

umrühren —————————	1. Es ist notwendig, Soßen während des Kochens ab und zu …
umblättern	2. Es bedarf keiner großen Anstrengung, die Seiten eines Buches …
umkrempeln	3. Es ist am einfachsten, zu lange Ärmel einfach …
(sich) umdrehen	4. Es ist unmöglich, einen Menschen völlig …
umkehren	5. Es macht sich nicht gut, bei Schwierigkeiten auf halbem Wege …
sich umschauen	6. Wenn man im Vorübergehen etwas nicht genau gesehen hat, bleibt nichts anderes übrig, als sich …
sich umhören	
sich umsehen	7. Es ist empfehlenswert, sich …, wenn man etwas erfahren will.
sich umtun	8. Einem Arbeitslosen bleibt nichts anderes übrig, als sich nach einem neuen Arbeitsplatz …
umschlagen	

16 Was ist hier passiert? Setzen Sie die angegebenen Formen ein.

Übermut, der vieles zu Fall bringt
1. Jugendliche machten sich einen Spaß daraus, Autoantennen (umbiegen / Inf. mit *zu*).
2. Sie (umwerfen / Prät.) Sonnenschirme.
3. Aus Übermut (umstoßen / Prät.) sie auch mehrere Mülleimer.
4. Jeder wollte der Stärkste sein und versuchte Äste (umknicken / Inf. mit *zu*).
5. Ein Junge wäre beinahe mit der Leiter (umstürzen / Part. Perf.).
6. Mit einem gestohlenem Boot wären sie fast (umkippen / Part. Perf.).
7. Aus Spaß versuchten sie sich gegenseitig (umstoßen / Inf. mit *zu*).
8. Dabei (umfallen / Perf.) eine Reihe Fahrräder.

17 Setzen Sie die Verben im Partizip Perfekt ein.

Rundherum
1. Die Halligen sind bei Flut rundherum von Wasser (umschließen).
2. Sie werden von großen Schiffen weiträumig (umfahren).
3. An windstillen Tagen werden die Halligen von kleinen Wellen (umspielt).
4. Oft sind die Halligen von Nebel und Wolken (umhüllen).
5. Die Bauernhöfe der Halligen sind von Viehweiden (umgeben).
6. Die Viehweiden sind mit elektrischem Draht (umzäunen).
7. Manche Bauernhäuser sind ganz von Efeu (umranken).
8. Besucher der Halligen werden von den Bewohnern sofort neugierig (umringen).

18 Noch mehr Verben mit *um-*. Setzen Sie das Partizip Perfekt ein.

Nach einem Regierungswechsel
1. Bis vor kurzem war die neue Verfassung noch hart (umkämpfen).
2. Die alte Verfassung hat deutlich weniger Artikel (umfassen).
3. Das Parlamentsgebäude, das von einem Park (umgeben) ist, war von vielen Menschen (umringen).
4. Jetzt muss in allen Bereichen (umdenken) werden.
5. Der Tag des Regierungswechsels sollte im Kalender rot (umranden) werden.
6. Das alte Schloss soll zum Präsidentenamt (umfunktionieren) werden.
7. Viele Straßen und Plätze sollen (umbenennen) werden.
8. Die politischen Gremien sind schon (umbilden).
9. Die Ministerien sind bereits (umstrukturieren) worden.
10. Wo immer der neue Regierungschef auftritt, wird er von den Bürgern (umlagern und umjubeln).

2. Verben mit trennbaren und untrennbaren Vorsilben

a) die Vorsilbe *durch-* *(vgl. S. 45f.)*

Trennbare Verben mit betonter Vorsilbe *(meist in wörtlicher Bedeutung)*	*Untrennbare Verben mit unbetonter Vorsilbe* *(meist in bildlicher Bedeutung)*
etw. durchbrechen = etw. in zwei Teile brechen: Das Kind hat den Stock durchgebrochen.	*etw. durchbrechen* = sich gewaltsam einen Weg durch ein Hindernis bahnen: Das Auto hat die Absperrung durchbrochen.
durchdringen = etw. ist zu hören / zu sehen / zu erfahren: Die Nachricht drang bis zu uns durch. = durch etw. hindurchkommen: An dieser Wand ist Feuchtigkeit durchgedrungen.	*etw. durchdringen* = durch etwas Dichtes hindurchkommen: Das Gestrüpp war kaum zu durchdringen.
	durchdrungen sein von (+ D) = von einem Gefühl / einer Idee erfüllt sein: Junge Menschen sind oft von starkem Idealismus durchdrungen.
durchfahren = ohne anzuhalten weiterfahren: Der Zug hält hier nicht, er fährt durch.	*jdn./etw. durchfahren* = durchdringen: Ein schrecklicher Gedanke durchfuhr sie.
durchlaufen = durch eine Öffnung / einen Raum / ein Gebiet laufen: An dieser Stelle läuft öfters Wasser durch. = eine bestimmte Zeit / bis zu einem bestimmten Ort ohne Unterbrechung laufen: Wir sind bis zu dem Gasthaus durchgelaufen.	*etw. durchlaufen* = etw. (in Etappen) hinter sich bringen; etw. absolvieren: Jeder Mensch durchläuft bis zu seinem Lebensende verschiedene Entwicklungsphasen.
durchschauen = durch etw. blicken / sehen: Gib mir mal dein Fernglas, ich habe noch nie durchgeschaut.	*jdn./etw. durchschauen* = die verborgenen Absichten / Gedanken / den Charakter eines Menschen erkennen: Wir haben seine nicht ganz selbstlosen Absichten sofort durchschaut.

b) die Vorsilbe *über-*

Trennbare Verben mit betonter Vorsilbe	*Untrennbare Verben mit unbetonter Vorsilbe*
(meist in wörtlicher Bedeutung)	*(meist in bildlicher Bedeutung)*

übergehen in (+A)
= sich in etw. verwandeln:
Die Ebene geht allmählich in Bergland über.

jdn./etw. übergehen
= jdn./etw. vernachlässigen / nicht beachten:
Er ist offensichtlich bei der Beförderung übergangen worden.

übergehen zu (+ D)
= mit einem neuen Thema / Tagesordnungspunkt beginnen:
Sie sind zu einem anderen Thema übergegangen.

jdn. übersetzen
= jdn. mit einem Boot / einer Fähre ans andere Ufer bringen:
Bei Sturm werden keine Personen übergesetzt.

etw. übersetzen
= einen Text in eine andere Sprache übertragen:
Die Schüler haben den Text ins Deutsche übersetzt.

überspringen von (+ D) ... auf (+ A)
= von etw. auf etw. springen:
Die Funken sind auf das Nachbarhaus übergesprungen.

etw. überspringen
= über etw. springen:
Der Läufer hat die Hürden mühelos übersprungen.
= etw. auslassen:
Die begabte Schülerin hat eine Klasse übersprungen.

überstehen
= über einen Rand herausragen, vorspringen:
Das Dach steht einen Meter über.

etw. überstehen
= eine schwierige / unangenehme Situation hinter sich bringen:
Die alte Frau hat die Operation überraschend gut überstanden.

übertreten zu (+ D)
= zu einer anderen Organisation / Religion wechseln:
Sie ist zum Islam übergetreten.

etw. übertreten
= Gesetze / Vorschriften nicht beachten:
Der Autofahrer hat die Straßenverkehrsordnung übertreten.

jdm./sich (= D) etw. überwerfen
= jdm./sich etw. schnell umhängen:
Er hat sich einen Mantel übergeworfen.

sich überwerfen mit (+ D)
= sich mit jdm. streiten und sich nicht versöhnen:
Sie hat sich mit ihrer Freundin überworfen.

jdm./sich (= D) etw. überziehen
= ein Kleidungsstück über ein anderes
  ziehen / darüber ziehen:
  Sie hat sich einen Pullover übergezogen.

etw. überziehen mit (+ D)
= etw. über etwas ziehen:
  Die Sessel wurden mit Leder überzogen.

etw. überziehen
(nur Part. Perf.: überzogen)
= übertrieben:
  Deine Kritik war überzogen.

sein Konto überziehen
= mehr Geld vom Konto abheben, als
  drauf ist:
  Er hat sein Konto erneut überzogen.

c) **Die Vorsilbe** *unter-*

Trennbare Verben mit betonter Vorsilbe

(meist in wörtlicher Bedeutung)

etw. untergraben
= etw. unter die Erde bringen:
  Der Gärtner hat den Dünger unterge-
  graben.

etw. unterhalten
= etw. unter etw. halten / darunter halten:
  Die meisten Mütter halten dem Kind
  beim Füttern die Hand unter.

*Untrennbare Verben mit unbetonter
Vorsilbe*
(meist in bildlicher Bedeutung)

etw. untergraben
= das Ansehen / die Stellung von jdm.
  langsam zerstören / schwächen:
  Korrupte Geschäfte haben das Ansehen
  des Politikers untergraben.

sich unterhalten mit (+ D)
= mit. jdm. sprechen:
  Der Philosoph hat sich gern mit jungen
  Leuten unterhalten.

sich/jdn. irgendwie unterhalten
= sich/jdm. die Zeit vertreiben:
  Die Gastgeber haben ihre Gäste blendend
  unterhalten.

jdn. unterhalten
= für jdn. sorgen; jdm. den Lebensunterhalt
  zahlen:
  Sein Gehalt reicht kaum aus um die
  Familie mit drei Kindern zu unterhalten.

etw. unterhalten
= etw. instand halten / finanzieren;
  Beziehungen pflegen:
  Der Staat unterhält die öffentlichen
  Gebäude.

sich/etw. unterstellen
= etw. in einen Raum stellen; sich/etw. unter etw. stellen / darunter stellen:
  Sie stellte ihr Fahrrad bei Freunden unter.

jdm. etw. unterstellen
= etw. Negatives von jdm. behaupten:
  Sie unterstellte ihrer Kollegin, Informationen nicht weiterzugeben.

jdm./sich (= D) etw. unterziehen
= ein Kleidungsstück unter ein anderes ziehen / darunter ziehen:
  Ich ziehe bei kaltem Wetter noch einen Pullover unter.

sich etw. (= D) unterziehen
= etw. Unangenehmes auf sich nehmen:
  Er hat sich einem Verhör unterzogen.

19 Viele Empfehlungen auf einmal. Bilden Sie Infinitivsätze.

Was man auf jeden Fall tun sollte
Es empfiehlt sich,
1. zu strengeren Kontrollen des Drogenhandels (übergehen).
2. zu einer anderen Partei (übertreten), wenn man sich mit der eigenen Partei nicht mehr identifizieren kann.
3. gute Beziehungen zu allen Geschäftspartnern (unterhalten).
4. die Schule erfolgreich (durchlaufen).
5. bei Herzbeschwerden einer ärztlichen Untersuchung (sich unterziehen).
6. unvorhergesehene Probleme mit Humor (überstehen).
7. bei Regen (sich unterstellen).

Was man dagegen unbedingt vermeiden sollte
Man sollte vermeiden
1. ständig sein Konto (überziehen).
2. zum nächsten Tagesordnungspunkt (übergehen), wenn der letzte noch nicht ausdiskutiert ist.
3. Gesetze und Vorschriften (übertreten).
4. jemandem böse Absichten (unterstellen).
5. die Autorität der Regierung (untergraben).
6. in einer Diskussion Wortmeldungen einfach (übergehen).
7. mit seinem Chef (sich überwerfen).
8. einen Text allzu frei (übersetzen).

d) Die Vorsilbe *um-* (vgl. S. 46ff.)

Trennbare Verben mit betonter Vorsilbe

(Orts- und Zustandsveränderung, Richtungsänderung)

Untrennbare Verben mit unbetonter Vorsilbe
(kreis- oder bogenförmige Bewegung)

etw. umfahren
= gegen jdn./etw. fahren und dabei zu Boden werfen:
  Ein betrunkener Autofahrer hat die Straßenlaterne umgefahren.

etw. umfahren
= im Kreis oder Bogen um etw. herumfahren:
  Der Reisebus hat das Industriegebiet weiträumig umfahren.

umfliegen (ugs.)
= umfallen:
 Er stieß gegen den Tisch und alle Gläser
 flogen um.

etw. umfliegen
= im Kreis oder Bogen um etw. herum-
 fliegen:
 Der Hubschrauber hat den Vulkan
 umflogen.

umgehen mit (+ D)
= jdn./etw. irgendwie behandeln:
 Die Leute sind sehr höflich miteinander
 umgegangen.

etw. umgehen
= Schwierigkeiten / etw. Unangenehmes
 vermeiden:
 Sie umging die Auseinandersetzung.

Gerüchte gehen um
= verbreiten sich

jdn./etw. umreißen
= jdn./etw. niederwerfen:
 Der Sturm hat die Bäume umgerissen.

etw. umreißen
= das Wesentliche einer Sache beschreiben:
 Der Architekt hat das Bauvorhaben
 kurz umrissen.

etw. umschreiben
= einen Text ändern / neu schreiben:
 Die Studentin schrieb ihr Referat mehrmals um.

etw. umschreiben
= etw. mit anderen Worten sagen; das Wesentliche einer Sache in Umrissen beschreiben:
 Der Chef umschrieb die zukünftigen Aufgaben der Firma.

etw. umstellen
= etw. an einen anderen Ort stellen:
 Die jungen Leute haben die Möbel für
 die Party umgestellt.

etw. umstellen
= sich im Kreis um jdn./etw. aufstellen, so
 dass er nicht entkommen kann; jdn. ein-
 kreisen:
 Die Polizei hat das Bankgebäude umstellt.

sich/etw. umstellen von (+ D) ... auf (+ A)
= sich/etw. veränderten Umständen /
 einer neuen Situation anpassen:
 Er hat sich schnell auf das warme Klima
 umgestellt.

20 *um-* in vielen Variationen – Setzen Sie die Verben in der angegebenen Form ein.

1. Die Polizei (umstellen / Prät.) den Bahnhof wegen einer Bombendrohung.
2. Die Fabrik (umstellen / Perf.) auf den Einsatz von Industrierobotern.
3. Das Gerücht, die Stadt wolle das alte Gebäude abreißen, (umgehen / Prät.)
 lange Zeit.
4. Man ist aber bemüht einen Abriss (umgehen / Inf. mit *zu*).
5. Der Politiker (umreißen / Perf.) auf der Wahlveranstaltung seine politischen
 Vorstellungen klar.

6. Er versteht es, seine Vorstellungen und Ziele anschaulich (umschreiben / Inf. mit *zu*).
7. Mit seinen Kritikern (umgehen / Präs.) er allerdings nicht besonders schonend.
8. Fast hätte der Autofahrer einen Fußgänger (umfahren / Part. Perf.).
9. Meistens (umfahren / Präs.) er die Hauptverkehrsknotenpunkte.
10. Nach Möglichkeit (umgehen / Präs.) er auch die Hauptverkehrszeiten.
11. Der Student (umschreiben / Perf.) das Referat mehrmals.
12. Er muss versuchen schwierige Begriffe kürzer und klarer (umschreiben / Inf. mit *zu*).
13. Er versteht es, Schwierigkeiten elegant (umgehen / Inf. mit *zu*).
14. Er muss noch lernen mit seiner Zeit rationeller (umgehen / Inf. mit *zu*).
15. Es wäre an der Zeit die Arbeitstechniken (umstellen / Inf. mit *zu*).

V Gesamtübungen

21 Setzen Sie die Verben im Präsens ein.

Konstruktives Verhalten am Verhandlungstisch

Vor einer wichtigen Verhandlung (überprüfen) man kritisch die eigene Position. Man (überziehen) seine Forderungen nicht. Man (unterlassen) falsche Anschuldigungen. Man (voraussetzen), dass auch die Gesprächspartner positive Ergebnisse erzielen wollen. Deshalb (missdeuten) man die Pläne und Absichten der Gesprächspartner nicht absichtlich. Man (unterschlagen) auch keine wichtigen Informationen. Man (übernehmen) konstruktive Vorschläge und (umsetzen) sie in die Tat. Man (überbewerten) vor allem die eigene Bedeutung nicht. Man (unterstellen) den Gesprächspartnern auch keine bösen Absichten. Man (durchkreuzen) nicht bewusst konstruktive Vorschläge und Vorhaben. Man (abbrechen) Gespräche nicht ohne eine stichhaltige Begründung.

22 Setzen Sie die Verben, wenn nicht anders angegeben, als Partizip Perfekt ein.

Von den Schwierigkeiten einer jungen Wissenschaftlerin

1. Mit ihren neuen Ideen hat die junge Wissenschaftlerin alte Lehrmeinungen (umstoßen). Sie hat die alten Vorstellungen (hinterfragen).
2. Sie hat lange (überlegen). Sie hat ihre Thesen immer wieder gründlich (überprüfen).
3. Sie hatte Angst etwas Wichtiges (übersehen / Inf. mit *zu*). Wochenlang hat sie ihren Vortrag wieder und wieder (überarbeiten).
4. Nachdem sie die Zahl der Zuhörer (überschlagen) hatte, bekam sie Lampenfieber.
5. Dann hat sie ihre Kollegen mit ihrer neuen Theorie geradezu (überfallen). Die meisten hat sie damit etwas (überfordern), einige fühlten sich ihr aber durchaus nicht (unterliegen).
6. Diese Kollegen konnten deshalb sofort (umstimmen) werden. Andere Professoren haben ihr unwissenschaftliche Methoden (unterstellen).
7. Sie hat sich lange mit den Kollegen (unterhalten) und schließlich waren fast alle (überzeugen).

8. Allerdings hatte sie es (unterlassen), ihren Chef über Details ihrer Forschungsarbeit (unterrichten / Inf. mit *zu*). Deshalb hat er ihre neue Theorie völlig
(übergehen).
9. Sie hatte seinen Einfluss (unterschätzen). Er hat ihre Zukunftspläne
(durchkreuzen).
10. Daher war es ihr dann auch nicht möglich, ihre Ideen in die Tat (umsetzen /
Inf. mit *zu*).

23 Setzen Sie die Verben in der angegebenen Zeit ein.

Aktiv im Schlaf

Man weiß heute, dass der Mensch auch im
Schlaf aktiv ist. In bestimmten Schlafphasen
(überlegen / Präs.) er und fragt sich: Wache
oder träume ich? (aufwachen / Präs.) ich jetzt
5 oder (weiterschlafen / Präs.)? Die Menschen
(sich wahrnehmen / Präs.) im Schlaf und
(sich beobachten / Präs.) sogar. In den 50er
Jahren (entdecken / Perf.) Schlafforscher Folgendes: Wenn man träumt, (hin- und herbe-
10 wegen / Präs.) man die Augäpfel. Damit (einleiten / Pass. Prät.) eine grundlegend neue
Phase in der Erforschung der Träume. Träume
sind viel komplexer und schwieriger zu erforschen, als man das (sich vorstellen / Perf.).
15 Jede Nacht (durchlaufen / Präs.) wir mehrere
Traumphasen. Das (feststellen / Perf.) Wissenschaftler schon vor längerer Zeit. Man (her-
ausfinden / Perf.), dass wir praktisch die

ganze Nacht hindurch träumen. Besonders
nüchterne und tatkräftige Menschen (nach-　20
gehen / Präs.) ihren Träumen am Tag nicht
mehr. Sie (übergehen / Präs.) sie einfach, weil
sie dafür wenig Sinn und Zeit haben. Ängstli-
che und sensible Menschen dagegen erinnern sich am Tag noch oft an ihre Träume　25
und (überdenken / Präs.) sie noch einmal. Sie
(unterliegen / Präs.) häufigen Stimmungs-
schwankungen. Das (sich niederschlagen /
Präs.) auch in ihren Träumen. Wenn der
Schlaf durch häufiges Aufwachen (unterbre-　30
chen / Pass. Präs.), kann man sich am nächsten Morgen besser an seine Träume erinnern.

(Nach: F.-Ch. Schubert: Traumwach im Schlaf.
Psychologie heute 9/1986)

24 Setzen Sie, wenn nicht anders angegeben, das Partizip Perfekt ein.

Haushalte verbrauchen zuviel Energie

Um den Stromverbrauch (reduzieren / Inf.
mit *zu*) und dadurch Strom (einsparen / Inf.
mit *zu*) müssen größere Anstrengungen (unternehmen) werden. Das Thema „Einsparung
5 von Energie" ist längst noch nicht (ausdisku-
tieren). Das Umweltministerium (bereithal-
ten / Präs.) klares Zahlenmaterial. Danach
(standhalten / Präs.) die Ressourcen dem hohen Energieverbrauch nicht unbegrenzt. Das
10 geht nicht mehr sehr lange gut. Zu lange hat
man sich mit bloßen Appellen zur Energiere-
duzierung zufrieden gegeben.
Das Umweltministerium hat jetzt bekannt
gegeben, dass es nach seinen neuesten Er-

kenntnissen möglich sein müsste, den Ener-　15
gieverbrauch der privaten Haushalte um bis
zu 60 Prozent (absenken / Inf. mit *zu*). Das
fällt den privaten Verbrauchern nicht leicht.
Trotzdem muss sehr schnell (sicherstellen)
werden, dass der Energieverbrauch deutlich　20
(einschränken) wird. Das Ministerium hat
schon wiederholt versucht den Verbrauchern
die Einsicht in die Notwendigkeit von Ener-
gieeinsparungen nahe zu bringen. Schon
nach der ersten Ölkrise zu Beginn der Siebzi-　25
gerjahre wäre eigentlich nichts anderes übrig
geblieben, als konsequente Maßnahmen zu
ergreifen.

Nach Angaben des Umweltministeriums
30 (überschreiten / Präs.) rund 85 Prozent der
Gebäude in Deutschland die Grenzwerte der
geltenden Wärmeschutzverordnung, die 1982
(verabschieden) wurde. Wenn z. B. effekti-
vere Brenner (einbauen) und weitere Wärme-
35 maßnahmen (ergreifen) würden, könnten die
Grenzwerte nach Ansicht des Umweltministeriums sogar (unterschreiten) werden. Das
Umweltministerium (ausarbeiten / Präs.) einen Plan, nach dem eine CO_2-Abgabe (ein-
40 führen) werden soll. In diese Abgabe soll der
sogenannte Hausbrand* (einbeziehen) wer-

den. Wer es schafft, die Werte, die (vorschreiben) sind, (erreichen / Inf. mit *zu*) und (einhalten / Inf. mit *zu*), soll von der CO_2-Abga-
be (freisprechen) werden. So jedenfalls   45
(vorsehen / Präs.) es der Plan des Umweltministeriums. Auf diese Weise könnten vielleicht mehr Verbraucher zum Sparen von Energie (veranlassen) werden.

(Nach: Haushalte verbrauchen zu viel
Energie. RNZ vom 14.5.1991)

*Hausbrand: das Beheizen von Wohnräumen

25 Setzen Sie, wenn nicht anders angegeben, die in Klammern stehenden Verben im
Partizip Perfekt bzw. als Infinitiv mit *zu* ein.

Eine Stadtführung

Eine Gruppe von Touristen ist im Bus (anreisen) und gerade (aussteigen). Die Touristen
sind gekommen um sich in der hübschen
Stadt (umschauen). Die Stadt ist von Wäl-
5 dern (umgeben) und wird von einer mächti-
gen Schlossruine (überragen). Die Touristen
werden von einer Stadtführerin in der Stadt
(herumführen). Sie versäumt es nicht, immer
wieder darauf (hinweisen), dass die Stadtver-
10 waltung große Anstrengungen (unternehmen) habe die Stadt den modernen Bedürf-
nissen (anpassen). Um diese Bedürfnisse
(feststellen) habe die Stadtverwaltung unter
den Bürgern wiederholt Umfragen (durch-
15 führen). Sie (fortfahren / Präs.):
„Unsere Stadt hatte das Glück den Zweiten
Weltkrieg gut (überstehen). Sie hat nur wenige Bomben (abbekommen). Niemand hat
sich danach an einschneidende Veränderun-
20 gen des Stadtbildes (heranwagen). Es war allerdings nicht (umgehen), einige alte Gebäude (abreißen) bzw. (umbauen). Die Stadt
wendet zum Beispiel viel Geld auf um die
Schlossruine instand zu halten. Unsere Haupt-
25 geschäftsstraße ist als eine der ersten der Bundesrepublik in eine Fußgängerzone (umwan-
deln) worden. Die Grünanlagen sind
(erweitern) bzw. (umgestalten) worden. Die
Spielplätze sind großzügig und phantasievoll

(ausstatten). Die Kinder haben großen Spaß   30
daran dort zu spielen und (herumtoben). Einige Straßen sind nach großen Persönlichkeiten der Stadt (umbenennen) worden.
In jedem Herbst wird ein großes Stadtfest
(veranstalten), zu dem auch alle Bürger (ein-   35
laden) werden, die während des Dritten Rei-
ches (auswandern) und nach dem Krieg nicht
nach Deutschland (zurückkehren) sind. Sie
haben keine besondere Mühe sich in der
Stadt (zurechtfinden), weil man es fertig ge-   40
bracht hat, das alte Stadtbild im Wesentlichen (erhalten). Erinnerungen, die verloren
gegangen waren, tauchen dann bei den
‚Heimkehrern‘ nach und nach wieder auf. Es
ist noch (anmerken), dass wir in unserer   45
Stadt stolz darauf sind, mehr politische
Flüchtlinge (aufnehmen) zu haben, als uns
(zuweisen) worden sind.“
Jetzt kommt die Stadtführerin auf die Ver-
kehrssituation der Stadt zu sprechen: 50
„Natürlich ist die Zeit nicht spurlos an unserer Stadt (vorübergehen). Vor allem der Verkehr hat sichtbare Spuren (hinterlassen). Die
Stadt ist jetzt bemüht in der Verkehrspolitik
radikal (umdenken). Seit kurzem kann die   55
Stadt auf einer vierspurigen Umgehungsstraße (umfahren) werden. Auf den meistbe-
fahrenen Straßen der Stadt werden Spuren

für den Bus- und Taxiverkehr (freihalten). Die
60 Ampeln für den privaten Kraftfahrzeugver-
kehr sind auf kürzere Grünphasen (umstellen) worden. Um sich nicht den ständigen
Staus (aussetzen) sind viele Bürger auf die öffentlichen Verkehrsmittel (umsteigen). Wer
65 allerdings in Kauf nimmt täglich im Verkehr
stecken zu bleiben, wird sich wohl kaum
(veranlassen) sehen sein Verkehrsverhalten
kritisch (überdenken). Doch umweltbewusste

Bürger haben inzwischen Fahrräder (sich an-
schaffen) bzw. ihre alten wieder (hervorho- 70
len). Es sind viele Radfahrwege (anlegen)
worden. Die Radfahrer brauchen im Verkehr
nicht mehr (verunsichern) zu sein und gefährden sich nicht."
Inzwischen ist die Dunkelheit (hereinbre- 75
chen); die Stadtführung wird (unterbrechen)
und dann mit ein paar freundlichen Worten
(abschließen).

4 Passiv

I   Der Gebrauch des Passivs

Aktiv   1 a   Heftige Gewitterstürme mit sintflutarti-
gen Regenfällen haben in Südfrank-
reich, Nordspanien und im Nordwesten
Italiens am Wochenende mindestens
50 Menschenleben gefordert und
schwere Verwüstungen angerichtet.
...
Die Regierung in Rom bewilligte auf einer Sondersitzung 400 Milliarden Lire
(etwa 400 Millionen Mark) Soforthilfe
für die von der Jahrhundert-Katastro-
phe betroffenen Gebiete.
...
Gesundheitsminister Raffaele Costa
ordnete verschärfte Kontrollen an um
möglichen Seuchen entgegenzutreten.

1 b   **Bei „Montagsauto" Geld zurück**
Koblenz. (dpa) Der Käufer darf ein sogenanntes Montagsauto dem
Händler auch dann zurückgeben, wenn dessen Allgemeine Geschäfts-
bedingungen zunächst der Nachbesserung von Mängeln den Vorrang
einräumen. Diese Entscheidung traf das Koblenzer Oberlandesgericht
(OLG). Die Richter betonten, ein Käufer müsse sich bei einem Neuwagen grundsätzlich nicht auf eine Vielzahl von Reparaturen einlassen
(Az.: 3 U 681/93). Das Gericht gab mit seinem Spruch der Klage eines
Autokäufers auf Rückerstattung des Kaufpreises für einen Neuwagen
statt. Der Kläger hatte kurz nach Erhalt des Wagens mehrere Mängel
festgestellt, die das Autohaus jeweils beseitigte. Als sich jedoch auch
noch in der Auspuffanlage ein gravierender Mangel zeigte, gab der
Mann den Wagen zurück und verlangte das Geld zurück.

Passiv

Aktiv und Passiv geben verschiedene Aspekte eines Vorgangs an; sie unterscheiden sich in der Sehweise: Im Aktivsatz steht ein handelndes Subjekt, der „Täter", im Mittelpunkt (1). Im Passiv tritt der „Täter" zurück und wird oft gar nicht genannt (2).

Das Passiv wird vor allem dann verwendet, wenn Vorgänge und nicht Handelnde im Mittelpunkt einer Aussage stehen. So werden geschehensbezogene Vorgänge (2 a), Beschreibungen von Arbeitsvorgängen und Produktionsverfahren (2 b), Anweisungen (2 c), Regeln und Vorschriften (2 d) sowie verallgemeinernde Aussagen (2 e) meist im Passiv wiedergegeben.

2 a Nach einer vorläufigen Bilanz des Zivilschutzes sind 56 Leichen geborgen worden, 28 Personen galten noch als vermisst, 61 wurden zum Teil schwer verletzt. …
Mehrere kleine Ortschaften mussten evakuiert werden. …
In der Nacht zum Donnerstag waren zahlreiche Straßen- und Eisenbahnbrücken über den Po gesperrt worden. Zerstört sind rund 500 000 Hektar Äcker, Obstplantagen und Weinberge.
…
Auf einer Sondersitzung des Kabinetts wurde die Bereitstellung von drei Billionen Lire (drei Milliarden Mark) für die Hochwasser-Gebiete beschlossen. …
Das Trinkwasser wird wegen der Seuchengefahr in Tankwagen angeliefert.

2 b Die im Sieb liegen bleibende verfilzte Schicht wurde anschließend gepresst, zum Trocknen aufgehängt, durch den Leim aus ausgekochten Schaffüßen gezogen, erneut gepresst und getrocknet und zum Schluss mit einem Achatstein oder einem schweren Hammer geglättet.

2 c **Wichtige Hinweise**
• Die Anschlussleitung muss mit mindestens 10 Ampere (roter Punkt auf der Sicherung) abgesichert sein.
• Das Gerät darf nur mit reinem Wasser betrieben werden.
• Die gewünschte Wassertemperatur kann mit dem Reglerknopf stufenlos eingestellt werden.

2 d **Die Grundrechte**
Art. 3. [Gleichheit vor dem Gesetz]
(3) Niemand darf wegen seines Geschlechtes, seiner Abstammung, seiner Rasse, seiner Sprache, seiner Heimat und Herkunft, seines Glaubens, seiner religiösen oder politischen Anschauungen benachteiligt oder bevorzugt werden.
Art. 4. [Glaubens, Gewissens- und Bekenntnisfreiheit]
(2) Die ungestörte Religionsausübung wird gewährleistet.
(3) Niemand darf gegen sein Gewissen zum Kriegsdienst mit der Waffe gezwungen werden.

2 e **Resorption spezifischer Substrate**
Wasser wird sowohl über die Zellen als auch interzellulär im Dick- und Dünndarm aufgenommen und sofort dem Blut zum Abtransport übergeben.
Salze werden bes. im Dünndarm resorbiert, Kohlenhydrate werden zu Monosacchariden gespalten und aktiv resorbiert.
Fette werden nach neueren Auffassungen z. T. unvollständig gespalten und vermutlich als fein emulgierte Monoglyceride (Ester aus 1 Molekül Glycerin und 1 Molekül Fettsäure) resorbiert. Feinstemulgierte Teilchen können sogar direkt ohne Hydrolyse durch Pinocytose aufgenommen werden.

II Das Vorgangspassiv

(1) Galilei entdeckte **die Jupitermonde** im Jahre 1610.
   Die Jupitermonde wurden im Jahre 1610 entdeckt.

(2) **Ein selbst gebautes Fernrohr** ermöglichte seine Entdeckungen.
   Seine Entdeckungen wurden **durch ein selbst gebautes Fernrohr** ermöglicht.

(3) **Die Kirche** beobachtete Galilei mit Misstrauen.
   Galilei wurde **von der Kirche** mit Misstrauen beobachtet.

(4) Freunde gaben **ihm** den Rat seine Thesen zu widerrufen.
   Ihm wurde der Rat gegeben seine Thesen zu widerrufen.

(5) **Man** diskutierte Galileis Thesen heftig.
   Galileis Thesen wurden heftig diskutiert.

(6) In der Prüfung bin ich nach Brechts „Leben des Galilei" gefragt worden.
   Wonach bist du gefragt worden?

Das Vorgangspassiv wird mit dem Partizip Perfekt des Vollverbs und dem Hilfsverb *werden* (Partizip Perfekt: *worden*) gebildet.

Das Akkusativobjekt des Aktivsatzes wird zum Subjekt des Passivsatzes (1).

Das Subjekt des Aktivsatzes, der „Täter" bzw. Urheber, wird im Passivsatz meist dann nicht genannt, wenn es in einem bestimmten Zusammenhang selbstverständlich, bekannt oder unwichtig ist (1) (4). Wenn das Subjekt dennoch genannt werden soll, wird es in Verbindung mit *von* (+ D) (bei Personen, Institutionen, Naturkräften) (3) bzw. *durch* (+ A) (bei Vermittlern, Mitteln, Abstrakta) (2) in den Passivsatz übernommen. Das Subjekt *man* entfällt im Passivsatz (5).

Alle Satzglieder außer Subjekt und Akkusativobjekt werden unverändert in den Passivsatz übernommen, z. B. (4).

In Texten tritt das Passiv vor allem in der 3. Person Singular und Plural auf. Verben mit Akkusativobjekt können das Passiv aber auch in den anderen Personen bilden (6).

Die Formen des Vorgangspassivs

	Aktiv	*Vorgangspassiv* (werden - Passiv)
Präsens	er beobachtet	er wird beobachtet
Präteritum	er beobachtete	er wurde beobachtet
Perfekt	er hat beobachtet	er ist beobachtet worden
Plusquamperfekt	er hatte beobachtet	er war beobachtet worden
Futur I	er wird beobachten	er wird beobachtet werden

(zum Vorgangspassiv mit Modalverb vgl. S. 65ff.)

1 Beschreiben Sie Galileis Leben und Wirken, indem Sie Passivsätze bilden. Nennen Sie den „Täter" nur, wenn er kursiv gedruckt ist. Die eingeklammerten Sätze bleiben unverändert.

Galileo Galilei

Im Jahre 1589 berief *die Universität Pisa* den 25-jährigen Galilei zum Professor der Mathematik. Ein paar Jahre später rief man ihn an die Universität in Padua. (Mit seinen Entdeckungen erregte er großes Aufsehen.) Die Buchhändler verkauften sein Buch über die Jupitermonde innerhalb von zwei Monaten. *Seine Thesen* erschütterten die Zeitgenossen Galileis in ihrem Weltbild zutiefst. *Die Kirche der damaligen Zeit* bestritt seine Ideen. Sie lud ihn im Jahre 1632 vor das Inquisitionsgericht in Rom. Auf Befehl des Papstes prüften Gelehrte seine Thesen. *Das Inquisitionsgericht* verurteilte daraufhin seine Lehre. Es zwang ihn unter Androhung der Folter zum Widerruf. (1633 schwor er als treuer Katholik seinem „Irrtum" ab.) Dennoch verbannte ihn die Kirche lebenslänglich in seine Villa in Arcetri. Sie verbot sein Buch „Dialog über die beiden Weltsysteme". Freunde brachten es aber heimlich ins Ausland. Dort veröffentlichte man es. *Die Kirche* überwachte ihn bis zu seinem Tod im Jahre 1642.
Die Nachwelt nahm seine Erkenntnisse begeistert auf. Man bezeichnet Galilei heute als Begründer der modernen Naturwissenschaft. Mehrfach haben Schriftsteller Galileis Konflikt mit der Kirche zum Stoff dichterischer Darstellungen gewählt.

Galilei (1564-1642) war der Vorkämpfer der heliozentrischen Lehre des Kopernikus, die besagt, dass die Sonne – und nicht, wie bis dahin angenommen, die Erde – im Mittelpunkt der Welt steht. Diese Lehre brachte ihn in Konflikt mit der katholischen Kirche.

Mit und ohne *es*

(1) **Es wurden Fahnen** geschwenkt.
(2) **Die Sieger** wurden von den Fußballfans umjubelt.
(3) **Vor lauter Begeisterung** wurde ein Triumphzug veranstaltet.

In Passivsätzen, deren Subjekt nicht den bestimmten Artikel hat, steht häufig das Pronomen *es* als stellvertretendes Subjekt am Satzanfang (1). *Es* erscheint aber nie bei Subjekten mit bestimmtem Artikel (2) (**Es wurden die Sieger von Fußballfans umjubelt.*). *Es* steht nur am Anfang eines Hauptsatzes und wird, wenn immer möglich, durch ein anderes Satzglied ersetzt (3). (Vgl. S. 290f.) *Es* steht nie in Nebensätzen (*Ich habe gesehen, dass sogar Fahnen geschwenkt wurden.*) und Fragen (*Wurden denn auch Fahnen geschwenkt?*).

---

2 Berichten Sie im Passiv, was sich nach einem Fußballspiel ereignet hat. Verwenden Sie, wenn möglich, Passivsätze ohne *es*.

Beispiel: Bierflaschen / die ganze Nacht über / leeren
Die ganze Nacht über wurden Bierflaschen geleert.

Nach einem Fußballspiel

1. die ganze Stadt / von der Fußballbegeisterung / erfassen
2. die erfolgreiche Mannschaft / von Autogrammjägern / umringen
3. großer Schaden / bedauerlicherweise / in einigen Stadtteilen / anrichten
4. Zwischenfälle / aus allen Stadtteilen / melden
5. Flaschen / werfen
6. Fensterscheiben / aus Übermut / einschlagen
7. Angriffe auf Passanten / beobachten
8. der Verkehr / durch wild durcheinander parkende Autos / blockieren
9. Autos / hemmungslos / beschädigen
10. etliche Verkehrsunfälle / registrieren
11. einige Fußballfans / wegen Trunkenheit / vorläufig festnehmen
12. Überlegungen / anstellen, wie sich Gewalt bei Sportveranstaltungen vermeiden lässt

---

Besser ohne *es*

(1) Viele Menschen wandern ausgesprochen gern.
(1a) **Es** wird ausgesprochen gern gewandert.
(2) Man spricht auf Wanderungen natürlich viel über das Wetter.
(2a) **Es** wird auf Wanderungen natürlich viel über das Wetter gesprochen.
(2b) Auf Wanderungen wird natürlich viel über das Wetter gesprochen.
(2c) Natürlich wird auf Wanderungen viel über das Wetter gesprochen.

Aus Aktivsätzen ohne Akkusativobjekt werden Passivsätze mit dem Pronomen *es* als Subjekt (1a) (2a) oder Passivsätze ohne Subjekt (2b) (2c). *Es* erscheint nur am Anfang eines Hauptsatzes und wird, wenn immer möglich, durch ein anderes Satzglied ersetzt. Das finitive Verb steht immer in der 3. Person Singular.

---

3 Berichten Sie in Passivsätzen, wie Gruppenwanderungen üblicherweise ablaufen.
Bilden Sie, wenn möglich, Passivsätze ohne *es*.

Wandern

1. Wanderer starten meistens schon im Morgengrauen.
2. Sie singen beim Wandern gern und viel.
3. Sie wandern mehrere Stunden in zügigem Tempo.
4. Sie rasten zwischendurch immer wieder einmal.
5. Mittags picknicken sie an einem besonders schönen Platz.
6. Sie lachen und scherzen.
7. Manche fotografieren ununterbrochen.
8. Meist kehren sie am Ende in einer gemütlichen Gastwirtschaft ein.
9. Sie essen und trinken.
10. Sie rauchen nicht mehr soviel wie früher.
11. Sie plaudern, erzählen oder diskutieren über alles Mögliche.
12. Sie sprechen auch über frühere Wanderungen und gemeinsame Erlebnisse.

Kongruenz	In Passivsätzen mit einem Subjekt im Plural steht das finite Verb im Plural, auch wenn der Satz mit *es* beginnt (1). In Passivsätzen mit einem Subjekt im Singular (2) und in Passivsätzen mit *es* als einzigem Subjekt (3) steht das finite Verb immer im Singular.

(1) Es **werden** hohe Ansprüche an die Lebensqualität gestellt.
(2) Es **wird** großer Wert auf einen hohen Lebensstandard gelegt.
(3) Es **wird** nur ungern auf bestimmte Luxusartikel verzichtet.

4 *wird* oder *werden*? Sagen Sie, was Ausländern in Deutschland auffällt.

1. Es ... viel Geld fürs Wohnen ausgegeben.
2. Es ... für sozial Schwache gesorgt.
3. Es ... Rücksicht auf alte und behinderte Menschen genommen.
4. Es ... viele Sozialleistungen geboten.
5. Es ... auf Sauberkeit und Ordnung geachtet.
6. Es ... mehr Vorschriften als in anderen Ländern erlassen.
7. Es ... zu wenig Widerstand gegen allzu bürokratische Verfahren geleistet.
8. Es ... über Umweltprobleme nachgedacht.
9. Es ... viele Umweltprojekte in Gang gesetzt.
10. Es ... über die Politiker geschimpft.
11. Es ... an den Führungsqualitäten vieler Politiker gezweifelt.
12. Es ... ein Unterschied zwischen Deutschen und Ausländern gemacht.
13. Es ... viele ausländische Restaurants eröffnet.
14. Es ... viele Überlegungen zum Asylrecht angestellt.
15. Es ... gegen ausländerfeindliche Verhaltensweisen demonstriert.

5 Und jetzt ergänzen Sie, was Ihnen in Deutschland und an den Deutschen besonders auffällt. Bilden Sie Sätze mit *es* am Satzanfang.

1. Es wird viel herumgereist.
2. ...

Vorgangspassiv mit Modalverb

	Aktiv	Passiv
Präsens	er soll beobachten	er soll beobachtet werden
Präteritum	er sollte beobachten	er sollte beobachtet werden
Perfekt	er hat beobachten sollen	er hat beobachtet werden sollen
Plusquamperfekt	er hatte beobachten sollen	er hatte beobachtet werden sollen

(zu den Modalverben vgl. S. 128ff.)

(1) Er sagt, es **habe** eine positive Bilanz **ge-
     zogen werden können**. (Konj. I)
(2) Eine positivere Bilanz **hätte** nicht **gezo-
     gen werden können**. (Konj. II)
(3) Es ist erfreulich, dass eine positive Bilanz
     gezogen werden kann/konnte.
(4) Es ist erfreulich, dass eine positive Bilanz
     hat/hatte gezogen werden können.

Das Vorgangspassiv mit Modalverb wird mit dem Partizip Perfekt des Vollverbs, dem Infinitiv *werden* und dem Modalverb als finitem Verb bzw. Infinitiv gebildet. Für die Vergangenheit wird – vor allem in Nebensätzen – meist das Präteritum, für Futur I (*es wird beobachtet werden können*) das Präsens verwendet. Perfekt und Plusquamperfekt werden vor allem im Konjunktiv I und II gebraucht (1)(2). (Vgl. S. 116ff. und S. 92ff.)
Im Nebensatz gilt für Präsens und Präteritum die übliche Endstellung des finiten Verbs (3). Im Perfekt und Plusquamperfekt steht das finite Verb vor den infiniten Verbformen (4).

---

6 Die folgenden Informationen trug ein Sprecher der Stadt vor. Geben Sie sie im Passiv wieder.

Die Stadtverwaltung zieht Bilanz

Im letzten Jahr konnten wir endlich die Umgehungsstraße fertigstellen. Auch das öffentliche Verkehrsnetz konnten wir großzügig ausbauen. Für bessere Verkehrsverbindungen zu den umliegenden Orten können wir nun im nächsten Haushaltsjahr wieder Gelder bereitstellen. Wir müssen vor allem die Renovierung des Rathauses und der Stadthalle in Angriff nehmen, damit wir diese Gebäude beim 1000-jährigen Jubiläum unserer Stadt in zwei Jahren für Veranstaltungen einplanen können. Für die Finanzierung der kostspieligen Renovierungsarbeiten konnte die Oberbürgermeisterin großzügige Sponsoren gewinnen. Hätten wir im vorletzten Jahr nicht das Konzerthaus vergrößern müssen, hätten wir bestimmt im letzten Jahr das Schwimmbad modernisieren können. Das müssen wir nun in diesem Jahr nachholen. Nach Fertigstellung aller genannten Gebäude können dann die Bürger die Stadtfeste in schönem Rahmen feiern.
Das städtische Krankenhaus konnten wir bislang noch nicht umbauen. Das Finanzressort gab bekannt, dass man das dafür notwendige Geld bisher nicht habe aufbringen können. Deshalb mussten wir die Baumaßnahmen leider um ein Jahr zurückstellen. Auch konnten wir den Frauen bisher kein Gebäude als Frauenhaus zur Verfügung stellen. Den Kauf eines passenden Gebäudes konnte die Stadt bisher nicht finanzieren. Um so großzügiger können wir seit Jahren die Jugendarbeit unterstützen. Hier darf man den Rotstift auf keinen Fall ansetzen.

---

7 Beschreiben Sie in Passivsätzen die Probleme der Trinkwasserversorgung. Eingeklammerte Sätze bleiben unverändert.

Trinkwasser

Die Presse (In der Presse ...) weist immer wieder darauf hin, dass jeder die Vorschriften zum Gewässerschutz beachten muss. (Es ist klar,) dass gesundheitsgefährdende Stoffe das Trinkwasser nicht verschmutzen dürfen.
Nach Möglichkeit sollte man für die Wasserversorgung Grundwasser aus Brunnen oder Quellen verwenden. Durch die Anlage von Brunnen konnte man die Grundwassererfassung bereits in der Vergangenheit wesentlich erhöhen. Damit man Quellwasser als Trinkwasser verwenden kann, muss man Quellen auf jeden Fall vor Verschmutzung schützen. Man muss sie deshalb einfassen.

Wegen des steigenden Wasserbedarfs muss man aber auch auf Oberflächenwasser aus Flüssen und Seen zurückgreifen. Man muss es aufbereiten, d.h. von Giftstoffen reinigen. Vor allem durch Filter kann man Schadstoffe aus dem Wasser entfernen. Leider kann man aber bei der Reinigung des Wassers nicht immer auf Chlor verzichten.

Da die Städte die Bevölkerung mit sauberem Wasser versorgen müssen, müssen sie das Trinkwasser regelmäßig auf seine Reinheit überprüfen. Außerdem müssen sie viel Geld in Wasseraufbereitungsanlagen investieren. (Es wäre zu fragen,) ob man mit einem verstärkten Schutz des Trinkwassers nicht schon viel früher hätte beginnen müssen. (Heute steht fest,) dass man die Gefahren der Wasserverschmutzung schon viel früher hätte erkennen können. Man hätte die Trinkwasservorschriften schon vor langem verschärfen müssen. Auch sollte man Trinkwasser nicht so leichtfertig verschwenden, (wie das so oft geschieht).

Wann *wollen* zu *sollen* wird

(1) Die Bürger **wollen**, dass man sie vor Übergriffen der Polizei schützt.
Die Bürger **wollen**, dass sie vor Übergriffen der Polizei geschützt werden.
Die Bürger **wollen** vor Übergriffen der Polizei geschützt werden.
(2) Die Bürger **wollen**, dass die Regierung den Polizeiapparat verkleinert.
Die Bürger **wollen**, dass der Polizeiapparat verkleinert wird.
(2a) Der Polizeiapparat **soll** verkleinert werden.
(2b) Auf Wunsch der Bürger **soll** der Polizeiapparat verkleinert werden.

Das Modalverb *wollen* bleibt im Passivsatz *wollen*, wenn sich der Wunsch auf die eigene Person bezieht (1). Das Modalverb *wollen* wird im Passivsatz zu *sollen*, wenn sich der Wunsch auf eine fremde Person oder Sache bezieht (2a). Möchte man hinzufügen, wer etwas will, kann man Wendungen gebrauchen wie z. B. *auf Bitten/Empfehlung/Wunsch; nach dem Vorschlag/dem Willen; entsprechend den Forderungen/den Vorstellungen*. Die Person, die etwas möchte, wird im Genitiv angeschlossen (2b). (Vgl. S. 136f.)

8 *wollen* oder *sollen*? Das richtige Modalverb schafft Klarheit. Der „Täter" braucht nicht genannt zu werden.

Wie eine Demokratie beginnt
1. Die Bürger wollen, dass die Polizei sie nicht mehr ständig überwacht.
2. Sie wollen, dass man die bisherigen Machthaber vor Gericht stellt.
3. Sie wollen, dass die neue Regierung sie an der Meinungsbildung beteiligt.
4. Sie wollen, dass die Behörden sie wie mündige Bürger behandeln.
5. Sie wollen, dass die Betriebe Mitbestimmungsmodelle einführen. (In den Betrieben ...)
6. Sie wollen, dass die Medien sie über alle öffentlichen Angelegenheiten informieren.
7. Sie wollen, dass die neue Regierung freie Wahlen durchführt.
8. Sie wollen, dass der Staat die Menschenrechte achtet.
9. Sie wollen, dass man sie gleich behandelt.
10. Sie wollen, dass der Gesetzgeber das Demonstrationsrecht in die Verfassung aufnimmt.
11. Sie wollen, dass die neue Regierung alle Parteien zulässt.
12. Sie wollen, dass der Staat die Wirtschaft liberalisiert.

9 *wollen* oder *sollen*? Beschreiben Sie im Passiv, welche Überlegungen die Stadtplaner zum öffentlichen Verkehr anstellen. Die eingeklammerten Sätze bleiben unverändert.

Ein neues Verkehrskonzept

Zunächst will man durch Umfragen feststellen, (mit welchen Verkehrsmitteln die Arbeitnehmer zur Arbeit fahren). Man will ein Verkehrschaos verhindern. Zu diesem Zweck will man den Straßenraum neu verteilen. Man will für Radfahrer und Fußgänger ausreichend Platz schaffen. Radfahrer und Fußgänger wollen, dass man sie als gleichberechtigte Verkehrsteilnehmer behandelt. Außerdem will man den Umstieg der Autofahrer auf öffentliche Verkehrsmittel beschleunigen. Deshalb will man die öffentlichen Verkehrsmittel attraktiver machen. (Um das zu erreichen) will man verbilligte Firmentickets einführen. Im Verkehrsministerium will man ein Konzept entwickeln, (nach dem große Firmen verbilligte Fahrkarten für öffentliche Verkehrsmittel kaufen können). Man möchte, dass die Firmen diese verbilligten Fahrkarten kostenlos an die Arbeitnehmer weitergeben. Die Firmen wollen, dass das Verkehrsministerium sie in die Planung einbezieht. Man will diesen Sondertarif im ganzen Land anbieten. Man will später auch kleinere Betriebe an dem Projekt beteiligen. Diese wollen aber, dass man sie finanziell nicht zu stark belastet.

III Passivfähigkeit

1. Das Vorgangspassiv kann gebildet werden, wenn hinter den Handlungen oder Vorgängen ein Urheber oder „Täter" erkennbar ist.	Das Dach der Klinik ist vom Sturm beschädigt worden. In Krankenhäusern wird in Schichten gearbeitet.
Nach diesem Grundsatz bilden folgende Verbgruppen kein Passiv:	
a) Transitive Verben – Verben des Habens oder Erhaltens (z.B. *behalten, bekommen, besitzen, erhalten, haben, kriegen* (ugs.)), auch des „geistigen Habens" (*erfahren, kennen, wissen*)	Sie hat eine Knieverletzung. Sie kennt einen guten Facharzt.
– Verben, die einen Inhalt (*beinhalten, enthalten, fassen, umfassen*), eine Anzahl (*betragen*), ein Gewicht (*wiegen*), eine Länge (*messen*) oder einen Preis (*kosten*) angeben	Sie wiegt fünfzig Kilogramm. *Aber:* Sie wird von der Krankenschwester gewogen.
– Verben mit der Bedeutung „sein" (*bedeuten, bilden, darstellen*)	Schichtarbeit stellt für den Krankenpfleger ein großes Problem dar. *Aber:* Der Verlauf des Fiebers wird in Kurven (*darstellen* = zeigen).

b) Intransitive Verben mit *haben* im Perfekt (z.B. *brennen, blühen, gehören zu, glühen, scheinen, schmecken*)

Im Garten des Krankenhauses blühen Rosen.
Aber: In Krankenhäusern wird nicht nur gearbeitet, sondern auch gelacht.

2. Intransitive Verben mit *sein* im Perfekt (= Verben der Fortbewegung und der Zustandsveränderung) sowie reflexive Verben bilden kein Zustandspassiv. *Ausnahme:* Allgemeine Feststellungen und energische Aufforderungen.

In Krankenhäusern wird viel hin- und hergelaufen.
Jetzt wird aber aufgestanden!
Jetzt wird sich mal ein bisschen angestrengt!

3. Folgende Verbgruppen bilden nie ein Vorgangspassiv:
   – Unpersönliche Verben (z.B. *es regnet, es gibt, es mangelt an*)

   Es gibt heutzutage viele gute Medikamente.

   – Folgende Verben, wenn sie als modalverbähnliche Verben gebraucht werden: *bleiben, fahren, fühlen, gehen, haben, helfen, hören, kommen, lassen, lehren, lernen, schicken, sehen, spüren*

   Der Krankenpfleger lässt die Patientin nicht allein aufstehen.

   – Verben, bei denen das Akkusativobjekt eng zum Verb gehört.

   Er fasst Mut. Er verlor die Besinnung.

---

10 Bei welchen Verben ist ein Urheber oder „Täter" denkbar? Unterstreichen Sie diese passivfähigen Verben.

1. zunehmen 2. empfehlen 3. passen 4. wachsen 5. aussuchen 6. gelten 7. schimpfen 8. es riecht 9. antworten 10. rechnen mit 11. dauern 12. verteilen 13. ertrinken 14. gehören 15. klappen 16. warten auf 17. hungern 18. ausreichen 19. verwenden 20. bestehen aus

11 Nicht alles lässt sich im Passiv sagen. Entscheiden Sie, wo Passivsätze möglich sind.

Warum starben die Saurier aus?

Wir wissen viel über die Saurier. Sie gehören zu den größten Tieren, die die Menschheit kennt. 200 Millionen Jahre beherrschten sie die Erde. Vor 65 Millionen Jahren verschwanden sie dann plötzlich von der Erdoberfläche. Dafür gibt es zahllose Erklärungen, zum Beispiel diese: Vor 65 Millionen Jahren traf ein riesiger Meteorit die Erde. Dieser Meteorit vernichtete alle Lebewesen, die mehr als 20 Kilogramm wogen, denn als Folge des Meteoriteneinschlags verdunkelten Aschenwolken viele Jahre lang die Sonne. Außerdem ergossen sich große Wassermassen über die Kontinente. Danach dauerte es Millionen von Jahren, bis die Vielfalt der Arten wieder zunahm. Heute dagegen geht die Artenvielfalt wieder zurück. Jeden Tag stirbt eine Tierart auf der Erde aus, ohne dass wir etwas dagegen tun.

12 Gestalten Sie den Text abwechslungsreicher, indem Sie, wenn möglich, Passivsätze bilden.

Macht Sicherheit sorglos?

1976 hat die Bundesrepublik die Gurtpflicht für Autofahrer eingeführt. Seit 1985 bestraft man denjenigen mit Bußgeld, der sich nicht daran hält. Manche Autofahrer schnallen 5 sich aber immer noch ungern an. Gegner der Anschnallpflicht zitieren gerne Statistiken, wonach zwar die tödlichen Unfälle von Autofahrern seit Einführung der Gurtpflicht zurückgegangen sind, dafür aber mehr Rad- 10 fahrer und Fußgänger bei Unfällen ums Leben kommen. Der Grund dafür sei die erhöhte Risikobereitschaft der angeschnallten Autofahrer. Wenn man Autofahrer vor den Konsequen- 15 zen ihres schlechten Fahrverhaltens schützt, werden sie unvorsichtig. Dies weiß man schon lange. Aus einer Studie des Jahres 1938 ergibt sich, dass verbesserte Bremssysteme amerikanische Autofahrer zu unvorsichtigen Fahrmanövern ermutigten. Psychologen ha- 20 ben bereits 1976 darauf hingewiesen, dass Autofahrer, deren Autos Spikes-Reifen* hatten, sehr viel rasanter in die Kurven gingen als Fahrer mit normalen Reifen. Nicht anders wird es sich mit den vielfach getesteten Air- 25 bags verhalten. Menschen werden immer risikobereiter, je sicherer sie sich fühlen. Mehr Sicherheit im Auto provoziert also einen Anstieg der kollektiven Risikobereitschaft.

(Nach: Psychologie heute 7/1986) 30

* Spikes-Reifen – Autoreifen mit herausstehenden Stahlnägeln zum Fahren auf verschneiten oder vereisten Straßen. Heute nicht mehr zugelassen, da sie den Straßenbelag beschädigt haben.

IV Das Zustandspassiv

(1) Das Bauamt hat die Studentenwohnheime im letzten Herbst fertig gestellt.
Die Studentenwohnheime sind im letzten Herbst fertig gestellt worden.
Seit letztem Herbst **sind** die Studentenwohnheime **fertig gestellt**.

(2) Vor zwei Wochen hat das Studentenwerk Studentenzimmer vergeben.
Vor zwei Wochen sind Studentenzimmer vergeben worden.
Vor einer Woche wollte ich ein Zimmer mieten, aber da **waren** alle Zimmer schon **vergeben**.

(3) Die Renovierung der alten Studentenwohnheime **soll** im nächsten Jahr **abgeschlossen sein**.

Das Zustandspassiv wird mit dem Hilfsverb *sein* und dem Partizip Perfekt des Vollverbs gebildet.

Die Formen des Zustandspassivs

	Aktiv	*Zustandspassiv (sein – Passiv)*
Präsens	er bestellt	er ist bestellt
Präteritum	er bestellte	er war bestellt
Perfekt	er hat bestellt	er ist bestellt gewesen
Plusquamperfekt	er hatte bestellt	er war bestellt gewesen
Futur I	er wird bestellen	er wird bestellt sein

Das Präteritum wird für alle Vergangenheitsformen verwendet (2). Perfekt und Plusquamperfekt werden fast ausschließlich im Konjunktiv I und II gebraucht. (Vgl. S. 116ff. und S. 92ff.) Wie das Vorgangspassiv kann auch das Zustandspassiv mit einem Modalverb gebildet werden (3). In Sätzen mit Zustandspassiv wird der „Täter" selten genannt.

Vorgangspassiv und Zustandspassiv unterscheiden sich in der Sehweise: Das Vorgangspassiv beschreibt einen passiven Vorgang als noch nicht abgeschlossenen Prozess. Das Zustandspassiv bezeichnet einen Zustand, der das Ergebnis eines vorausgegangenen abgeschlossenen Vorgangs ist. Aktiv und Vorgangspassiv sind gegenüber dem Zustandspassiv vorzeitig (1) (2).

Verben, die kein Vorgangspassiv bilden, können auch kein Zustandspassiv bilden. Allerdings kann eine Reihe von Verben nur das Vorgangspassiv bilden. Voraussetzung für die Bildung des Zustandspassivs ist, dass ein Geschehen abgeschlossen und ein erkennbar neuer, veränderter Zustand von gewisser Dauer entstanden ist. Demzufolge bilden z.B. folgende Verben kein Zustandspassiv: *anfassen, anwenden, ausüben, beachten, befragen, fortsetzen, hören, überwachen, unterstützen, wiederholen.* Die Sätze *Die Versuchsreihe ist fortgesetzt. *Der Vortrag ist gehört.* sind nicht möglich.

Anmerkungen

Neben dem Zustandspassiv gibt es eine allgemeine Zustandsform, die wie das Zustandspassiv gebildet wird. Sie verläuft aber gleichzeitig mit dem Aktiv und dem Vorgangspassiv und ist mit diesen austauschbar. Die Partizip-II-Form hat in vielen Fällen die Bedeutung eines Adjektivs und ist demzufolge eine eigene Vokabel in Wörterbüchern: z.B. *gefragt sein, gesucht sein.*

Man **sucht** Unterkünfte für Studenten.
Unterkünfte für Studenten **werden gesucht.**
Unterkünfte für Studenten **sind gesucht.**

Diese Zustandsform wird z.B. von folgenden Verben gebildet: *bedrohen (bedroht sein), begehren (begehrt sein), betreffen (betroffen sein), bewohnen (bewohnt sein), fragen (gefragt sein), fürchten (gefürchtet sein), meinen (gemeint sein), suchen (gesucht sein), überfordern (überfordert sein), umgeben (umgeben sein), zwingen (gezwungen sein).*

Von einer begrenzten Zahl reflexiver Verben wird eine dem Zustandspassiv entsprechende Form, das Zustandsreflexiv, und auch eine allgemeine Zustandsform gebildet:

Die Studenten **haben sich** gut **erholt.**
Die Studenten **sind** gut **erholt.** (Zustandsreflexiv)
Nicht jeder **eignet sich** für den Lehrerberuf.
Nicht jeder **ist** für den Lehrerberuf **geeignet.** (allgemeine Zustandsform)

Zustandsreflexiv bzw. Zustandsform werden z.B. von folgenden Verben gebildet: *sich bemühen (bemüht sein), sich einstellen auf (eingestellt sein auf), sich empören (empört sein), sich entschließen (entschlossen sein), sich entspannen (entspannt sein), sich gewöhnen an (gewöhnt sein an), sich interessieren für (interessiert sein an), sich konzentrieren auf (konzentriert sein auf), sich richten gegen (gerichtet sein gegen).*
(Vgl. Verbliste im Lösungsschlüssel)

---

13 Sagen Sie, was alles schon bzw. noch nicht gemacht ist.

Beispiel: Hat das Studentenwerk die neuen Wohnheime schon eingeweiht?
(ja / schon lange)
Ja, die neuen Wohnheime sind schon lange eingeweiht.

Probleme des Studentenwerks
1.   Hat das Studentenwerk die alten Wohnheime schon renoviert?
(nein / noch nicht)
2.   Hat es schon alle Studenten untergebracht? (nein / bislang / noch nicht)
3.   Hat es schon Notquartiere für obdachlose Studenten eingerichtet?
(ja / schon seit Anfang des Semesters)

4. Sind schon alle obdachlosen Studenten über die Notquartiere informiert worden? (ja / inzwischen)
5. Ist die Öffentlichkeit schon über die schwierige Situation der Studenten unterrichtet worden? (ja / schon seit Semesterbeginn)
6. Ist der Bedarf an Zimmern schon exakt festgehalten worden? (ja / schon lange)
7. Ist die Jugendherberge schon in die Planung einbezogen worden? (ja / bereits)
8. Hat das Studentenwerk den Bau weiterer Wohnheime schon geplant? (nein / bis jetzt / noch nicht)

14 Eine Naturkatastrophe richtete schwere Schäden an.

1. Bei dem Sturm wurden Straßen durch umgefallene Bäume blockiert.
2. Dächer wurden abgedeckt und Fernsehantennen umgeknickt.
3. Die Häuser wurden z.T. schwer beschädigt.
4. Bei der Sturmflut wurden Deiche zerstört.
5. Fast die Hälfte der landwirtschaftlich genutzten Fläche wurde überschwemmt.
6. Landstraßen wurden wegen Überflutung oder Erdrutschen gesperrt.
7. Einige Dörfer wurden von der Außenwelt abgeschnitten.
8. Bei dem Unwetter wurden Strom- und Telefonleitungen unterbrochen.
9. Hunderte von Menschen wurden evakuiert.
10. Sie wurden in Notquartieren untergebracht.

Beschreiben Sie jetzt die Zustände, die nach der Naturkatastrophe herrschen:

1. Nach dem Sturm sind Straßen durch umgefallene Bäume blockiert.
2. ...

15 Sagen Sie, welche Handlungen des Gerichts vorausgegangen sind.

Beispiel: Der Haftbefehl ist nicht aufgehoben.
Das Gericht hat den Haftbefehl nicht aufgehoben.

Eine Gerichtsverhandlung
1. Es sind drei Sachverständige geladen.
2. Es sind keine Journalisten zugelassen.
3. Die Zeugen sind bereits vernommen.
4. Die Beweisaufnahme ist abgeschlossen.
5. Der Angeklagte ist schuldig gesprochen.
6. Er ist nur zur Zahlung einer Geldstrafe verurteilt.
7. Das Urteil ist gefällt und verkündet.
8. Der Fall ist damit abgeschlossen.

16 Vorgang oder Zustand? Im Passiv wird es klarer.

Beispiele: Hier Wohnungsvermittlung!
Hier werden Wohnungen vermittelt.
Durchgehend geöffnet! Das Geschäft ...
Das Geschäft ist durchgehend geöffnet.

Mitteilungen im Telegrammstil

1. Zimmer belegt! Die Zimmer ...
2. Frisch gestrichen! Die Türen ...
3. Warnung vor dem bissigen Hund! ...
4. Wegen Umbau geschlossen! Das Geschäft ...
5. Reserviert! Der Tisch ...
6. Winterreifen vorgeschrieben!
7. Im Winter kein Streudienst. Im Winter ... nicht gestreut.
8. Für Jugendliche unter 18 Jahren verboten! Der Film ...
9. Ausverkauft! Die Karten ...
10. Hier Mietwagenverleih!
11. Nichtraucherabteil! In Nichtraucherabteilen ...
12. Besetzt! Die Tiefgarage ...
13. Durchgang gesperrt! Der Durchgang ...
14. Fahrbetrieb seit 1. Januar eingestellt! Der Fahrbetrieb ...

17 Vorgang oder Zustand? Entscheiden Sie sich, wo immer es möglich ist, für das Zustandspassiv.

Erfindungen verändern das Gesicht der Welt

Durch Erfindungen ... das Gesicht der Welt laufend verändert. Nachdem zum Beispiel das Segelschiff erfunden ..., ... neue Erdteile entdeckt. Seit wann das Wasserrad benutzt ..., wissen wir zwar, den Erfinder kennen wir aber nicht. In späterer Zeit ... dann Erfindungen von namentlich bekannten Erfindern wie Gutenberg, Watt, Franklin u.a. gemacht. Ihre Namen ... auch heute nicht vergessen. Unbekannt ist dagegen der Erfinder des Hochofens, in dem noch heute Eisenerz zu Eisen verarbeitet .... Durch Erfindungen ... das Leben der Menschen spürbar erleichtert. Und es ... wohl von niemandem bezweifelt, dass die Welt von heute gegenüber früheren Zeiten verändert ... – nicht zuletzt aufgrund bedeutender Erfindungen. Wenn heutzutage größere Projekte in Angriff genommen ..., ... im Unterschied zu früher Teams von Spezialisten gebildet, da auch Wissenschaftler die komplexen Vorgänge in Wissenschaft und Technik nicht mehr überschauen können. Da das Wissen des Einzelnen begrenzt ..., ... es auch ausgeschlossen, dass alle wissenschaftlichen und technischen Voraussetzungen für eine Erfindung von einem Einzelnen geschaffen .... Wenn heute an größeren Projekten gearbeitet ..., ... außerdem Zeit und Geld in einer Größenordnung gebraucht, die von einem Einzelnen gar nicht aufgebracht ... können. So ... heute ein Zustand erreicht, der deutlich von allen anderen Epochen unterschieden ....

18 Vorgang oder Zustand? Entscheiden Sie sich, wenn möglich, für das Zustandspassiv.

Sicherheit im Atomkraftwerk

Beim Bau eines Atomkraftwerks ... riesige Beton- und Eisenmassen zum Schutz der Anlage gegen Einwirkungen von außen verwendet. Sicherheitsbarrieren sorgen aber auch dafür, dass bei technischen Störungen eine Gefährdung des Personals und der Bevölkerung ausgeschlossen .... Die wesentlichen Funktionen eines Atomkraftwerks ... zentral gesteuert und überwacht. Alle eingehenden Meldungen und Anzeigen ... laufend in der Kraftwerkwarte registriert. Die Kraftwerkwarte ... rund um die Uhr besetzt. Sie ... darauf eingestellt, auf unvorhergesehene Zwischenfälle sofort zu reagieren. Im Informationszentrum, wo oft gleich mehrere Gruppen empfangen ..., ... die Besucher

über die Gewinnung von Atomenergie informiert. Dieses Zentrum ... so angelegt, dass
den Besuchern durch originalgetreue Nach-
20 bildungen ein Eindruck vom Funktionieren
eines Atomkraftwerks vermittelt .... Am
Strahlenmessplatz ... die Strahlenbelastung
des Menschen durch die Natur, die Medizin
und die Kernenergie demonstriert. In der
25 Nähe des Kraftwerks ... Messstationen eingerichtet. Von hier aus ... die Umgebung laufend überwacht. Die verschiedensten Strah-

lenarten und die Strahlenbelastung ... mit
modernsten Strahlenmessgeräten gemessen.
All das ... im Informationszentrum auf 30
Schaubildern übersichtlich dargestellt. Nach
einem Rundgang ... die Besucher über Kernenergie und Atomkraftwerke besser informiert als vorher.

(Nach: Informationsbroschüre
der Kernkraft GmbH)

V. Gesamtübungen

19 Am 13. August 1961 sperrte die DDR ihre Grenze zu West-Berlin. Schildern Sie im Passiv,
was im Einzelnen geschah.

Die Berliner Mauer

Nachts zog man einen Stacheldraht zwischen
Ost- und West-Berlin. Man blockierte die
Straßenverbindungen zum Westen und kapp-
te die deutsch-deutschen Telefonleitungen.
5 Bald danach ersetzte man den Stacheldraht
durch eine Mauer. In den nächsten Jahren
perfektionierte man die Absperrung noch
weiter. Anfang der 80er Jahre ersetzte man
schließlich die alte Mauer durch glatte Beton-
10 wände. Die bis zu 4,20 Meter hohe und 160
Kilometer lange Mauer schnürte West-Berlin
ringsherum ein. Zusätzlich legte man Gräben
und Panzersperren an. Zur Überwachung der
Grenze errichtete man Beobachtungstürme.
15 Zwischen 1961 und 1989 erschossen Grenz-
posten fast 80 Menschen an dieser Mauer. In
der Bundesrepublik gedenkt man jedes Jahr
am 13. August der Menschen, die Grenzpoli-
zisten bei Fluchtversuchen erschossen oder
20 verletzt haben.
Während der friedlichen Revolution im
Herbst 1989 rissen Ost-Berliner Demonstran-

ten Teilstücke der Mauer heraus. In den
nächsten drei Jahren entfernte man dann die
Berliner Mauer ganz. Mit dem Abriss der Ber- 25
liner Mauer zerstörte man auch die bunten
Bilder auf der Mauer. Anonyme Künstler hatten die Wände mit Graffiti* bemalt. Viele
Mauerstücke versteigerte man. Das Geld verwendete man für humanitäre Zwecke. Nach 30
und nach stellte man die alten Telefon- und
Straßenverbindungen zwischen Ost- und
West-Berlin wieder her.

Nach dem Zweiten Weltkrieg entstanden zwei 35
deutsche Staaten, die BRD (Bundesrepublik
Deutschland) und die DDR (Deutsche Demokrati-
sche Republik). Eine friedliche Revolution in der
DDR im Jahre 1989 und die Auflösung des Ostblocks führten 1990 zur Wiedervereinigung der 40
beiden deutschen Staaten.

*Graffiti = Zeichnungen an Mauern

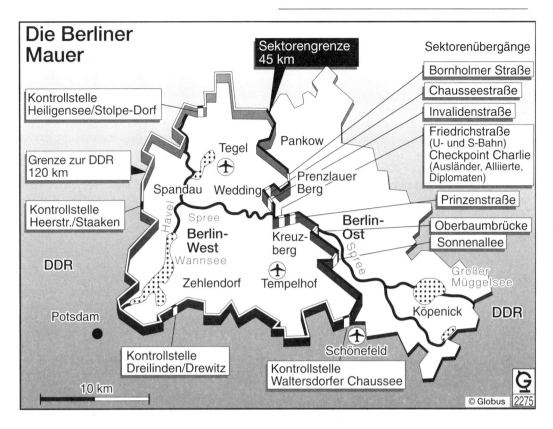

Die Berliner Mauer

Sektorengrenze 45 km
Sektorenübergänge
Bornholmer Straße
Chausseestraße
Invalidenstraße
Friedrichstraße (U- und S-Bahn) Checkpoint Charlie (Ausländer, Alliierte, Diplomaten)
Prinzenstraße
Oberbaumbrücke
Sonnenallee

Kontrollstelle Heiligensee/Stolpe-Dorf
Grenze zur DDR 120 km
Kontrollstelle Heerstr./Staaken
Kontrollstelle Dreilinden/Drewitz
Kontrollstelle Waltersdorfer Chaussee

Tegel
Pankow
Spandau Wedding
Prenzlauer Berg
Berlin-West
Kreuzberg
Berlin-Ost
Wannsee
Zehlendorf
Tempelhof
Potsdam
Schönefeld
Köpenick
Großer Müggelsee
Havel
Spree
Spree
DDR
DDR
10 km
© Globus 2275

20 Berichten Sie, soweit möglich, in Passivsätzen über einen Teilaspekt der deutsch-deutschen Beziehungen.

Deutsch-deutscher Menschenhandel

Die BRD kaufte zwischen 1963 und 1989 fast 34 000 Häftlinge aus den Gefängnissen der DDR frei. Sie befreite auf diesem Wege auch politische Häftlinge. Die beiden deutschen
5 Staaten tätigten diesen Menschenhandel regelmäßig. Den Tausch „Kopf gegen Geld" hatte die DDR vorgeschlagen. Die zu entlassenden Häftlinge wählte das Außenhandelsministerium der DDR aus. Der „Kopfpreis" für
10 einen Häftling betrug anfangs etwa 10 000 DM, ab 1977 erhöhte man ihn auf etwa 96 000 DM. Die DDR bekam nicht nur Bargeld für den „Verkauf" der Häftlinge, die BRD bezahlte den Freikauf auch in Gold. Die DDR (In der
15 DDR ...) investierte das Geld vor allem in Industrie- und Konsumgüter. Mit den Einnahmen aus dem Menschenhandel konnte man die Versorgungsschwierigkeiten wenigstens teilweise beseitigen. Die erste Gutschrift verwendete die DDR für Apfelsinen.   20

Weil die DDR möglichst viele Häftlinge gegen Devisen „verkaufen" wollte, verurteilte die Justiz auch unschuldige DDR-Bürger zu hohen Haftstrafen. Die BRD kaufte solche Häftlinge später nicht mehr frei. Daraufhin stellte 25 die DDR (in der DDR) diese Verurteilungen ein.

Man brachte die freigekauften Häftlinge in Bussen in die BRD. Da man die Transporte verschweigen wollte, ermahnte man die 30 Häftlinge zum Stillschweigen.

Während der friedlichen Revolution im Jahre 1989 erließ man in der DDR eine Amnestie für politische Häftlinge. Damit endete der deutsch-deutsche Menschenhandel.   35

21 Schreiben Sie den Text, wenn möglich, im Passiv neu.

Bakterien

Bei der Bekämpfung von Infektionskrankheiten konnte man mit Bakterien erstaunliche Erfolge erzielen. Trotzdem verbindet jeder mit diesem Begriff die Vorstellung von
5 Krankheit und Tod. Man vergisst dabei meist, dass Bakterien auch nützlich sein können und dass Biologen sie als unverzichtbare Studienobjekte in der Molekularbiologie verwenden.
10 Man muss Bakterien exakt untersuchen, bevor man sie sinnvoll nutzen oder bekämpfen kann. Zu diesem Zweck züchtet man sie in Reinkulturen. Hierfür haben Biologen besondere Methoden entwickelt: Man muss die
15 Nährböden je nach Mikrobenart verschieden zusammensetzen, ebenso muss man die optimale Zuchttemperatur beachten.
Wenn man Bakterien in der Nahrung bekämpfen will, kann man die Lebensmittel
20 beispielsweise mit Zucker- oder Essigsäurelösungen einmachen, trocknen oder einfrieren. Will man Milch pasteurisieren*, darf man sie nur kurzfristig auf etwa 74 Grad Celsius erhitzen. Bakterien an hitzebeständigen Geräten und in Chemikalien kann man bekämpfen, 25 indem man sie sterilisiert. Dabei muss man das, was man sterilisieren will, etwa 15 bis 60 Minuten lang Wasserdampf von 120 Grad Celsius aussetzen. Zur Desinfektion größerer Flächen verwendet man Chemikalien wie 30 Phenole** oder Detergenzien***. Luft kann man mit Hilfe von UV-Strahlen teilentkeimen.

(Nach: Das Abitur-Wissen, Biologie)

* Lebensmittel kurz erhitzen und dadurch teilentkeimen
** chem. Verbindung, besitzt die Eigenschaften von Säuren und Alkoholen
*** in Waschmitteln enthaltener Stoff

22 Setzen Sie den Zeitungsartikel, soweit möglich, ins Passiv.

Zum Glimmstengel greift nur noch die Hälfte

Unter Jugendlichen gibt es immer mehr Raucher. Deshalb will man den Kampf gegen das Rauchen bereits in der Schule aufnehmen. Man will die Schüler schon frühzeitig zur
5 theoretischen Auseinandersetzung mit dem Rauchen zwingen. Bisher bezweifelte man den Erfolg einer solchen Aktion. Inzwischen aber hat man bewiesen, dass man mit einer Anti-Raucher-Kampagne nachhaltige Erfolge
10 erzielen kann. Man fragte 50 Jugendliche der siebten Klassen nach ihren Rauchgewohnheiten. Dann bot man ihnen eine achtstündige Gesamtinformation an. Man klärte sie über eine gesunde Ernährungs- und Lebensweise,
15 über die Wirkungen des Nikotins auf den menschlichen Organismus sowie über die Psychologie der Zigarettenwerbung auf. Dabei stellte man den Zusammenhang zwischen körperlicher Leistung und Rauchen besonders heraus. Man wollte allerdings keine 20 „Angstmache" betreiben. So etwa zeigte man keine Bilder von nikotinbedingten Krankheiten.
27 Monate später befragte man die Schüler wieder. Wo man die Anti-Raucher-Kampagne 25 durchgeführt hatte, registrierte man 50 Prozent weniger jugendliche Raucher. Diese jungen Menschen wollen Nichtraucher bleiben. Übrigens machte man unter Haupt- und Realschülern mehr Zigarettenraucher aus als 30 unter Gymnasiasten. Die stärksten Raucher waren die Mädchen der 9. Hauptschulklassen. Diese Tatsache will man bei der Vorbereitung weiterer Anti-Raucher-Kampagnen berücksichtigen. 35

(Nach: RNZ vom 21.11.1989)

23 Was passiert mit Altglas? Sagen Sie es, soweit möglich, im Passiv.

Glasklare Sache

Die Bürger sollen altes Glas, also Flaschen, Marmeladen- und Gemüsegläser, in Altglascontainer werfen. Nicht in die Container gehören Glühbirnen, Fensterscheiben und feuerfestes Glas. Man sammelt Altglas, weil man es aufarbeiten und als Rohstoff wieder verwenden kann. Aus einer Tonne Altglas kann man eine Tonne Neuglas gewinnen. Dazu muss man das Altglas einschmelzen. Weil das Ausgangsmaterial rein sein muss, darf man Plastik, Keramik, Ton oder Steine nicht in Altglascontainer werfen. Flaschenverschlüsse oder Metallteile sollte man möglichst entfernen. Die Etiketten können dranbleiben. Man braucht das Glas auch nicht zu spülen. Die Gemeindeverwaltungen wollen von den Bürgern nicht zu viel verlangen, sonst macht sich niemand die Mühe des Sammelns. Und gerade das will man ja erreichen.
Für die Gewinnung des Rohmaterials Glas sind einige Arbeitsgänge am Fließband notwendig: Mitarbeiter sortieren per Hand die größten Fremdkörper wie Dosen, Steine oder Porzellan heraus; Maschinen zerkleinern die alten Gefäße; ein Magnetabscheider sondert alle Eisenteile ab; nichtmagnetische Metalle entfernt man fotomechanisch; alle leichten Stoffe wie z.B. Papier saugt man ab. Man wäscht die Scherben nicht, das wäre ein unnötiger Wasserverbrauch. Ganz zum Schluss gibt man das auf diese Weise gewonnene Rohmaterial in einen riesigen Ofen, in dem man es bei 1 500 Grad einschmilzt. Dann gießt man die flüssige, glühende Masse in Formen. So gewinnt man Millionen neue Flaschen.
Wichtig ist, dass man verschiedenfarbiges Glas getrennt einschmilzt. Denn man erzielt die Farbe durch chemische Reaktionen. Grün gewinnt man durch die Zugabe von Chromoxyd, für die Gewinnung der Farbe Braun muss man gleich mehrere Stoffe einsetzen. Wenn man beim Recycling die verschiedenfarbigen Gläser mischt, entsteht eine undefinierbare Farbe, die niemand kauft. Deswegen sammelt man Glas nach Farben getrennt.

§ 5 Passivumschreibungen

I   Der Gebrauch der Passivumschreibungen

(1) Der Versuch kann jederzeit wiederholt werden.
Der Versuch **ist** jederzeit **wiederholbar.**
(2) Der gesamte Institutskomplex wird umgebaut.
Der gesamte Institutskomplex **befindet sich im Umbau.**

Passivumschreibungen sind Ersatzformen für das Passiv und werden diesem häufig vorgezogen.
Vom Passiv unterscheiden sich die Passivumschreibungen dadurch, dass sie zwar passivische Bedeutung, aber aktivische Verbformen haben. Mit dem Passiv gemeinsam haben sie, dass das Subjekt nicht Urheber oder „Täter", sondern Objekt der Handlung, also identisch mit dem Akkusativobjekt des Aktivsatzes ist (*Man kann den Versuch wiederholen. Man baut den gesamten Institutskomplex um.*). Es gibt Passivumschreibungen mit Modalfaktor (= mit modaler Bedeutung) (1) und ohne Modalfaktor (2).

II Passivumschreibungen mit Modalfaktor

1. Passivumschreibung mit dem Modalfaktor „können"

Umschreibung mit *sein* + Adjektiv auf *-bar*
(1) Radiowecker können als Radio und als Wecker verwendet werden.
Radiowecker **sind** als Radio und als Wecker **verwendbar.**
(2) Die Vorteile eines solchen Geräts können nicht geleugnet werden.
Die Vorteile eines solchen Geräts **sind unleugbar.**

Die Passivumschreibung *sein* + Adjektiv auf *-bar* drückt eine Möglichkeit aus. Manche Adjektive auf *-bar* kommen nur mit dem Negationspräfix *un-* vor; sie können nur einen verneinten Passivsatz umschreiben (2). Adjektive auf *-bar* können auch nicht von allen Verben gebildet werden. Der „Täter" oder Urheber kann nicht genannt werden.
Die Suffixe *-fähig, -lich, -sam* sowie *-abel, -ibel* haben nur manchmal passivische Bedeutung, z.B.: *transportfähig, erträglich, unaufhaltsam, diskutabel, disponibel*; keine passivische Bedeutung haben z.B.: *arbeitsfähig, ärgerlich, sparsam, spendabel.*

1 Sagen Sie es anders, nämlich mit Adjektiven auf *-bar* bzw. *-abel.*

Radiowecker
1. Die Vorteile von Radioweckern können nicht bestritten werden.
2. Der Preis von Radioweckern kann akzeptiert werden.
3. Die Helligkeit der Anzeigentafel kann verstellt werden.
4. Die Lautstärke kann stufenlos reguliert werden.
5. Der Weckton kann nicht überhört werden.
6. Die Batterien können ausgewechselt werden.
7. Die meisten Radiowecker können leicht programmiert werden.
8. Radiowecker können jederzeit repariert werden, was sich aber meist nicht lohnt.

2   Recyceln und recycelbar – Sagen Sie es mit Adjektiven auf *-bar*.

Wir ersticken im Müll

1. Die Probleme der Industriegesellschaften mit dem Müll können nicht übersehen werden.
2. Viele Abfallprodukte können nicht wiederverwertet werden.
3. Bei anderen kann die Wiederverwertung nicht bezahlt werden.
4. Das bedeutet, dass das Anwachsen des Mülls kaum vermieden werden kann.
5. Was das Recycling betrifft, können viele Versprechungen bis heute nicht eingelöst werden.
6. Ein Abbau der Müllhalden kann am ehesten durch das Einsparen von Abfall erreicht werden.
7. Ein solche Einsparung kann wiederum am einfachsten über Verpackungsvorschriften realisiert werden.
8. Aber manches Verpackungsmaterial, das nicht recycelt werden kann, kann auch nicht durch anderes ersetzt werden.

3   Umschreiben Sie jetzt die Bedeutung der Adjektive auf *-bar* und *-lich* mit Passivsätzen.

Ein mittelalterlicher Turm

1. Der verfallene mittelalterliche Turm ist restaurierbar.
2. Die eigentliche Bauzeit ist nicht mehr genau bestimmbar.
3. Ein Teil der alten Bausubstanz ist allerdings nicht mehr verwendbar.
4. Die hohen Kosten für die Restaurierungsarbeiten sind gerade noch vertretbar.
5. Wegen der hohen Baukosten sind Eintrittsgelder in Zukunft unverzichtbar. (verzichten auf)
6. Die Wendeltreppe ist bald wieder begehbar.
7. Die Aussichtsplattform ist dann durch eine Luke erreichbar.
8. Das Herumklettern auf der Mauer ist allerdings unverantwortlich.
9. Die Freude der Schulkinder an dem Projekt ist unbeschreiblich.
10. Der Turm ist wegen seiner typischen Form unverwechselbar.

Umschreibung mit *sich lassen*	Die Passivumschreibung *sich lassen* + Infinitiv drückt eine Möglichkeit aus. Der „Täter" kann nicht genannt werden.
Streitigkeiten können nicht immer vermieden werden. Streitigkeiten **lassen sich** nicht immer **vermeiden**.	(Vgl. S 85f. und S. 155f.)

4   Sagen Sie, was sich nicht/nur schwer machen lässt.

Beispiel: Die Tür klemmt. (sie / nur mit Mühe öffnen)
Die Tür klemmt. Sie lässt sich nur mit Mühe öffnen.
(= Sie kann nur mit Mühe geöffnet werden.)

1. Die Kaffeemaschine ist kaputt. (sie / nicht mehr reparieren)
2. Das Schloss ist abgebrannt. (es / originalgetreu nicht wieder aufbauen)
3. Der Mantel ist zu kurz. (er / nicht verlängern)
4. Das Unwetter kam überraschend. (es / nicht vorhersehen)
5. Das Bild gefällt mir gut. (es / nur schwer beschreiben)

6. Er ist an seinem Unglück selbst schuld. (das / nicht leugnen)
7. Sie hat vorgefasste Meinungen. (sie / nicht beeinflussen)
8. Proteste können nicht verhindert werden. (sie / nicht verhindern)

5 Berichten Sie in Sätzen mit *sich lassen* über einen Gerichtsprozess.

1. Der Mordfall konnte erst nach Monaten aufgeklärt werden.
2. Aber die Tatumstände konnten fast vollständig rekonstruiert werden.
3. Für die Schuld des Angeklagten konnten genügend Beweise gefunden werden.
4. Aufgrund der Zeugenaussagen konnten viele Details geklärt werden.
5. Die Zeugenaussagen konnten am Tatort überprüft werden.
6. Das harte Urteil kann in einem Revisionsverfahren unter Umständen nicht aufrechterhalten werden.
7. Gegen die Beweisführung kann nichts eingewendet werden.
8. Eine Vorverurteilung des Angeklagten in den Medien konnte nicht verhindert werden.

Umschreibung mit reflexiv gebrauchten Verben

Nicht jedes Material kann problemlos verarbeitet werden.
Nicht jedes Material **verarbeitet sich** problemlos.

Die Passivumschreibung mit reflexiv gebrauchten Verben drückt häufig, aber nicht immer (oder nur abgeschwächt) eine Möglichkeit aus. Bei modaler Bedeutung kann diese Umschreibung ohne Bedeutungsunterschied um das Verb *sich lassen* erweitert werden: *Nicht jedes Material lässt sich problemlos verarbeiten.* Das Subjekt kann nur eine Sache sein. Der „Täter" oder Urheber kann nicht genannt werden. Diese Passivumschreibung lässt sich nur von relativ wenigen Verben bilden.

---

6 Sagen Sie mit reflexiv gebrauchten Verben, was sich von selbst versteht.

1. Nicht alle Produkte können problemlos vermarktet werden.
2. Nicht jeder Verdacht kann bei näherem Hinsehen bestätigt werden.
3. Nicht jeder Kriminalroman kann gut verkauft werden.
4. Nicht alle Wohnungen können schnell vermietet werden.
5. Nicht jeder Teppich kann leicht gepflegt werden.
6. Nicht jedes Haar kann gut frisiert werden.
7. Nicht jeder verlorene Gegenstand wird wiedergefunden.
8. Nicht jedes Auto kann so gut gefahren werden wie unseres.

7 Sagen Sie es kürzer.

Beispiel: Im Leben lassen sich nicht alle Wünsche erfüllen.
             Im Leben erfüllen sich nicht alle Wünsche.

1. Viele Probleme lassen sich mit der Zeit klären.
2. Nicht alle Probleme lassen sich von selbst lösen.
3. Auf Anhieb ließ sich ein Ausweg finden.
4. Dieser Roman lässt sich ziemlich flüssig lesen.

5. Manche Silben lassen sich schlecht aussprechen.
6. Viele verloren geglaubte Gegenstände lassen sich irgendwann wiederfinden.
7. Im Stehen lässt es sich nur schlecht essen.

2. Passivumschreibungen mit den Modalfaktoren „müssen" / „sollen"

Umschreibung mit *es gilt, es heißt, stehen* und *gehören*

(1) Viele Aufgaben mussten bewältigt werden.
Viele Aufgaben **galt es zu bewältigen.**

(2) Eine Regierungskrise musste/sollte vermieden werden.
Es hieß eine Regierungskrise **zu vermeiden.**

(3) Ein Anstieg der Arbeitslosigkeit musste leider befürchtet werden.
Ein Anstieg der Arbeitslosigkeit **stand** leider **zu befürchten.**

(4) Eine solche Handlungsweise muss/sollte bestraft werden.
Eine solche Handlungsweise **gehört bestraft.**

Die Passivumschreibungen *es gilt* + Infinitiv mit *zu* (1), *es heißt* + Infinitiv mit *zu* (2), *stehen* + Infinitiv mit *zu* (3) und *gehören* + Partizip II (ugs.) (4) drücken eine Notwendigkeit (*müssen*), eine Forderung (*sollen* im Indikativ) bzw. eine Empfehlung (*sollen*, auch im Konjunktiv II) aus. Das Subjekt dieser Passivumschreibungen kann nur *es* (1) (2) bzw. eine Sache sein (3) (4). Ein „Täter" oder Urheber wird nicht genannt.
stehen wird nur in Verbindung mit den Verben *erwarten, hoffen, befürchten* gebraucht.
(Zu *es gilt, es heißt, stehen* + Infinitiv mit *zu* vgl. S. 157ff.)

8 Nach der deutschen Wiedervereinigung im Jahre 1990 gab es viel zu tun.
Verwenden Sie in Ihrem Bericht die in Klammern angegebenen Verben.

1. Die Probleme mussten energisch angegangen werden. (es heißt)
2. Die Infrastruktur musste verbessert werden. (es gilt)
3. Es musste befürchtet werden, dass hohe Investitionen notwendig werden. (stehen)
4. Es mussten Häuser instand gesetzt werden. (es gilt)
5. Die Eigentumsverhältnisse mussten schnell geklärt werden. (es gilt)
6. Das Verkehrsnetz musste ausgebaut werden. (es gilt)
7. Umweltprobleme mussten in Angriff genommen werden. (es gilt)
8. Die Verwaltung musste aufgebaut werden. (es gilt)
9. Die Arbeitslosigkeit musste bekämpft werden. (es gilt)
10. Es musste tüchtig gespart werden. (es heißt)

3. Passivumschreibungen mit den Modalfaktoren „müssen"/„sollen"/„können"/ „nicht dürfen"

Umschreibung mit *sein, bleiben, es gibt*

(1a) Für die Sicherheit im Labor muss/soll/kann noch viel getan werden.
Für die Sicherheit im Labor **ist** noch viel **zu tun.**

(1b) Unfälle können nicht hundertprozentig vermieden werden.
Unfälle **sind** nicht hundertprozentig **zu vermeiden**.

(1c) Mit gefährlichen Stoffen darf nicht gespaßt werden.
Mit gefährlichen Stoffen **ist** nicht **zu spaßen**.

(2) Für die Sicherheit muss/sollte/kann noch viel getan werden.
Für die Sicherheit **gibt es** noch viel **zu tun**.

(3) Was noch getan werden muss/sollte/kann, ist in einem Katalog festgelegt.
Was noch **zu tun bleibt**, ist in einem Katalog festgelegt.

Die Passivumschreibungen *sein* + Infinitiv mit *zu* (1), *es gibt* + Infinitiv mit *zu* (2) und *bleiben* + Infinitiv mit *zu* (3) drücken eine Notwendigkeit (*müssen*), eine Forderung (*sollen* im Indikativ) bzw. eine Empfehlung (*sollen*, auch im Konjunktiv II), eine Möglichkeit (*können*) oder manchmal ein Verbot (*nicht dürfen*) bzw. eine eingeschränkte Erlaubnis (*nur dürfen*) aus. Welche modale Bedeutung die Passivumschreibung hat, muss aus dem Kontext erschlossen werden, ist aber nicht immer eindeutig. Der „Täter" oder Urheber wird selten genannt. Wenn die passivische Konstruktion *sein* + Infinitiv mit *zu* eine Notwendigkeit oder Forderung ausdrückt, dann entspricht sie der aktivischen Konstruktion *haben* + Infinitiv mit *zu* .
(Vgl. S. 161f.; *es gibt* und *bleiben* S. 157ff.)

9 Berichten Sie über die Sicherheit im Labor in Sätzen mit *sein* + Infinitiv mit *zu*.

1. Manche Sicherheitsvorschriften können nicht so ohne weiteres eingehalten werden.
2. Sie sollten aber trotzdem ernst genommen werden.
3. Absolute Sicherheit kann allerdings nicht garantiert werden.
4. Fluchtwege müssen gekennzeichnet werden.
5. Sie müssen von Schränken und sonstigen Möbeln freigehalten werden.
6. Brennbare Gase müssen in einem Mindestabstand von zwei Metern gelagert werden.
7. Kühlschränke mit brennbaren Chemikalien müssen vor Explosionen geschützt werden.
8. Giftige Chemikalien müssen mit besonderer Vorsicht behandelt werden.
9. Sie müssen deshalb in einem abgeschlossenen Schrank aufbewahrt werden.
10. Alle Sicherheitsvorrichtungen müssen in regelmäßigen Abständen überprüft werden.

10 *müssen, sollen, können* oder *dürfen*? Beschreiben Sie im Passiv, was bei Baumaterialien zu beachten ist.

1. Im Bausektor sind viele „Krankmacher" leider nur schwer zu ersetzen.
2. Beim Einkauf von Baumaterialien, Farben und Lacken ist deshalb Verschiedenes zu beachten.
3. Beim Gebrauch dieser Stoffe sind Gefahren für die menschliche Gesundheit nicht auszuschließen.
4. Deshalb ist, wo immer möglich, unbedingt auf schadstoffarme Produkte zurückzugreifen.
5. Sie sind an besonderen Aufschriften und Umweltzeichen zu erkennen.
6. Holzschutzmittel sind mit größter Vorsicht zu behandeln.
7. Aber manchmal ist die Verwendung solcher Mittel nicht zu vermeiden.
8. Von der Verwendung chemischen Holzschutzes ist dringend abzuraten.

9.   Seine gesundheitsschädigende Wirkung ist auf keinen Fall zu verharmlosen.
10. Holz ist auch mit ungefährlichen Lacken und Farben zu schützen.
11. Genaueres dazu ist der einschlägigen Fachliteratur zu entnehmen.

III Passivumschreibungen ohne Modalfaktor

Umschreibung mit *lassen*

(1) Der Richter veranlasst, dass der Einbrecher verhört wird.
     Der Richter **lässt** den Einbrecher **verhören**.
(2) Der Einbrecher hatte es widerstandslos hingenommen, dass er festgenommen wurde.
     Der Einbrecher **hatte sich** widerstandslos **festnehmen lassen**.
(3) Der Einbrecher hatte zugelassen, dass ihm seine Pistole von einem Polizisten abgenommen wurde.
     Der Einbrecher **hatte sich** seine Pistole von einem Polizisten **abnehmen lassen**.

Die Passivumschreibung *jdn./sich/etw. lassen* + Infinitiv wird nur verwendet, wenn es sich um Personen handelt. Der „Täter" oder Urheber kann genannt werden (3).
lassen + Infinitiv hat zweierlei Bedeutung: *veranlassen/verlangen/erwarten/dafür sorgen, dass (von jdm.) etw. getan wird* (1) bzw. *zulassen/erlauben/dulden/hinnehmen, dass (von jdm.) etw. getan wird* (2) (3). (Vgl. S. 155f.)

11 Sagen Sie mit Hilfe des Verbs *lassen* + Infinitiv, was bei einer Gerichtsverhandlung veranlasst wird.

     Der Richter veranlasst,
1.   dass ein Pflichtverteidiger bestellt wird.
2.   dass er mit dem Dienstwagen abgeholt wird.
3.   dass der Zeuge rechtzeitig zur Gerichtsverhandlung geladen wird.
4.   dass der Angeklagte in den Gerichtssaal geführt wird.
5.   dass dem Angeklagten die Handschellen abgenommen werden.
6.   dass ihm alle Beweisstücke vorgelegt werden.
7.   dass der Angeklagte auf Zurechnungsfähigkeit untersucht wird.
8.   dass die Zeugenaussagen protokolliert werden.
9.   dass die Öffentlichkeit von der Verhandlung ausgeschlossen wird.
10. dass ihm von einem Justizbeamten weitere Unterlagen gebracht werden.

12 Erzählen Sie das folgende Märchen in Sätzen mit *lassen* + Infinitiv.

Aschenputtel

Ein reicher Mann heiratete nach dem Tod seiner Frau ein zweites Mal und für seine Tochter kamen mit der Stiefmutter zwei Stiefschwestern ins Haus. Da begann für die Tochter, jetzt Aschenputtel genannt, eine böse Zeit. Doch am Ende ging für Aschenputtel alles gut aus und die Stiefschwestern bekamen ihre Strafe.

Aschenputtel ließ zu,
1. dass sie wie eine Küchenmagd behandelt wurde.
2. dass ihr alle schweren Arbeiten aufgebürdet wurden.
3. dass ihr ihre schönen Kleider weggenommen wurden.
4. dass ihr ein grauer alter Kittel angezogen wurde.
5. dass sie von den Stiefschwestern gekränkt und verspottet wurde.
6. dass sie von den Stiefschwestern herumkommandiert wurde.
7. dass sie von den Stiefschwestern ausgenutzt wurde.
8. dass sie von einem Königssohn auf sein Schloss entführt wurde.
9. dass sie bei ihrer Hochzeit von den Stiefschwestern auf dem Gang zur Kirche begleitet wurde.
10. Die Stiefschwestern mussten ertragen, dass ihnen von Vögeln die Augen ausgepickt wurden. (*müssen* bleibt)

13 *veranlassen* oder *zulassen*? Entscheiden Sie.

Beispiele: Der Richter lässt einen Justizbeamten rufen.
Der Richter veranlasst, dass ein Justizbeamter gerufen wird.
Der Richter lässt sich nicht beleidigen.
Der Richter lässt nicht zu, dass er beleidigt wird.

Der Richter
1. Der Richter lässt sich nicht mitten im Satz unterbrechen.
2. Er lässt den Zeugen vereidigen.
3. Er lässt Ruhestörer aus dem Raum weisen.
4. Er lässt sich nicht in lange Diskussionen verwickeln.
5. Er lässt den Gerichtssaal räumen.
6. Er lässt sich nicht ungerechtfertigt beschuldigen.
7. Er lässt sich immer die Protokolle der Gerichtsverhandlungen vorlegen.
8. Er lässt sich an den Tatort fahren.

Umschreibung mit dem Adressatenpassiv

Die Verlage schicken den Lehrern Bücher zu.
Den Lehrern werden (von den Verlagen) Bücher zugeschickt.
Die Lehrer **bekommen** (von den Verlagen) Bücher **zugeschickt**.

Das Adressatenpassiv wird mit den Verben *bekommen, erhalten* oder *kriegen* (ugs.) und dem Partizip Perfekt von Verben gebildet, die sich an einen Empfänger richten, z. B. *anbieten, aushändigen, auszahlen, bescheinigen, bieten, bringen, in die Hand drücken, erklären, ersetzen, erstatten, leihen, liefern, mitteilen, schenken, schicken, überreichen, verleihen, verordnen, zeigen, zusprechen, zustellen.* Das Dativobjekt, der Empfänger (= Adressat), wird im Adressatenpassiv zum Subjekt. Das Akkusativobjekt, die Sache, bleibt Akkusativobjekt. Der „Täter" oder Urheber kann genannt werden.

14 Die folgenden Sätze lassen sich auch im Adressatenpassiv sagen.

Schulabschlussfeier
1. Der Rektor händigt den Schulabgängern die Abschlusszeugnisse aus.
2. Dem Jahresbesten verleiht er den Schulorden.
3. Er überreicht jedem Schulabgänger ein Buch zur Erinnerung an die Schulzeit.
4. Die Schüler bieten dem Lehrerkollegium ein abwechslungsreiches Programm.
5. Sie führen den Lehrern den Schulalltag aus der Schülerperspektive vor Augen.
6. Sie lesen den Lehrern auf witzige Art die Leviten.
7. Sie bescheinigen nicht allen Lehrern pädagogische Fähigkeiten.
8. Dem beliebten Vertrauenslehrer drücken zwei Schüler einen großen Blumenstrauß in die Hand.

15 Was alles bekommen Patienten im Krankenhaus gemacht? Sagen Sie es im Adressatenpassiv.

Im Krankenhaus
1. Einem Patienten werden Röntgenbilder vorgelegt.
2. Ihm wird strenge Bettruhe verordnet.
3. Ihm wird täglich eine Spritze verabreicht.
4. Einer Patientin wird die Therapie erklärt.
5. Ihr werden Medikamente verschrieben.
6. Ihr wird ein Attest ausgestellt.
7. Ihr wird eine Überweisung an den Hausarzt ausgehändigt.
8. Den meisten Patienten werden die Krankenhauskosten voll erstattet.

16 Was haben Sie zum Geburtstag geschickt/geschenkt/... bekommen? Gebrauchen Sie in Verbindung mit *bekommen* einige der oben angegebenen Verben.

Geburtstag
1. Ich habe ein Glückwunschtelegramm geschickt bekommen.
2. ...

Funktionsverbgefüge – hier passivisch

(1) Steuerbetrug wird bestraft.
Steuerbetrug **steht unter Strafe**.
(2) Steuerzahler werden von Steuerexperten beraten.
Steuerzahler **bekommen Ratschläge** von Steuerexperten.

Funktionsverbgefüge sind feste Wendungen, die aus einem Verbalsubstantiv (einem von einem Verb abgeleiteten Substantiv) und einem Funktionsverb (einem Verb fast ohne eigene Bedeutung) bestehen. Funktionsverbgefüge haben meist die gleiche Bedeutung wie das Verb, von dem das Substantiv abgeleitet ist. Die Verbalsubstantive stehen im Präpositionalkasus (1), im Akkusativ (2) oder (selten) im Dativ (*einer Kontrolle unterliegen*). Der „Täter" kann genannt werden (2). Es gibt Funktionsverbgefüge mit passivischer (1) (2) und aktivischer Bedeutung (*einen Ratschlag geben = beraten*). Funktionsverbgefüge werden vor allem in der Verwaltungs-, Nachrichten-, Fach- und Wissenschaftssprache gebraucht. Sie wirken offizieller als die entsprechenden einfachen Verben.

17 Geben Sie den Inhalt mit den in Klammern stehenden Funktionsverbgefügen wieder.
Die eingeklammerten Sätze bleiben unverändert.

Steuerrecht

1. Einzelne Paragraphen des Steuergesetzes sollen geändert werden.
   (zur Änderung anstehen / *sollen* entfällt)
2. Der Finanzausschuss des Bundestages ist beauftragt worden (den Gesetzentwurf zu beraten). (den Auftrag erhalten)
3. Die Arbeit des Finanzausschusses ist vom Finanzminister bisher immer gebilligt worden. (die Billigung des Finanzministers finden)
4. Bei der Überarbeitung des Steuerrechts muss die veränderte Wirtschaftslage berücksichtigt werden. (Berücksichtigung finden)
5. Im übrigen soll das Steuerrecht vereinfacht werden. (eine Vereinfachung erfahren)
6. Ab wann es angewandt wird, (ist unbestimmt). (zur Anwendung kommen)
7. Die Beratungen im Ausschuss werden demnächst abgeschlossen.
   (zum Abschluss kommen)
8. Nach der Verabschiedung in Bundestag und Bundesrat wird das Gesetz gedruckt.
   (in Druck gehen)
9. Die Änderungs- und Sparvorschläge sind in der Öffentlichkeit heftig kritisiert worden. (auf Kritik stoßen)
10. Sie werden meist abgelehnt (auf Ablehnung stoßen) und von kaum jemandem unterstützt. (Unterstützung erfahren)

18 Berichten Sie in Passivsätzen, wenn möglich im Zustandspassiv.
Der eingeklammerte Satz bleibt unverändert.

Der Umbau eines Altersheims

1. Zur Zeit befindet sich das Altersheim im Umbau.
2. Seit Monaten sind Baumaschinen im Einsatz.
3. Einige bauliche Mängel haben schon eine Korrektur erfahren.
4. Die Baumaßnahmen unterliegen einer ständigen Kontrolle.
5. In einem Monat ist die diesjährige Bausaison zu Ende.
6. Die Baumaßnahmen sollen im nächsten Sommer ihren Abschluss finden.
7. Danach soll gleich die Übergabe des umgebauten Altersheims an die Bewohner erfolgen.
8. Nach dem Umbau können deutlich mehr alte Menschen Aufnahme finden als vorher.
9. Vor einigen Jahren sollte das Altersheim schon zum Verkauf kommen.
10. Auch stand der Abriss des Gebäudes zur Debatte. (debattieren über)
11. Dann bekam ein einheimischer Architekt den Auftrag (das Altersheim umzubauen).
12. Dieser Architekt genießt ein hohes Ansehen. (hohes → sehr)
13. Seine Arbeiten haben in den letzten Jahren auch im Ausland Beachtung gefunden.
14. Mit dem Umbau gehen viele Wünsche der Bewohner in Erfüllung.

IV Gesamtübungen

19 Sie können den Text stilistisch abwechslungsreicher gestalten.
Verwenden Sie die in Klammern angegebenen Passivumschreibungen.

Liebe vom Vater

Psychologen haben herausgefunden, dass zwischen Vätern und Kindern intensive Beziehungen aufgebaut werden können (sich lassen + Infinitiv). Eine enge Vater-Kind-Beziehung sollte deshalb angestrebt werden (er-
5 strebenswert sein), weil spätere Problemsituationen dann eher bewältigt werden können (sein + Infinitiv mit *zu*). Wenn Kindern von ihren Vätern genügend Aufmerksamkeit ge-
10 schenkt wird (Adressatenpassiv), können sie von Vätern ebenso beruhigt und getröstet werden wie von Müttern (sich lassen + Infini-
tiv). In den Untersuchungen konnten keine typisch männlichen und weiblichen Verhaltensmuster festgestellt werden (sein + Infini- 15 tiv mit *zu*). Ein nur bei Müttern angeborenes Pflegeverhalten konnte von den Psychologen nicht festgestellt werden (feststellbar sein). Mit diesem Experiment sind die Vermutungen der Psychologen bestätigt worden (eine 20 Bestätigung erfahren).

(Nach: Liebe vom Vater. Geo 11/1989)

20 Die Informationen des Textes lassen sich auch anders formulieren.
Schreiben Sie den Text mit Hilfe der in Klammern angegebenen Passivumschreibungen neu.

Aids-Aufklärungstage

Das Gesundheitsamt in H. führte erstmals Aids-Aufklärungstage durch. Diese Veranstaltung ist in der Öffentlichkeit stark beachtet worden (Beachtung finden). Sie kann durch-
5 aus als Erfolg bezeichnet werden (sich lassen + Infinitiv). Das teilte das Gesundheitsamt dem zuständigen Ministerium mit (Adressatenpassiv). Erfreulicherweise konnten auch neue ehrenamtliche Mitarbeiter gewonnen
10 werden (sich lassen + Infinitiv). In 64 Veranstaltungen wurden immerhin fast 2 500 Interessierte aller Alters- und Sozialbereiche informiert. Dieses starke Interesse konnte man besonders an der regen Teilnahme an den
15 nichtöffentlichen Gesprächskreisen erkennen (sein + Infinitiv mit *zu*). Dort wurden die Teilnehmer in kleinen Gruppen intensiv beraten (sich lassen + Infinitiv). Es wurde auch über ganz persönliche Dinge diskutiert (zur
20 Diskussion stehen). Gemeinsam wurde überlegt, wie das theoretische Wissen über Aids in die Praxis umgesetzt werden kann (sich lassen + Infinitiv).
Wissenslücken über Aids konnten bei Schülerinnen und Schülern der 12. und 13. Klassen 25 festgestellt werden (sich lassen + Infinitiv), wenn Lehrer das Thema im Unterricht nicht behandelt hatten. Nach dem Lehrplan von Baden-Württemberg z. B. muss das Thema schon in der 8. Klasse angesprochen werden 30 (zur Sprache kommen). Jugendliche müssen heutzutage schon früh über Aids aufgeklärt werden (es gilt + Infinitiv mit *zu*), weil berücksichtigt werden muss (sein + Infinitiv mit *zu*), dass sie schon sehr früh Geschlechtsver- 35 kehr haben. Es kann nämlich eine Zunahme der Schwangerschaften bei 14- bis 15-Jährigen beobachtet werden (sich lassen + Infinitiv).
Trotz des Erfolgs der Veranstaltung kann 40 noch an einige Korrekturen gedacht werden (denkbar sein). Deshalb sollte möglichst rasch ein überarbeitetes Programm für die Zukunft entwickelt werden (es gilt + Infinitiv mit *zu*). 45

(Nach: Aids-Aufklärungstage. Gesundheitsamt will nun Programm. RNZ vom 23.11.1989)

§ 6 Konjunktiv II

I Die Formen des Konjunktivs II

Der Konjunktiv II hat nur zwei Zeitstufen: Gegenwart/Zukunft und Vergangenheit.

1. Die Gegenwartsform des Konjunktivs II

Ind. Präs.	Ind. Prät.	Konjunktiv- II-Formen					würde-Formen
ich komme	kam	käme	könnte	sagte	hätte	wäre	würde sagen
du kommst	kamst	käm(e)st	könntest	sagtest	hättest	wär(e)st	würdest sagen
er/sie kommt	kam	käme	könnte	sagte	hätte	wäre	würde sagen
wir kommen	kamen	kämen	könnten	sagten	hätten	wären	würden sagen
ihr kommt	kamt	käm(e)t	könntet	sagtet	hättet	wär(e)t	würdet sagen
sie kommen	kamen	kämen	könnten	sagten	hätten	wären	würden sagen

Vorgangs- und Zustandspassiv

Ind. Präs.	Ind. Prät.	Konjunktiv-II-Formen
wird gesagt	wurde gesagt	würde gesagt
muss gesagt werden	musste gesagt werden	müsste gesagt werden
ist geöffnet	war geöffnet	wäre geöffnet

Die Gegenwartsform des Konjunktivs II wird vom Indikativ Präteritum abgeleitet und erhält ein Endungs-*e*, soweit es nicht schon im Indikativ vorhanden ist. Die schwachen Verben bilden den Konjunktiv II ohne Umlaut (*sagte*), die starken und gemischten Verben auf *a, o, u* mit Umlaut (*käme, dächte, stünde*), manche Verben haben Doppelformen (*begönne/begänne, gewönne/gewänne, stünde/stände*). Die Modalverben *dürfen, können, mögen, müssen* bilden den Konjunktiv II mit Umlaut (*müsste*), *sollen* und *wollen* ohne Umlaut (*sollte*).
Neben dieser Konjunktiv-II-Form ist – ohne Bedeutungsunterschied – die *würde*-Form gebräuchlich (Konjunktiv II von *werden* + Infinitiv). Sie muss immer dann verwendet werden, wenn bei Formengleichheit von Konjunktiv II und Indikativ Präteritum der Konjunktiv nicht eindeutig erkennbar ist (*sagte, gingen*). Die *würde*-Form ist auch Ersatzform für die heute ungebräuchlichen Konjunktiv-II-Formen der starken und gemischten Verben, wobei die Umlaute *ä*,

ö, ü besonders altertümlich wirken (*bräche, klänge, spränge; böte, fröre, schösse; erwürbe, schüfe, wüchse;* aber auch *kennte, nennte*). Die *würde*-Form kann grundsätzlich immer verwendet werden. Nur bei den Grundverben *haben* und *sein* sowie den Modalverben sollte man sie nicht gebrauchen (**würde haben/*würde sein/*würde wollen*).
In der gesprochenen Sprache wird die *würde*-Form bevorzugt, von den starken Verben werden kaum noch andere Formen als *bekäme, gäbe, ginge, käme, ließe, wüsste* benutzt. In der Schriftsprache kommen – je nach Stilebene – außerdem noch Formen wie *bliebe, erschiene, fände, fiele, hielte, hinge, hieße, läge, liefe, nähme, riefe, säße, stünde* vor.
Bevorzugt wird die *würde*-Form immer in Fragen (*Würdest du hingehen?* statt: *Gingest du hin?*) und wenn sich der Konjunktiv II auf die Zukunft bezieht (*Wenn er in der nächsten Woche die Nachricht bekommen würde, ...* statt: *bekäme*).

2. Die Vergangenheitsform des Konjunktivs II

Indikativ	Konjunktiv II
kam	
ist gekommen	
war gekommen	wäre gekommen
sagte	
hat gesagt	
hatte gesagt	hätte gesagt
musste sagen	
hat sagen müssen	
hatte sagen müssen	hätte sagen müssen

Vorgangs- und Zustandspassiv

wurde gesagt	
ist gesagt worden	
war gesagt worden	wäre gesagt worden
musste gesagt werden	
hat gesagt werden müssen	
hatte gesagt werden müssen	hätte gesagt werden müssen
war geöffnet	
ist geöffnet gewesen	
war geöffnet gewesen	wäre geöffnet gewesen

Die Vergangenheitsform des Konjunktivs II wird vom Indikativ Plusquamperfekt abgeleitet. Da alle Formen eindeutig und gebräuchlich sind, sollte die umständliche *würde*-Form nicht verwendet werden (*würde gesagt haben, *würde gemacht worden sein).

1 Wie heißt der Konjunktiv II bzw. gegebenenfalls die *würde*-Form?

Beispiele: er hält → er hielte/er würde halten
er fliegt → er würde fliegen
er flog → er wäre geflogen

1. wir sehen es
2. er wollte gefragt werden
3. sie ruft
4. sie muss arbeiten
5. es ist gewaschen worden
6. er ist glücklich
7. sie hat ihn gefragt
8. er hilft
9. sie wird kommen
10. es war schade
11. sie musste arbeiten
12. er stirbt
13. ihm wird geholfen
14. es darf geraucht werden
15. er lässt das Rauchen
16. wir wollten es

17. es wurde gearbeitet
18. er friert
19. wir waren betroffen
20. es musste getan werden
21. ich war beeindruckt
22. Nimmst du mich mit?
23. sie rennen
24. es kann verkauft werden
25. sie sollten sich entscheiden
26. er hatte Angst
27. wir wissen es
28. sie sind gefahren
29. du willst ihnen helfen
30. wir bekommen Besuch
31. sie soll sich entscheiden
32. es brennt
33. sie haben ihr geholfen
34. es wurde besprochen
35. sie konnten dabei helfen
36. es beginnt
37. es ist erledigt
38. er schießt
39. wir fragen uns
40. sie waren aufgestanden

2 Beschreiben Sie, was Herrn Reisemann in seinem Urlaub fast/beinahe passiert wäre.

Beispiel: keinen Flug mehr bekommen
Fast hätte Herr Reisemann keinen Flug mehr bekommen.

1. am Abreisetag verschlafen
2. Geld und Ausweis zu Hause vergessen
3. ihm der Bus vor der Nase wegfahren
4. von einem Auto angefahren werden
5. sein Flugzeug verpassen
6. keinen Fensterplatz mehr bekommen
7. kein Hotelzimmer mehr zu bekommen sein
8. das Hotel seiner Wahl schon ausgebucht sein
9. die angekündigte Segelregatta abgesagt werden müssen
10. in Seenot geraten
11. bei einem Sturm von der Rettungswacht an Land geholt werden müssen
12. bei der zweiten Regatta das Schlusslicht machen
13. ihm das den ganzen Urlaub verderben
14. vor Wut nach Hause fahren
15. es fast bereuen, dass er diese Urlaubsidee gehabt hat
16. die Schönheit der Landschaft nicht wahrnehmen
17. den angenehmen Ort und das Hotel nicht ausreichend genießen
18. die vielen netten Leute übersehen
19. (Aber dann hat er einfach „abgeschaltet" und) seinen Urlaub noch verlängern

II Bedeutung und Gebrauch des Konjunktivs II

(1) Könnten Sie uns genauer schildern, wie der Unfall passiert ist?	Höflichkeit (Vgl. S. 97)
(2) Hätte der Autofahrer doch nicht überholt!	Wunschsätze (Vgl. S. 97ff.)
(3) Wenn der entgegenkommende Fahrer das Lenkrad nicht in letzter Sekunde herumgerissen hätte, wären beide Autos frontal zusammengestoßen.	Konditionalsätze (Vgl. S. 99ff.)

(4) Dieser Fahrer hat schnell reagiert, sonst hätte es einen schweren Unfall gegeben.

Sätze mit *sonst/andernfalls* (Vgl. S. 105)

(5) Es sieht so aus, als ob der Beifahrer einen Schock erlitten hätte (habe).

Komparativsätze (Vgl. S. 106ff.)

(6) Er ist zu verwirrt, als dass er die Fragen der Polizisten beantworten könnte (kann).

Konsekutivsätze (Vgl. S. 108ff.)

(7) Es gibt keinen Autofahrer, der vor Unfällen sicher wäre (ist).

Relativsätze nach negierter Feststellung
    (Vgl. S. 111)

(8) Fast hätte es einen frontalen Zusammenstoß gegeben.

Sätze mit *fast/beinahe* (Vgl. S. 94)

(9) Auch wenn ich ein schnelles Auto hätte, würde ich nicht so rasen.

Konzessivsätze

(10a) Wie wäre es, wenn Sie zügig weiterfahren würden?

Empfehlungen/Vorschläge

(10b) An Ihrer Stelle würde ich nicht an der Unfallstelle stehen bleiben.

    (Vgl. S. 96f.)

(10c) Er hätte das Überholverbot beachten müssen/sollen und hätte nicht überholen dürfen.

    (Vgl. S. 134ff. und S. 156)

(10d) Es wäre besser (gewesen), mögliche Folgen vorher zu bedenken.

(11) Ich würde nie in einer Kurve überholen.

etwas besser machen

(12) Der rasante Autofahrer wäre vielleicht ein guter Rennfahrer.

Möglichkeit

(13) Die Unfallfolgen müssten/dürften/könnten relativ schnell behoben sein.

Vermutungen mit *müsste/dürfte/könnte*
    (Vgl. S. 143ff.)

(14) Ich hätte nicht gedacht, dass die Polizei so schnell am Unfallort ist.

Erstaunen

(15) Ob ich auch so schnell reagiert hätte?

Zweifelnde Fragen

(16) Er behauptet, dass ihn die Sonne geblendet hätte (habe).

Indirekte Rede (Vgl. S. 119ff.)

(17) Das hätten wir geschafft. Damit wären wir am Ende.

Abschließende Feststellungen

Während der Indikativ einen Sachverhalt als wirklich und tatsächlich gegeben darstellt (real), bezeichnet der Konjunktiv II Nicht-Wirkliches, nur Gedachtes, Hypothetisches, Fiktives (irreal) (Vgl. z.B. die Tatsache: *Der Autofahrer hat überholt.* mit der irrealen Aussage in (2)). Wie die Beispiele zeigen, gibt es vielfältige Verwendungsmöglichkeiten für den Konjunktiv II; am häufigsten kommen irreale Bedingungssätze vor. Manchmal wird der Konjunktiv II fakultativ zum Indikativ (6) (7) bzw. zum Konjunktiv I (5) (16) gebraucht.

III Das Umkehrverhältnis von Indikativ und Konjunktiv II

(1) Er riskiert seinen Führerschein.
An seiner Stelle **würde** ich den Führerschein **nicht riskieren**.

(2) Er hat in der Kurve noch überholt.
An seiner Stelle **hätte** ich in der Kurve **nicht mehr überholt**.

(3) Er hat noch nicht vor der Polizei ausgesagt.
An seiner Stelle **hätte** ich **schon** vor der Polizei **ausgesagt**.

(4) Er hat vor der Fahrt viel Bier getrunken.

(4a) An seiner Stelle **hätte** ich vor der Fahrt **kein Bier getrunken**.

(4b) An seiner Stelle **hätte** ich vor der Fahrt **nicht so viel Bier getrunken**.

(4c) An seiner Stelle **hätte** ich vor der Fahrt **weniger Bier getrunken**.

(5) Er fährt sehr leichtsinnig.

(5a) An seiner Stelle **würde** ich **vorsichtig fahren**.

(5b) An seiner Stelle **würde** ich **nicht so leichtsinnig fahren**.

(5c) An seiner Stelle **würde** ich **vorsichtiger fahren**.

Aussagen im Indikativ (Realität) und Aussagen im Konjunktiv II (Irrealität) stehen meist in einem Umkehrverhältnis: Aussagen im Konjunktiv II bedeuten, dass es in Wirklichkeit nicht so ist, sondern dass das Gegenteil der Fall ist. Es gibt verschiedene Möglichkeiten, dieses Umkehrverhältnis von Bejahung und Verneinung auszudrücken: durch Negation der indikativischen Aussage, z.B. (1), (2), (4a), bzw. durch Bejahung der Negation (3) oder durch einen Gegenbegriff (5a). Oft ist das Gegenteil nur eingeschränkt (*nicht so ...*, z.B. (5b); Komparativ, z.B. (5c)). Welche der genannten Möglichkeiten der Aussage am besten entspricht, entscheidet der Kontext. (Zur Negation vgl. § 19)

3 Sagen Sie, was Sie an Stelle des Autofahrers getan hätten bzw. tun würden.
Manchmal gibt es mehrere Möglichkeiten.

Vorschläge

1. Er hat sich nicht an die Geschwindigkeitsbegrenzung gehalten.
2. Er hat vor der Autofahrt Alkohol getrunken.
3. Er ist in der Kurve zu weit links gefahren.
4. Er hat zu spät gebremst.
5. Er fährt sehr schnell.
6. Er überholt oft.
7. Er gibt viel Geld für Autos aus.
8. Er fährt sehr teure und schnelle Wagen.
9. Er leistet sich noch den Luxus eines Zweitwagens.
10. Er denkt nicht an die Folgen für die Umwelt.
11. Er schnallt sich nicht immer an.
12. Er regt sich immer gleich auf.
13. Er hat nicht gleich mit dem Unfallgegner gesprochen.
14. Er pocht immer gleich auf sein Recht.
15. Er war auch zu den anderen Betroffenen nicht sehr freundlich.
16. Er hat sich nur für den Schaden an seinem Auto interessiert.
17. Er wird den Unfallwagen gleich verkaufen.

18. Er ist unhöflich gegenüber den Polizisten.
19. Er versucht sich zu rechtfertigen.
20. Er prahlt damit, sämtliche Auto- und Motorradrennen zu besuchen.

IV Der Konjunktiv II als Ausdruck der Höflichkeit

(1) **Könnten** Sie mir ein Kännchen Kaffee bringen?
(2) Ich **möchte** gern ein Stück Apfelkuchen mit Schlagsahne.
(3) **Dürfte** ich Sie um etwas bitten?
(4) **Würden** Sie mich zum Bahnhof fahren?
(5) **Wären** Sie so freundlich mir den Koffer abzunehmen?
(6a) **Hätten** Sie Feuer für mich?
(6b) Ich **hätte** gern einen Aschenbecher (gehabt).
(7) Ich **wüsste** gern / **hätte** gern gewusst, wie lange Sie geöffnet haben.
(8a) Ich **würde** meinen/sagen, dass Sie in diesem Fall im Unrecht sind.
(8b) Es **wäre** zu überlegen, ob der Konflikt nicht anders gelöst werden kann.

Mit dem Konjunktiv II kann man auf höfliche, vorsichtige und zurückhaltende Art – meist in Form einer Frage – um etwas bitten (1)–(7). Direkte Aufforderungen wirken härter und unfreundlicher (*Bringen Sie mir ein Kännchen Kaffee! Fahren Sie mich zum Bahnhof!*). Bitten mit dem Adverb *gern* stehen häufig im Konjunktiv II der Vergangenheit, beziehen sich aber auf die Gegenwart (6b) (7). Der Konjunktiv II steht auch in Höflichkeitsfloskeln (8).

4 Sagen Sie es höflicher. Berücksichtigen Sie auch Alternativen.

Ein Verkaufsgespräch
1. Haben Sie Zeit für mich?
2. Tauschen Sie mir diesen Mantel um?
3. Ich brauche einen wärmeren Mantel.
4. Bringen Sie mir noch weitere Modelle!
5. Zeigen Sie mir schwarze Hosen in Größe 38!
6. Kann ich auch Blusen zum Anprobieren haben?
7. Beraten Sie mich?
8. Lassen Sie alles einpacken und mir nach Hause bringen!

V Irreale Wunschsätze

(1) Mir fällt das Lernen schwer.
Wenn mir das Lernen doch **nicht so schwer/leichter fiele**!
(2) Ich hatte im vergangenen Jahr ziemlich viel Pech.
Hätte ich im vergangenen Jahr nur **nicht so viel/weniger Pech gehabt**!

Irreale Wunschsätze mit der Konjunktion *wenn* sind der Form nach konditionale Nebensätze mit Endstellung des finiten Verbs (1); in Wunschsätzen ohne *wenn* (uneingeleitete Wunschsätze) steht das finite Verb am Satzanfang (2). Die Partikeln *doch, nur, bloß* oder *doch nur, doch bloß* und das Ausrufezeichen verleihen dem Wunsch Nachdruck. Wünsche leiten sich von einer als negativ empfundenen Realität her.

Ist ein Sprecher zuversichtlich, dass ein Wunsch in Erfüllung geht bzw. eine Befürchtung nicht Realität wird, kann er den Wunsch – mit obligatorischem *wenn* und *nur* – im Indikativ wiedergeben: *Wenn nur nicht alles schief geht!* (= *Es wird schon gut gehen.*)

Göttlich
Was würden Sie tun, wenn Sie das neue Jahr regieren könnten?
Ich würde vor Aufregung wahrscheinlich die ersten Nächte schlaflos verbringen und darauf tagelang ängstlich und kleinlich ganz dumme, selbstsüchtige Pläne schmieden.
Dann – hoffentlich – aber laut lachen und endlich den lieben Gott abends leise bitten, doch wieder nach seiner Weise das neue Jahr göttlich selber zu machen.

                                                      Joachim Ringelnatz

5 Formulieren Sie in irrealen Wunschsätzen, was im abgelaufenen Jahr nicht nach Wunsch verlaufen ist und im bevorstehenden Jahr in Erfüllung gehen soll.

Jahreswechsel
1. Ich hatte im vergangenen Jahr viele Probleme.
2. Ich habe es nicht geschafft, vieles leichter zu nehmen.
3. Leider bin ich etwas passiv.
4. Ich war im vergangenen Jahr nicht sonderlich produktiv.
5. Ich habe wenig neue Kontakte geknüpft.
6. Ich habe mich oft aufgeregt.
7. Ich habe zu wenig Distanz zu meinen Problemen gehabt.
8. Ich war zu pessimistisch.

6 Und jetzt äußern Sie Ihre eigenen Wünsche zum bevorstehenden und zurückliegenden Jahr.

      1. ...

7 Die folgenden Sätze drücken in anderer Art und Weise Wünsche aus. Formen Sie die Sätze in irreale Wunschsätze um.

1. Ich wünschte, dass die Zeit stillsteht.
2. Ich möchte Klavier spielen können.
3. Ich hätte gern studiert.
4. Hoffentlich begegne ich bald dem Mann meines Lebens.
5. Ich hoffe bald nicht mehr von meinen Eltern abhängig zu sein.
6. Mein Wunsch, einen interessanten Job zu finden, ist nicht in Erfüllung gegangen.

8 Ein Märchen und viele Wünsche

Der goldene Schlüssel

Zur Winterszeit, als einmal ein tiefer Schnee lag, musste ein armer Junge hinausgehen und Holz auf einem Schlitten holen. Wie er es nun zusammengesucht und aufgeladen ⁵hatte, wollte er, weil er so fror, noch nicht nach Haus gehen, sondern erst Feuer anmachen und sich ein bisschen wärmen. Da scharrte er den Schnee weg und wie er so den Erdboden aufräumte, fand er einen kleinen ¹⁰goldenen Schlüssel. Nun glaubte er, wo der Schlüssel wäre, müsste auch das Schloss dazu sein, grub in der Erde und fand ein eisernes Kästchen. „Wenn der Schlüssel nur passt!" dachte er, „es sind gewiss kostbare Sachen in dem Kästchen." Er suchte, aber es war kein ¹⁵Schlüsselloch da, endlich entdeckte er eins, aber so klein, dass man es kaum sehen konnte. Er probierte und der Schlüssel passte glücklich. Da dreht er einmal herum und nun müssen wir warten, bis er vollends auf- ²⁰geschlossen und den Deckel aufgemacht hat, dann werden wir erfahren, was für wunderbare Sachen in dem Kästchen lagen.

(Brüder Grimm: Kinder- und Hausmärchen)

Welche Wünsche hat der Junge wohl?

1. Müsste ich doch nicht in den tiefen Schnee hinausgehen!
2. ...

9 Was bedeutet der Konjunktiv? Wie sieht die Realität aus?

Beispiel: Wenn der Umzug doch schon geschafft wäre!
Der Umzug ist noch nicht geschafft.

Ein beschwerlicher Umzug
1. Wenn wir doch schon mit der Arbeit fertig wären!
2. Hätten wir doch nicht so spät mit dem Packen begonnen!
3. Wenn doch nicht alles einzeln verpackt werden müsste!
4. Wenn wir uns doch bloß mehr Kisten und Kartons besorgt hätten!
5. Wären unsere Helfer doch früher gekommen!
6. Wenn sie doch nicht so viel Bier trinken würden!
7. Wenn ich doch die Bücherkiste nicht so voll gepackt hätte!
8. Wenn wir den Umzug doch besser vorbereitet hätten!

VI Irreale Konditionalsätze

(1) Weil ich Geld habe, kann ich mir ein Auto kaufen.
Wenn ich **kein Geld hätte**, **könnte** ich mir **kein Auto kaufen.**
Ich **könnte** mir **kein Auto kaufen**, wenn ich **kein Geld hätte.**

(2) Ich habe nicht im Lotto gewonnen, deshalb konnte ich noch keine Weltreise machen.
Hätte ich im Lotto **gewonnen**, **hätte** ich schon längst eine Weltreise **machen können.**

Irreale Konditionalsätze mit der Konjunktion *wenn* und Endstellung des finiten Verbs können voran- oder nachgestellt werden (1), uneingeleitete Konditionalsätze mit Spitzenstellung des finiten Verbs werden immer vorangestellt (2) (3).
Der irreale Charakter von Konditionalsätzen ist erkennbar, wenn eine Verbform eindeutig konjunktivisch ist. Auf diese Weise kann man oft eine zweite *würde*-Form vermeiden (3) (möglich aber auch: *würde ... gewinnen, würden ... gehen*). Lässt sich aber die doppelte Verwen-

(3) Möglicherweise gewinne ich doch noch eines Tages im Lotto, dann gehen meine Wunschträume vielleicht in Erfüllung. **Würde** ich eines Tages doch noch im Lotto **gewinnen**, **gingen** meine Wunschträume vielleicht in Erfüllung.

dung von *würde, hätte* oder *wäre* nicht vermeiden, kann man den Bedingungssatz mit dem finiten Verb beginnen. Allerdings ist diese Verwendungsweise in der gesprochenen Sprache seltener (2).
Die Bedingungen und die im Hauptsatz genannten Folgen sind nur angenommen, nicht real gegeben. Bedingungen und Folgen, die sich auf die Vergangenheit beziehen, können nicht mehr realisiert werden (irreal), sie bedeuten das (eingeschränkte) Gegenteil der indikativischen Aussage (2). Auf die Gegenwart und Zukunft bezogene Bedingungen und Folgen sind – je nach Aussage – in der Zukunft realisierbar (1) (3) bzw. nicht realisierbar (*Wenn ich ein Junge wäre, würde ich Pilot.*).
Die Bedingungen und Folgen realer Bedingungssätze sind immer realisierbar (*Wenn ich Geld habe, kann ich mir ein Auto kaufen. Immer wenn ich genügend Geld hatte, habe ich Reisen gemacht.*). (Vgl. S. 203ff.)

10 Was würden Sie machen/hätten Sie gemacht, ...

Beispiel: wenn Sie ein Flugzeug geschenkt bekommen würden?
             Dann würde ich sofort fliegen lernen.

   1. wenn Sie ein Ufo (unbekanntes Flugobjekt) entdecken würden?
   2. wenn der Präsident Ihres Landes plötzlich vor Ihrer Tür stehen würde?
   3. wenn Ihnen Ihr eigener Name nicht mehr einfallen würde?
   4. wenn Sie von einer fremden Person um 100 Mark gebeten würden?
   5. wenn Ihnen Ihr Chef gekündigt hätte?
   6. wenn Sie von jemandem beleidigt worden wären?
   7. wenn Sie Ihre ganzen Papiere verloren hätten?
   8. wenn Sie den Weg zum Hotel nicht mehr finden würden?
   9. wenn jemand Sie in Ihrer Wohnung eingeschlossen hätte?
  10. wenn Sie Deutschlehrer wären?

11 Nach dem Beispiel des Komischen Volkskalenders von 1848 lassen sich viele „logische" Schlüsse in Form irrealer Konditionalsätze ziehen.

Klempner*:
   Gäbe es keine Klempner, so würde auch nicht geblecht**; würde nicht geblecht, so hätten wir auch keine Regierungen; hätten wir keine Regierungen, so hätten wir auch keine Finanzverwaltung; hätten wir keine Finanzverwaltung, so erhielten wir auch keinen Nachweis, wo unser Geld bleibt, ergo muss es auch Klempner geben.

                                            (Komischer Volkskalender, 1848, Hamburg)

   *   der Klempner: jemand, der Gegenstände aus Blech usw. herstellt,
        Rohre für Gas und Wasser einbaut usw.;
   **   blechen (ugs.): gezwungen sein viel zu bezahlen

Wenn das Wörtchen wenn nicht wär', ...

1. Über die Notwendigkeit von Regierungen
   es / keine Regierungen geben – sie / nicht gestürzt werden können
   – keine Wahlen / stattfinden – es / auch keine Demokratie geben
   – Willkür und Ungerechtigkeit / herrschen – alle / unzufrieden
   sein: Also brauchen wir Regierungen.
   Gäbe es keine Regierungen, ...
2. Über die Notwendigkeit der Raumfahrt
   es / keine Raumfahrt geben – die Menschen / nicht gezwungen
   sein, neue Materialien zu entwickeln – sie / keine Erfindungen
   machen – Teflon / nicht erfunden worden sein – es / keine Teflon-
   pfannen geben – Kochen / weniger Spaß machen: Also muss es die
   Raumfahrt geben.
   Gäbe es keine Raumfahrt, ...
3. Über die Notwendigkeit von Verkehrsstaus
   es / keine Verkehrsstaus geben – große, schnelle Autos / schneller
   als kleine, langsame Autos fahren – die Fahrer kleiner, langsamer
   Autos / sich auch große, schnelle Autos kaufen – es /auf Straßen
   und Autobahnen / ein Wettrennen der großen, schnellen Autos
   geben – es / zu vielen Unfällen kommen – es / viele Verletzte und
   Tote geben – die Menschen / sehr traurig sein: Also muss es Verkehrsstaus geben.
   Gäbe es keine Verkehrsstaus, ...
4. Über die Notwendigkeit von Rauchern
   ...
5. Über die Notwendigkeit von Beamten
   ...
6. ...

12 Bilden Sie irreale Konditionalsätze der Gegenwart.

Beispiel: die Länder kompromissbereiter sein / es weniger Kriege geben
Wenn die Länder kompromissbereiter wären, gäbe es weniger Kriege.

Stell dir vor, es wär' Krieg und keiner ginge hin!
1. kein Land Kriege führen wollen / nicht aufzurüsten brauchen (Passiv)
2. kein einziger Soldat bereit sein zu kämpfen / keine Kriege austragen können (Passiv)
3. den Waffenhandel generell verbieten (Zustandspassiv) / Waffen nicht so leicht verkaufen können (Passiv)
4. die Nationen nicht so reichlich mit Waffen ausstatten (Zustandspassiv) / sie vielleicht eher verhandeln
5. die Menschen vernünftiger sein / Konflikte friedlich regeln können (Passiv)
6. es keine allgemeine Wehrpflicht geben / niemand zum Militärdienst zwingen können (Passiv)
7. nicht ständig aufrüsten (Passiv) / mehr Geld für sinnvollere Projekte zur Verfügung stehen
8. die internationalen Abkommen über bewaffnete Konflikte einhalten (Passiv) / Kriege vielleicht weniger grausam verlaufen

13 Der hypothetische Charakter des Textes wird im Konjunktiv II deutlicher.

Beispiel für die ersten beiden Abschnitte:
Wenn jeder nach seiner Leistung beurteilt würde, ...
Wenn jeder nach seiner Leistung beurteilt würde, herrschten vollkommene
Gerechtigkeit und Objektivität.

Beispiel für den dritten Abschnitt:
Würde die Leistungsgesellschaft immer perfekter, ...
Würde die Leistungsgesellschaft immer perfekter, würde unsere schöne moderne
Welt perfekt unmenschlich.

Wir brauchen die „Ausgeflippten"

„Jeder soll nach seiner Leistung beurteilt werden!" Man stelle sich das einmal vor: Es herrschen vollkommene Gerechtigkeit und Objektivität. Subjektive (Fehl-)Urteile entfallen. Es besteht absolute Chancengleichheit für alle. Niemand wird mehr wegen seines Geschlechts, seiner Rasse, seiner Sprache oder wegen seiner religiösen oder politischen Anschauungen benachteiligt oder bevorzugt. Über Stellenbesetzung und Beförderung entscheiden allein Eignung und Leistung. Es findet eine perfekte, völlig objektive Leistungsauslese statt. Das öffentliche Leben wird zum Sport. Es gibt ein Wettrennen aller gegen alle. Dadurch entsteht eine unerhörte Dynamik. Die Wechselwirkung von Leistung und Konkurrenz erzwingt ein unerbittliches „Vorwärts". Stets gewinnt der objektiv, d. h. messbar Beste. Die Schwachen werden zum Versorgungsfall und müssen von den anderen unterhalten werden. Dies trifft die Behinderten oder die alten Menschen am meisten. Sie werden als Belastung empfunden.

Unsere schöne moderne Welt wird perfekt unmenschlich. Wir haben eher die Hölle als das Paradies. Menschliche Werte zählen nicht mehr. Als Gegenpol zur Leistungselite ist eine Gegenelite erforderlich, die dem Leistungsprinzip widerspricht. Diese Gegenelite muss den nach dem Leistungsprinzip lebenden Menschen bestimmte Werte aufzeigen, die für die ganze Gesellschaft verbindlich sind. Als Gegenwerte brauchen wir noch mehr Solidarität und Brüderlichkeit. Die sich an diesen Werten orientierenden Menschen wirken noch weltfremder. Wir sind noch stärker auf solche Menschen angewiesen.

(Nach: Christian Graf von Krokow:
Wir brauchen die „Ausgeflippten".
DIE ZEIT vom 15.2.1980)

14 Berichten Sie in irrealen Konditionalsätzen.

Biografie eines ängstlichen Menschen

1. Als Kind hat er viele traumatische Erfahrungen gemacht, deshalb ist er jetzt so ängstlich.
2. Weil er als Kind im Aufzug stecken geblieben ist, hat er große Angst vor Fahrstühlen.
3. Weil dies der Fall ist, geht er die zehn Stockwerke zu seiner Wohnung zu Fuß.
4. Als Kind hat ihn bei Gewittern niemand beruhigt, deshalb gerät er heute bei Gewittern in Panik.
5. Die Eltern haben in seiner Kindheit sein Selbstwertgefühl nicht gestärkt, so konnte er kein Vertrauen in seine Fähigkeiten entwickeln.
6. Weil seine Eltern beide den ganzen Tag außer Haus arbeiteten, war er als Junge viel allein.

7. Weil er unter dem Alleinsein so gelitten hat, erträgt er als Erwachsener das Alleinsein nicht gut.
8. In der Schule war er oft überfordert, deswegen machte ihm das Lernen wenig Spaß.
9. Seine Eltern konfrontierten ihn häufig unvorbereitet mit neuen Situationen, er ist deshalb heute gegenüber allem Neuen misstrauisch.
10. Als Kind ist er im Auto verunglückt, deshalb hat er große Angst vor Autos.
11. Da er so ängstlich ist, geht er selten aus und hat wenig Kontakt zu anderen Menschen.

15 Was bedeutet der Konjunktiv? Sagen Sie es im Indikativ.

Die dunkle Seite des Mittelalters

1. Wären die Lebensbedingungen im Mittelalter nicht so schlecht gewesen, hätten die Menschen eine höhere Lebenserwartung gehabt.
2. Die Herrscher hätten mehr an das Wohl ihrer Untertanen gedacht, wenn es ihnen nicht vor allem um die Ausdehnung ihrer Macht gegangen wäre.
3. Hätte das Volk eine politische Vertretung gehabt, hätte es die Machtverhältnisse durchschauen können.
4. Wenn das Volk nicht so ungebildet gewesen wäre, hätte es seine Interessen wahrnehmen können.
5. Epidemien hätten sich nicht so leicht ausbreiten können, wenn die hygienischen Verhältnisse nicht so mangelhaft gewesen wären.
6. Wenn die Kirche nicht so mächtig gewesen wäre, hätte sich das Volk ihrem Einfluss entziehen können.
7. Hätte der Gedanke an den Tod nicht so im Vordergrund gestanden, wäre mehr Energie auf die Bewältigung der Alltagsprobleme verwendet worden.

Formen der Vergangenheit

(1) **Wären** die Skigebiete nicht ständig **vergrößert worden**, **wäre** die Hochgebirgslandschaft nicht so stark **zerstört worden**.
Weil die Skigebiete ständig vergrößert wurden (vergrößert worden sind), ist die Hochgebirgslandschaft stark zerstört worden (wurde ... zerstört).

(2) **Hätte** die Eisenbahn das Transportwesen nicht **revolutioniert**, **hätte** der Massentourismus nicht **einsetzen können**.
Die Eisenbahn hatte das Transportwesen revolutioniert, deshalb konnte der Massentourismus einsetzen.

(3) Die Alpentäler **wären** nicht so stark **zersiedelt**, wenn nicht so viele Unterkünfte für Urlauber **gebaut worden wären**.
Die Alpentäler sind stark zersiedelt, weil viele Unterkünfte für Urlauber gebaut worden sind (gebaut wurden).

Weil es im Konjunktiv II nur eine Vergangenheitsform gibt, kann nicht zwischen Gleichzeitigkeit und Vorzeitigkeit von Vorgängen unterschieden werden. Im Indikativ aber stehen für die Vergangenheit drei Tempusformen zur Verfügung. Gleichzeitige Vorgänge werden im Präteritum oder Perfekt (nie im Plusquamperfekt!) wiedergegeben (1). Präterium und Perfekt drücken die Vorzeitigkeit zum Präsens (3) aus, das Plusquamperfekt drückt die Vorzeitigkeit zum Präteritum und Perfekt aus.
(Zur Gleich- und Vorzeitigkeit vgl. S. 342ff.)

16 Was bedeutet der Konjunktiv? Geben Sie den Sachverhalt im Indikativ wieder.

Tourismus in den Alpen

1. Wenn die Alpen landschaftlich nicht so reizvoll wären, würden sie nicht so viele Besucher anziehen.
2. Hätten nicht so viele Menschen Spaß am Skifahren und Wandern, würden die Alpenländer nicht das ganze Jahr über von Touristenmassen überflutet.
3. Das Reisen hätte nicht zur Volksbewegung werden können, wenn nicht mit der Erfindung von Eisenbahn, Auto und Flugzeug die Voraussetzungen dafür geschaffen worden wären.
4. Die Urlauber könnten nicht so bequem anreisen, wenn die Alpenländer keine verkehrsgerechten Straßen gebaut hätten.
5. Hätten die Alpenländer nicht so viel Geld in die Infrastruktur investiert, wären sie nicht auf die Einnahmen aus dem Tourismus angewiesen.
6. Wäre der Wintersport nicht Mode geworden, hätten sich nicht so viele Alpendörfer zu Wintersportorten entwickelt.
7. Es würde nicht seit Jahren auf die Gefahren des Massentourismus hingewiesen, wenn die Folgen der Umweltzerstörung nicht überall sichtbar wären.
8. Die Lawinengefahr und die Zahl der Überschwemmungen wären nicht gestiegen, wenn man nicht so große Waldflächen abgeholzt hätte.

17 Welche Fakten stecken in den irrealen Konditionalsätzen? Berichten Sie im Indikativ.

Kleine Geschichte des Geldes

1. Wären Münz- und Papiergeld nicht erfunden worden, würden wir heute noch mit Waren wie z. B. Salz, Getreide und Tierhäuten bezahlen.
2. Wenn sich die Bezahlung mit Waren bewährt hätte, wäre man nicht schon im dritten Jahrtausend vor Christus zu ungeprägtem Metallgeld übergegangen.
3. Hätte man in der Metallverarbeitung keine Fortschritte gemacht, hätte man nicht mit der Prägung von Münzen beginnen können.
4. Wenn man bei Ausgrabungen keine Münzen gefunden hätte, wüsste man nicht, dass Münzen in Kleinasien schon im 7. Jahrhundert vor Christus in Umlauf waren.
5. Man wäre ab dem 17. Jahrhundert nicht zu Papiergeld übergegangen, wenn sich im Laufe der Jahrhunderte das Gewicht des Münzgeldes nicht als Nachteil herausgestellt hätte.
6. Wenn man die Vorteile des Papiergeldes nicht schätzen gelernt hätte, wäre es nicht mit der Zeit in alle Länder vorgedrungen.
7. Der Welthandel hätte nicht die heutigen Ausmaße annehmen können, wenn sich Münz- und Papiergeld nicht als internationale Zahlungsmittel durchgesetzt hätten.
8. Wären Papier- und Münzgeld optimale Zahlungsmittel, würden wir heute nicht den Übergang zum bargeldlosen Zahlungsverkehr erleben.

Irreale Sätze mit *sonst/andernfalls*

(1) Weil wir alles gemeinsam getragen ha-
     ben, sind wir gut durchs Leben gekom-
     men.
     Wenn wir nicht alles gemeinsam getra-
     gen hätten, wären wir nicht so gut
     durchs Leben gekommen.
     Wir haben alles gemeinsam getragen;
     sonst wären wir nicht so gut durchs Le-
     ben **gekommen**.

(2a) Viele Ehepartner nehmen Rücksicht auf-
     einander; deshalb gibt es nicht ständig
     Streit.
     Wenn Ehepartner keine Rücksicht auf-
     einander nehmen würden, gäbe es stän-
     dig Streit.
     Ehepartner **müssen/sollten** mehr Rück-
     sicht aufeinander nehmen; **andernfalls
     gäbe/gibt** es ständig Streit.

(2b) Viele Ehepartner verheimlichen nichts
     voreinander, so dass kein Misstrauen
     entsteht.
     Würden Ehepartner vieles voreinander
     verheimlichen, entstünde Misstrauen.
     Ehepartner **dürfen nichts** voreinander
     verheimlichen; **sonst entstünde/ent-
     steht** Misstrauen.

Wenn die Bedingung, die im Hauptsatz vor
sonst/andernfalls genannt wird, nicht erfüllt ist,
tritt die im Hauptsatz mit *sonst/andernfalls* angeführte Folge ein. Sätze mit *sonst/andernfalls*
stehen nach Modalverben im Konjunktiv II oder
Indikativ (2a) (2b). (Vgl. S. 207)

18 Geben Sie den Sachverhalt in irrealen Konditionalsätzen bzw. in Sätzen mit *sonst/andernfalls* wieder.

Ehepartner

1. Man muss einen großen Freundeskreis haben, sonst ist der Alltag nicht
    sehr abwechslungsreich.
2. Man darf den Freundeskreis nicht vernachlässigen, sonst ist man bald allein.
3. Die Frau hat Kinder großgezogen, sonst hätte sie vielleicht Karriere gemacht.
4. Ehepartner sollten gemeinsame Interessen haben, sonst leben sie sich
    schnell auseinander.
5. Ehepartner müssen einander auch eigene Aktivitäten zugestehen, sonst ist
    das Zusammenleben unerträglich.
6. Ehepartner müssen sich aufeinander verlassen können, sonst geht die
    Vertrauensbasis verloren.
7. Wenn wir uns nicht so viel bedeuten würden, lebten wir nicht seit
    fünfzig Jahren zusammen.
8. Wir hätten uns beruflich sicher stärker engagiert, wenn uns unser Familienleben
    nicht so wichtig gewesen wäre.
9. Wenn man dem Ehepartner und den Kindern gegenüber nicht tolerant wäre,
    käme man nicht gut miteinander aus.
10. Es wären nicht so viele interessante Leute unter den Gästen gewesen, wenn wir
    nicht immer ein offenes Haus gehabt hätten.

VII Irreale Komparativsätze

(1) Sie benimmt/benahm sich wie ein verwöhntes Einzelkind.
Sie benimmt/benahm sich so, **als ob** sie ein verwöhntes Einzelkind **wäre** (sei).
(2) Sie tritt auf wie jemand, der noch nie einen Fehler gemacht hat.
Sie trat auf wie jemand, der noch nie einen Fehler gemacht hatte.
Sie tritt/trat auf, **als hätte** (habe) sie noch nie einen Fehler **gemacht**.

In irrealen Komparativsätzen mit den Konjunktionen *als ob/als wenn* steht das finite Verb am Satzende (1), in Sätzen mit *als* in zweiter Position (2). Im Hauptsatz steht meist *so*. Statt des Konjunktivs II wird manchmal auch der Konjunktiv I gebraucht.
Ob der Komparativsatz im Konjunktiv der Gegenwart oder Vergangenheit steht, hängt von dem zeitlichen Verhältnis zwischen Einleitungs- und Komparativsatz ab: Bei Gleichzeitigkeit steht der Konjunktiv der Gegenwart (1), bei Vorzeitigkeit des Komparativsatzes der Konjunktiv der Vergangenheit (2). Irreale Komparativsätze geben nur angenommene Vergleiche an, die der Realität entsprechen können, also möglich sind (1), oft aber auch unwahrscheinlich oder unmöglich sind (2).
Irreale Komparativsätze stehen bei Verben des Gefühls, des Eindrucks und der Wahrnehmung (z. B. *es ist mir, mir ist zumute, ich fühle mich, ich habe das Gefühl, es scheint (mir), es hat den Anschein, es kommt mir vor, ich habe den Eindruck, es sieht aus, es klingt, es hört sich an, es wirkt auf mich*) und bei Verben des Tuns und Verhaltens (z. B. *sich anstellen, sich aufführen, auftreten, jdn. behandeln, sich benehmen, sich geben, tun, sich verhalten*).
(Zu Komparativsätzen im Indikativ vgl. S. 212f.)

19 Beschreiben Sie den folgenden Traum in irrealen Komparativsätzen.

Beispiel: Es war mir, ... (Ich hörte das Klappern von Geschirr.)
Es war mir, als ob ich das Klappern von Geschirr hörte/als hörte ich das Klappern von Geschirr.

In „Der Traum" (1916) berichtet Sigmund Freud (1856-1939) u. a. von künstlich erzeugten Träumen. Der folgende Traum wurde durch das Klingeln eines Weckers ausgelöst.
1. Es sah so aus, ... (Ein Mädchen ging mit aufgetürmten Tellern den Flur entlang zum Speisezimmer.)
2. Es schien mir so, ... (Die Teller in ihren Armen waren in Gefahr.)
3. Es kam mir so vor, ... (Sie verlor das Gleichgewicht.)
4. Ich hatte den Eindruck, ... (Das Geschirr fing zu rutschen an.)
5. Die Geschirrträgerin selbst aber wirkte auf mich, ... (Sie fühlte sich ganz sicher und befürchtete kein Unglück.)

6. Ich hatte ein Empfinden, ... (Ich musste sie warnen.)
7. Plötzlich hatte es den Anschein, ... (Das Mädchen war an der Tür gestürzt.)
8. Es klang, ... (Das ganze Geschirr war zu Boden gefallen.)
9. Das Geräusch hörte sich so an, ... (Tausend Scherben klirrten auf dem Boden.)

Da merkte der Erwachende, dass das Geräusch gar nicht von dem zerschlagenen Porzellan herrührte, sondern von einem klingelnden Wecker.

10. Im Traum nimmt man eben Bilder und Geräusche so eindringlich wahr, ... (Man hat sie wirklich erlebt.)

(Nach: Sigmund Freud: Träume. Studienausgabe, Bd. 1)

20 Jeder Mensch träumt, auch Sie. Geben Sie einen Ihrer Träume in irrealen Vergleichssätzen wieder.

1. ...

21 Formulieren Sie die kursiv gedruckten Aussagen des Textes als irreale Komparativsätze.

Beispiel: In Geschichtsbüchern wird so getan, ...
In Geschichtsbüchern wird so getan, als ob Könige das siebentorige Theben erbaut hätten/als hätten Könige das siebentorige Theben erbaut.

Bertolt Brecht: Fragen eines lesenden Arbeiters
Wer baute das siebentorige Theben?
In den Büchern stehen die Namen von Königen.
Haben die Könige die Felsbrocken herbeigeschleppt?
Und das mehrmals zerstörte Babylon –
Wer baute es so viele Male auf? In welchen Häusern
Des goldstrahlenden Lima wohnten die Bauleute?
Wohin gingen an dem Abend, wo die Chinesische Mauer fertig war,
Die Maurer? Das Große Rom
Ist voll von Triumphbögen. Wer errichtete sie? Über wen
Triumphierten die Cäsaren? *Hatte das vielbesungene Byzanz*
Nur Paläste für seine Bewohner? Selbst in dem sagenhaften Atlantis
Brüllten in der Nacht, wo das Meer es verschlang
Die Ersaufenden nach ihren Sklaven.

Der junge Alexander eroberte Indien.
Er allein?
Cäsar schlug die Gallier.
Hatte er nicht wenigstens einen Koch bei sich?
Philipp von Spanien weinte, als seine Flotte Untergegangen war. Weinte sonst niemand?
Friedrich der Zweite siegte im Siebenjährigen Krieg. Wer
Siegte außer ihm?
Jede Seite ein Sieg.
Wer kochte den Siegesschmaus?
Alle zehn Jahre ein großer Mann.
Wer bezahlte die Spesen?
So viele Berichte.
So viele Fragen.

Bertolt Brecht, deutscher Schriftsteller, 1889–1956

22 Beschreiben Sie die Wirkung des Bildes in irrealen Komparativsätzen.

Edvard Munch: Der Schrei
1. Beim längeren Betrachten des Bildes ist es mir, als hörte ich den Schrei.
2. Es kommt mir vor, ...

VIII Irreale Konsekutivsätze

1. *so ... dass/so dass*
(1) Das Haus hat **so** viele Mängel, **dass** sich die Mieter durchaus **beschweren könnten**.
(2) Die Wohnungen sind verwohnt, **so dass** sie schon im letzten Jahr **hätten renoviert werden sollen**.

Irreale Konsekutivsätze mit der Konjunktion *so ... dass/so dass* und den Modalverben *müssen* (Notwendigkeit), *sollen* (Forderung, Absicht) und *können* (Möglichkeit) sagen eindeutig, dass eine erwartete Folge nicht eintritt bzw. bisher nicht eingetreten ist, während Konsekutivsätze im Indikativ das offen lassen. (Vgl. S. 202f.)

23 Sagen Sie eindeutig, dass eine erwartete Folge nicht eintritt bzw. nicht eingetreten ist.

Sündenregister eines Hausbesitzers

1. Die Missstände sind so offensichtlich, dass der Hausbesitzer unbedingt etwas tun muss.
2. Das Dach ist undicht, so dass es unbedingt neu gedeckt werden muss.
3. Die Treppen sind so steil, dass jemand stürzen kann.
4. Das Heizsystem ist so veraltet, dass es schon vor Jahren umgestellt werden sollte.
5. Nicht alle elektrischen Leitungen liegen unter Putz, so dass Unfälle passieren können.
6. Die Stahlträger der Balkone sind so verrostet, dass sie ersetzt werden müssen.
7. Das ganze Haus ist in einem so schlechten Zustand, dass die Miete herabgesetzt werden muss.
8. Die Mieter haben so viel Anlass zum Klagen, dass sie die Zahlung der Miete verweigern können.

---

2. *zu ... als dass*
(1) Deutschland hat so viele Sehenswürdigkeiten, dass man sie nicht in wenigen Tagen besichtigen kann.
Deutschland hat **zu** viele Sehenswürdigkeiten, **als dass** man sie in wenigen Tagen **besichtigen könnte** (kann).
(2) In den Kriegen wurden so viele Schlösser zerstört, dass man nicht alle wiederaufbauen konnte.
In den Kriegen wurden **zu** viele Schlösser zerstört, **als dass** man alle **hätte wiederaufbauen können** (aufbauen konnte).

Irreale Konsekutivsätze mit der Konjunktion *zu ... als dass* lassen sich von negierten Folgesätzen mit *so ... dass/so dass* ableiten, sie haben daher – ohne Negationswort! – negierende Bedeutung. Der Konjunktiv II unterstreicht, dass bei einem Zuviel oder Zuwenig eines Sachverhalts eine bestimmte Folge nicht eintreten kann. Möglich ist aber auch der Indikativ, der allerdings neutral wirkt.

---

24 Beschreiben Sie Deutschland in irrealen Konsekutivsätzen mit *zu ... als dass*.

1. In Deutschland gibt es so viele Museen, dass man nicht alle besuchen kann.
2. Deutschland hat wenig Bodenschätze, so dass es nicht ohne Importe auskommt.
3. Die Deutschen produzieren so viel Müll, dass sie nicht wissen, wo sie ihn lassen sollen.
4. Die deutschen Universitäten sind so überlaufen, dass man nicht sofort einen Studienplatz bekommt.
5. In Deutschland gibt es so viele Biersorten, dass man nicht alle probieren kann.
6. Die Deutschen lieben ihr Auto so sehr, dass sie nicht darauf verzichten wollen.

25 Und jetzt beschreiben Sie Ihr Heimatland.

1. ...

26 Bringen Sie das Zuviel oder Zuwenig der klimatischen und geografischen Gegebenheiten deutlich zum Ausdruck.

Unsere Erde
1. In manchen Gegenden der USA sind die Niederschläge so gering, dass Pflanzen ohne künstliche Bewässerung keine hohen Erträge bringen.
2. In weiten Teilen Australiens ist es so trocken, dass keine Reisfelder angelegt werden.
3. Die Fels- und Schuttwüsten Nordafrikas sind so steinig, dass keine Nutzpflanzen angebaut werden.
4. Die Steppen sind so unfruchtbar, dass kein intensiver Getreideanbau betrieben werden kann.
5. Die großen Sandwüsten sind so unwegsam, dass sie sich nicht so einfach durchqueren lassen.
6. In Höhen über 5 500 Metern ist der Sauerstoffgehalt der Luft so niedrig, dass Menschen dort nicht leben können.
7. Manche Flüsse in steilem Gelände sind so reißend, dass sie nicht zur Schifffahrt genutzt werden können.
8. Das Tote Meer ist so salzhaltig, dass Fische nicht darin leben können.
9. In der Sahara sind die Temperaturschwankungen zwischen Tag und Nacht so extrem, dass der menschliche Organismus sich nicht ohne weiteres darauf einstellen kann.
10. Das Klima am Äquator ist so heiß und feucht, dass es Menschen aus anderen Regionen nicht ohne weiteres vertragen.

---

3. *ohne dass*

(1) Er fuhr früher immer furchtbar schnell, **ohne dass** er je einen Strafzettel **bekommen hätte** (hat).
(= Er hat nie einen Strafzettel bekommen.)

(2) Er hustet einfach, **ohne dass** er (sich) die Hand vor den Mund **hielte** (hält).
(= Er hält (sich) die Hand nicht vor den Mund.)

Irreale Konsekutivsätze (1) und Modalsätze (2) mit der Konjunktion *ohne dass* geben an, dass etwas Erwartetes nicht eintritt bzw. bisher nicht eingetreten ist. Der Konjunktiv II drückt Erstaunen und Verwunderung darüber aus. Bei gleichem Subjekt sind Infinitivsätze möglich, die aber – wie der Indikativ – neutral wirken: *Er hustet ohne (sich) die Hand vor den Mund zu halten.* (Zu den Konsekutiv- und Modalsätzen im Indikativ vgl. S. 202f. und 210f.)
Auch Modalsätze mit der Konjunktion *(an)statt dass* drücken in Verbindung mit dem Konjunktiv II Erstaunen und Verwunderung aus: *Statt dass er auch mal anderen geholfen hätte, hat er sich immer nur helfen lassen.* (Vgl. S. 211f.)

---

27 Bringen Sie Ihre Verwunderung über das beschriebene Verhalten zum Ausdruck.

Ein korrektes Verhalten?
1. Er erwartet von anderen Hilfe ohne selbst zum Helfen bereit zu sein.
2. Sie nimmt Geschenke entgegen ohne sich dafür zu bedanken.
3. Er nimmt immer wieder Einladungen an ohne auch nur eine Gegeneinladung gegeben zu haben.

4. Er leiht sich Bücher aus ohne sie zurückzugeben.
5. Er kommt herein ohne vorher anzuklopfen.
6. Er mischt sich in Gespräche ein ohne sich vorgestellt zu haben.
7. Er schwärmt von Büchern ohne sie gelesen zu haben.
8. Er gibt sich als Musikexperte aus ohne viel von Musik zu verstehen.

IX Der Konjunktiv II in Relativsätzen

(1) Nichts hilft gegen schlechte Laune mehr als Ablenkung.
Ich weiß nichts, **was** gegen schlechte Laune mehr **helfen würde** (hilft) als Ablenkung.
(= Gegen schlechte Laune hilft Ablenkung am besten.)
(2) Jeder Mensch hat schon mal Fehler gemacht.
Es gibt keinen Menschen, **der** nicht schon mal Fehler **gemacht hätte** (hat).

Der Konjunktiv II drückt in Relativsätzen, die nach einem negierten Hauptsatz stehen, eine zahlenmäßige Vollständigkeit aus. Relativsätze mit einem Komparativ haben Superlativ-Bedeutung (1). Möglich ist aber auch der Indikativ, der stärkere Gewißheit ausdrückt.

28 Drücken Sie die Vollständigkeit anders aus.

Allzu menschlich
1. Kein Mensch hat immer Recht.
2. Niemand ist immer gut gelaunt.
3. Kein Mensch ist allen Situationen gewachsen.
4. Niemand gibt seine Fehler gern zu.
5. Jeder hat schon mal andere Menschen enttäuscht und ist von anderen Menschen enttäuscht worden.
6. Jeder hat schon mal Rachegefühle empfunden.
7. Jeder hat schon mal eine Notlüge gebraucht.
8. Wohl keinem Menschen ist das allzu Menschliche fremd.

29 Die Superlative lassen sich auch durch Komparative wiedergeben.

Beispiel: China ist das Land mit der höchsten Einwohnerzahl.
Es gibt kein Land, das mehr Einwohner hätte als China.

Lauter Superlative
1. Kanada ist das Land mit der größten Fläche.
2. Der Amazonas ist der längste Fluss der Erde.
3. Die Antarktis ist das kälteste Gebiet der Erde.
4. Das Death Valley (Tal des Todes) ist die wärmste Gegend der Erde.
5. Der Äquator ist die Zone mit den höchsten Niederschlägen.
6. Der Marianengraben ist die tiefste Stelle in den Weltmeeren.
7. La Paz ist die höchste Stadt der Erde. (ist → liegen)
8. Der Mount Everest ist der höchste Berg der Erde.

X Gesamtübungen

30 Schreiben Sie die Sätze des Textes entsprechend den in Klammern gegebenen Anweisungen in irreale Aussagen um.

Wohngemeinschaften

1. Wohngemeinschaften sind bei Jugendlichen so beliebt, weil sie viele Vorteile haben. (wenn) Sie scheinen sich als neue Lebensform durchgesetzt zu haben. (Es sieht so aus, als ob)

2. Auch ältere Menschen scheinen an dieser Lebensform Gefallen zu finden. (Es scheint, als) Manche aus der älteren Generation bedauern, dass es nicht schon früher Wohngemeinschaften gegeben hat. (Manche älteren Menschen wünschen sich: Wunschsatz)

3. Jugendliche wachsen heute sehr selbständig auf; sie wollen sich nicht mehr von den Eltern kontrollieren lassen. (zu ... als dass) Weil sie nicht mehr zu Hause wohnen, sind sie frei und können ihr Leben nach ihren eigenen Vorstellungen gestalten. (wenn)

4. Oft verlassen Jugendliche das Elternhaus sehr früh; die Eltern können sich nicht damit abfinden. (zu ... als dass) Aber die Jugendlichen haben ihre Freiheit und müssen nicht auf den von zu Hause gewohnten Komfort (Badezimmer, Küche) verzichten. (ohne dass)

5. Manche Menschen allerdings sind so ausgeprägte Einzelgänger, dass sie sich in einer Wohngemeinschaft nicht wohl fühlen. (zu ... als dass)

6. In Wohngemeinschaften leben oft sehr unterschiedliche Menschen zusammen, so dass es nicht langweilig werden kann. (zu ... als dass) Das Leben in Wohngemeinschaften ist interessant und abwechslungsreich, weil die Bewohner unterschiedliche Interessen und Begabungen haben. (wenn)

7. Aber die Mitglieder dürfen keine allzu unterschiedlichen Vorstellungen vom Zusammenleben haben, sonst gibt es Probleme. (wenn)

8. Natürlich kommt es in jeder Wohngemeinschaft mal zu Auseinandersetzungen. (Natürlich gibt es keine Wohngemeinschaft, + Relativsatz) Wenn sich die Mitglieder nicht an die gemeinsamen Absprachen halten, gibt es Streit. (sonst)

9. Jeder Mitbewohner muss Kompromisse eingehen. (Es gibt keinen Mitbewohner, + Relativsatz)

10. In einer Wohngemeinschaft dürfen nicht nur Egoisten zusammenleben, sonst sind ständige Konflikte nicht zu vermeiden. (wenn) Man stelle sich vor: Keiner übernimmt die ihm übertragenen Aufgaben. Dann entsteht unweigerlich ein Chaos. (wenn)

11. Das Zusammenleben ist nicht so leicht, deshalb wechselt die Besetzung öfter. (wenn) Über Probleme muss oft und offen gesprochen werden, sonst stauen sich Spannungen auf. (wenn)

12. Wenn das Zusammenleben nicht harmonisch ist, fühlen sich die Mitglieder der Gemeinschaft nicht zu Hause. (sonst) Und das will jeder. (Und es gibt niemanden, + Relativsatz)

31 Die Aussagen des Textes lassen sich mit Hilfe der in Klammern angegebenen Anweisungen auch im Konjunktiv II mitteilen.

Straßenkinder

1. Es gibt weltweit sehr viele Straßenkinder, derzeit etwa 100 Millionen, so dass das Thema nicht verharmlost werden darf. (zu ... als dass) In den Medien wird inzwischen häufiger über das Straßendasein von Kindern berichtet, so dass nahezu jeder darüber informiert ist. (so dass man nahezu niemanden trifft + Relativsatz)

2. Weil in vielen Familien krasse wirtschaftliche Not, Hunger und Arbeitslosigkeit herrschen, müssen die Kinder mitverdienen. (wenn) Weil sie schon gelernt haben allein für sich zu sorgen, verlassen sie ihr Zuhause. (wenn)

3. Oft sind die gesellschaftlichen Rahmenbedingungen ungünstig, so dass es für die Kinder keine Alternative zum gefährlichen Leben auf der Straße gibt. (zu ... als dass)

4. Jedes Kind sehnt sich aber nach einem Zuhause. (Es gibt aber kein Kind, + Relativsatz) Hoffentlich findet jedes Straßenkind irgendwann wieder ein Zuhause, in dem es sich geborgen fühlt. (Wunschsatz)

5. Die Verhältnisse scheinen sich aber nicht so schnell zu bessern. (Es scheint aber, als ob) Die Armut und die Verelendung in den Großstädten nimmt immer noch zu, deshalb steigt die Zahl der Straßenkinder weiter. (wenn)

6. Die Straßenkinder arbeiten als Autowäscher, Schuhputzer, Gepäckträger oder Straßenverkäufer, deshalb können sie überleben. (sonst) Sie sind noch jung und unerfahren, so dass sie sich nicht dagegen wehren können, als billige Arbeitskräfte ausgenutzt zu werden. (zu ... als dass)

7. Die Straßenkinder müssen sich durchschlagen wie Erwachsene. (als ob) Kein Kind will lieber arbeiten als spielen. (Es gibt kein Kind, + Relativsatz) Statt unbeschwert Kind sein zu dürfen, müssen sie viel zu früh als Erwachsene leben. (anstatt dass)

8. Das Geldverdienen auf der Straße lässt ihnen wenig Zeit, so dass sie keine Gelegenheit haben die Schule zu besuchen. (zu ... als dass) Nur wenn sich „Streetworker" (eine Art Sozialarbeiter) um die Kinder kümmern, haben sie eine Chance von der Straße geholt zu werden. (Aber wenn)

9. Man hofft die Straßenkinder wieder in Familien integrieren zu können. (Wunschsatz) Vorausgesetzt sie finden wieder eine feste Bleibe und können die Schulbildung nachholen, dann haben sie eine echte Chance für eine neue Existenz. (wenn)

10. Aber die Zahl der Straßenkinder ist groß, so dass dieses Problem nicht so leicht und schnell gelöst werden kann. (zu ... als dass)

§ 7 Konjunktiv I

I Die Formen des Konjunktivs I

Der Konjunktiv I hat drei Zeitstufen: Gegenwart, Vergangenheit und Zukunft.

1. Die Gegenwartsform des Konjunktivs I

Ind. Präs.	Konj. I	Gebräuchliche Konjunktiv-I-Formen und Ersatzformen		
ich komme	(komme)	käme	könne	machte/würde machen
du kommst	(kommest)	käm(e)st	könntest	machtest/würdest machen
er kommt	komme	komme	könne	mache
wir kommen	(kommen)	kämen	könnten	machten/würden machen
ihr kommt	(kommet)	käm(e)t	könntet	machtet/würdet machen
sie kommen	(kommen)	kämen	könnten	machten/würden machen

		ich **sei**	hätte	würde
		du **sei(e)st**/wär(e)st	hättest	würdest
		er **sei**	**habe**	**werde**
		wir **seien**	hätten	würden
		ihr **seiet**/wär(e)t	hättet	würdet
		sie **seien**	hätten	würden

Vorgangs- und Zustandspassiv

Indikativ	Konjunktiv-I-Formen und Ersatzformen
wird/werden gemacht	**werde**/würden **gemacht**
muss/müssen gemacht werden	**müsse**/müssten **gemacht werden**
ist/sind geöffnet	**sei/seien geöffnet**

(Alle auf den Seiten 116–118 fett gedruckten Formen sind Konjunktiv-I-Formen.)

Die Gegenwartsform des Konjunktivs I wird vom Indikativ Präsens abgeleitet und erhält ein Endungs-*e*, soweit es nicht schon im Indikativ vorhanden ist. Der Stammvokal entspricht dem des Infinitivs (*lesen–lese, tragen–trage, wollen–wolle*).
Es werden nur noch wenige Konjunktiv-I-Formen gebraucht, und zwar nur solche, die sich vom Indikativ Präsens unterscheiden. Das sind die 3. Person Singular aller Verben, die 1./3. Person Singular der Modalverben und alle For-

men des Verbs *sein*. Die eindeutigen Konjunktiv-I-Formen der 2. Person Singular und Plural werden heute fast nicht mehr verwendet.
Die übrigen Formen (1. Person Singular und 1./3. Person Plural) sind mit dem Indikativ Präsens identisch. Als Ersatzform dienen der Konjunktiv II und – besonders in der Umgangssprache – die *würde*-Form. Ersetzt werden können aber auch eindeutige Konjunktiv-I-Formen (*seien/wären; habe/hätte; werde/würde; könne/könnte; komme/käme/würde kommen*).

2. Die Vergangenheitsform des Konjunktivs I

Indikativ	*Konjunktiv-I-Formen und Ersatzformen*
kam/kamen ist/sind gekommen war/waren gekommen	**sei**/seien **gekommen**
machte/machten hat/haben gemacht hatte/hatten gemacht	**habe**/hätten **gemacht**
musste/mussten machen hat/haben machen müssen hatte/hatten machen müssen	**habe**/hätten **machen müssen**

Vorgangs- und Zustandspassiv

wurde/wurden gemacht ist/sind gemacht worden war/waren gemacht worden	**sei**/seien **gemacht worden**
musste/mussten gemacht werden hat/haben gemacht werden müssen hatte/hatten gemacht werden müssen	**habe**/hätten **gemacht werden müssen**
war/waren geöffnet (ist/sind geöffnet gewesen) (war/waren geöffnet gewesen)	**sei**/seien **geöffnet gewesen**

Die Vergangenheitsform des Konjunktivs I wird vom Indikativ Perfekt abgeleitet. Da alle Konjunktiv-I- und Konjunktiv-II-Formen gebräuchlich sind, sollte die umständliche *würde*-Form nicht verwendet werden (**würde gemacht haben, *würde gemacht worden sein*).

3. Die Zukunftsform des Konjunktivs I

Fut. I   wird/werden kommen   er **werde**/würde **kommen**
                                        sie würden kommen
                                        er komme/käme
                                        sie kämen

Die Zukunftsform des Konjunktivs I wird mit *werden* + Infinitiv
bzw. *würde* + Infinitiv gebildet. Es können aber auch die Gegenwartsfor-
men des Konjunktivs I und II verwendet werden.

---

1 Wie heißt der Konjunktiv I bzw. die Ersatzform?

Beispiel: Sie sagt: „Ich muss jetzt endlich den Brief schreiben."
             Sie sagt, sie müsse jetzt endlich den Brief schreiben.

Sie sagt:

1. „Ich habe keine Zeit."   14. „Es wird gleich erledigt."
2. „Er will schon gehen."   15. „Es ist erledigt."
3. „Sie werden abgeholt."   16. „Ich gehe jetzt weg."
4. „Ich kann es schaffen."   17. „Ich darf nicht gesehen werden."
5. „Ich werde studieren können."   18. „Sie wurden bestraft."
6. „Er schläft noch."   19. „Er hat viel gearbeitet."
7. „Ihr seid gefragt worden."   20. „Ich soll abreisen."
8. „Es musste sofort erledigt werden."   21. „Sie wollten immer spazieren gehen."
9. „Er liest den ganzen Tag."   22. „Er ist verschwunden."
10. „Es wurde erlaubt."   23. „Sie war gut versichert."
11. „Sie sollen nur ruhig fahren."   24. „Sie haben eine Stunde gewartet."
12. „Sie haben gelacht."   25. „Er nimmt das Paket mit."
13. „Er weiß nichts."   26. „Sie sind gestartet."

II Der Gebrauch des Konjunktivs I

(1) Sie sagt/sagte, sie gehe täglich einkau-   Indirekte Rede
     fen.
     Er fragt/fragte, ob sie schon alles für die
     Party eingekauft habe.
(2) Man nehme morgens und abends je-   Anweisungen
     weils eine Tablette.
     Man verrühre 200 Gramm Butter mit
     100 Gramm Zucker.
(3) Seien wir vernünftig!   Aufforderungen und Wünsche
     Seien Sie so gut, mir beim Tragen zu hel-   (zum Teil feste Wendungen)
     fen.
     Edel sei der Mensch, hilfreich und gut!
     Möge sie lange leben! Sie lebe hoch!

(4) Gegeben sei eine Gerade g: y = mx + b. In diesem Zusammenhang sei daran erinnert, dass …	Fachsprache
(5) Was auch immer geschehe, ich halte zu dir. Komme, was da wolle, ich werde nicht nachgeben.	Konzessivsätze (zum Teil feste Wendungen)
(6) Der Arzt impfte sie, damit sie im Ausland nicht krank werde/wird.	Finalsätze (vgl. S. 198f.)
(7) Sie tat so, als ob sie viel Zeit habe/hätte.	Komparativsätze (vgl. S. 106ff.)

Der Konjunktiv I wird vor allem in der indirekten Rede gebraucht (1). Konzessivsätze (5) und Finalsätze (6) stehen meist im Indikativ (vgl. S. 200f. und S. 198f.), Komparativsätze (7) meist im Konjunktiv II (vgl. S. 106ff.). Im Folgenden wird nur der Gebrauch des Konjunktivs in der indirekten Rede geübt.

III Die indirekte Rede

Fragen an einen Politiker

Auf einer Pressekonferenz fragt/fragte ein Journalist: „Gibt es Steuererhöhungen?"

(1) Der Journalist fragt/fragte, **ob** es Steuererhöhungen **gebe**.

Der Politiker antwortet/antwortete: „Steuererhöhungen kommen nicht in Frage."

(2a) Der Politiker antwortet/antwortete, **dass** Steuererhöhungen nicht in Frage **kämen**.

(2b) Der Politiker antwortet/antwortete, Steuererhöhungen **kämen** nicht in Frage.

Der Journalist fragt/fragte: „Warum haben die Pressesprecher die Bürger immer noch nicht über die Gespräche mit der Opposition informiert?"

(3) Der Journalist will/wollte wissen, **warum** die Pressesprecher die Bürger immer noch nicht über die Gespräche mit der Opposition **informiert hätten**.

Der Politiker erklärt/erklärte gereizt: „Gedulden Sie sich noch etwas! Verlangen Sie nicht zu viel von mir."

Die indirekte Rede gibt die Aussage einer Person aus der Perspektive des Sprechers wieder, manchmal in verkürzter Form und mit etwas anderen Formulierungen. Sie steht nach Verben des Sagens und Denkens (z. B. *antworten, behaupten, bemerken, berichten, betonen, bitten, denken, erklären, erwarten, erwidern, erzählen, glauben, hoffen, meinen, sagen, vermuten*) bzw. nach Verben des Fragens (z. B. *fragen, die Frage stellen, die Frage richten an, wissen wollen*). Bei längeren Texten reicht ein Einleitungssatz zu Beginn. Der Konjunktiv ist dann obligatorisch (6). Bei einem Sprecherwechsel muss durch die Redeeinleitung deutlich werden, wer spricht. Nebensätze, die mit der Konjunktion *dass* eingeleitet werden, haben Endstellung des finiten Verbs (2a); in uneingeleiteten Aussagesätzen steht das Verb in zweiter Position (2b). Indirekte Fragesätze werden mit der Konjunktion *ob* (*Ja/Nein*-Fragen) (1) oder mit Fragewörtern (z. B. *wann, wo, wie, wen* = W-Fragen) (3) eingeleitet.

Aufforderungen werden in der indirekten Rede – meist ohne einleitende Konjunktion – mit den Modalverben *sollen, müssen* oder *nicht dürfen* wiedergegeben (4), höfliche Bitten mit dem Modalverb *mögen* (5).

(4) Der Politiker erklärt/erklärte gereizt, der Journalist **solle/müsse sich** noch etwas **gedulden**. Er **dürfe nicht** zu viel von ihm **verlangen**.

Der Journalist bittet/bat den Politiker: „Äußern Sie sich bitte zu den neuen außenpolitischen Vorstellungen Ihrer Partei."

(5) Der Journalist bittet/bat den Politiker, er **möge** sich zu den neuen außenpolitischen Vorstellungen seiner Partei **äußern**.

Der Politiker sagt/sagte: „In der **morgigen** Sitzung der Partei werden alle Diskussionspunkte noch einmal besprochen. **Ich** kann deshalb **jetzt** noch keine Einzelheiten nennen. Es wird einige Kurskorrekturen geben, weil **unsere** Partei auf die neue außenpolitische Entwicklung reagieren muss."

(6) (Wenn die Zeitung am nächsten Tag von dem Interview berichtet, steht dort:) In dem **gestrigen** Interview gab der Politiker zu erkennen, dass in der **heutigen** Sitzung der Partei alle Diskussionspunkte noch einmal besprochen würden. **Er** könne deshalb **zu diesem Zeitpunkt** noch keine Einzelheiten nennen. Es werde einige Kurskorrekturen geben, weil **seine** Partei auf die neue außenpolitische Entwicklung reagieren müsse.

Der Journalist fragt/fragte: „Was hätte die Regierung gemacht, wenn die Verhandlungen mit der Opposition nicht zustande gekommen wären?"

(7) Der Journalist fragt/fragte, was die Regierung **gemacht hätte**, wenn die Verhandlungen mit der Opposition nicht **zustande gekommen wären**.

(8a) **Laut** Regierungsbeschluss/Dem Regierungsbeschluss **zufolge wird** es keine Steuererhöhungen **geben**.

(8b) **Wie** aus Regierungskreisen verlautete, **wird** über Steuererhöhungen nicht **nachgedacht**.

In der indirekten Rede müssen sich die Zeitformen und alle Angaben zu Personen, Ort oder Zeit nach der Perspektive des Sprechers richten (6).

In der direkten Rede auftretende Konjunktiv-II-Formen bleiben in der indirekten Rede erhalten (7).

Nach den Präpositionen *entsprechend, gemäß, laut, nach* und *zufolge* sowie nach der Konjunktion *wie* wird der Indikativ gebraucht (8).

Für die indirekte Rede stehen der Konjunktiv I und seine Ersatzformen (Konjunktiv II und die *würde*-Form) zur Verfügung. Sie sind aber nicht obligatorisch. Wenn eine Aussage schon durch das redeeinleitende Verb und die Nebensatz-Konjunktion als indirekte Rede erkennbar ist, wird oft der Indikativ benutzt:

Die Parteichefs behaupten, dass sie gut zusammenarbeiten.

Der Indikativ wird auch bei feststehenden Tatsachen und objektiven Gegebenheiten gebraucht:

Der Politiker erinnerte daran, dass es alle vier Jahre Wahlen gibt.

Ein Indikativ kann auch darauf hindeuten, dass der Sprecher die wiedergegebene Aussage nicht bezweifelt, sondern für richtig hält:

Der Politiker sagt, dass es keine Steuererhöhungen gibt.

Dagegen kann eine Konjunktiv-II-Form darauf hinweisen, dass der Sprecher die Richtigkeit der Aussage bezweifelt:

Wenn vor Wahlen behauptet wird, dass es keine Steuererhöhungen gäbe, glaubt das niemand.

Da aber der Konjunktiv II auch immer Ersatzform sein kann, müssen diese Zweifel durch den Kontext gestützt werden.

Ansonsten lassen im Konjunktiv I und in den Ersatzformen wiedergegebene Aussagen keine persönliche Stellungnahme des Sprechers erkennen; der Sprecher gibt die gehörte/gelesene Aussage neutral und objektiv wieder:

Der Politiker sagt, dass es keine Steuererhöhungen gebe/gäbe.

In der Umgangssprache wird der Konjunktiv I in der indirekten Rede kaum verwendet. Gebräuchlich ist der Konjunktiv II, besonders in uneingeleiteten Aussagesätzen.

2 Formulieren Sie in indirekter Rede, was der Mann denkt und sagt.

Die Geschichte mit dem Hammer

Ein Mann will ein Bild aufhängen. Den Nagel hat er, nicht aber den Hammer. Der Nachbar hat einen. Also beschließt unser Mann hinüberzugehen und ihn auszuborgen. Doch da
5 kommt ihm ein Zweifel: Was, wenn der Nachbar mir den Hammer nicht leihen will? Gestern schon grüßte er nur so flüchtig. Vielleicht war er in Eile. Aber vielleicht war die Eile nur vorgeschützt und er hat etwas gegen
10 mich. Und was? Ich habe ihm nichts angetan; der bildet sich da etwas ein. Wenn jemand von mir ein Werkzeug borgen wollte, *ich* gäbe es ihm sofort. Und warum er nicht?

Wie kann man einem Mitmenschen einen so einfachen Gefallen abschlagen? Leute wie 15 dieser Kerl vergiften einem das Leben. Und dann bildet er sich noch ein, ich sei auf ihn angewiesen. Bloß weil er einen Hammer hat. Jetzt reicht's mir wirklich. – Und so stürmt er hinüber, läutet, der Nachbar öffnet, doch 20 noch bevor er „Guten Tag" sagen kann, schreit ihn unser Mann an: „Behalten Sie Ihren Hammer, Sie Rüpel!"

(Paul Watzlawick:
Anleitung zum Unglücklichsein)
Paul Watzlawick, Psychotherapeut, geb. 1921

3 Formen Sie die direkte in die indirekte Rede um.

Fische

Ein Fisch biss in einen Angelhaken. Was flatterst du so hektisch herum? fragten ihn die anderen Fische. Ich flattere nicht hektisch herum, sagte der Fisch an der Angel, ich bin
5 Kosmonaut und trainiere in der Schleuderkammer. – Wer's glaubt, sagten die anderen Fische und sahen zu, wie es weitergehen sollte. Der Fisch an der Angel erhob sich und flog in hohem Bogen aus dem Wasser. Die Fi-
10 sche sagten: Er hat unsere Sphäre verlassen und ist in den Raum hinausgestoßen. Mal hören, was er erzählt, wenn er zurückkommt. Der Fisch kam nicht wieder. Die Fische sagten: Stimmt also, was die Ahnen uns überlie-
15 fert haben, dass es da oben schöner ist als

hier unten. Ein Kosmonaut nach dem anderen begab sich zum Training in die Schleuderkammer und flog in den Raum hinaus. Die Kosmonauten standen in Reih und Glied und warteten, bis sie drankamen. Am Ufer 20 saß ein einsamer Angler und weinte. Einer der Kosmonauten sprach ihn an und fragte: O großer Fisch, was weinst du, hast du auch gedacht, dass es hier oben schöner ist? – Darum weine ich nicht, sagte der Angler, ich wei- 25 ne, weil ich niemandem erzählen kann, was hier und heute geschieht. Achtundfünfzig in einer Stunde und kein Zeuge weit und breit.

(Christa Reinig: Orion trat aus dem Haus)
Christa Reinig, deutsche Schriftstellerin, geb. 1926

4 Berichten Sie in indirekter Rede, was Herr und Frau Lups sprechen und denken.

Lups

Herr Lups war ein Spatz. Seine Frau hieß Frau Lups. Denn dem Namen nach richten sich die Frauen nach ihren Männern.
Es war Frühling und Frau Lups saß auf ihren
5 Eiern. Herr Lups hatte Futter herangeschleppt. Jetzt saß er auf dem Nestrand und

blinzelte in die Sonne.
Die Menschen sagen immer, dass Spatzen frech und zänkisch sind, dachte Frau Lups, womit sie natürlich nur die Männchen mei- 10 nen. Ich kann es von meinem Mann eigentlich nicht finden. Ein fertiger Ehespatz ist er

zwar noch nicht, aber er macht sich.
Herrn Lups wurde es langweilig.
15 „Ich möchte mich auch mal auf die Eier setzen."
„Nein", sagte Frau Lups – nicht aus Eigen-
sinn, rein aus pädagogischem Empfinden.
„Piep!" sagte Herr Lups empört, „es sind
auch meine Eier."
20 „Nein", sagte Frau Lups – wieder nur aus
pädagogischem Empfinden.
Herr Lups schlug erregt mit den Flügeln.
„Ich habe das Recht auf den Eiern zu sitzen,
ich bin der Vater!" schrie er.
25 „Schlag nicht so mit den Flügeln", sagte Frau
Lups, „es ist unschicklich, wenigstens hier im
Nest. Außerdem macht es mich nervös. Ihr
Männer müsst immer gleich mit den Flügeln
schlagen. Nimm dir ein Beispiel an mir! Ich
30 bin stets ruhig. Gewiss sind es deine Eier.
Aber es sind mehr meine Eier als deine Eier.
Das habe ich gleich gesagt. Denke dran, dass
du verheiratet bist!"
„Daran denke ich unaufhörlich", sagte Herr
35 Lups. „Aber du hast es vorhin anders gesagt.
Das ist unlogisch."
„Stör mich nicht mit deiner Logik", sagte
Frau Lups, „wir sind verheiratet und nicht lo-
gisch."
40 „So", machte Herr Lups und klappte arrogant
mit dem Schnabel.
„Findest du das etwa nicht?????"
Herr Lups hörte auf zu klappen.
„Ja, ja, meine Liebe", sagte er.
45 Er macht sich, dachte Frau Lups.
„Ich werde jetzt in den Klub gehen", sagte
Herr Lups und putzte sich die Flügel.
„Du könntest dich auch mal auf die Eier setzen", sagte Frau Lups vorwurfsvoll, „ich sitze
50 schon den ganzen Vormittag darauf. Glaubst
du, dass es ein Vergnügen ist? Dabei sind es
deine Eier."
Herr Lups dachte, die Sonne müsse aufhören
zu scheinen. Aber sie schien weiter.
55 „Mir steht der Schnabel still!" schrie er.
„Eben wollte ich auf den Eiern sitzen, da waren es deine Eier. Jetzt will ich in den Klub
gehen, da sind es meine Eier. Wessen Eier
sind es nun endlich?!"
60 „Schrei nicht so", sagte Frau Lups, „natürlich

sind es deine Eier. Ich habe es dir doch schon
vorhin gesagt."
Herrn Lups wurde schwindlig.
„Du irrst dich", sagte er matt.
„Frauen irren sich nie", sagte Frau Lups.   65
„Ja, ja, meine Liebe", sagte Herr Lups und
setzte sich auf die Eier, die nicht seine Eier
und doch seine Eier waren.
„Männer sind so wenig rücksichtsvoll", sagte
Frau Lups mit sanftem Tadel, „du hast eben   70
auch die weibliche Hand in deinem Leben zu
wenig gefühlt."
„O doch", sagte Herr Lups und blickte auf die
Krällchen seiner Gemahlin.
Frau Lups horchte aufmerksam an den Eiern.   75
„Eins piepst sogar schon im Ei", sagte sie
glücklich.
„Dann wird es ein Weibchen", sagte Herr
Lups.
Frau Lups sah ihren Gatten scharf an.   80
„Gewiss", sagte sie, „es wird ein Weibchen.
Die Intelligenz regt sich am frühesten."
Herr Lups ärgerte sich sehr und brütete.
„Aber das erste, das herauskommt, wird ein
Männchen!" sagte er patzig.   85
Frau Lups blieb ganz ruhig.
„Das, was zuerst piepst, kommt auch zuerst
heraus", sagte sie, „es wird also ein Weib-
chen. Im Übrigen lass mich jetzt auf die Eier!
Es wird kritisch. Das verstehen Frauen besser. 90
Außerdem sind es meine Eier."
„Ja, ja, meine Liebe", sagte Herr Lups.
Nach kurzer Zeit kam das Erste aus dem Ei.
Es war ein Männchen.
Herr Lups plusterte sich und zwitscherte   95
schadenfroh.
„Siehst du", sagte Frau Lups, „ich habe es dir
gleich gesagt. Es wird ein Männchen. Aber
ihr müsst eben alles besser wissen."
Herr Lups sperrte den Schnabel so weit auf   100
wie noch nie.
Eine Steigerung war anatomisch undenkbar.
Aber er kriegte keinen Ton heraus.
Da klappte er den Schnabel zu.
Endgültig.   105
Jetzt ist er ganz entwickelt, es wird eine
glückliche Ehe, dachte Frau Lups und half
den anderen Kleinen behutsam aus der Scha-

le. „Nun musst du in den Klub gehen, liebes
110 Männchen", flötete sie, „du musst dich etwas
zerstreuen. Ich bat dich schon so lange darum. Auf dem Rückweg bringst du Futter
mit."
„Ja, ja, meine Liebe", sagte Herr Lups.
115 —-
Herr Lups hielt eine Rede im Klub.
„Wir sind Männer! Taten müssen wir sehen,
Taten!!" schrie er und gestikulierte mit den
Flügeln.

—- 120
Frau Lups wärmte ihre Kleinen im Nest.
„Seinen Namen werdet ihr tragen, alle wer-
det ihr Lups heißen", piepste sie zärtlich.
Denn dem Namen nach richten sich die
Frauen nach ihren Männern. 125

(Manfred Kyber: Gesammelte Tiergeschichten)
Manfred Kyber, deutscher Schriftsteller, 1880-1933

5 Berichten Sie in indirekter Rede von dem Gespräch zwischen dem ZEITmagazin
und dem Wissenschaftler Karl Hammer.

Samen seltener Pflanzen finden Zuflucht in der Genbank.
*Viele Arten, die der Mensch heute ausrottet, wird er morgen für
sein Überleben brauchen.*
Von Bernhard Borgeest

Karl Hammer, 50, leitet die größte deutsche Genbank in Gatersleben, Sachsen-Anhalt. Dort lagern Samen und Knollen von 100 000 verschiedenen Kulturpflanzen – von der sel-
5 tensten Gurke wie vom modernsten Hochlei-stungsweizen.
ZEITmagazin: Herr Dr. Hammer, fühlen Sie sich manchmal wie Noah?
Karl Hammer: Das hier ist die Notaufnahme,
10 die Arche Noah. Genau das ist es. Ringsum schwindet die Artenvielfalt in einem er-schreckenden Maße. Es verschwindet auch die Vielfalt unterhalb der Arten. Also Sorten, Formen, Varietäten, Unterarten. Und mit ih-
15 nen gehen wichtige Qualitäten und Resisten-zen verloren. Wir konservieren, wir heben auf.
Ein Pflänzchen von jeder Art?
Noah hat immer nur zwei von einer Art ge-
20 nommen. Bei ihm ist nicht sehr viel geneti-sche Variabilität hereingekommen. Wir neh-men jeweils ein Pfund Samen. So ungefähr.
Woher stammen Ihre Samen?
Wir sammeln dort, wo sich ein schneller
25 Wandel anzeigt. Zum Beispiel in Albanien. Dort verdrängt neues Saatgut aus Italien und Griechenland das traditionelle Getreide, die

alten Gemüsesorten, die Futter-, Arznei- und Gewürzpflanzen. Wir konnten noch das letz-te Einkorn finden, eine seltene Art aus der 30 Weizengruppe.
Und die Bauern machen mit?
Ich war auf mehr als fünfzig Sammelreisen, war in Nordkorea, Kuba und Libyen. In der Regel sind die Bauern stolz und sagen: Das 35 habe ich noch von meinem Großvater. Das Schlimmste, was mir passiert ist, war in Österreich. Dort hat uns ein Bauer von den Feldern gejagt. Er hat es als Zumutung emp-funden zu sagen, was er anbaut. 40
In der Genbank Gatersleben kommen die Samen dann in die Tiefkühltruhe?
Zwiebeln und Salat zum Beispiel werden tief-gekühlt. Sie besitzen nur eine kurze Keim-fähigkeit. Getreidesamen bewahren wir bei 45 null Grad im Kühllagerhaus auf. Aber ganz so einfach ist es nicht. In bestimmten Abstän-den muss das Saatgut regeneriert werden. Auf unseren Feldern bauen wir deshalb in jedem Jahr 10 000 Sorten an. 50
Wer hebt ab von einer Genbank?
Forscher, Pflanzenzüchter, andere Genban-ken, botanische Gärten – wir sind völlig of-fen. Wir helfen auch Leuten, die sagen: Da

55 gibt es eine Apfelsorte, die wuchs bei meinem
Großvater im Garten, ich weiß sogar noch
ihren Namen. Wo kann ich die herkriegen?
15 000 Muster geben wir jedes Jahr aus. Kostenlos, weil wir davon ausgehen, dass wir ein
60 Erbe der Menschheit verwalten.
Sie trennen sich auch von Proben Ihrer besten
Stücke?
Der Direktor eines Museums könnte sagen:
Das ist unser bestes Stück. Wir nicht. Der be-
65 sondere Wert unserer Sammlungen liegt in
ihrer Vollständigkeit. Wir haben beispielsweise Gerstenmaterial aus Afghanistan und aus
Äthiopien, aus Sizilien und sogar aus Mexiko.
Insgesamt mehr als 10 000 verschiedene Mus-
70 ter. Erst wenn die gesamte Fülle da ist, haben
wir es geschafft.
Der Laie sieht da wohl kaum Unterschiede?
Bei der Gerste gibt es rund 96 auffällige Merk-
male der Granne, des Korns und der Ähre.
75 Die ergeben schon mal eine grobe Ordnung.

Dann gibt es natürlich noch Feinmerkmale.
Die Vielfalt Ihrer Sammlung findet sich auf unse-
ren Speisezetteln nicht wieder ...
Wir kennen 4 800 verschiedene Kulturpflan-
zenarten. Aber die Welt stützt und stürzt sich 80
nur auf sieben. Auf Reis, Mais, Weizen, Gerste, Kartoffeln, Zuckerrohr und Soja. Ich halte
diese Einengung für sehr gefährlich. Die Welt
kann sich das nicht leisten, wenn nicht noch
mehr Menschen verhungern sollen. 85
Aber liefern Genbanken nicht all jenen eine Aus-
rede, die für das fortschreitende Artensterben ver-
antwortlich sind, getreu dem Motto: Im Kühl-
schrank gibt es ja noch alle.
Der Kühlschrank ist ein Notbehelf. Auf unse- 90
ren Sammelreisen geht es daher nicht nur
ums Sammeln. Wir wollen der Generosion
vor Ort Einhalt gebieten und dafür sorgen,
dass sich die Pflanzen in Gärten und Feldern
weiterentwickeln. Wir können doch nicht 95
einfach alles auf die Genbank tragen.

(ZEITmagazin vom 13.1.1995)

6 Schreiben Sie die indirekte Rede in die direkte Rede um.

Trend geht zum Spar-Essen
Deutsche essen billiger und weniger – Soziale Ursachen

Die wachsenden sozialen Gegensätze in
Deutschland spiegeln sich auch im Lebens-
mittelverbrauch wider. Wie die Centrale Mar-
ketinggesellschaft der Deutschen Agrarwirt-
5 schaft am Montag in Berlin mitteilte, wurden
im vergangenen Jahr vor allem sehr teure
oder ganz billige Nahrungsmittel gekauft.
Der Handel erwarte ein hartes Jahr. Zudem
würden die Bundesbürger bewusster essen.
10 Der Kalorienverbrauch pro Kopf sei in den
letzten Jahren von rund 3 000 auf etwa 2 500
zurückgegangen.
CMA-Geschäftsführer Antonius Nienhaus
sagte, sogenannte Discountlebensmittel aus
15 Billigsupermärkten hätten mittlerweile einen
Marktanteil von 40 Prozent. Dagegen sei der
Anteil mittelteurer Ware 1993 von 40 auf unter 30 Prozent gesunken und werde wahrscheinlich weiter zurückgehen. Grund dafür
20 seien die wachsende Arbeitslosigkeit und die
Einwanderung von Flüchtlingen aus Osteuro-

pa. Dies seien auch Ursachen für den gesun-
kenen Gesamtverbrauch.
Überraschenderweise sei der Export von
Agrarprodukten nach Osteuropa 1993 von 25
vier auf sechs Milliarden Mark gestiegen, sagte Nienhaus. Vor allem hochwertige Nahrungsmittel seien in den Ländern des früheren Ostblocks gefragt. Offensichtlich sei
durch die Einführung der Marktwirtschaft ei- 30
ne reiche Oberschicht entstanden. Der Ge-
samtexport blieb nach CMA-Angaben mit 33
Milliarden Mark konstant.
Die Nachfrage nach Spezialitäten aus Ostdeutschland ist vor allem in den neuen Län- 35
dern stark gestiegen. Hätten 1990 nur 22 Prozent der Ostdeutschen Nahrungsmittel aus
der eigenen Produktion bevorzugt, so seien es
mittlerweile 70 Prozent, sagte Nienhaus. Der
tatsächliche Anteil von Lebensmitteln aus 40
Ostdeutschland liege aber nur bei 40 Prozent.
Hier sei ein erhebliches Potential vorhanden.

(RNZ (AP) vom 11.1.1994)

7 Geben Sie die Ausführungen der Politikerin in direkter Rede wieder.

> „**Nach den Umwälzungen muss Deutsch Amtssprache
> des Europarats werden**"
> Erwartungen der Generalsekretärin Lalumière / Von Walter Haubrich

MADRID, 29. März. Deutsch soll Amtssprache des Europarates sein. Das ist die Auffassung der Generalsekretärin der Organisation, Cathérine Lalumière: „Bei der gegenwärtigen
5 Zusammensetzung des Europarates ist eine neue Situation entstanden. Deutsch ist inzwischen die unter der gesamten Bevölkerung der Mitgliedsländer am meisten gesprochene Sprache, als Muttersprache oder als erste
10 Fremdsprache", sagte Frau Lalumière in einem Gespräch mit dieser Zeitung in Madrid. Deshalb müsse, nachdem der Antrag, Deutsch zur Amtssprache zu machen, einmal abgelehnt worden sei, abermals beraten und
15 abgestimmt werden. (...)
Die Lage habe sich zugunsten des Deutschen gewandelt und das früher gebrauchte Argument, zwei Sprachen reichten aus und seien auch billiger, gelte nicht mehr.
20 Der Europarat hat nach Auffassung seiner Generalsekretärin am schnellsten von allen internationalen Organisationen und schneller als die meisten europäischen Staaten auf die Veränderungen in Mittel- und Osteuropa rea-
25 giert. Ohne die rasche Kontaktaufnahme mit dem Europarat wäre vielen Staaten und ihren Regierungen die Neuorientierung schwerer gefallen. Die guten, häufig freundschaftlichen Beziehungen zu den Politikern der ost-
30 und zentraleuropäischen Staaten und die

während ihrer Tätigkeit erworbene Kenntnis dieser Länder seien auch der wichtigste Grund ihrer Bereitschaft, für eine zweite Amtsperiode zu kandidieren. Das Vertrauen der sich im Umbruch befindenden Staaten 35 zum Europarat sei eine zarte Pflanze, die mit Takt und guten Kenntnissen gepflegt werden müsse. Außerdem müsse der Europarat reformiert werden; das gehe besser mit Personen, welche diese Strukturen kennten. Auch des 40 halb kandidiere sie zum zweiten Mal. (...)
Ein wichtiges Anliegen des Europarates in den vergangenen Jahren sei der Schutz der Minderheiten gewesen. Nicht nur um die juristischen Rechte, sondern auch um die kul 45 turellen müsse man sich kümmern, selbst wenn das oft nur kleine Volksgruppen betreffe, die aber auch ein Recht auf Schulen, auf Radios und Zeitungen in ihrer Sprache hätten. Das gehöre zu den vertrauensbildenden 50 Maßnahmen. Der Europarat unterstütze bilaterale Abkommen zwischen Ländern, welche die Rechte der jeweiligen Minderheit garantierten. Zwischen Ungarn und Rumänien sei ein solches Abkommen notwendig, so wie 55 Polen es schon mit seinen Nachbarstaaten abgeschlossen habe.

(Frankfurter Allgemeine Zeitung
vom 30. 3. 1994)

8 Geben Sie den folgenden Text in direkter Rede wieder.

> Kleine Rede über den Konjunktiv
> **If I had a hammer**
> Von Ulrich Greiner

In früheren Jahren sei der Konjunktiv vom Aussterben bedroht gewesen, erzählte mir kürzlich ein Sprachkritiker, heute jedoch könne man geradezu von einem Grassieren
5 des Konjunktivs sprechen, obgleich er oft falsch gebraucht werde. Er grassiere, weil ohne diese Möglichkeitsform vieles nicht möglich wäre. (...)

Heute herrsche der sauerstoffarme, neblige Konjunktiv, der umso nebliger sei, als seine 10 Benutzer dessen Möglichkeiten in der Regel nicht gewachsen seien.
Er müsse, um das zu erklären, ein paar anfängerhafte Bemerkungen machen, sagte der Sprachkritiker. Im Deutschen gebe es näm 15 lich, was den meisten nicht klar sei, zwei

Konjunktive. Der Konjunktiv I, wie die
Grammatik ihn kurz nenne, werde vom Präsens abgeleitet und diene hauptsächlich der
indirekten Rede, wobei in den Fällen, wo der
Konjunktiv des Präsens dem Indikativ gleiche, die Konjunktivformen des Präteritums
ersatzweise Verwendung fänden um Ver-
wechslungen auszuschließen. Der Konjunktiv II hingegen werde vom Präteritum abgeleitet und sei immer dann zu benutzen, wenn
etwas Nicht-Wirkliches oder bloß Vorgestell-
tes, Vermutetes, Gewünschtes zur Rede stehe.
Der Benutzer des Konjunktivs I also betrachte
die mitgeteilte Information in der Regel als
zutreffend, aber er müsse für den Wahrheitsgehalt nicht selber geradestehen, sondern er
rufe einen wirklichen oder imaginären Sprecher als Gewährsmann auf. Der Benutzer des
Konjunktivs II aber gebe zu erkennen, dass
die mitgeteilte Information nicht oder nur
unter gewissen Bedingungen zutreffend sei.
Dies sei, so fuhr der allmählich in Eifer gera-
tene Sprachkritiker, während mir der Kopf
schwirrte, fort, ein gewaltiger Unterschied
und wenn der endlich zur Kenntnis genommen würde, so hätte es mit dem herrschen-
den Konjunktiv-Chaos bald ein Ende. Was
ihn aber mit Sorge erfülle, sei die Beobachtung, dass sogar bekannte Gegenwartsauto-
ren den Konjunktiv nur unzureichend beherrschten. So habe er etwa in der jüngsten
Erzählung „Nachmittag eines Schriftstellers"

des zu Recht für sein Sprachgefühl gerühm-
ten Peter Handke folgenden Satz gefunden:
„Während der letzten Stunden im Haus, je
lautloser um ihn herum alles geworden war,
hatte dem Schriftsteller die Zwangsvorstel-
lung zugesetzt, es gäbe draußen in der Zwi-
schenzeit keine Welt mehr und er in seinem
Zimmer sei der letzte Überlebende."
Hier wechsle Handke völlig grundlos von einem Konjunktiv in den anderen. Entweder
habe er sagen wollen, dass diese Zwangsvor-
stellung völlig irreal gewesen sei, und dann
hätte er in beiden Fällen den Konjunktiv II
benutzen müssen. Oder er habe zu verstehen
geben wollen, dass für ihn diese Vorstellung
dermaßen zwingend gewesen sei, dass er sie
für wirklich habe halten müssen, und dann
wäre der Konjunktiv I richtig gewesen. An
anderer Stelle schreibe Handke: „... in den
Ohren ein Summen, als sei die Schreibma-
schine – was nicht der Fall war – elektrisch."
Dies sei eine eklatante Verwechslung von
Konjunktiv I und II, denn weil die Schreib-
maschine in der Tat nicht elektrisch gewesen
sei, hätte es heißen müssen: „... als wäre sie
elektrisch." Ähnliche Beispiele ließen sich bei
Handke noch viele finden, woraus hervorge-
he, dass weder der Lektor noch der Schriftsteller in Dingen des Konjunktivs sonderlich
bewandert seien.

(DIE ZEIT vom 11.9.1987)

§ 8 Modalverben

I Formen

Objektive Aussage

	Aktiv	*Passiv*
Präsens	er muss lernen	es muss gelernt werden
Präteritum	er musste lernen	es musste gelernt werden
Perfekt	er hat lernen müssen	es hat gelernt werden müssen
Plusquamperfekt	er hatte lernen müssen	es hatte gelernt werden müssen

(1) Er sagt, er **habe** viel **lernen müssen.**
(2) Er **hätte** noch intensiver **lernen müssen.**
(3a) Er behauptet, dass er viel **lernen muss/musste.**
(3b) Er behauptet, dass viel **gelernt werden muss/musste.**
(4a) Er behauptet, dass er viel **hat/hatte lernen müssen.**
(4b) Er behauptet, dass viel **hat/hatte gelernt werden müssen.**

Die Aktivformen der Modalverben werden mit dem Infinitiv des Vollverbs und dem Modalverb als finitem Verb bzw. Infinitiv gebildet. Die Passivformen werden mit dem Partizip Perfekt des Vollverbs, dem Infinitiv *werden* und dem Modalverb als finitem Verb bzw. Infinitiv gebildet. (Vgl. S. 65ff.)
Für die Vergangenheit wird – vor allem in Nebensätzen – meist das Präteritum, statt des Futur I (*wird lernen müssen/wird gelernt werden müssen*) das Präsens verwendet. Perfekt und Plusquamperfekt werden vor allem im Konjunktiv I und II gebraucht (1) (2). (Vgl. S. 116ff. und S. 92ff.)
Im Nebensatz gilt für Präsens und Präteritum die übliche Endstellung des finiten Verbs (3). Im Perfekt und Plusquamperfekt steht das finite Verb vor den infiniten Verbformen (4).

Subjektive Aussage

	Aktiv	*Vorgangs- und Zustandspassiv*
Präsens	sie soll ihn informieren	er soll informiert werden er soll informiert sein
Perfekt	sie soll ihn informiert haben	er soll informiert worden sein er soll informiert gewesen sein
	sie soll abgereist sein	

In der subjektiven Aussage wird für die Gegenwart das Präsens und für die Vergangenheit das Perfekt gebraucht. Das Präsens der subjektiven und der objektiven Aussage ist in der Form identisch, unterscheidet sich aber in der Bedeutung. Die Vergangenheitsformen der subjektiven und objektiven Aussage können wegen ihrer formalen Unterschiede nicht verwechselt werden. Die Vergangenheitsformen der subjektiven Aussage werden mit dem Infinitiv Perfekt gebildet.

II Der Gebrauch der Modalverben

Objektive Aussage

(1a) **Es ist notwendig**, dass er Medizin studiert. Sonst kann er die Praxis seines Vaters nicht übernehmen.
Er **muss** Medizin studieren.

(1b) **Seine Eltern wollen**, dass er in Berlin studiert. (fremder Wille)
Er **soll** in Berlin studieren.

(1c) **Er hat die Absicht** zu studieren. (eigener Wille)
Er **will** studieren.

(1d) **Er hat Lust/den Wunsch** zu studieren.
Er **möchte** studieren. (Prät.: Er wollte studieren.)

(1e) **Er hat die Fähigkeit** zum Studieren.
Er hat die Möglichkeit zu studieren.
Er **kann** studieren.

(1f) Sein Schulabschluss **berechtigt** ihn zum Studieren.
Er **darf** studieren.

In der objektiven Aussage geben Modalverben an, in welcher Art und Weise sich das Subjekt des Satzes zu dem im Vollverb ausgedrückten Vorgang verhält (z.B. Notwendigkeit, Wille, Wunsch, Fähigkeit, Möglichkeit, Berechtigung) (1).
Manchmal wird das Vollverb weggelassen. Dann ist das Modalverb Vollverb:
Sie kann gut Deutsch (sprechen). (Perfekt: Sie hat gut Deutsch gekonnt.)
Er will kein Geld (haben/nehmen). (Perfekt: Er hat kein Geld gewollt.)

Subjektive Aussage

(2a) **Ich habe gehört**, dass er in Berlin studiert.
Er **soll** in Berlin studieren. (Behauptung)

(2b) **Ich bin ziemlich sicher**, dass er sich dort wohl fühlt.
Er **dürfte** sich dort wohl fühlen. (Vermutung)

In der subjektiven Aussage geben Modalverben an, in welcher Art und Weise sich ein Sprecher zu dem im Vollverb ausgedrückten Vorgang verhält, d.h., wie hoch er den Wahrheitsgehalt eines Vorgangs einschätzt (Behauptung, Vermutung) (2).

III Modalverben in objektiver Aussage

müssen
Die Autofahrer **müssen** die Kreuzung **umfahren**. (Sie ist blockiert.)
Von einem Befahren der Passstraße ohne Schneeketten **muss** dringend **abgeraten werden**.
Bei einem Unfall **muss** der Schuldige die Kosten **übernehmen**.
Ich **muss** dem Verletzten **helfen**. (Ich kann nicht anders.)

Bedeutung: objektive Notwendigkeit aufgrund äußerer Umstände oder gesetzlicher Regelungen; Verpflichtung aufgrund der inneren Einstellung

Umschreibungen: Es ist notwendig / erforderlich / geboten / unerlässlich /
unumgänglich, die Kreuzung zu umfahren.
Es bleibt nichts anderes übrig, als die Kreuzung zu umfahren.
Die Autofahrer sind gezwungen die Kreuzung zu umfahren.
Von einem Befahren der Passstraße ohne Schneeketten ist dringend abzuraten.
(Passivumschreibung *sein* + Inf. mit *zu*, vgl. S. 83ff. und S. 161)
Bei einem Unfall hat der Schuldige die Kosten zu übernehmen.
(*haben* + Inf. mit *zu*, vgl. S. 161f.)
Ich fühlte mich moralisch verpflichtet dem Verletzten zu helfen.

Negation:

a) nicht müssen = nicht brauchen ... zu (vgl. S. 135 und 160)
Die Passstraße **muss nicht** mit Schneeketten **befahren werden**.
Die Passstraße braucht nicht mit Schneeketten befahren zu werden.

Umschreibung: Es ist nicht notwendig, die Passstraße mit Schneeketten zu befahren.

b) nicht dürfen (vgl. auch bei *dürfen*):
Die Passstraße **darf nicht** ohne Schneeketten **befahren werden**.

Umschreibungen: Es ist verboten / nicht gestattet / nicht erlaubt, die Passstraße
ohne Schneeketten zu befahren.

sollen

Er **soll** auf jeden Fall pünktlich da **sein**.
Sie **soll** einen Brief **schreiben**.
Die Gäste **sollen** am Flughafen **abgeholt werden**.
Du **sollst/solltest** zu anderen Menschen höflicher **sein**.

Bedeutung: Verpflichtung aufgrund eines fremden Willens, z.B. Forderungen,
Erwartungen: Gesetze, Gebote, Vorschriften, gesellschaftliche und religiöse Normen;
Pläne, Absichten; Aufforderungen, Empfehlungen, Ratschläge, Vorschläge (auch
im Konjunktiv II)
Das Modalverb *sollen* lässt eine freie Entscheidung zu, während es bei *müssen*
keine Entscheidungsfreiheit gibt.

Umschreibungen: Er ist verpflichtet / hat die Pflicht pünktlich da zu sein.
Er hat pünktlich da zu sein. (*haben* + Inf. mit *zu*, vgl. S. 161f.)
Es wird (von ihr) erwartet / gefordert / verlangt, dass sie einen Brief schreibt.
Sie hat die Aufgabe / den Auftrag / die Anweisung einen Brief zu schreiben.
Es ist geplant / vorgesehen / beabsichtigt, die Gäste am Flughafen abzuholen.
Die Gäste sind am Flughafen abzuholen. (Passivumschreibung *sein* + Inf. mit *zu*,
vgl. S. 83ff. und S. 161)
Ich fordere dich auf / empfehle dir / rate dir / schlage dir vor, höflicher zu sein.
Es empfiehlt sich / ist empfehlenswert / ist angebracht / ist ratsam / ist opportun / gehört
sich, in jeder Situation höflich zu sein.

wollen

Er **will** immer pünktlich **sein**.
Sie **will** einen Brief **schreiben**.
Der Gastgeber **will** seine Gäste am Flughafen **abholen**.

Bedeutung: Absicht, Plan (eigener Wille)

Umschreibungen: Er nimmt sich vor / ist entschlossen / bereit / gewillt /
willens immer pünktlich zu sein.
Sie beabsichtigt / plant / hat vor einen Brief zu schreiben.
Der Gastgeber hat die Absicht / den Plan seine Gäste am Flughafen abzuholen.

mögen

Sie **möchte** Astronautin **werden**. Sie wollte schon immer Astronautin werden.
Ihre Eltern bitten sie, sie **möge sich** das gründlich **überlegen**.
Möge sie glücklich **werden**!

Bedeutung: Wunsch, Bedürfnis, Lust
Statt des Präsens (*mag*) wird heute meist der Konjunktiv II gebraucht (*möchte*, Prät. *wollte*).
Die Form *mag* (Prät. *mochte*) wird fast nur noch in negierter Form verwendet, meist aber
durch *will / wollte* ersetzt. (Sie mag / will das nicht jedem erzählen. Sie mochte / wollte
sich nicht wiederholen.) Der Konjunktiv I (*möge*) wird für Aufforderungen und für Wünsche in der indirekten Rede (vgl. S. 119ff.) gebraucht.

können

a) Er **kann** Ski **fahren**. (Er hat das schon als Kind gelernt.)
Sie **kann** gut mit Kindern **umgehen**. (Sie ist ein Naturtalent.)
Er **kann** das **beurteilen**. (Er ist Fachmann auf dem Gebiet.)

Bedeutung: Möglichkeit aufgrund angeborener oder erlernter Fähigkeiten
(z.B. körperlicher, intellektueller oder künstlerischer Art)

Umschreibungen: Er ist fähig / imstande / in der Lage Ski zu fahren.
Sie hat die Eignung / Begabung / Veranlagung zum richtigen Umgang mit Kindern.
Sie ist dafür geeignet / begabt. Sie versteht mit Kindern umzugehen.
Er vermag das zu beurteilen. Er ist kompetent genug um das beurteilen zu können.

b) Er **kann** Ski **fahren**. (Es liegt genügend Schnee.)
Er **kann** sich auf das Geschenk **freuen**. (Es ist ein schönes Geschenk.)
Manche Verben **können** getrennt **werden**.

Bedeutung: Möglichkeit / Gelegenheit aufgrund objektiver Gegebenheiten

Umschreibungen: Er hat Gelegenheit / die Möglichkeit / die Chance Ski zu fahren.
Es gibt einen Grund / Anlass für ihn, sich zu freuen.
Es ist möglich, manche Verben zu trennen. Manche Verben sind zu trennen / lassen sich
trennen / sind trennbar. (Passivumschreibungen *sein* + Inf. mit *zu*, *sich lassen* und *sein* +
Adjektiv auf -*bar*, vgl. S.83ff. und S. 161, S.81f. und S.80f.)

c) können = dürfen (vgl. dort)
Der kleine Junge **kann machen**, was er will. (Die Eltern sagen nichts.)

Bedeutung: Möglichkeit / Gelegenheit aufgrund einer Erlaubnis oder Berechtigung

Negation: nicht dürfen (= Verbot)
Seine Freunde **dürfen nicht** einfach **machen**, was sie wollen.

dürfen

In diesem Raum **darf geraucht werden**.
Sie **darf** die Akten **einsehen**.

Bedeutung: Möglichkeit / Gelegenheit aufgrund einer Erlaubnis oder Berechtigung

Umschreibungen: Es ist erlaubt / gestattet / zulässig, in diesem Raum zu rauchen.
Sie hat das Recht / die Berechtigung / die Befugnis / die Genehmigung / die Erlaubnis /
das Privileg die Akten einzusehen. Nur sie ist dazu berechtigt / befugt.

Negation: nicht dürfen

Hier **darf nicht geraucht werden**.
Die Akten **dürfen nicht eingesehen werden**.

Bedeutung: aufgrund eines Verbots nicht die Möglichkeit / keine Gelegenheit haben;
keine Erlaubnis / keine Berechtigung haben

Umschreibungen: Es ist verboten / untersagt / unzulässig / nicht erlaubt /
nicht gestattet, hier zu rauchen.
Niemand ist berechtigt / befugt / ermächtigt die Akten einzusehen.
Die Akten sind nicht einzusehen. (Passivumschreibung *sein* + Inf. mit *zu*,
vgl. S. 83ff. und S. 161)

(Zu den Modalverben in Ausdrücken der Höflichkeit vgl. S. 97)

---

1 Ordnen Sie die Umschreibungen den einzelnen Modalverben zu.

1	~~Lust haben~~	23	Begabung
2	in der Lage sein	24	vermögen
3	bereit sein	25	es empfiehlt sich
4	gewillt sein	26	gezwungen sein
5	unerlässlich sein	27	entschlossen sein
6	fähig sein	28	nicht brauchen ... zu
7	Wunsch	29	machbar sein
8	~~die Aufgabe haben~~	30	es gehört sich nicht
9	~~notwendig~~	31	es ist ratsam
10	~~Absicht~~	32	Bedürfnis
11	geeignet sein	33	berechtigt sein
12	Gelegenheit	34	imstande sein
13	sich etwas vornehmen	35	sich machen lassen
14	es wird erwartet	36	~~gestattet sein~~
15	das Recht haben	37	untersagt sein
16	einen Rat bekommen	38	~~Möglichkeit~~
17	es bleibt nichts anderes übrig	39	erforderlich sein
18	Erlaubnis	40	entschlossen sein
19	vorgesehen sein	41	etwas vorhaben
20	Plan	42	zulässig sein
21	Befugnis	43	es gehört sich
22	Berechtigung	44	genehmigt sein

müssen: notwendig, …

sollen: die Aufgabe haben, …

wollen: Absicht, …

mögen: Lust haben, …

können: Möglichkeit, …

dürfen: gestattet sein, …

2 *wollen, können, müssen* oder *dürfen*? Erklären Sie die verwendeten Adjektive.

1. Wer anpassungsfähig ist, … sich auf seine Umgebung einstellen.
2. Wer kooperationsbereit ist, … mit anderen zusammenarbeiten.
3. Wer steuerpflichtig ist, … Steuern zahlen.
4. Wer lernwillig ist, … sich Kenntnisse und Fähigkeiten aneignen.
5. Wer neugierig ist, … etwas wissen.
6. Wer untröstlich ist, … nicht getröstet werden.
7. Was nicht zu ändern ist, … hingenommen werden.
8. Was vermeidbar ist, … vermieden werden.
9. Verbotene Dinge … nicht getan werden.
10. Auf einen unzuverlässigen Menschen … man sich nicht verlassen.
11. Wer hilfsbereit ist, … helfen.
12. Menschen mit Durchsetzungsvermögen … Widerstände überwinden und sich Geltung verschaffen.
13. Mit einem streitsüchtigen Menschen … es leicht zum Streit kommen.
14. Mit einem kooperativen Menschen … man gut zusammenarbeiten.
15. Unumgängliche Reparaturen … durchgeführt werden.

3 Welches Modalverb passt? Entscheiden Sie. Manchmal ergeben verschiedene Modalverben einen Sinn.

Wozu brauchen wir Grundlagenforschung?

Der wirtschaftliche Fortschritt, der den Lebensstandard sichern …, ist unter anderem auch abhängig von der Grundlagenforschung eines Landes. Diese … deshalb durch Reglementierungen nicht unnötig eingeengt werden. Der Gesetzgeber … zwischen Chance und Risiko abwägen. Die Risiken … von allen Beteiligten offen diskutiert werden. Auch … man bedenken, dass vorauseilende rechtliche Regelungen vielversprechende Entwicklungen blockieren …. Aus diesem Grunde … von Fall zu Fall entschieden werden. Die Chancen, die im Bereich der Grundlagenforschung liegen, … nicht vertan werden, wenn der Lebensstandard gesichert werden …. Wenn das notwendige Know-how nicht mehr zur Verfügung steht, wird die Industrie keine Spitzenleistung mehr erbringen …. Außerdem … die Industrie nicht durch bürokratische Zulassungsvorschriften an der Entwicklung neuer Produkte gehindert werden. Es … nicht zugelassen werden, dass ganze Industriezweige ins Ausland abwandern, nur weil sie die Kosten bis zur Zulassung eines Produkts nicht mehr finanzieren … oder …. Und es … nicht ausgeschlossen werden, dass auch der wissenschaftliche Nachwuchs abwandert. Bei der Einführung von Gesetzen und Vorschriften … man eine solche Kettenreaktion vor Augen haben.

Aufforderungen, Empfehlungen, Ratschläge und Vorschläge

(1) Ich empfehle Ihnen die Formalitäten etwas ernster zu nehmen.
Sie **sollten** die Formalitäten etwas ernster **nehmen**.
(2) Es ist erforderlich, dass Sie die Antragsfristen einhalten.
Sie **müssen** die Antragsfristen **einhalten**.
Das **müssten/sollten** Sie eigentlich wissen.
(3) Sie haben jederzeit die Möglichkeit den zuständigen Sachbearbeiter einfach mal anzurufen und um Rat zu fragen.
Sie **können** den zuständigen Sachbearbeiter jederzeit um Rat **fragen**.
Sie **könnten** ihn einfach mal **anrufen**.

Aufforderungen, Empfehlungen, Ratschläge und Vorschläge werden meist mit der Konjunktiv-II-Form *sollte* formuliert (1). Empfehlungen und Ratschläge, die unbedingt beachtet werden müssen, werden mit *müssen* gebildet. Statt der abschwächenden Konjunktiv-II-Form *müsste* – oft in Verbindung mit *eigentlich* – wird meist *sollte* gebraucht (2). Vorschläge, die nur auf eine Möglichkeit hinweisen, werden mit *können* bzw. der abschwächenden Konjunktiv-II-Form *könnte* gemacht (3).

4 Ein Antragsteller hat viele Fehler gemacht. Der zuständige Sachbearbeiter gibt ihm Ratschläge bzw. macht Vorschläge, was er in Zukunft tun muss/müsste, sollte bzw. kann/könnte. Berücksichtigen Sie auch Alternativen.

Beispiel: Sie haben Ihren Antrag an die falsche Behörde geschickt.
Das empfiehlt sich nicht.
Sie sollten Ihre Anträge immer an die zuständige Behörde schicken.

Lästige Bürokratie
1. Sie haben Ihren Antrag nur unvollständig ausgefüllt. Damit können wir nichts anfangen.
2. Sie haben die meisten Fragen viel zu ungenau beantwortet. Das geht einfach nicht.
3. Sie haben sich nicht genügend Zeit zum Ausfüllen genommen. Das ist aber empfehlenswert.
4. Sie haben nicht um Fristverlängerung gebeten. Das wäre aber möglich gewesen.
5. Sie haben nicht alle erforderlichen Unterlagen beigefügt. Das empfehle ich Ihnen aber dringend.
6. Sie haben die beigefügten Fotokopien nicht beglaubigen lassen. Wir erkennen sie nicht an.
7. Sie haben die Hinweise und Erläuterungen auf der Rückseite nicht beachtet. Das ist aber unerlässlich.
8. Sie haben mit Bleistift geschrieben. Das haben wir nicht so gern.
9. Sie haben Ihre Briefsendung nicht ausreichend frankiert. Das hat uns geärgert.
10. Sie haben keine Telefonnummer für eventuelle Rückfragen angegeben. Es hätte uns aber geholfen.
11. Sie haben dem Sachbearbeiter unnötige Arbeit gemacht. Das ist unfreundlich.
12. Das ist Ihnen gar nicht klar gewesen. Aber eigentlich ist das ganz klar.
13. Sie haben nicht versucht dem Sachbearbeiter die Bearbeitung Ihres Antrags zu erleichtern. Das wäre aber gegangen.

14. Sie haben den Sachbearbeiter nicht auf die Dringlichkeit Ihres Antrags hingewiesen. Diese Möglichkeit hätten Sie aber gehabt.
15. Sie haben den Sachbearbeiter nicht um eine möglichst schnelle Bearbeitung Ihres Antrags gebeten. Diese Möglichkeit gibt es aber immer.

nicht müssen/nicht brauchen ... zu –
nicht dürfen

(1a) Der Patient **muss nicht** schon wieder **operiert werden/braucht nicht** schon wieder **operiert zu werden**.
(= Es ist nicht notwendig, dass der Patient schon wieder operiert wird.)
(1b) Der Patient **darf nicht** schon wieder **operiert werden**.
(= Es ist medizinisch nicht zu verantworten, dass der Patient schon wieder operiert wird.)
(2) Ein genesener Patient **muss sich nicht** weiter **schonen/braucht sich nicht** weiter **zu schonen**.
(= Es ist nicht notwendig, dass sich ein genesener Patient weiter schont.)
(3) Herzkranke Patienten **dürfen keinen** Leistungssport **treiben**.
(= Herzkranken Patienten ist es untersagt, Leistungssport zu treiben.)

Das Modalverb *müssen* (in abgeschwächter Form *sollen*) kann auf zweierlei Weise negiert werden: mit *nicht müssen/nicht brauchen ... zu* (= nicht notwendig sein) und mit *nicht dürfen* (= verboten/nicht erlaubt sein). Je nach Sachverhalt ergeben beide Negationsmöglichkeiten einen Sinn, wenn auch mit unterschiedlicher Bedeutung (1); in anderen Fällen ist dagegen nur eine Negation sinnvoll (2) (3). (Vgl. S. 160; zur Negation vgl. §19)

5 Hier machen alle etwas falsch. Negieren Sie die Sätze mit *nicht müssen/nicht brauchen ... zu* und/oder *nicht dürfen*.

1. Jemand, der gesund ist, nimmt vorbeugend Medikamente ein.
2. Ein herzkranker Patient setzt das Herzmittel ab.
3. Jemand, der einen schweren Herzinfarkt hatte, arbeitet entgegen ärztlicher Anweisung nach vier Wochen schon wieder.
4. Der Patient steht schon auf.
5. Ein Lungenkranker raucht.
6. Ein Kettenraucher wundert sich, dass er Lungenkrebs bekommt.
7. Jemand, der ein normales Gewicht hat, hält eine strenge Diät ein.
8. Eine untergewichtige Frau nimmt weiter ab.
9. Die Patientin liegt viel.
10. Ein magenkranker Patient nimmt zu schwere Kost zu sich.

6 In der Stadtplanung sind viele Fehler gemacht worden. Sagen Sie, was man hätte tun müssen bzw. nicht hätte tun dürfen.

Beispiel: In den Innenstädten wurden zu viele Parkhäuser gebaut.
Man hätte in den Innenstädten nicht so viele Parkhäuser bauen dürfen.

Verkehrsgerechte oder menschengerechte Städte?
1. Es wurden zu viele Autos in die Innenstädte gelassen.
2. Das öffentliche Verkehrsnetz wurde nicht früh und nicht gut genug ausgebaut.
3. Die Fahrpreise der öffentlichen Verkehrsmittel wurden laufend angehoben.
4. Die Privatautos wurden in den Mittelpunkt der Verkehrsplanung gestellt.
5. Kinder, Fußgänger und Radfahrer wurden kaum in die Verkehrsplanung einbezogen.
6. Fußgängerzonen, Radfahrwege und Spielstraßen wurden zu spät angelegt.
7. Die Straßen wurden auf Kosten der Grünflächen verbreitert.
8. Die Städte wurden nicht weitsichtig und menschengerecht genug geplant.

7 Beantworten Sie die Fragen, indem Sie Aktiv- bzw. Passivsätze bilden und dabei die kursiv gesetzten Umschreibungen durch Modalverben ersetzen.

Beispiel: *Ist es möglich*, menschliche Organe zu ersetzen? Ja, ...
Ja, menschliche Organe können ersetzt werden.

Transplantationen
1. *Lassen sich* menschliche Organe transplantieren? Ja, es ist bekannt, dass ...
2. *Ist es* Ärzten *erlaubt*, Organverpflanzungen ohne das Einverständnis des Patienten durchzuführen? Nein, ...
3. *Ist es* den Ärzten *gelungen*, die Operationstechniken immer weiter zu verbessern? Ja, es ist erstaunlich, dass ...
4. *Sind* Komplikationen vermeid*bar*? Nein, ... nicht immer ...
5. *Wären* die Ärzte schon vor 1950 *in der Lage gewesen* solche Organverpflanzungen durchzuführen? Nein, ... noch nicht ...
6. *Wird* man eines Tages *imstande sein* die Abwehrreaktionen des Empfängers zu steuern? Ja, hoffentlich ...
7. *Haben* die Mediziner *die Absicht* die Zahl der Transplantationen noch zu erhöhen? Ich glaube schon, dass ...
8. *Waren* in der Vergangenheit immer genügend Organspender *zu* finden? Nein, ...
9. *Empfiehlt es sich*, sogenannte Organbanken einzurichten? Ja, nach Meinung von Ärzten ...
10. *Ist es notwendig*, den Organhandel mit der Dritten Welt zu überwachen? Ja, auf jeden Fall ...

---

wollen kontra *sollen*

(1) Der Theaterdirektor **will**, dass die Stadt den Theateretat erhöht.
Die Stadt **soll** den Theateretat erhöhen.
(2) Der Theaterdirektor **empfiehlt den Schauspielern** sich kollegialer zu verhalten.
Die Schauspieler **sollen/sollten** sich kollegialer verhalten.

Bei den Modalverben *wollen – sollen* gibt es einen Wechsel der Perspektive: Wenn jemand *will/möchte*, dass ein anderer etwas tut, dann *soll* der andere etwas tun (1). (Vgl. S. 67f.) Das Gleiche gilt für Verben wie z.B. *empfehlen / auffordern / erwarten von*: Wem man etwas *empfiehlt* / Wen man zu etwas *auffordert* / Von wem man etwas *erwartet*, der *soll/sollte* etwas tun (2).

8 Sagen Sie, wer nach dem Wunsch bzw. auf Empfehlung des Theaterdirektors etwas tun soll/sollte.

1. Der Theaterdirektor möchte, dass zeitgenössische Autoren ihre Stücke selbst inszenieren.
2. Er fordert die Schauspieler auf eigene Ideen in die Probenarbeit einzubringen.
3. Er empfiehlt den Schauspielern auch mal Gastrollen an anderen Theatern zu übernehmen.
4. Er verlangt vom Personal, dass es bei Bedarf auch bereit ist Überstunden zu machen.
5. Er erwartet von der Stadt, dass sie die Theaterarbeit an den Schulen unterstützt.
6. Er will, dass die Stadt das Theater vergrößert.
7. Er schlägt vor, dass auswärtige Theatergruppen während der Sommerpause Gastspiele geben.

---

erlauben/verbieten bzw. *dürfen/nicht dürfen*

(1) Der Institutsdirektor **erlaubt den Studenten** kostenlos zu fotokopieren.
Die Studenten dürfen kostenlos fotokopieren.
(2) Er hat **den Mitarbeitern verboten** im Institut zu rauchen.
Die Mitarbeiter dürfen im Institut **nicht** rauchen.

Bei den Verben *erlauben/verbieten – dürfen/nicht dürfen* gibt es einen Wechsel der Perspektive: Wenn jemand einem anderen etwas *erlaubt* bzw. *verbietet*, dann darf der andere etwas tun bzw. nicht tun. Das Gleiche gilt für Verben wie z.B. *zustimmen/ermächtigen*: Wenn jemand *zustimmt*, darf der andere etwas tun; wen jemand *ermächtigt*, der darf etwas tun.

---

9 Teilen Sie mit, wer mit Erlaubnis des Institutsdirektors etwas tun darf bzw. entsprechend seinem Verbot etwas nicht tun darf.

1. Der Institutsdirektor hat nichts dagegen, dass die Mitarbeiter ihre Arbeitszeit flexibel gestalten.
2. Er stimmt nicht zu, dass sein Stellvertreter Forschungsurlaub nimmt.
3. Er hat ihn ermächtigt ihn auf dem nächsten Kongress zu vertreten.
4. Er erlaubt den Mitarbeitern nicht ihre Fahrräder im Flur des Instituts abzustellen.
5. Er gesteht ihnen aber zu ihre Autos vor dem Institut zu parken.
6. Er gestattet Studenten und Mitarbeitern, im Institut ein Fest zu feiern.
7. Er erteilt einem Studenten die Genehmigung die Prüfung nochmals zu wiederholen.

10 Ersetzen Sie die kursiv gesetzten Umschreibungen durch Modalverben.

Wie sieht eine ausgewogene Ernährung aus?
1. Solange der Mensch lebt, *ist* er *gezwungen* Nahrung aufzunehmen.
2. *Ärzte empfehlen* die Mahlzeiten möglichst abwechslungsreich zusammenzustellen.
3. *Es ist* nämlich *notwendig*, dass dem Körper mit der Nahrung Kohlenhydrate, Eiweißstoffe, Fette, Vitamine sowie Mineralien und Spurenelemente zugeführt werden.
4. Wer abwechslungsreich isst, *hat es* deshalb nicht *nötig*, diese Nährstoffe in Tablettenform zu sich zu nehmen.

5. *Es gilt* den natürlichen Verlust von Körpergewebe durch regelmäßige Zufuhr von Eiweiß auszugleichen.

6. *Es ist* zwar *möglich*, den täglichen Eiweißbedarf mit Fleisch zu decken, dann *ist es* aber *erforderlich*, jeden Tag etwa 200 Gramm Fleisch zu essen.

7. Wenn man *vorhat* den Eiweißbedarf mit Brot zu decken, so *braucht* man davon sogar ungefähr 400 Gramm täglich.

8. Der Eiweißverlust, den schon leichte Krankheiten verursachen, *lässt sich* während der Genesung innerhalb weniger Tage wieder ausgleichen.

11 Die kursiv gesetzten Umschreibungen lassen sich durch Modalverben ersetzen.

Wahlen

1. In einer Demokratie *ist es notwendig*, dass in regelmäßigen Abständen Wahlen stattfinden.

2. Die Bürger *haben* dann *die Möglichkeit* unter verschiedenen Parteien oder Personen zu wählen, d.h., jeder erwachsene Bürger *ist berechtigt* seine Stimme der von ihm bevorzugten Partei oder dem von ihm gewünschten Kandidaten zu geben.

3. Zu diesem Zweck *ist es erforderlich*, im Wahllokal einen Stimmzettel auszufüllen. Die Bürger *sind* aber nicht unbedingt dazu *verpflichtet*. Wer nicht *gewillt ist* zu wählen, *wird* auch nicht dazu *gezwungen*. Jeder *hat das Recht* zu Hause zu bleiben.

4. Dennoch *wird* jedem *empfohlen* von seinem Wahlrecht Gebrauch zu machen. Wer das 18. Lebensjahr vollendet hat, *ist* dem Grundgesetz nach wahl*berechtigt*. Und wer die Volljährigkeit erreicht hat, *ist* auch wähl*bar*.

5. Von einer lebendigen Demokratie spricht man vor allem dann, wenn möglichst viele Bürger *bereit sind* selber zu kandidieren. In diesem Fall *ist* der Wähler dann auch *in der Lage* seine Wahl unter einer ausreichenden Zahl von Kandidaten zu treffen.

6. *Möglich ist* auch sich an der Briefwahl zu beteiligen. In diesem Fall *ist es empfehlenswert*, sich die Wahlunterlagen rechtzeitig zu besorgen und den ausgefüllten Stimmzettel innerhalb der festgesetzten Frist abzuschicken.

7. Die Briefwahl hat den Vorteil, dass sich der Wähler am Wahltag nicht an seinem Wohnort aufzuhalten *braucht*. Vielleicht *hat* er *vor* gerade an diesem Tag zu verreisen oder einen anderen Termin wahrzunehmen.

12 Wählen Sie statt der kursiv gesetzten Umschreibungen das richtige Modalverb.

„Hauptsache, sie kann Spaghetti kochen!"

Die Erwartungen der heutigen Jugendlichen an ihre Lebenspartner *sind* durchaus mit denen ihrer Elterngeneration vergleich*bar*. Die Heranwachsenden von heute *erwarten* nämlich von ihren Partnern die gleichen Vorzüge (+ haben), die schon ihre Eltern von ihren Partnern verlangten. Was für Lebensgefährten *sich* 10- bis 15-Jährige *wünschen* (+ haben), ergab eine Umfrage der Zeitschrift „El-tern" unter 2 110 Schülern und Schülerinnen. In der Umfrage kamen vertraute Rollenerwartungen zum Vorschein: *Es wird erwartet, dass* die künftige Partnerin schön, treu und kinderlieb ist. Ein elf Jahre alter Junge stellt hohe Ansprüche an die Kochkunst seiner Partnerin: „*Ich verlange, dass* sie täglich für mich kocht. Dabei *hat* ihr Kochen natürlich hotelreif *zu sein*." Ein anderer Junge *wünscht*

sich, dass seine Frau *in der Lage ist* Spaghetti
20 zu kochen. Ein dreizehnjähriger Haupt-
schüler hat andere Erwartungen: „Ich *wünsche mir* etwas Ausländisches, mit Tempera-
ment und Feuer, z.B. eine Brasilianerin.
Lieber was Wildes als was Langweiliges." Be-
25 scheiden dagegen ist ein 12-Jähriger: „Ich *ge-
statte* meiner Frau nicht eine Brille zu tragen,
sonst denken meine Freunde, ich sei mit einer Lehrerin verheiratet." Ein anderer Schüler
äußert: „Ich *habe* unter keinen Umständen
30 *vor* eine Frau zu heiraten, die schwäbischen
oder sächsischen Dialekt spricht. Das wäre
für mich unerträglich." Und ein 15-jähriger
Gymnasiast erklärt: „Es stört mich nicht,
wenn sie arm ist, aber *es ist unerlässlich, dass*
35 *sie mich liebt.*"
Die Wünsche der Mädchen sehen etwas anders aus: „Ich *sehne mich nach* einem Mann
wie dem Bundespräsidenten Weizsäcker*: ge-

bildet, gescheit, höflich, gut aussehend – allerdings etwas jünger." Eine 14-Jährige *ist fest* 40
entschlossen sich nur für einen Mann zu entscheiden, der *willens* und auch *fähig ist* im
Haushalt zu helfen. Viele Mädchen *haben den
Wunsch* einen Mann mit Geld zu heiraten. Eine 13-Jährige meint: „*Es ist absolut notwendig,* 45
dass er wohlhabend ist. Dann *ist* es ihm auch
gestattet, so auszusehen wie Blüm."** Eine 14
Jahre alte Gymnasiastin *hat* nicht *die Absicht*
sich schon festzulegen: „Ich *habe vor* erst ein
paar Männer gründlich auszuprobieren, be- 50
vor ich ja sage."
Ob sie sich dann noch für einen Mann zu
entscheiden *vermag*?
                         (Nach: RNZ/AP vom 28.6.1990)
*   Bundespräsident der Bundesrepublik
     von 1986 bis 1994
**   zur Zeit der Umfrage Bundesarbeitsminister

13 Formulieren Sie den Text neu. Finden Sie statt der kursiv gesetzten Umschreibungen die passenden Modalverben.

Eltern dürfen ihre Tochter nicht sterben lassen

In den USA *ist es* staatlichen Behörden *möglich*, Angehörige daran zu hindern, bei einem
im Dauerkoma liegenden Schwerkranken die
lebenserhaltenden Geräte abschalten zu las-
5 sen. *Es gelang* den Medien mit folgendem Ge-
richtsurteil weltweites Interesse zu erregen:
Einem amerikanischen Elternpaar *wurde*
nicht *zugestanden* dem Leben seiner im aus-
sichtslosen Koma liegenden 32-jährigen
10 Tochter ein Ende zu setzen. Medizinisch gesehen *bestand keine Möglichkeit* mehr diese Frau
zu retten. *Es war erforderlich*, sie künstlich zu
ernähren. Ihre Eltern *waren entschlossen* die
Geräte abschalten zu lassen, obwohl die
15 Tochter nicht mehr *in der Lage war* ihre Zustimmung zu geben.
Nach der Rechtsprechung *ist es möglich*, dass
ein Mensch in noch gesundem und zurech-
nungsfähigem Zustand festlegt, dass er eine
20 Verlängerung seines Lebens durch Beatmung

und künstliche Ernährung ablehnt. Das Gericht *hat* aber noch darüber *zu* entscheiden,
was geschieht, wenn jemand in gesundem
Zustand keine schriftliche Willenserklärung
abgegeben hat und nicht mehr *fähig ist* selbst 25
über sein Leben oder seinen Tod zu entscheiden.
Es bleibt nichts anderes übrig, als über diese
moralischen und ethischen Fragen, die durch
die medizinisch-technische Entwicklung auf 30
uns zugekommen sind, weiter nachzudenken. Die medizinische Fachwelt und die Öffentlichkeit *sind aufgefordert* die Diskussion
fortzuführen. *Es* wird nicht *möglich sein*, eine
Entscheidung ohne vorherige gründliche Dis- 35
kussion zu treffen. Vor allem Ärzte *haben das
Recht* eine klare Entscheidung zu verlangen,
damit sie wissen, wie sie sich *zu* verhalten *haben*.

                         (Nach: AP vom 27.6.1990)

IV Modalverben in subjektiver Aussage

Behauptungen und Vermutungen

Er soll gut Französisch und Deutsch sprechen und eine Reihe persischer Flüche beherrschen.

Hamburg. (AP) Die Telefone in der ehemaligen DDR sollen nach Informationen des privaten Fernsehsenders SAT 1 serienmäßig mit Abhöreinrichtungen ausgerüstet worden sein.

Erst nach Chatwins mysteriösem und viel zu frühem Tod im Jahr 1989 – er soll einer äußerst raren Pilzerkrankung, die er sich in China zuzog, zum Opfer gefallen sein – hat ein breiteres Publikum in Deutschland den 1940 geborenen englischen Schriftsteller und Weltreisenden entdeckt.

In anderen Berichten war sogar von 10 000 Demonstranten die Rede, denen ebenso viele Polizisten gegenübergestanden haben sollen. Es kam zu einer regelrechten Straßenschlacht, bei der die Polizisten mit Knüppeln zuschlugen. Es war von Verletzten auf beiden Seiten die Rede. Zehn Polizisten sollen verletzt worden sein.

Karlsruhe/Wiesbaden. (AP) Der Kronzeuge für den Mordanschlag an Alfred Herrhausen, Siegfried Nonne, will den Verfassungsschutz bereits zehn bis zwölf Tage vor dem Attentat am 30. November 1989 telefonisch gewarnt haben.

1933 bot Propagandaminister Goebbels dem Regisseur Fritz Lang die Leitung des deutschen Films an – behauptete jedenfalls Lang. Der will auf der Stelle die Flucht ins Exil angetreten haben. Dokumente belegen, dass die Legende, so schön sie klingt, nicht wahr sein kann.

Wien. (dpa) Mehr als 300 000 Menschen dürften nach jüngsten Schätzungen der sowjetischen Behörden nach dem Reaktorunglück von Tschernobyl umgesiedelt worden sein.

Was der „Duden" auf diesem Gebiet vorschreibt, ist ein geradezu beleidigender Wust von Ungereimtheiten, die kein einziger Schreiber des Deutschen bis ins Detail beherrschen dürfte. Ab 1996 soll es eine Rechtschreibreform geben, Hoffnungen auf eine radikale Vereinfachung dürften sich jedoch nicht erfüllen.

Bhutto kündigte eine gerichtliche Untersuchung des Unglücks an. Zum Zeitpunkt des Unglücks sollen drei Bahnbedienstete nicht auf ihren Posten gewesen sein. „Sie können nicht kollektiv einen Fehler gemacht haben", begründete die Premierministerin ihren Sabotage-Verdacht.

Die Pauke schien als einzige ein bißchen renitent zu sein, das kann aber auch an ihrer Aufstellung und der Akustik des Raums gelegen haben; und die tiefen Blechbläser waren gelegentlich etwas orientierungslos, was nicht des Dirigenten Schuld gewesen sein muss.

Keine konkreten Erkenntnisse gibt es bisher über die Unfallursache. Nach italienischen Zeitungsberichten könnte Peter Kohl infolge überhöhter Geschwindigkeit bei einem Überholmanöver die Kontrolle über das Fahrzeug verloren haben.

1. Behauptungen

Das Modalverb *sollen*

Felix N. **behauptet** gegenüber einer Nachbarin, dass sein früherer Untermieter kriminell war.
Die Nachbarin erzählt das ihrer Freundin weiter und sagt:
Der Untermieter **soll** kriminell gewesen sein.

Ein Sprecher gibt wieder, was jemand von einer anderen Person oder einem Sachverhalt behauptet (hat). Seine Skepsis gegenüber der Äußerung kann er mit dem Modalverb *sollen* zum Ausdruck bringen. Auf diese Weise deutet er an, dass er nicht sicher ist, ob die Behauptung stimmt.
Das Modalverb *sollen* lässt sich folgendermaßen umschreiben:
Man behauptet/berichtet/erzählt, dass der Untermieter kriminell war.
Ich habe gehört/erfahren, dass der Untermieter kriminell war.
Es heißt, dass der Untermieter kriminell war.
Angeblich / Gerüchten zufolge war der Untermieter kriminell.

14 Übernehmen Sie jetzt die Rolle der Nachbarin und bringen Sie Ihre Zweifel an den Behauptungen des Felix N. zum Ausdruck.

1. Felix N. hat der Nachbarin berichtet, dass die Polizei zweimal das Zimmer des Untermieters durchsucht hat.
2. Außerdem hat sie gehört, dass er sich häufig mit zwielichtigen Personen getroffen hat und diese oft bei ihm waren.
3. Angeblich haben diese auch neulich nachts im Treppenhaus großen Lärm gemacht.
4. Einem Gerücht zufolge haben diese Personen untereinander Streit bekommen.
5. Man erzählt sich auch, dass der Untermieter Mitglied einer Bande ist.

15 Einen Tag nach einem schweren Erdbeben bringt eine Zeitung folgende noch unbestätigte Meldungen. Formulieren Sie im Perfekt.

Ein schweres Erdbeben
1. Es soll weit mehr Tote geben als bei dem letzten großen Erdbeben.
2. Viele Menschen sollen obdachlos sein. (+ innerhalb weniger Sekunden)
3. Die Flucht der Einwohner soll durch eingestürzte Häuser stark behindert sein.
4. Viele Straßen sollen unpassierbar sein. (+ sofort)
5. Die Aufräumungsarbeiten sollen anlaufen.
6. Die Bergung der Verletzten soll am Abend abgeschlossen werden.
7. Viele Menschen sollen bisher vergeblich nach ihren verschütteten Angehörigen suchen.
8. Die ganze Versorgung soll zusammenbrechen. (+ sofort)
9. Aus aller Welt sollen Hilfsangebote eingehen.
10. Die ersten Transportflugzeuge sollen bereits unterwegs sein. (+ in den frühen Morgenstunden)
11. Das Nachbarland soll Zelte und Decken zur Verfügung stellen.
12. Ärzte sollen eingeflogen werden. (+ bereits)
13. Sie sollen schon vor Seuchengefahr warnen.
14. Es sollen leichte Nachbeben registriert werden.

Das Modalverb *wollen*

Der Schauspieler Lorenzo Bello **behauptet**, dass er schon immer viele Bewunderer hatte. Der Schauspieler Lorenzo Bello **will** schon immer viele Bewunderer gehabt haben.

Ein Sprecher gibt wieder, was jemand von sich selbst behauptet (hat). Mit Hilfe des Modalverbs *wollen* kann er zum Ausdruck bringen, dass er der Äußerung skeptisch gegenübersteht und an deren Richtigkeit zweifelt.
Das Modalverb *wollen* lässt sich folgendermaßen umschreiben:
Er behauptet / sagt von sich / versichert / gibt damit an, dass er schon immer viele Bewunderer hatte.

16 Übernehmen Sie jetzt die Rolle des Sprechers und bringen Sie Ihre Zweifel an den Behauptungen des Schauspielers mit dem Modalverb *wollen* zum Ausdruck.

1. Der Schauspieler Lorenzo Bello behauptet von sich, dass er an vielen Bühnen zu Hause war.
2. Er sagt von sich, dass er schon als junger Schauspieler großartige Erfolge hatte.
3. Besonders gibt er damit an, dass er seine Rollen schon nach zweimaligem Lesen beherrscht hat.
4. Dann streicht er besonders heraus, dass er nie Probleme mit seinen Filmpartnern hatte, und fügt hinzu, dass er auf deren Vorschläge immer eingegangen ist.
5. Schließlich versichert er, dass er innerlich jung geblieben ist und deshalb noch mit 70 Jahren den jugendlichen Liebhaber sehr überzeugend gespielt hat.

17 *wollen* oder *sollen*? Schreiben Sie die Sätze um.

Eine Schlägerei
1. Ich habe gehört, dass es gestern kurz nach Mitternacht vor dem Gasthof „Ritter" eine Schlägerei gegeben hat.
2. Anwohner der weit entfernt liegenden Ziegelgasse behaupten, dass sie kurz nach Mitternacht laute Hilferufe gehört haben.
3. Angeblich ist bei der Schlägerei einer der Beteiligten mit einem Messer verletzt worden.
4. Aber jeder der Beteiligten bestreitet ein Messer bei sich gehabt zu haben. (Aber keiner der Beteiligten ...)
5. Auch gibt keiner von ihnen zu mit dem Streit angefangen zu haben.
6. Angeblich hat die Lokalpresse heute schon über den Vorfall berichtet.
7. Gerüchten zufolge waren fünf Personen an der Schlägerei beteiligt.
8. Ein Zeuge der Schlägerei versichert, dass er versucht hat den Streit zu schlichten.
9. Heute morgen hörte ich beim Einkaufen, dass auch eine Frau in die Schlägerei verwickelt war.
10. Jemand sagte, dass politische Meinungsverschiedenheiten zu der Auseinandersetzung geführt haben.
11. Ihren eigenen Angaben zufolge haben sich die Beteiligten in ihrem ganzen Leben noch nie für Politik interessiert.
12. Sie tun so, als ob sie ganz unschuldig wären und in die Schlägerei nur hineingezogen worden wären.
13. Gerüchten zufolge war aber auch Alkohol im Spiel.
14. Ein Zeuge behauptet, dass er die Beteiligten auch schon an anderer Stelle bei Schlägereien gesehen hat.
15. Es heißt, dass sie zur kriminellen Szene gehören und der Polizei längst bekannt sind.

2. Vermutungen

Die Modalverben *müssen, dürfen, können*
und *mögen*

(1a) Die Alarmanlage wurde bei dem Einbruch ausgeschaltet. Ich bin **überzeugt**,
dass der Einbrecher den Mechanismus
der Alarmanlage gekannt hat.
Der Einbrecher **muss** den Mechanismus
der Alarmanlage gekannt haben.
(1b) Ich **glaube** aber **nicht**, dass es ein Angestellter der Bank war.
Es **muss** aber **kein** Angestellter der Bank
gewesen sein.
(2)   **Wahrscheinlich** hat er sich in den Räumen der Bank gut ausgekannt.
Ich **nehme an**, dass er sich in den Räumen der Bank gut ausgekannt hat.
Er **dürfte** sich in den Räumen der Bank
gut ausgekannt haben.
(3a) Es ist auch **möglich**, dass er genaue Pläne der Bank hatte.
Er **kann** auch genaue Pläne der Bank gehabt haben.
(3b) Denn sonst ist es **unmöglich**, dass er so
genau Bescheid wusste.
Denn sonst **kann** er **nicht** so genau Bescheid gewusst haben.
(4)   Es ist aber auch **möglich**, dass er Beziehungen zum Personal hatte.
Er **mag** aber auch Beziehungen zum Personal gehabt haben.

Die Modalverben *müssen, dürfen* (nur im Konjunktiv II), *können* und *mögen* drücken in der
subjektiven Aussage Vermutungen aus: Mit der
Wahl eines dieser Modalverben gibt der Sprecher zu erkennen, wie stark er von dem Wahrheitsgehalt eines Vorgangs/einer Tatsache/einer
Information überzeugt ist.

Anmerkung

Vermutungen können auch mit dem Futur I (=
Gegenwart) und Futur II (= Vergangenheit) ausgedrückt werden (vgl. S. 321f.):
Er wird sich in den Räumen der Bank auskennen.
Er wird sich in den Räumen der Bank ausgekannt haben.
(= Er dürfte sich in den Räumen der Bank
auskennen / ausgekannt haben.)

müssen
Sie **muss** übertreiben / übertrieben haben.
Sie **müsste** eigentlich informiert sein / informiert gewesen sein.

Bedeutung: Logische Schlussfolgerung, starke Vermutung aufgrund objektiver
Gegebenheiten oder aufgrund von Beobachtungen oder Überlegungen; fast
hundertprozentige Gewissheit
Der Konjunktiv II schwächt diese Gewissheit etwas ab.

Umschreibungen: Bestimmt/Sicher/Gewiss/Zweifellos übertreibt sie.
Mit Sicherheit / Auf jeden Fall / Ohne Zweifel übertreibt sie.
Ich bin überzeugt / bin (mir) sicher, dass sie übertreibt.
Alle Anzeichen sprechen dafür, dass sie übertreibt.
Alles deutet darauf hin, dass sie übertreibt.

Negation: nicht müssen / nicht brauchen ... zu
Sie **muss nicht** übertreiben / übertrieben haben.
Sie **braucht nicht zu** übertreiben / übertrieben **zu** haben.

Sie **muss nicht** informiert sein / informiert gewesen sein.
Sie **braucht nicht** informiert **zu** sein / informiert gewesen **zu** sein.

Bedeutung: Unsicherheit, Zweifel; ca. fünfzigprozentige Gewissheit
    Es bleibt offen, ob der vermutete Sachverhalt zutrifft.

Umschreibungen: Vielleicht / Möglicherweise / Unter Umständen übertreibt sie nicht.
    Es ist unsicher / zweifelhaft, ob sie übertreibt.
    Ich bin (mir) nicht sicher, ob sie übertreibt.

dürfen (nur im Konjunktiv II)
    Das **dürfte** stimmen / gestimmt haben.

Bedeutung: vorsichtig geäußerte Vermutung; ca. achtzigprozentige Gewissheit

Umschreibungen: Wahrscheinlich / Vermutlich stimmt das.
    Es ist ziemlich sicher / wahrscheinlich, dass das stimmt.
    Ich bin (mir) ziemlich sicher, dass das stimmt.
    Ich nehme an, dass das stimmt.
    Viele Anzeichen sprechen dafür, dass das stimmt.
    Vieles deutet darauf hin, dass das stimmt.
    Es scheint zu stimmen.
    Es wird wohl stimmen.

können
    Er **kann** Recht haben / gehabt haben.
    Das **könnte** ein Versehen sein / gewesen sein.

Bedeutung: eine vermutete Möglichkeit unter weiteren denkbaren Möglichkeiten;
    ca. fünfzigprozentige Gewissheit
    Der Konjunktiv II schwächt die Gewissheit etwas ab.

Umschreibungen: Er hat vielleicht / möglicherweise / unter Umständen Recht.
    Es ist möglich / denkbar / nicht ausgeschlossen, dass er Recht hat.
    Ich halte es für möglich / nicht ausgeschlossen, dass er Recht hat.

nur ... können (= *müssen*)
    Das **kann nur** eine Verwechslung sein / gewesen sein.
    (= Das muss eine Verwechslung sein / gewesen sein.)

Negation: nicht können
    Er **kann nicht** Recht haben / gehabt haben. (= Er muss Unrecht haben / gehabt haben.)
    Das **kann kein** Versehen sein / gewesen sein. (= Das muss Absicht sein / gewesen sein.)

Bedeutung: Eine vermutete Möglichkeit wird mit fast hundertprozentiger Gewissheit
    ausgeschlossen.

Umschreibungen: Er hat auf keinen Fall / keinesfalls / unter keinen Umständen Recht.
    Es ist unmöglich / undenkbar / ausgeschlossen, dass er Recht hat.
    Ich halte es für unmöglich / ausgeschlossen, dass er Recht hat.
    Alle Anzeichen sprechen dagegen, dass das ein Versehen ist.
    Nichts deutet darauf hin, dass das ein Versehen ist.

mögen

  a) Sie **mögen** Recht haben / gehabt haben, aber das interessiert niemanden.
     Sie **mag** noch so schwierig sein, ich komme gut mit ihr aus.

Bedeutung: unzureichender Gegengrund (konzessiv), gefolgt von einem Satz,
  der einen Gegensatz ausdrückt

Umschreibungen: Obwohl Sie vielleicht Recht haben, interessiert das niemanden.
  Selbst wenn sie noch so schwierig ist, ich komme gut mit ihr aus.

  b) Wie **mag** der Einbrecher wohl in die Bank gekommen sein?

Bedeutung: Unsicherheit, Ratlosigkeit (nur in Fragen)

Umschreibung: Wer weiß, wie der Einbrecher in die Bank gekommen ist.

18 Es ist ein Unfall passiert. Sie kommen zufällig an die Unfallstelle.
Ziehen Sie Schlussfolgerungen aus dem, was Sie dort sehen.

  a) Die Straßen sind nass. → Es muss geregnet haben.
  b) Auf der Straßenmitte liegen viele Scherben.
  c) Am Straßenrand stehen zwei beschädigte Autos.
  d) Ein Krankenwagen kommt.
  e) Die Bremsspuren beider Autos sind ziemlich lang.

Sagen Sie jetzt, was Sie für unmöglich halten.

  f) Die Betroffenen wirken erleichtert.
      → Es kann keine Verletzten gegeben haben.
      → Es kann nicht so schlimm gewesen sein.
  g) Die Reifen beider Autos sind unbeschädigt.
  h) Die Polizei gibt einem der beiden Fahrer den Führerschein zurück.
  i) Der Alkoholtest war bei beiden Fahrern negativ.

Stellen Sie jetzt Vermutungen über die möglichen Unfallursachen an.

  j) Der Fahrer kann am Lenkrad eingeschlafen sein.
  k) Die Sonne ...
  l) Auf der regennassen Straße ...
  m) Beim Überholen ...
  n) Seine Beifahrerin ...

Äußern Sie nun Vermutungen über die wahrscheinlichen Unfallfolgen.

  o) In kürzester Zeit dürfte es wegen des Unfalls zu einem Stau kommen.
  p) Die Schnittwunden und Prellungen der Autoinsassen ...
  q) Beide Unfallautos ...
  r) Die Reparaturkosten ...
  s) Der an dem Unfall Schuldige ...

19 Bringen Sie Ihre feste Überzeugung zum Ausdruck, dass etwas so sein muss und nur so sein kann.

Beispiel: Eine Frau im Kimono ...
              Eine Frau im Kimono muss eine Japanerin sein.
              Eine Frau im Kimono kann nur eine Japanerin sein.

          Kleider machen Leute
1. Ein Mann mit Turban ...
2. Ein Mann im Poncho mit großem Sonnenhut ...
3. Ein Mann mit weißer Schürze und weißer Mütze ...
4. Ein Mann mit Tomahawk und Federschmuck ...
5. Ein Mann im Frack mit einem Dirigentenstab in der Hand ...
6. Ein Mann ...

20 Machen Sie deutlich, dass Ihrer Überzeugung nach etwas so sein muss und gar nicht anders sein kann.

Beispiel: Der Bau auf Abbildung 1 ...
              Der Bau auf Abbildung 1 muss ein antiker griechischer Tempel sein.
              Dieser Bau kann keine Pyramide sein.

          Sakralbauten
1. Der Bau auf Abbildung 2 ...
2. Der Bau auf Abbildung 3 ...
3. Der Bau auf Abbildung 4 ...
4. Der Bau auf Abbildung 5 ...
5. Der Bau auf Abbildung 6 ...
6. Der Bau auf Abbildung 7 ...

21 Tatsache? Behauptung? Vermutung? In der Vergangenheit wird es klarer (objektive Aussage: Präteritum; subjektive Aussage: Perfekt). Bei den ersten Sätzen geben die Klammern einen Hinweis auf die Art der Aussage.

1. Er soll viel Alkohol trinken. (Das sagt man.)
2. Er soll viel Wasser trinken. (Diesen Rat gab ihm die Ärztin.)
3. Diesen Rat will er befolgen. (Das ist seine Absicht.)
4. Sie kann nicht nach Hause fahren. (Sie hat kein Geld.)
5. Sie kann nicht in Berlin sein. (Ich habe sie doch hier gesehen!)
6. Er will studieren.
7. Das soll auch der Wunsch seiner Eltern sein.
8. Er kann aber nicht studieren.
9. Er muss ein schlechtes Abschlusszeugnis haben.
10. Sie will unbedingt bewundert werden.
11. Das dürfte jedem auf die Nerven gehen.
12. Auch bei ihren Freunden soll das nicht gut ankommen.
13. Ein Freund will mal mit ihr reden.
14. In diesem Haus soll es spuken.
15. Einige Hausbewohner wollen um Mitternacht unheimliche Geräusche hören.

5

6

7

(Folgende Sakralbauten sind abgebildet:
ein mexikanischer Tempel, ~~ein antiker grie-~~
~~chischer Tempel~~, eine Pagode, eine Pyramide,
eine Moschee, eine Kathedrale, eine russisch-
orthodoxe Kirche)

16. Da müssen sie wohl einer Sinnestäuschung unterliegen.
17. Der Fahrer will an dem Unfall nicht schuld sein.
18. Er soll nach Kneipenbesuchen oft noch Auto fahren.
19. Seine Aussagen gegenüber der Polizei müssen falsch sein.
20. Vor Gericht muss er dann die Wahrheit sagen.

22 Subjektive oder objektive Aussage? Bestimmen Sie, was vorliegt. Umschreiben Sie das Modalverb.

Eine Sportlerin

1. Sie darf an dem morgigen Wettkampf teilnehmen.
2. Sie soll starke Gegnerinnen haben.
3. Sie dürfte aber trotzdem gute Gewinnchancen haben.
4. Sie muss tüchtig trainieren.
5. Sie will sich auch intensiv mit Sportmedizin beschäftigen.
6. Sie möchte dieses Fach später noch studieren.
7. Sie soll sehr ehrgeizig sein.
8. Sie muss eine über die Landesgrenzen hinaus bekannte Sportlerin sein.
9. Sie kann Niederlagen nur schwer hinnehmen.
10. Das könnte für viele Sportler zutreffen.

V Gesamtübungen

23 Ersetzen Sie die kursiv gesetzten Modalverben sinngemäß durch die angegebenen Umschreibungen (jeweils einmal verwenden).

möglicherweise – nicht sicher sein – erreichbar sein – angeblich – unmöglich sein – bestimmt – vermutlich – nicht ausgeschlossen sein – vielleicht – zweifellos – wahrscheinlich

Der Treibhauseffekt

Die globale Umweltverschmutzung *dürfte* unser Klima nachhaltig verändern. Wenn weiterhin so viele fossile Brennstoffe verfeuert werden, *muss* der Kohlendioxidgehalt in der
5 Atmosphäre ansteigen. Selbst durch radikale Maßnahmen *dürfte* der Treibhauseffekt nicht mehr aufzuhalten sein. *Erreicht werden kann* eine langsamere Zunahme des Treibhauseffekts. Das *muss* eine länderübergreifende An-
10 strengung wert sein.
Der Anstieg der Temperaturen auf der Erde *kann nicht* mehr aufgehalten werden. (mehr → noch) In den heißen Sommern der letzten Jahre *könnte* sich der vorhergesagte Treibhauseffekt schon abgezeichnet haben. Die 15 ungewöhnlich starken Wirbelstürme der letzten Jahre zum Beispiel *sollen* schon eine Folge der Erwärmung der Ozeane sein. Nach vorsichtigen Schätzungen von Experten wird der Meeresspiegel infolge des Abschmelzens der 20 Gletscher in überschaubarer Zeit um vierzig Zentimeter ansteigen; es *können* aber auch bis zu einhundertvierzig Zentimeter sein. Das *muss* aber *nicht* unbedingt für alle Länder nachteilig sein, für manche *kann* es sogar von 25 Vorteil sein.

24 Verwenden Sie statt der kursiv gesetzten Modalverben Umschreibungen und umgekehrt.

Doping und Hochleistungssport

Fast jeder Sportler *soll* zur Leistungssteigerung schon mal Drogen genommen haben. Alle Sieger *müssen* sich deshalb einer Dopingkontrolle* unterziehen. 1988 *sah sich* der schnellste Läufer der Welt in Seoul** *gezwungen* seine Goldmedaille nach der Dopingkontrolle zurückzugeben.
Sportler *können* aber Mittel einnehmen, die den Dopingnachweis erschweren. Aus diesem Grund *ist beabsichtigt* die Bestimmungen zu liberalisieren. *Angeblich* hat dieser Plan bei den Sportverbänden schon viel Zustimmung gefunden. So *dürfte* sich im olympischen Sport bald etwas ändern. Vielleicht *ist es* Sportlern in nicht allzu ferner Zukunft *erlaubt*, Dopingmittel unter ärztlicher Kontrolle einzunehmen. Bis dahin *bliebe* dem Publikum eigentlich *nichts anderes übrig als* mit dem Beifall bis zum Abschluss der Dopinganalyse zu warten.

* das Doping = unerlaubte Anwendung von Mitteln zur Leistungssteigerung vor Wettkämpfen
** Seoul = Hauptstadt Südkoreas

25 Ersetzen Sie die kursiv gesetzten Umschreibungen durch Modalverben und umgekehrt.

Wer eignet sich zum Wissenschaftler?

Man ist allgemein der Meinung, das Leben eines Wissenschaftlers sei sehr aufregend und befriedigend. In Wirklichkeit jedoch *bleibt* den Wissenschaftlern oft *nichts anderes übrig als* mit Enttäuschungen und Rückschlägen fertig zu werden. Nur selten *haben sie Gelegenheit* die Befriedigung für eine gelungene Arbeit auszukosten. Selbst Sigmund Freud *behauptete* dieses „ozeanische Gefühl" nicht oft erlebt zu haben.
Welche *Fähigkeiten* muss ein Wissenschaftler *haben*? (Welche → Was) Zunächst einmal *muss* er einen gewissen Forscherdrang besitzen, d.h., er sollte *in der Lage sein* ausdauernd und methodisch zu forschen. Auch *hat er zu* prüfen, ob er sich gut auf eine wissenschaftliche Aufgabe konzentrieren *kann* und ob er *entschlossen ist* gründlich und sorgfältig zu arbeiten.
Die an einen Wissenschaftler gestellten Ansprüche *dürften* manchen, der sich für die Wissenschaft entschieden hat, überfordern. Deshalb *ist* jungen Wissenschaftlern, die sich diesen Anforderungen nicht gewachsen fühlen, *zu* raten gründlich über die eigenen Möglichkeiten nachzudenken und unter Umständen die Wissenschaft aufzugeben. Nach dem Rückzug aus der wissenschaftlichen Arbeit fühlt sich so mancher *vermutlich* richtiggehend befreit.

26 Ersetzen Sie die kursiv gesetzten Umschreibungen durch Modalverben und umgekehrt.

Charles Darwin

Es *ist* durchaus *berechtigt*, Charles Darwin zu den bekanntesten Naturforschern des 19. Jahrhunderts zu zählen. Zeitgenössische Kritiker Darwins sagten, er sei ein guter Beobachter, aber er *verstehe* nicht *zu* argumentieren. Dennoch: Sein Buch „Die Entstehung der Arten" hätte keinen so großen Erfolg gehabt, wenn es ihm nicht *möglich gewesen wäre*, überzeugend zu argumentieren. Darwins Argumente *sind* zudem durchaus nachvollziehbar.
Im Jahre 1831 *konnte* Darwin eine Weltumseglung begleiten. *Berichten zufolge* war zuerst ein anderer Naturforscher für diese Reise ausgewählt worden. Erst als dieser von der Reise zurücktrat, wählte man Darwin aus. Diese

Reise, *so behaupten viele*, hat das spätere Leben und Denken dieses Mannes bestimmt. Auf der Weltumseglung *hatte* Darwin *Gelegen-*
20 *heit* viele faszinierende Entdeckungen zu machen, die die Naturforschung in höchstem Maße bereichert haben. Wenn er auch nicht das Phänomen der Evolution entdeckte, so *dürfte* er auf dieser Reise schon auf das Pro-
25 blem der Entstehung der Tierarten gestoßen

sein. Diese Reise *muss* seine Gedankenwelt entscheidend beeinflusst haben, denn was er in der Folge publizierte, wird zu Recht als Vorbereitung zur „Entstehung der Arten" angesehen. Nach dieser Reise *konnte* die Dar- 30 winsche „Revolution" nicht mehr aufgehalten werden.

(Nach: F. M. Wuketits: Charles Darwin – der stille Revolutionär)

27 Ersetzen Sie die kursiv gesetzten Umschreibungen durch Modalverben und umgekehrt.

US-Raucher auf dem Weg ins soziale Abseits

Es heißt, dass Trends der amerikanischen Gesellschaft einige Jahre brauchen, bis sie nach Europa kommen. Wenn diese Behauptung stimmt, *dürfte* den europäischen Rauchern
5 bald das Lachen vergehen. In den Metropolen der Vereinigten Staaten *haben* Raucher eigentlich nur noch in ihren eigenen vier Wänden *die Möglichkeit* unbehelligt zu rauchen. In der Öffentlichkeit *kann* man kaum
10 noch seine Zigarette genießen.
Der Anti-Raucher-Bewegung *sind* erstaunliche Erfolge *gelungen*. (+ erringen) Seit 1990 *darf* auf inneramerikanischen Flügen bis zu sechs Stunden Dauer nicht mehr geraucht
15 werden. In den meisten öffentlichen Gebäuden und Verkehrsmitteln, in Krankenhäusern, Theatern, Kinos und Restaurants *gilt* Rauch*verbot*. Eine ähnliche Tendenz *ist* in der Privatindustrie *zu* beobachten. Auch Zigaret-
20 tenautomaten *dürfen* nicht mehr aufgestellt werden. Ob man auf diese Weise den Rau-

chern den Zugang zu Zigaretten verwehren *kann*? Das gelingt *vermutlich* nicht.
Den Rauchern *bleibt* seit 1986 *nichts anderes übrig als* eine Niederlage nach der anderen 25 einzustecken. Auch die Tabakstaaten North Carolina und Virginia *konnten* die Anti-Raucher-Gesetze nicht verhindern. Der Trend gegen das Rauchen *ist* unaufhaltbar. Wer seinem Verlangen nach Nikotin trotzdem noch 30 nachgibt, *kommt um* eine beträchtliche Geldstrafe *nicht herum*. (+ bezahlen) Die Gegner des blauen Dunstes verdienen Respekt. Ihre Erfolge *dürften* Auswirkungen auf die Anti-Raucher-Bewegung in anderen Ländern ha- 35 ben. Dass nur noch knapp 25 Prozent der erwachsenen Amerikaner rauchen, *ist* zweifellos auf den sozialen Druck und das wachsende Gesundheitsbewusstsein zurückzuführen. Alle Nichtraucher *haben* also *Anlass* sich 40 zu freuen.

28 Ersetzen Sie die kursiv gesetzten Umschreibungen durch Modalverben und umgekehrt.

Senioren als Zielgruppe der Wirtschaft

Es ist nicht länger *möglich*, die Senioren als Zielgruppe der Wirtschaft zu übersehen. Wenn man *die Absicht hat* ältere Käufer zu gewinnen, *muss* man die Besonderheiten ihres
5 Konsumverhaltens berücksichtigen. Man *kann* um sie nicht mit den gleichen Mitteln werben wie um jüngere Menschen, denn ältere Menschen haben eigene Wunschvorstellungen. *Es ist erforderlich, dass* sich die Wer-
10 bung an diesen Wünschen orientiert.

Da Senioren viel Zeit haben, *haben* sie auch *die Möglichkeit* die Angebote in Ruhe zu prüfen und zu vergleichen. Sie *wünschen sich* beim Einkaufen gut und persönlich beraten zu werden. Das ist *vermutlich* der Grund 15 dafür, dass sie lieber in kleineren Geschäften in der Nähe ihrer Wohnung einkaufen, denn sie sind dort bekannt und *haben Gelegenheit* Kontakte zu pflegen. Senioren haben außerdem Qualitätsbewusstsein: Sie *haben den* 20

Wunsch gute Waren zu kaufen und wechseln nicht gern die Marken. Fast alle älteren Menschen *wollen* sich gut und gesund ernähren; viele von ihnen *sind* zudem *gezwungen* sich an Diätvorschriften zu halten. So *ist es ratsam,* Lebensmittel als gesund und aktivierend anzubieten, dann finden sie *sehr wahrscheinlich* Abnehmer. Die Reformhäuser *haben Anlass* sich zu freuen: 45 Prozent des Marktes werden von älteren Menschen bestritten. Bei einem Rückblick in die letzten Jahrzehnte *lässt sich* feststellen, dass die Werbung erst vor einiger Zeit die Älteren als Kunden entdeckt hat. Heute *können* die großen Werbebemühungen, vor allem im Bereich Gesundheit, Körperpflege und Freizeit, nicht mehr übersehen werden. Da Rentner normalerweise nicht *in der Lage sind* viel Geld auszugeben, *ist es notwendig,* ihnen preisgünstige Angebote zu machen. Dass zum Beispiel die Werbung der Deutschen Bundesbahn für verbilligte Seniorenpässe sehr erfolgreich war, *ist* als Beweis anzusehen.

§ 9 Modalverbähnliche Verben mit dem Infinitiv

I Modalverbähnliche Verben mit dem Infinitiv ohne *zu*

(1) Sie **hört/hörte** den Motor plötzlich **aufheulen**.
Sie **hat/hatte** den Motor plötzlich **aufheulen hören**.
Sie berichtet, dass sie den Motor plötzlich **hat/hatte aufheulen hören**.

(2) Der Prüfer **lässt/ließ** den Fahrschüler den Rückwärtsgang **einlegen**.
Der Prüfer **hat/hatte** den Fahrschüler den Rückwärtsgang **einlegen lassen**.
Ich habe mich gewundert, dass der Prüfer den Fahrschüler den Rückwärtsgang **hat/hatte einlegen lassen**.

(3) Der junge Mann **lernt/lernte** rückwärts **einparken**.
Der junge Mann **hat/hatte** rückwärts **einparken gelernt**.
Ich habe beobachtet, wie der junge Mann rückwärts **einparken gelernt hat**.

(4) Der Fahrlehrer **geht/ging** zwischendurch **telefonieren**.
Der Fahrlehrer **ist/war** zwischendurch **telefonieren gegangen**.
Ich habe gesehen, dass der Fahrlehrer zwischendurch **telefonieren gegangen ist**.

Folgende Verben können wie modale Hilfsverben gebraucht und mit dem Infinitiv eines Vollverbs verbunden werden: *bleiben, fahren, fühlen, gehen, haben, helfen, hören, kommen, lassen, lehren, lernen, schicken, sehen, spüren.*
Diese Verben können mit einem Objekt (1), mit zwei Objekten (2) oder ohne Objekt (3) (4) gebraucht werden.
In der Bildung des Perfekts unterscheiden sich die Verben: *helfen, hören, lassen* und *sehen* verhalten sich wie Modalverben. Sie bilden das Perfekt mit dem Infinitiv des Vollverbs und im Nebensatz tritt die finite Verbform vor die beiden Infinitive (1) (2). Die übrigen Verben bilden das Perfekt wie üblich mit dem Partizip Perfekt des Vollverbs; im Nebensatz hat die finite Verbform Endstellung (3) (4). Die Verben der Bewegung (*fahren, gehen, kommen*) und *bleiben* bilden das Perfekt mit *sein* (4).
Die modalverbähnlichen Verben bilden in Verbindung mit dem Infinitiv eines Vollverbs kein Passiv.
Mit den Verben *helfen, lehren, lernen* und *schicken* können auch Infinitivsätze mit dem Infinitiv mit *zu* gebildet werden:
Der junge Mann **lernt** rückwärts **einparken**.
Der junge Mann **lernt** rückwärts **einzuparken**.
Die Sekretärin **hat** den Autoschlüssel **suchen helfen**.
Die Sekretärin **hat geholfen** den Autoschlüssel **zu suchen**.

---

1 Sagen Sie im Präsens, was in einer Fahrschule am Prüfungstag vor sich geht.

Beispiel: Der Fahrschüler erklärt Verkehrsschilder. (der Prüfer / lassen)
Der Prüfer lässt den Fahrschüler Verkehrsschilder erklären.

1. Die Fahrschüler füllen die Anmeldebögen aus. (der Fahrlehrer / helfen)
2. Im Büro hängen Landkarten. (die Fahrschule / haben)
3. Ein Kandidat buchstabiert seinen komplizierten Namen (der Prüfer / lassen)
4. Ein junger Mann läuft aufgeregt hin und her. (der Prüfer / sehen)
5. Er diskutiert mit anderen Prüflingen über die Prüfungsbedingungen. (der Prüfer / hören)
6. Nervosität kommt auf. (der Prüfling / spüren)
7. Ein Fahrlehrer holt die Autoschlüssel. (der Prüfer / schicken)
8. Nach der Prüfung holt ein Vater seinen Sohn ab. (kommen)
9. Die anderen trinken noch ein Bier. (gehen)
10. Der Fahrlehrer hat keine Zeit; er holt seine Eltern vom Bahnhof ab. (fahren)

2   Bilden Sie, wenn nicht anders angegeben, Sätze im Perfekt.

Beispiel: Der Flugingenieur hat die Klimaanlage repariert. (der Pilot / helfen)
Der Pilot hat dem Flugingenieur die Klimaanlage reparieren helfen.

Flugbetrieb
1.   Der letzte Passagier ist eingestiegen. (die Stewardess / sehen)
2.   Die Turbinen laufen. (der Pilot / hören / Präs.)
3.   In seiner Aktentasche steckt ein Talisman. (der Pilot / haben / Prät.)
4.   Gestern abend haben die Piloten mit Freunden gegessen. (gehen)
5.   Sie haben noch an der Hotelbar gesessen. (bleiben)
6.   Der Pilot ist schon mit 20 Jahren bei der Bundeswehr geflogen. (lernen)
7.   Vor dem Start hat der Flugingenieur einen kleinen technischen Fehler beseitigt.
(der Kopilot / helfen / Prät.)
8.   Danach hat er die Stewardess informiert. (gehen / Prät.)
9.   Vor einem Jahr lief eine Bewerbung bei einer anderen Fluggesellschaft.
(der Pilot / haben / Prät.)
10.   Der Kopilot startet und landet öfter. (der Pilot / lassen / Präs.)

Das Verb *lassen* (= veranlassen, auffordern) (vgl. S. 85f.)

3   Sagen Sie mit Hilfe des Verbs *lassen*, was ein Richter in einer Gerichtsverhandlung veranlasst.

Beispiel: Der Richter veranlasst, dass ein Justizbeamter die Fenster öffnet.
Der Richter lässt einen Justizbeamten die Fenster öffnen.

Der Richter veranlasst,
1.   dass der Angeklagte aufsteht.
2.   dass er Angaben zu seiner Person macht.
3.   dass er zu den Anschuldigungen Stellung nimmt.
4.   dass er über seine Tatmotive spricht.
5.   dass die Zeugen einzeln vortreten.
6.   dass ein Justizbeamter den Gerichtssaal räumt.
7.   dass die Zuhörer bei der Verlesung des Urteils aufstehen.
8.   dass ein Justizbeamter den Verurteilten abführt.

Das Verb *lassen* (= erlauben, zulassen) (vgl. S. 85f.)

4   Sagen Sie mit Hilfe des Verbs *lassen*, was strenge Eltern ihrem Sohn nicht erlaubt haben.

Beispiel: Die Eltern haben ihrem Sohn nicht erlaubt, dass er mit anderen
Kindern auf dem Spielplatz herumtobt.
Die Eltern haben ihren Sohn nicht mit anderen Kindern auf dem Spielplatz
herumtoben lassen.

Die Eltern haben ihrem Sohn nicht erlaubt,
1.   dass er abends ausgeht.
2.   dass er mitentscheidet, in welche Schule er geht.
3.   dass er viel fernsieht.

4. dass er jeden Krimi ansieht.
5. dass er auf Partys geht.
6. dass er Popmusik hört.
7. dass er allein in die Ferien fährt.
8. dass er selbständig wird.

Modalverbähnliche Verben mit dem Infinitiv eines Vollverbs und einem Modalverb

Der Prüfer **will/wollte** ihn nicht **durchfallen lassen**.
Der Prüfer **hat/hatte** ihn nicht **durchfallen lassen wollen**.
Ich glaube, dass der Prüfer ihn nicht **hat/hatte durchfallen lassen wollen**.

Wenn zu einem modalverbähnlichen Verb in Verbindung mit einem Vollverb noch ein Modalverb hinzukommt, bildet das Modalverb im Präsens und Präteritum die finiten Verbformen, das modalverbähnliche Verb steht als Infinitiv hinter dem Infinitiv des Vollverbs. Im Perfekt, das immer mit *haben* gebildet wird, steht das modalverbähnliche Verb als Infinitiv zwischen den beiden anderen Infinitiven. Im Nebensatz steht das finite Verb vor den Infinitiven.

5 Beschreiben Sie eine Prüfungssituation.

Beispiel: Der Fahrschüler lässt sich prüfen. (wollen).
             Der Fahrschüler will sich prüfen lassen.

1. Der Fahrschüler lernte Auto fahren. (unbedingt wollen)
2. Man hört beim Schalten das Getriebe krachen. (nicht dürfen)
3. Der Fahrlehrer hilft dem Kandidaten lenken. (nicht dürfen)
4. Der Fahrlehrer hat keine Prüfungsbögen im Auto rumliegen. (wollen)
5. Der Prüfer lässt den Fahrschüler die Prüfung nicht bestehen. (können)
6. Der Fahrschüler lässt sich seine Enttäuschung nicht anmerken. (wollen)
7. Er lässt sich von niemandem Vorwürfe machen. (möchte)
8. Er geht zur Entspannung erst einmal angeln. (müssen)

6 Sagen Sie im Konjunktiv II, was der Prüfer bzw. der Fahrschüler (nicht) hätte tun müssen, dürfen oder können.

Beispiel: Der Prüfer ließ den Fahrschüler durchfallen. (nicht müssen)
             Der Prüfer hätte den Fahrschüler nicht durchfallen lassen müssen.

1. Der Prüfer ließ den Fahrschüler eine halbe Stunde im Auto warten. (nicht dürfen)
2. Er ließ ihn mehrmals an einem steilen Berg bremsen und wieder anfahren. (nicht müssen)
3. Er ließ ihn auf einer schmalen Straße wenden. (nicht müssen)
4. Er ließ ihn in der Hauptverkehrszeit durch die Innenstadt fahren. (nicht müssen)
5. Er ließ ihn nachts auf der Autobahn fahren. (nicht müssen)
6. Der Fahrschüler hat den Motor ein paar Mal ausgehen lassen. (nicht dürfen)
7. Er blieb mitten auf der Kreuzung stehen. (nicht dürfen)
8. Er ließ die Fußgänger nicht über den Zebrastreifen gehen. (müssen)
9. Der Prüfer ließ den Fahrschüler die Prüfung nicht wiederholen. (können)

II Modalverbähnliche Verben mit dem Infinitiv mit *zu*

(1) Für die Gastgeber **gibt/gab es** viel **zu tun**.
Für die Gastgeber **hat/hatte es** viel **zu tun gegeben**.

(2) Die Gäste **scheinen/schienen sich wohl zu fühlen**.
Die Gäste **scheinen sich wohl gefühlt zu haben**.

Die meisten der unten aufgeführten Verben haben, wenn sie wie Hilfsverben gebraucht werden, modale Bedeutung (Notwendigkeit, Forderung, Möglichkeit). Einige Verben haben passivische Bedeutung (= Passivumschreibungen).
Das Perfekt wird mit dem Partizip Perfekt des modalverbähnlichen Verbs gebildet (1). Das Verb *scheinen* bildet das Perfekt – wie Modalverben in subjektiver Aussage – mit dem Infinitiv Perfekt des Vollverbs (2). Das Verb *brauchen* bildet das Perfekt – wie Modalverben in objektiver Aussage – mit dem Infinitiv des Vollverbs (*Die Gastgeber haben nichts mehr vorzubereiten brauchen.*). Das Verb *es heißt* bildet kein Perfekt. Bei einigen Verben wird das Perfekt selten gebraucht.

bekommen; kriegen (ugs.)
= möglich sein; eine Gelegenheit haben; etw. können:
Er bekommt/kriegt die Gastgeber den ganzen Abend kaum zu sehen.

bleiben
= etw. muss/soll noch getan werden (Perfekt selten) (vgl. S. 84):
Der Erfolg dieses Abends bleibt abzuwarten.

nicht/nur/kaum brauchen
= etw. nicht/nur/kaum müssen (Perfekt und Plusquamperfekt selten, vorwiegend im Konjunktiv I und II) (vgl. S. 135 und 160):
Er braucht auf seine Traumfrau nicht lange zu warten.
(in der gesprochenen Sprache auch ohne *zu*)

drohen
= man muss etw. Unangenehmes befürchten (Perfekt selten):
Die Party droht eine Enttäuschung für ihn zu werden.

geben
= jdn. zu etw. veranlassen:
Das Verhalten seiner Traumfrau gibt ihm zu denken.

es gibt
= etw. muss/soll getan werden (vgl. S. 84):
Für die Gastgeber gibt es viel zu tun.

gedenken
= etw. beabsichtigen/wollen (Perfekt selten):
Er gedenkt seine Traumfrau seinen Eltern vorzustellen.

es gilt
= etw. muss/soll getan werden (Perfekt selten) (vgl. S. 83):
Es gilt abzuwarten.

haben

=   etw. müssen/sollen/nicht dürfen/nur dürfen; selten: können (vgl. S. 160f.):
     Er hat mit ihr zu sprechen.

es heißt

=   etw. muss/soll getan werden (kein Perfekt) (vgl. S. 83):
     Es heißt jetzt einen guten Eindruck auf sie zu machen.
     (wenig erweiterter Infinitiv auch ohne *zu* möglich: Es heißt jetzt warten.)

kommen auf

=   zu etw. Gelegenheit haben; mit etw. anfangen:
     Bei Freunden kam er auf ihre anderen Verehrer zu sprechen.

pflegen

=   die Gewohnheit haben (Perfekt selten):
     Er pflegt sie wöchentlich einmal anzurufen.

scheinen

=   einen bestimmten Eindruck machen; den Anschein haben:
     Heute abend scheint sie ihn völlig zu übersehen.

sein

=   etw. muss/soll/kann/darf nicht/darf nur getan werden (vgl. S. 83ff. und S. 160f.):
     Eine Traumfrau ist nicht so leicht zu erobern.

stehen

=   etw. muss erwartet/befürchtet werden (Perfekt selten) (vgl. S. 83):
     Es steht zu befürchten/zu erwarten, dass seine Bemühungen umsonst sind.

suchen

=   sich bemühen; etw. wollen:
     Schon seit einiger Zeit sucht er sie zu vergessen.

sich trauen

=   zu etw. den Mut haben:
     Er traut sich niemanden mehr auf dieses Thema anzusprechen.

vermögen

=   zu etw. fähig sein; etw. können (meist negiert):
     Er vermag sich seine Gefühle nicht recht zu erklären.

versprechen

=   positiv bevorstehen; unwillkürlich geschehen:
     Für seine Traumfrau verspricht der Abend ein Erfolg zu werden.

verstehen

=   zu etw. fähig sein; etw. können:
     Sie versteht den Männern den Kopf zu verdrehen.

wissen

=   zu etw. fähig sein; etw. können:
     Sie weiß nicht zu schätzen, was sie an ihm hat.

Sie **hat** den Männern den Kopf **zu verdrehen verstanden**.
Sie **hat es verstanden**, den Männern den Kopf **zu verdrehen**.

Bei den Verben *es gilt, es heißt, suchen, sich trauen, vermögen* und *verstehen* kann der Infinitiv mit *zu* aus dem Hauptsatz ausgeklammert und nachgestellt werden.
Die Verben *drohen* und *versprechen* können auch Infinitivsätze bilden, allerdings mit einer anderen als der hier angegebenen Bedeutung:
Er drohte (damit,) sie anzuzeigen. (= jdm. unangenehme Folgen ankündigen, wenn er sein Verhalten nicht ändert)
Er versprach ihr sie in den nächsten Tagen anzurufen. (=jdm. etw. zusichern)

7 Formen Sie die Sätze mit den in Klammern stehenden Verben um.

Beispiel: Für den Abend muss viel vorbereitet werden. (es gibt)
              Für den Abend gibt es viel vorzubereiten.

Vergebliche Liebesmüh
1. Er trinkt gewöhnlich nicht viel. (pflegen)
2. Aber auf der heutigen Party kann er sich nicht beherrschen. (vermögen)
3. Es muss befürchtet werden, dass er viel zu viel trinkt. (stehen)
4. Deshalb fangen einige Gäste bereits an über seinen Alkoholkonsum zu sprechen. (kommen auf)
5. Es gelingt ihnen, den jungen Mann vorübergehend abzulenken. (verstehen)
6. Es ist zu befürchten, dass seine Bemühungen total scheitern. (drohen)
7. Es hat den Anschein, als ob sich seine Erwartungen nicht erfüllten. (scheinen)
8. Er muss den Tatsachen ins Auge sehen. (es heißt)
9. Eine unglückliche Liebe kann nicht so leicht überwunden werden. (sein)
10. Er kann nicht begreifen, warum sie nichts von ihm wissen will. (vermögen)
11. Dabei wird er ein erfolgreicher Anwalt. (versprechen)
12. Er kann mit Menschen gut umgehen. (wissen)
13. Um Klienten muss er sich sicher nicht bemühen. (brauchen)
14. Wann hat er endlich den Mut mit ihr zu sprechen? (sich trauen)
15. Er hatte in letzter Zeit wenig Gelegenheit sie zu sehen. (bekommen)
16. Es sieht so aus, als ob sie einen großen Bekanntenkreis hätte. (scheinen)
17. Er will sie aber auf gar keinen Fall aufgeben. (gedenken)
18. Tag und Nacht kann er an nichts anderes mehr denken. (vermögen)
19. Er bemüht sich ihr seltsames Verhalten zu verstehen. (suchen)
20. Er weiß natürlich, dass sie ihm keine Rechenschaft geben muss. (haben)
21. Auch ist ihm klar, dass er keine Ansprüche an sie stellen darf. (haben)
22. Trotzdem kann er seine Enttäuschung nicht verbergen. (vermögen)

Das Verb *nicht/nur/kaum brauchen* (= nicht/nur/kaum müssen) (vgl. S. 135)

8 Berichten Sie, was Petra nicht zu tun braucht.

Beispiel: Petra muss nicht jeden Tag in die Bibliothek gehen.
              Petra braucht nicht jeden Tag in die Bibliothek zu gehen.

    1. Petra muss nicht noch mehr lernen.
    2. Sie muss nicht den gesamten Stoff wiederholen.
    3. Sie muss im nächsten Semester nicht noch eine Klausur schreiben.
    4. Sie muss keine Angst haben.
    5. Sie muss nicht auf die Party verzichten.
    6. Sie muss das Referat ja noch nicht in dieser Woche abgeben.

Petra unterhält sich mit Hermann. Er gibt ihr ein paar gute Tips.

Beispiel: Ich benötige deine Hilfe. (mir nur sagen)
              Du brauchst es mir nur zu sagen.

    7. Ich muss die Hausarbeit ganz neu schreiben. (kaum verändern)
    8. Ich muss noch drei Referate schreiben. (nur noch ein Referat schreiben)
    9. Ich muss mich auf die mündliche Prüfung vorbereiten. (kaum noch vorbereiten)
  10. Ich schlafe immer so schlecht ein. (nur etwas mehr an die frische Luft gehen)
  11. Ich muss noch früher aufstehen als bisher. (kaum früher aufstehen)
  12. Ich muss mir teure Bücher kaufen. (die Bücher nur in der Bibliothek ausleihen)

Leider zu spät. Hermann gibt Petra nachträglich noch ein paar Ratschläge im Konjunktiv II.

Beispiel: Ich habe viel zu viel gelernt.
              Du hättest doch nicht so viel zu lernen brauchen.

  13. Ich wurde nervös.
  14. Ich war vor Angst wie gelähmt.
  15. Ich hatte Angst, dass mir die Zeit nicht reicht.
  16. Ich habe meiner Nachbarin geholfen.
  17. Ich habe die Arbeit zu früh abgegeben.
  18. Ich habe die ganze Nacht schlaflos im Bett gelegen.

Die Verben *haben* und *sein*

(1) Der Personalrat **hat** alle Bewerber gleich **zu behandeln.**
Alle Bewerber **sind** gleich **zu behandeln.**

(2) Jeder Bewerber **hat** eine Kopie seiner Bewerbung an den Personalrat **zu schicken.**
Von jeder Bewerbung **ist** eine Kopie an den Personalrat **zu schicken.**

(3) Der Personalrat **hat nur** sachbezogene Kriterien **zu berücksichtigen.**
Es **sind nur** sachbezogene Kriterien **zu berücksichtigen.**

(4) Ohne vollständige Information **ist** keine Entscheidung **zu treffen.**

Die Verben *haben* und *sein* drücken in Verbindung mit dem Infinitiv mit *zu* eine Notwendigkeit (*müssen*) (1), eine Forderung (*sollen* im Indikativ) bzw. eine Empfehlung (*sollen*, auch im Konjunktiv II) (2), ein Verbot (*nicht dürfen*, abgeschwächt: *sollte nicht*) bzw. eine eingeschränkte Erlaubnis (*nur dürfen*) (3) oder eine Möglichkeit (*können*) (4) aus. Das Verb *haben* kommt in der Bedeutung von *können* vor allem in Redewendungen vor. Welche modale Bedeutung jeweils vorliegt, muss aus dem Kontext erschlossen werden, ist aber nicht immer eindeutig.
Das Verb *haben* hat aktivische Bedeutung (*Der Personalrat muss alle Bewerber gleich behandeln.*); das Verb *sein* hat passivische Bedeutung (*Alle Bewerber müssen gleich behandelt werden.*).
(Zum Verb *sein* + Infinitiv mit *zu* vgl. S. 83ff.)

9 *haben* oder *sein*?

Die Aufgaben des Personalrats bei Einstellungen

1. Jede frei werdende Stelle sollte auch intern ausgeschrieben werden.
2. Der Personalrat muss bei der Besetzung von Dauerarbeitsplätzen gehört werden.
3. Die einzelnen Dienststellen müssen das akzeptieren.
4. Der Personalrat kann bei Stellenbesetzungen nicht übergangen werden.
5. Er muss alle Bewerbungen sorgfältig prüfen.
6. Er muss darauf achten, dass Schwerbehinderte bei gleicher Qualifikation bevorzugt eingestellt werden.
7. Niemand darf wegen Schwerbehinderung benachteiligt werden.
8. Nach dem Schwerbehindertengesetz müssen Schwerbehinderte zu einem Vorstellungsgespräch eingeladen werden.
9. Bei gleichwertiger Eignung männlicher und weiblicher Bewerber sollen bevorzugt Frauen eingestellt werden.
10. Der Personalrat muss überprüfen, ob diese Aspekte berücksichtigt wurden, denn er muss über die Einhaltung der genannten Grundsätze wachen.
11. Die einstellende Behörde muss dem Personalrat auch die Kriterien der Bewerberauswahl mitteilen.
12. Der Personalrat muss innerhalb von sieben Arbeitstagen zu dem Vorschlag der einstellenden Behörde Stellung nehmen.

Redewendungen mit dem Verb *haben*:
etw./nichts aufzuweisen haben (z. B. Erfolge)
nichts/nicht mehr viel zu erwarten haben
nichts/nicht viel zu lachen haben
nichts/nicht viel zu melden haben
etw./nichts zu sagen haben

sich (=D) viel/nichts mehr zu sagen haben
etw./nichts Besseres zu tun haben
nichts/nicht viel zu verlieren haben
nichts/nicht viel zu versäumen haben

III Gesamtübung

10 Schreiben Sie mit Hilfe der in Klammern stehenden Verben einen zusammenhängenden Text.

Beispiel: Märchen (helfen – erziehen) Kinder
              Märchen helfen Kinder erziehen.

Kinder brauchen Märchen

Kinder (sich lassen – erzählen oder vorlesen) gern Märchen. Dabei (sehen – stillsitzen) man sogar unruhige Kinder. Die komplexe moderne Welt (drohen – überfordern) Kinder.
5 Deshalb (suchen – eintauchen) sie in die Märchenwelt. Kinder (lassen – wirken) Märchen auf sich. Märchen (vermögen – anregen) die Fantasie der Kinder. Kinder (sehen – überwinden) die Märchenfiguren alle möglichen Gefahren. Märchen wie „Das tapfere
10 Schneiderlein" (helfen – stärken) das Vertrauen der Kinder in ihre eigenen Kräfte. Die Kinder (sehen – hinausziehen/finden) „Hans im Glück" allein in die weite Welt und sein Glück. Kinder (suchen – sich identifizieren)
15 mit den Märchenfiguren. Auf diese Weise (vermögen – vermitteln) Märchen den Kindern eine optimistische Lebenshaltung. Die ausgleichende Gerechtigkeit und der gute Ausgang der Märchen geben den Kindern die 20 Zuversicht, dass sie (brauchen – sich nicht fürchten). Märchen (sich lassen – deuten) als Projektionen menschlicher Wünsche und Ängste. Die Welt der Märchen (helfen – bewältigen) dem Kind seine Ängste. Trotz mancher Grausamkeiten (vermögen – stärken) 25 Märchen das Vertrauen in einen sinnvollen Weltzusammenhang. Kinder (lernen – verstehen) die Welt durch Märchen besser. Märchen (vermögen – geben) ihnen wichtige 30 Einsichten über die Menschen. Durch Märchen (scheinen – angesprochen werden) die Gefühle der Kinder stark. Märchenhandlungen (geben – denken) den Kindern. Sie (bleiben – haften) in der Vorstellungswelt der Kin- 35 der. Märchen (scheinen – beeindrucken) aber nicht nur Kinder im „Märchenalter" von sechs bis acht Jahren.

§ 10 Nominalisierung – Verbalisierung

I Nominalstil – Verbalstil

Computer

(1)   Computer war ursprünglich die Bezeichnung für einen maschinellen Rechner. Heute ist das Wort fast ausschließlich Synonym für ein System von Geräten zur Behandlung umfangreicher Aufgaben der Datenverarbeitung. Die fortschreitende Miniaturisierung und die Entwicklung von Mikrocomputern führt zu einer Vielzahl von kleineren Computertypen. Neben programmierbaren Taschenrechnern finden vor allem mit Tastatur, Mikroprozessor-Zentraleinheit und Speicher ausgerüstete Heimcomputer Verwendung. Die Speicherkapazität wird durch den Einsatz von floppy disks beträchtlich erhöht.
(Aus: Meyers Lexikon, Mannheim, Wien, Zürich 1987)

(2)   Das menschliche Erinnerungsvermögen ist begrenzt. Könntet ihr alles im Kopf behalten, würdet ihr bei Prüfungen immer mit „sehr gut" abschneiden, stimmt's? Der Computer dagegen hat ein ganz unmenschlich gutes Gedächtnis. Er kann nicht nur eingegebene Daten im Gedächtnis behalten, sondern vermag auch noch logische Vorgänge wie Ordnen und Einteilen mit großer Geschwindigkeit durchzuführen. Das ist seine Stärke. Das kommt daher, dass er zahllose Speicherplätze – vergleichbar mit Schubladen – hat, die alle ihre eigene Platznummer haben. Wenn man befiehlt: nimm die Daten von Platz Nummer 4126, so kann er sie sofort herausholen und das Resultat auf Papier drucken oder auf einem Bildschirm zeigen.
(Aus: Computer – Was ist das? IBM Stuttgart 1975)

Im Nominalstil überwiegen nominale Ausdrücke, d.h. Substantive, oft mit Attributen oder als Zusammensetzungen. Die Substantive sind die Bedeutungsträger, während die Verben wenig Eigenbedeutung haben (1). Im Verbalstil dagegen sind Verben und Substantive angemessen verteilt, die Verben haben eine starke Eigenbedeutung (2). Der abstrakter wirkende Nominalstil wird vor allem in der Fach- und Wissenschaftssprache und in den Medien verwendet, während in erzählenden Texten und in Unterhaltungen der lebendigere Verbalstil bevorzugt wird.

II   Die Nominalisierung verbaler Ausdrücke

(1)   Man begrüßt **die Delegierten**.
Die Delegierten werden begrüßt.
die Begrüßung **der Delegierten**

(2)   **Der Parteivorsitzende** begrüßt die Delegierten.
Die Delegierten werden **vom Parteivorsitzenden** begrüßt.
die Begrüßung der Delegierten **durch den Parteivorsitzenden**

(3)   **Die Delegierten** reisen zum Parteitag an.
die Anreise **der Delegierten** zum Parteitag

(4)   Die Partei diskutiert **über die Änderung des Parteiprogramms**.
die Diskussion der Partei **über die Änderung des Parteiprogramms**

(5)   Der Parteivorsitzende dankt **dem Parteivorstand**.
der Dank des Parteivorsitzenden **an den Parteivorstand**

(6)   Die Delegierten wünschen **eine Abstimmung**.
der Wunsch der Delegierten **nach einer Abstimmung**

(7)   Der Generalsekretär **kann** sich durchsetzen.
das Durchsetzungs**vermögen** des Generalsekretärs

(8)   Das Parteiprogramm **erfährt eine Korrektur**.
die **Korrektur** des Parteiprogramms

(9)   Man **ist** zu Kompromissen **bereit**.
die **Bereitschaft** zu Kompromissen/Kompromiss**bereitschaft**

(10) Die Delegierten arbeiten **konstruktiv** zusammen.
die **konstruktive** Zusammenarbeit der Delegierten

(11) **Sie** werden freundlich verabschiedet.
ihre freundliche Verabschiedung

(12) **Im Saal** werden **Unterlagen** verteilt.
die Verteilung/das Verteilen **von Unterlagen im Saal**

Verbale Ausdrücke können in nominale Ausdrücke umgeformt, d.h. nominalisiert werden, indem Verben (alle außer (9)) oder Adjektive (9) zu Substantiven umgeformt werden.

Bei der Nominalisierung transitiver Verben wird das Akkusativobjekt des Aktivsatzes bzw. das Subjekt des Passivsatzes zum Genitivattribut des nominalen Ausdrucks (1). Der „Täter" oder Urheber wird im nominalen Ausdruck immer mit *durch* angeschlossen (2).

Bei der Nominalisierung intransitiver und reflexiver Verben wird das Subjekt des Aktivsatzes zum Genitivattribut (3). Präpositionalobjekte werden zu Präpositionalattributen (4). Dativobjekte werden zu Präpositionalattributen (5), ebenso manche Akkusativobjekte (z. B. *achten* → *die Achtung vor; bewundern* → *die Bewunderung für; fordern* → *die Forderung nach; suchen* → *die Suche nach; wünschen* → *der Wunsch nach*) (6).

Auch Modalverben werden nominalisiert (z. B. *müssen* → *Pflicht, wollen* → *Absicht, können* → *Fähigkeit/Vermögen, dürfen* → *Erlaubnis*) (7).

Bei der Nominalisierung fester Verb-Substantiv-Verbindungen entfällt das Verb (8).

Adverbien werden zu Adjektiven (10), Personalpronomen zu Possessivpronomen (11). Präpositionalangaben (z. B. Temporal- oder Lokalangaben) werden unverändert als Präpositionalattribute übernommen (12).

Manchmal ist es möglich, den verbalen Ausdruck durch ein zusammengesetztes Substantiv zu ersetzen (7) (9).

Da Substantive ohne Artikel, Pronomen oder Adjektiv keinen Genitiv ausdrücken können, bilden sie statt des Genitivattributs einen Ersatzgenitiv mit *von* (12).

Einem verbalen Ausdruck kann ein Substantiv in Form eines substantivierten Infinitivs entsprechen (12). Dies ist vor allem dann der Fall, wenn es kein entsprechendes Substantiv gibt, z. B.: *Der Parteivorsitzende trifft ein.* → *das Eintreffen des Parteivorsitzenden.*

1 Formulieren Sie abstrakter, indem Sie nominale Ausdrücke bilden.

Der Parteitag

1. Am Parteitag nehmen 380 Delegierte teil.
2. Sie treffen pünktlich ein.
3. Parteitage werden in regelmäßigen Abständen abgehalten.
4. Der mehrtägige Parteitag wird durch den Parteivorsitzenden eröffnet.
5. Der Parteivorsitzende verliest den Rechenschaftsbericht.
6. Der Schatzmeister der Partei legt die Finanzen offen.
7. Es wird eine Änderung der Tagesordnung gefordert.
8. Verschiedene Punkte des Parteiprogramms werden zur Diskussion gestellt.
9. Alle Delegierten beteiligen sich rege an den Diskussionen.
10. Die Mitgliederzahl ist im letzten Jahr stark angestiegen.
11. Man diskutiert heftig über höhere Mitgliedsbeiträge.
12. Die Delegierten stimmen über verschiedene Anträge ab.
13. Der Parteivorstand wird um zwei Mitglieder erweitert.
14. Der Parteivorsitzende wird einstimmig wieder gewählt.
15. Dem Parteivorsitzenden wird ein Blumenstrauß überreicht.
16. Der Vorsitzende steht bei den Schwesterparteien in anderen Ländern in hohem Ansehen.
17. Er ist auch bei jüngeren Mitgliedern sehr beliebt. (sehr → große)
18. Er dankt allen Delegierten für ihren Einsatz.
19. Der Parteitag ist zu Ende.
20. Der Parteitag ist erfolgreich verlaufen.
21. Die Nationalsozialisten hatten die Partei im Jahr 1934 verboten.
22. Die Partei wurde nach 1945 neu gegründet. (→ Neu-)

2 Vervollständigen Sie die Sätze mit einem nominalen Ausdruck. Falls Sie einmal einen Zeitungsartikel schreiben möchten, ist dies die beste Vorübung.

Beispiel: Jeder Bürger möchte gesichert und geschützt leben.
Der ... ist verständlich.
Der Wunsch jedes Bürgers nach Sicherheit und Schutz ist verständlich.

Der Bürger im Staat

1. Die Bürger interessieren sich immer weniger für das politische Leben.
(für → an) Das ... ist alarmierend.
2. Die Bürger können nur bei den Wahlen Einfluss auf politische Prozesse nehmen.
Die Bürger haben nur bei den Wahlen die ...
3. Politiker und Journalisten informieren die Bürger oft unzureichend.
Die ... ist oft unzureichend.
4. An der fehlenden Kommunikation zwischen Politikern und Bürgern sind auch die Medien mitschuldig.
Niemand bezweifelt ...
5. Die Bürger empören sich über die Verschwendung von Steuergeldern.
Der Staat sollte die ... ernst nehmen.
6. Eine derartige Finanzpolitik schadet dem Ansehen der Politiker.
Der ... ist nicht zu unterschätzen.
7. Der Bundeskanzler fordert eine gründliche Überprüfung.
Die ... ist begrüßenswert.

8. Alleinerziehende Mütter erheben Anspruch auf mehr Unterstützung.
    Der ... ist berechtigt.
9. Die Sozialleistungen können in dem bisherigen Umfang nicht mehr
    finanziert werden.
    Die ... ist in Frage gestellt.
10. Sozial Schwache müssen aber unterstützt werden.
    Ein Sozialstaat hat aber die ... zu gewährleisten.
11. In den nächsten Jahren können kaum weitere Arbeitsplätze geschaffen werden.
    Die ... ist kaum zu leisten.
12. Die Unternehmen werden weiter rationalisieren.
    Durch ... werden Kosten eingespart.

---

wachsen – Wachstum –
    der wachsende Wohlstand

(1) Der Wohlstand wächst.
     das Wachstum des Wohlstands
     der wachsende Wohlstand
(2) Die Wirtschaftslage ist stabil.
     die Stabilität der Wirtschaftslage
     die stabile Wirtschaftslage
(3) Die Prognosen treffen zu.
     die zutreffenden Prognosen
(4) Die Arbeitslosenquote ist niedrig.
     die niedrige Arbeitslosenquote

Manche Verben und Adjektive kann man nominalisieren oder als Attribut in Form eines Partizips bzw. Adjektivs vor ein Substantiv stellen (1) (2). Bei manchen Verben und Adjektiven gibt es nur die zweite Möglichkeit (3) (4).

---

3 Nominalisieren Sie die Sätze. Prüfen Sie Variationsmöglichkeiten.

Aus dem Wirtschaftsleben
1. Die Produktion steigt.
2. Die Preise werden spürbar gesenkt.
3. Die Wirtschaftspolitik ist erfolgreich.
4. Der Wirtschaftsminister ist einflussreich.
5. Eine Zinserhöhung steht bevor.
6. Die Zinspolitik ist fragwürdig.
7. Die Investitionsbereitschaft ist groß.
8. Eine Steigerung des Sozialprodukts wird erwartet. (eine → die)
9. Die Arbeitslosigkeit geht zurück.
10. Der Optimismus ist verständlich.

III Die Verbalisierung nominaler Ausdrücke

(1) die Begrüßung **der Neuimmatrikulierten**
(1a) Man begrüßt **die Neuimmatrikulierten**.
(1b) **Die Neuimmatrikulierten** werden begrüßt.

(2) die Begrüßung der Neuimmatrikulierten **durch den Rektor**

(2a) **Der Rektor** begrüßt die Neuimmatrikulierten.

(2b) Die Neuimmatrikulierten werden **vom Rektor** begrüßt.

(3) der Beginn **des Semesters**/der Semesterbeginn

Das Semester beginnt.

(4) die Teilnahme der Studenten **an der Semestereröffnungsfeier**

Die Studenten nehmen **an der Semestereröffnungsfeier** teil.

(5) der Bericht des Rektors **an das Kultusministerium**

Der Rektor berichtet **dem Kultusministerium**.

(6) die Forderung der Studenten **nach höheren BAföG-Sätzen**

Die Studenten fordern **höhere BAföG-Sätze**.

(7) **die Erlaubnis** zum Parken/die Parkerlaubnis

Es **darf** geparkt werden.

(8) während seiner **Vorträge**

Während er **Vorträge hält**, ….

(9) **die Beliebtheit** alter Universitätsstädte

Alte Universitätsstädte **sind beliebt**.

(10) für das Projekt zur Verfügung **stehende** Forschungsmittel

Für das Projekt **stehen** Forschungsmittel zur Verfügung.

(11) der **pünktliche** Beginn von Universitätsveranstaltungen

Universitätsveranstaltungen beginnen **pünktlich**.

(12) **seine** Bemühungen um ein Stipendium

Er bemüht sich um ein Stipendium.

(13) der Wandel der Universitäten **im Laufe der Jahrhunderte**

Die Universitäten haben sich **im Laufe der Jahrhunderte** gewandelt.

Die Verbalisierung ist die Umkehrung der Nominalisierung: Ein nominaler Ausdruck wird in einen verbalen Ausdruck umgeformt, wobei das sinntragende Substantiv zum Verb (alle außer (8), (9)) bzw. zu einer Verbindung von Adjektiv + *sein* wird (9). Partizipien können zu finiten Verbformen werden (10).

Bei der Verbalisierung nominaler Ausdrücke in transitive Verben wird das Genitivattribut (= ein Substantiv im Genitiv bzw. ein Ersatzgenitiv mit *von*) zum Akkusativ eines Aktivsatzes (1a) (2a) oder zum Subjekt eines Passivsatzes (1b) (2b). Der „Täter" oder Urheber wird zum Subjekt eines Aktivsatzes (2a) oder erscheint in Verbindung mit *von* bzw. *durch* im Passivsatz (2b).

Bei der Verbalisierung nominaler Ausdrücke in intransitive und reflexive Verben wird das Genitivattribut zum Subjekt eines Aktivsatzes (3).

Das Präpositionalattribut wird – je nach Verb – zum Präpositionalobjekt (4) oder Dativobjekt (5), bei einigen transitiven Verben zum Akkusativobjekt (6).

Substantive mit modaler Bedeutung (z. B. *Pflicht, Absicht, Fähigkeit, Erlaubnis*) werden zu Modalverben (*müssen, wollen, können, dürfen*) (7).

Bei festen Verb-Substantiv-Verbindungen muss das entsprechende Verb ergänzt werden (8). Auch viele zusammengesetzte Substantive lassen sich verbalisieren (3) (7).

Adjektive werden zu Adverbien (11), Possessivpronomen zu Personalpronomen (12). Präpositionalattribute, die Angaben z. B. über Zeit, Ort oder Grund enthalten, werden unverändert als Angaben übernommen (13).

---

4 Berichten Sie in ganzen Sätzen (Präsens). Manchmal gibt es mehrere Möglichkeiten der Verbalisierung.

Universitätsbetrieb
1. das rechtzeitige Eintreffen der Studenten am Studienort
2. die ständig steigenden Studentenzahlen
3. Zulassungsbeschränkungen

4. die Kritik der Studenten am Numerus clausus
5. die Forderung der Studenten nach Abschaffung des Numerus clausus
6. die Gründung neuer Universitäten
7. der Vorschlag des Rektors zur Verkürzung der Studienzeit
8. die Finanzierung der Universitäten durch die einzelnen Bundesländer
9. Studenten auf Zimmersuche
10. Zimmervermittlung durch das Studentenwerk
11. der drastische Anstieg der Mieten
12. die Empörung der Studenten über die hohen Mietpreise
13. die Befragung der Neuimmatrikulierten durch Meinungsforscher
14. die Hoffnung vieler Studenten auf ein Stipendium
15. die Förderung begabter Studenten durch verschiedene Stiftungen
16. Versicherungspflicht für Studenten
17. die Einführung der Studienanfänger in ihr Fach
18. gute Ratschläge von Professoren und Assistenten
19. die Semestereröffnungsfeier
20. Rauchverbot in den Hörsälen
21. Möglichkeiten der Fächerkombination
22. die Einrichtung neuer Studiengänge
23. die Wahl von Studentenvertretern in die Verwaltungsgremien
24. der Dank des Rektors an die Studentenvertreter für ihre Mitarbeit
25. die mangelnde Bereitschaft im Ausland zu studieren
26. die Einrichtung und erfolgreiche Durchführung von EU-Programmen

5 Beschreiben Sie in Aktiv- bzw. Passivsätzen, welche Schäden der Tourismus anrichtet.

Schadensquelle Tourismus
Boden z. B.
- Zersiedlung des Bodens durch touristische Infrastruktur (Unterkunft, Sportanlagen, Verkehr)
- Vergiftung des Bodens durch Öl, Ruß und Blei aus Auspuffrohren
- Verursachung von Erosion durch Wegebau, Schneeraupen usw.

Wasser z. B.
- Wasserverbrauch von 400 Litern pro Tag und Hotelgast am Mittelmeer
- Meeresverschmutzung wegen fehlender Kläranlagen
- Bewässerung von Sportanlagen (z. B. Golfplätze)
- Verunreinigung des Wassers durch Müll, Sonnenöl usw.

Luft z. B.
- Belästigung der Bewohner durch Verkehrslärm
- Luftverschmutzung durch Verkehr (Stickoxide, Kohlendioxid) und Heizungen touristischer Unterkünfte (Schwefeldioxid) = saurer Regen
- Verwendung FCKW-haltiger Sprays

Menschen z. B.
- Überfremdung der eigenen Kultur
- Verbrauch knapper Lebensmittel und Ressourcen
- Beeinträchtigung von Sitten und Gebräuchen
- Zerstörung kultureller Güter (Denkmäler) durch sauren Regen und Beschädigung
- Verkauf wertvoller Antiquitäten

Tiere z. B.
- Korallenbeschädigung durch Taucher
- Kauf von Souvenirs aus Tierprodukten (Schildkrötenpanzer, Korallen ...)
- Zerstörung von Lebensräumen durch touristische Anlagen
- Verunsicherung der Tiere durch Skifahrer
- Fotografieren von exotischen Tieren

Pflanzen z. B.
- Bedrohung der Wälder durch Luftschadstoffe aus Verkehr und Heizungen
- Zerstörung der alpinen Pflanzenwelt durch 40 000 Kilometer Skipisten
- Abholzen von Bäumen
- Reduzierung der Pflanzenvielfalt durch Grünanlagen

(Nach : Politische Ökologie 11/1988)

6 Formulieren Sie die Forderungen der Blumenarbeiterinnen in Passivsätzen mit dem Modalverb *sollen* (Präsens).

Blumenindustrie

Blumen sind für viele Menschen etwas ganz Besonderes. Aber kaum jemand weiß, dass ein großer Teil dieser Blumen heute wie ein industrielles Massenprodukt hergestellt wird. Der massive Einsatz von Chemikalien belastet Mensch und Umwelt in Holland, Kolumbien, Kenia und anderswo. Gleichzeitig verschwinden bei uns immer mehr Blumenarten aus der freien Natur. Die Folge ökologischer Zerstörung.
Was können wir tun? Keine Blumen mehr kaufen, bei deren Herstellung Umwelt und Menschenrechte verletzt werden? Die betroffenen Blumenarbeiterinnen lehnen ausdrücklich jeden Boykott ab. Ein Boykott würde ihren Arbeitsplatz und ihre Existenzgrundlage gefährden. Statt dessen bitten sie ihre auf dieser Seite aufgeführten Forderungen zu unterstützen. Dies ist ein erster Schritt der Veränderung, der nicht die Blumenarbeiterinnen zu den Leidtragenden macht.
Doch langfristig hilft nur ein grundsätzliches Umdenken.

Forderungen der Blumenarbeiterinnen:

1. Einhaltung der Menschenrechte, insbesondere des Rechts auf Nahrung, gesundheitliche Unversehrtheit und auf Interessenvertretung
2. Einhaltung der vorgeschriebenen Lohn- und Arbeitsgesetze
3. Respektierung der Gewerkschaftsfreiheit
4. Verbesserung der Arbeitsbedingungen und der Mindestlöhne vor allem für Frauen
5. Überwachung der arbeitsmedizinischen Vorschriften
6. Einsetzung betrieblicher Gesundheitskomitees
7. Ausreichende Bereitstellung von Trinkwasser, Duschen und der notwendigen Arbeitskleidung
8. Verbesserung der medizinischen Versorgung
9. Einhaltung und Kontrolle der gesetzlich vorgeschriebenen Sicherheitsbestimmungen beim Umgang mit Pestiziden
10. Durchführung von unabhängigen wissenschaftlichen Untersuchungen über die Verseuchung von Böden und Wasser
11. Einführung einer Deklarationspflicht bei Schnittblumen nach Herkunftsländern und chemischen Behandlungsstoffen
12. Verbot des Exports von gesundheitsgefährdenden Pestiziden

§ 11 Infinitivsätze

I Infinitivsätze im Präsens und Perfekt

(1) Der Richter bittet den Angeklagten, dass er sich zum Tathergang äußert.
Der Richter bittet den Angeklagten **sich** zum Tathergang **zu äußern.**

(2) Dem Angeklagten kommt zugute, dass er nicht vorbestraft ist.
Dem Angeklagten kommt zugute nicht **vorbestraft zu sein.**

(3) Er konnte damit rechnen, dass er fair behandelt wurde.
Er konnte damit rechnen, fair **behandelt zu werden.**

(4) Er erinnert daran, dass er beim Eintreffen der Polizei stehen geblieben ist und den Polizisten gewinkt hat.
Er erinnert daran, beim Eintreffen der Polizei **stehen geblieben zu sein** und den Polizisten **gewinkt zu haben.**

(5) Er gesteht, dass er bei seiner Festnahme fast erleichtert war.
Er gesteht, bei seiner Festnahme fast **erleichtert gewesen zu sein.**

(6) Er wunderte sich darüber, dass er nicht schon früher festgenommen worden war.
Er wunderte sich darüber, nicht schon früher **festgenommen worden zu sein.**

Für Infinitivsätze gibt es nur zwei Zeiten: Präsens und Perfekt. Bei Gleichzeitigkeit, d.h., wenn die Vorgänge im Infinitiv- und übergeordneten Satz gleichzeitig in Gegenwart oder Vergangenheit verlaufen, wird das Präsens Aktiv bzw. Passiv gebraucht (1)–(3). Bei Vorzeitigkeit, d.h., wenn das Geschehen des Infinitivsatzes vor dem Geschehen des übergeordneten Satzes verläuft, wird das Perfekt Aktiv bzw. Passiv gebraucht (4)–(6). Gegenüber Infinitivsätzen im Perfekt Passiv werden oft *dass*-Sätze bevorzugt.

1 Infinitivsätze im Präsens oder Perfekt?

Der Kaufhauserpresser Arno Funke alias Dagobert*

1. Arno Funke wird vorgeworfen, dass er sechs Bombenanschläge auf Kaufhäuser verübt hat. Er leugnet nicht, dass er 1988 vom Berliner „Kaufhaus des Westens" (KaDeWe) 500 000 Mark erpresst hat.

2. Er erinnert sich, dass er nach Erhalt des Geldes in der Welt herumgereist ist und auf den Philippinen seine Frau kennen gelernt hat. In den Jahren 1992 bis 94 hoffte er, dass er durch Bombendrohungen 1,4 Millionen Mark vom Kaufhauskonzern Karstadt erpressen und damit seine inzwischen wieder leere Kasse füllen könnte.

3. Er stand vor dem Problem, dass er Frau und Kind ernähren musste. Doch die Aussicht, dass er an die Karstadt-Millionen herankam, wurde immer geringer.

4. In den Monaten vor seiner Festnahme hielt er es durchaus für möglich, dass er irgendwann aufgeben und sich der Polizei stellen würde. Die Polizei ging davon aus, dass sie ihn durch Verzögerungen der Geldübergabetermine verunsichern und zermürben könne.

5. Er gibt zu, dass er bei diesen Terminen bewaffnet war.
6. Er entsinnt sich, dass er in der Zeit vor seiner Festnahme ziemlich im Stress war.
   Er behauptet, dass er der Polizei den Erfolg gegönnt hat.
7. Er erinnert daran, dass er im Oktober 92 der Polizei um Haaresbreite entkommen
   ist. Ihm war es wichtig, dass er mit seinen Bombenanschlägen keine Menschenleben gefährdete.
8. Zur Entschuldigung für seine Straftaten führt er an, dass er nach Aufgabe seiner
   Berufstätigkeit als Lackierer kein Geld gehabt und von Sozialhilfe gelebt hat.
   Er versichert, dass er unter seiner berufsbedingten Arbeitsunfähigkeit sehr gelitten
   hat und von Selbstmordgedanken gequält wurde.
9. Er betont, dass er von niemandem beeinflusst und unterstützt worden ist.
10. Das Gericht bescheinigt ihm, dass er intelligent sowie technisch und handwerk-
    lich sehr begabt ist. Er muss sich darauf einstellen, dass er zu sechs bis acht Jahren
    Haftstrafe verurteilt wird.

*   Arno Funke nannte sich „Dagobert" nach dem Erpel, der in dem Comic „Donald Duck"
      in Talern badet. Er wurde am 14.6.96 zu einer Freiheitsstrafe von neun Jahren verurteilt.

2   Infinitivsätze im Präsens oder Perfekt?

Eine Aussteiger-Kommune auf Ithaka

1. Im Jahre 1979 entschlossen sich 100 gleichgesinnte Deutsche aus der
   Gesellschaft (aussteigen) und auf der griechischen Insel Ithaka eine Kommune
   (gründen).
2. Sie geben zu damals zivilisationsmüde (sein). Sie sehnten sich danach, ein
   einfaches und stressfreies Leben (führen).
3. Sie bereuen nicht auf der Insel Land (kaufen) und seitdem dort (leben).
4. Es war nicht leicht, auf dem felsigen Gelände eine Infrastruktur (schaffen).
   Die meisten von ihnen waren unerfahren darin, Zisternen (anlegen), Toiletten
   und Duschen (bauen) und Wege (ebnen).
5. Sie entsinnen sich in der ersten Zeit hart (arbeiten).
6. Es war sinnvoll, die anfänglich benutzten Zelte nach und nach durch feste
   Behausungen (ersetzen). Besonders stolz sind sie darauf, inzwischen schon viele
   Häuser an ein Solar- oder Windstromsystem (anschließen). Es ist ihnen gelungen,
   eine eigene Energieversorgung (aufbauen) und dabei Sonne und Wind als
   Energiequellen (nutzen).
7. Keiner erhebt den Anspruch ein eigenes Telefon, Auto oder einen eigenen
   Fernseher (besitzen). Sie haben es sich abgewöhnt, hohe Ansprüche (stellen),
   und sind bereit auf Komfort und Luxus (verzichten).
8. Mit Stolz weisen sie darauf hin, außer einem alten VW-Bus kein Auto, kein
   Telefon und auf dem ganzen Gelände nur ein, zwei Fernsehapparate (haben).
   Sie sind froh inzwischen auf Unnötiges (verzichten lernen).
9. Sie versichern, von Anfang an Kontakt zu den Griechen (suchen). Sie sind froh
   die griechische Sprache (lernen) und sich jetzt mit den Einheimischen gut (unterhalten können).
10. Für sie ist es selbstverständlich, ihre Kinder in die griechische Schule (schicken).
11. Einige der Einwanderer sind Imker geworden und leben davon, Thymian-
    und Salbeihonig (verkaufen). Andere haben das Glück früher viel (verdienen)

und Geld (zurücklegen) und jetzt von den Ersparnissen (leben können). Andere versuchen künstlerisch tätig (sein) und Kunsthandwerk (verkaufen).
12. Alle genießen es, Muße (haben) und keine Hektik mehr (kennen). Sie bereuen es nicht, dieses Experiment (beginnen) und eine Aussteiger-Kommune (gründen).
13. Sie erinnern sich, anfangs von den Griechen als Exoten (angesehen werden). Sie sind aber glücklich darüber, inzwischen viele Freunde unter den Griechen (finden) und voll (integriert sein).

(Nach: Was macht eigentlich ...; stern Nr. 50 vom 8.12.1994)

3 Schließen Sie an die übergeordneten Sätze gleichzeitige und vorzeitige Infinitivsätze im Aktiv und Passiv an.

Beispiel: Ich erinnere mich nicht ...
Ich erinnere mich nicht dir gegenüber unhöflich gewesen zu sein.
Ich hoffe noch immer ...
Ich hoffe noch immer befördert zu werden.

1. Ich habe vor ...
2. Ich habe immer den Anspruch erhoben ...
3. Ich habe oft das Gefühl ...
4. Ich hatte schon mal das Pech ...
5. Ich hatte nie das Bedürfnis ...
6. Ich habe Angst ...
7. Mir war es noch nie möglich, ...
8. Ich habe mir angewöhnt ...

II Infinitiv-Satz oder *dass*-Satz

(1) Heutzutage sind viele Menschen daran gewöhnt, hart zu arbeiten.
(= Heutzutage sind **viele Menschen** daran gewöhnt, dass **sie** hart arbeiten.)
(2) Vielen Menschen gelingt es, sich durch ihren Beruf Sozialprestige zu verschaffen.
(= **Vielen Menschen** gelingt es, dass **sie** sich durch ihren Beruf Sozialprestige verschaffen.)
(3) Im 19. Jahrhundert zwang man Kinder in den Fabriken zu arbeiten.
(= Man zwang **Kinder** dazu, dass **sie** in den Fabriken arbeiteten.)
(4) Es war das Schicksal der Industriearbeiter, am Rande des Existenzminimums zu leben.
(= Es war das Schicksal **der Industriearbeiter**, dass **sie** am Rande des Existenzminimums lebten.)

Infinitivsätze werden mit dem Infinitiv mit *zu* gebildet und haben kein eigenes Subjekt. Dieses ergibt sich aus dem übergeordneten Satz, wo es schon als Satzglied erscheint. Infinitivsätze können gebildet werden, wenn das gedachte Subjekt des Infinitivsatzes mit dem Subjekt (1), Dativobjekt (2), Akkusativobjekt (3), Attribut (4), Possessivpronomen (5) oder dem Präpositionalobjekt des übergeordneten Satzes identisch ist. Infinitivsätze sind auch möglich, wenn dem gedachten Subjekt *man* eines Infinitivsatzes das Subjekt *es* vorausgeht (6). Nach einigen Verben können Infinitivsätze gebildet werden, wenn sie sich an die Allgemeinheit wenden. Das gedachte Subjekt des Infinitivsatzes ist *man* (z. B. *anordnen, auffordern (dazu), sich aussprechen dafür/dagegen, bitten (darum), empfehlen, erlauben, gestatten, plädieren dafür, protestieren dagegen, raten (dazu), veranlassen, verbieten, vorschlagen, vorschreiben, warnen davor)* (7).

(5) Ihr Leben bestand darin, täglich bis zu 18 Stunden zu arbeiten.
(= **Ihr** Leben bestand darin, dass **sie** täglich bis zu 18 Stunden arbeiteten.)

(6) Im 19. Jahrhundert war es nicht üblich, Urlaub zu machen.
(= Im 19. Jahrhundert war **es** nicht üblich, dass **man** Urlaub machte.)

(7) Die verschiedensten Organisationen – Vereine, Gewerkschaften, die Kirchen – plädierten dafür, das soziale Elend zu mildern.
(= Die verschiedensten Organisationen – Vereine, Gewerkschaften, die Kirchen – plädierten dafür, dass **man** das soziale Elend mildert.)

(8a) Die Industriearbeiter fanden sich nicht damit ab, **arm und benachteiligt zu sein.**

(8b) Die Industriearbeiter fanden sich nicht damit ab, in sozialem Elend **leben zu müssen.**

(8c) Die Industriearbeiter fanden sich nicht damit ab, arm **zu sein** und in Mietskasernen **zu wohnen.**

Bezieht sich der Infinitiv auf zwei oder mehrere Adjektive oder Partizipien, braucht er nur einmal genannt zu werden (8a). Bei voneinander abhängigen Infinitiven steht *zu* vor dem letzten Infinitiv (8b). Bei mehreren voneinander unabhängigen Infinitiven steht *zu* vor jedem Infinitiv (8c).

Nach einer Reihe von Verben stehen fast ausschließlich Infinitivsätze (z. B. *es ablehnen, anfangen, aufhören (damit), beabsichtigen, befehlen, beginnen, sich bemühen (darum), beschließen, sich entscheiden (dafür), sich entschließen (dazu), gelingen, neigen (dazu), planen, probieren, (es) verbieten, vergessen, es vermeiden, versuchen, verzichten darauf, vorhaben, es wagen, sich weigern*).

Infinitivsätze sind nicht möglich nach vielen Verben des Sagens (z.B. nach *antworten, berichten, erzählen, fragen, sagen,* wohl aber nach dem Verb *behaupten*) und der Wahrnehmung (z.B. *auffallen, bemerken, beobachten, erkennen, feststellen, hören, riechen, sehen, spüren, wahrnehmen*), auch nicht nach dem Verb *wissen*. (Vgl. Liste im Lösungsschlüssel)

Infinitivsätze ohne Konjunktion entsprechen Nebensätzen mit der Konjunktion *dass*; Infinitivsätze mit den Konjunktionen *um ... zu, (an)statt ... zu, ohne ... zu* entsprechen Nebensätzen mit den Konjunktionen *damit, (an)statt dass, ohne dass* (vgl. S. 198f., 210 und 211f.). Weitere Übungen zum Infinitiv- und *dass*-Satz vgl. § 12.

4 Infinitiv- oder *dass*-Satz? Bilden Sie, wenn möglich, Infinitivsätze.

Beispiel: Heute erleichtern Maschinen und Computer dem Menschen die Arbeit.
Heute dienen Maschinen und Computer dazu, ...
Heute dienen Maschinen und Computer dazu, dem Menschen die Arbeit zu erleichtern.

Einstellung zur Arbeit

1. In der Antike führte nur die Beschäftigung mit Kunst und Wissenschaften zu gesellschaftlichem Ansehen. Man weiß, ...

2. Nur Männer aus der Oberschicht konnten politische Ämter bekleiden.
Nur Männer aus der Oberschicht hatten die Möglichkeit ... (*können* entfällt)

3. Handwerker und Sklaven übten keinen politischen Einfluss aus.
Es war nicht denkbar ...

4. Die Sklaven mussten niedere Arbeiten ausführen und konnten nicht frei leben. Es war das Schicksal der Sklaven ...

5. Die Oberschicht war auf die Arbeit der Handwerker und Sklaven angewiesen.
   Es ist bekannt ...
6. Auch noch in späteren Jahrhunderten hielt man Sklaven.
   Nach dem Völkerrecht ist es heute verboten ...
7. Heute gewinnt man durch beruflichen Aufstieg Sozialprestige und Macht.
   Erst in der Neuzeit wurde es möglich ...
8. Viele Menschen beziehen ihr Selbstbewusstsein aus dem beruflichen Erfolg.
   Es lässt sich nicht leugnen ...
9. Die Erwachsenen machen schon kleine Kinder mit der Arbeitswelt vertraut.
   Die Erwachsenen versuchen ...
10. Schon kleine Kinder sollen Leistungen erbringen. Die Erwachsenen halten schon
    kleine Kinder dazu an ... (*sollen* entfällt)
11. Die Einstellung zur Arbeit hat sich also im Laufe der Jahrhunderte gewandelt.
    Man kann also beobachten ...
12. Man hat der Arbeit nicht zu allen Zeiten eine überragende Bedeutung
    beigemessen. Es war nicht zu allen Zeiten üblich ...

5 Infinitiv- oder *dass*-Satz? Bilden Sie, wenn möglich, Infinitivsätze. Modalverben entfallen.

Amnesty International
1. Auf der ganzen Welt werden unschuldige Menschen verhaftet, gefoltert und
   hingerichtet. Unerträglich ist der Gedanke ...
2. Viele Staaten behaupten, dass sie nicht foltern.
   Die Behauptung vieler Staaten ... entspricht durchaus nicht immer der
   Wahrheit.
3. Jeder Mensch möchte seine Meinung frei äußern und in Freiheit leben können.
   Jeder Mensch hat den Wunsch ...
4. Amnesty International (ai) will die Menschenrechte weltweit durchsetzen.
   ai hat die Absicht ...
5. ai will unschuldige Menschen vor Folterung und Hinrichtung bewahren.
   Der Versuch von ai ... ist nicht immer erfolgreich.
6. ai-Aktionen haben nicht immer Erfolg. (*nicht* entfällt)
   Die Annahme ... ist falsch.
7. Weltweite ai-Aktionen haben mehr Erfolg als lokal begrenzte Aktionen.
   Es ist bewiesen ...
8. ai mobilisiert die Weltöffentlichkeit.
   Die Bemühungen von ai ... finden nicht immer genügend Resonanz.
9. Jeder sollte die ai-Aktionen unterstützen.
   Jeder ist aufgefordert ...
10. Man kann der Organisation z.B. Geld spenden.
    Man hat z.B. die Möglichkeit ...
11. Das Engagement für ai geht zurück.
    Die Befürchtung ... ist begründet.
12. Immer mehr Menschen engagieren sich in Umwelt- und Bürgerinitiativen.
    Es ist eine Tatsache ...
13. Die ai-Mitarbeiter leisten wichtige und sinnvolle Arbeit.
    Die Überzeugung der ai-Mitarbeiter ... bestärkt sie in ihrem Engagement.

14. Das norwegische Parlament zeichnete die Organisation mit dem Friedens-
     nobelpreis aus.
     Die Entscheidung des norwegischen Parlaments ... wurde 1977 realisiert.

     Wie kam es zur Gründung dieser Organisation?
     Im Mai 1961 war in der britischen Zeitung „Observer" ein Artikel unter der
     Überschrift „The Forgotten Prisoners" (= Die vergessenen Gefangenen) erschie-
     nen. Sein Autor war der Londoner Anwalt Peter Benenson. Er forderte zur Hilfe
     für politische Gefangene auf. Dieser Zeitungsartikel hatte ein weltweites Echo.

15. Wenig später gründeten in einem Café in Luxemburg acht Personen eine un-
     parteiische internationale Organisation zur Befreiung politischer Gefangener.
     Wenig später trafen sich acht Personen in einem Café in Luxemburg mit der
     Absicht ...

16. Sie gaben der Organisation den Namen Amnesty International.
     Ihre Entscheidung ... fiel noch am gleichen Tag.

6 Infinitiv- oder *dass*-Satz? Bilden Sie, wenn möglich, Infinitivsätze. Modalverben entfallen.

Der Heidelberger Ausländerrat

1. Die Bundesrepublik ist längst zu einem Einwanderungsland geworden.
    Einige Städte haben Konsequenzen aus der Tatsache gezogen ...

2. In der Stadt Heidelberg z. B. betrug der Ausländeranteil im Jahre 1990 12 Prozent.
    Der Gemeinderat konnte nicht länger darüber hinwegsehen ...

3. Einige Städte haben zur Beteiligung der Ausländer an der Kommunal-
    politik Ausländerräte geschaffen.
    Einige Städte beschlossen ...

4. Der Heidelberger Ausländerrat setzt sich aus siebzehn ausländischen
    und sechs deutschen Mitgliedern zusammen.
    Der Heidelberger Gemeinderat hat in einer Satzung festgelegt ...

5. Die ausländischen Einwohner wählen die ausländischen Mitglieder des
    Ausländerrates.
    Den ausländischen Einwohnern steht das Recht zu ...

6. Der Gemeinderat bestimmt die deutschen Mitglieder des Ausländerrates.
    Die Satzung überträgt dem Gemeinderat die Aufgabe ...

7. Der Vorsitzende muss ein Ausländer sein.
    Es ist vorgeschrieben ...

8. Der Ausländerrat vertritt die Interessen der ausländischen Einwohner.
    Der Heidelberger Gemeinderat hat dem Ausländerrat die Aufgabe übertragen ...

9. Der Ausländerrat soll zwischen den ausländischen Bürgern und der Stadt
    vermitteln.
    Die Funktion des Ausländerrates besteht darin ...

10. Der Ausländerrat soll den Gemeinderat der Stadt in allen Ausländerfragen be-
     raten.
     Es ist die Aufgabe des Ausländerrates ...

11. Die Stadt stellt dem Ausländerrat die notwendigen Mittel zur Verfügung.
     Die Stadt verpflichtet sich ...

12. In den öffentlichen Sitzungen des Ausländerrates kann jeder Heidelberger
Bürger Fragen stellen.
In den öffentlichen Sitzungen des Ausländerrates hat jeder Heidelberger
Bürger die Möglichkeit ...

13. An der ersten Wahl des Ausländerrates 1990 haben sich leider nicht alle ausländischen Bürger beteiligt.
In Heidelberg wurde bedauert ...

**Infinitivsätze über den Umweg einer
Aktiv →Passiv-Transformation**

Ein Arbeitsloser kann damit rechnen, dass
das Arbeitsamt ihn unterstützt.
(= **Ein Arbeitsloser** kann damit rechnen,
dass **er** vom Arbeitsamt unterstützt wird.)
Ein Arbeitsloser kann damit rechnen, vom
Arbeitsamt unterstützt zu werden.

Wenn das Akkusativobjekt eines aktivischen *dass*-Satzes im übergeordneten Satz schon als Satzglied erscheint, ist über den Umweg eines Passivsatzes ein Infinitivsatz im Passiv möglich. Das Subjekt des aktivischen *dass*-Satzes wird im Infinitivsatz mit *von* bzw. *durch* angeschlossen.

7 Bilden Sie Infinitivsätze im Passiv.

1. Ein Arbeitsloser rechnet damit, dass das Arbeitsamt ihn vermittelt.
2. Ein Arbeitnehmer ist es gewohnt, dass die Firma ihn über wichtige
Veränderungen unterrichtet.
3. Er kann davon ausgehen, dass der Betrieb ihn versichert.
4. Er ist darauf eingestellt, dass man ihn innerhalb des Betriebs versetzt.
5. Er verlässt sich darauf, dass der Betriebsrat ihn gegenüber der Geschäftsleitung
vertritt.

**Infinitivsätze über den Umweg einer
Passiv →Aktiv-Transformation**

(1) Es ist üblich, dass in Betrieben mit mehr
als fünf Angestellten ein Betriebsrat eingerichtet wird.
(= **Es** ist üblich, dass **man** in Betrieben
mit mehr als fünf Angestellten einen
Betriebsrat einrichtet.)
Es ist üblich, in Betrieben mit mehr als
fünf Angestellten einen Betriebsrat einzurichten.

(2) Auf Initiative des Betriebsrats wurde beschlossen, dass Fortbildungsseminare
eingerichtet werden.
(= Auf Initiative des Betriebsrats be-
schloss **man**, dass **man** Fortbildungsseminare einrichtet.)
Auf Initiative des Betriebsrats wurde beschlossen Fortbildungsseminare einzurichten.

Oft ist die Möglichkeit eines Infinitivsatzes erst erkennbar, wenn Passivsätze in Aktivsätze umgeformt werden. Entsprechend steht der Infinitivsatz im Aktiv. Das Subjekt des Passivsatzes erscheint im Aktivsatz als Akkusativobjekt.

8 Bilden Sie Infinitivsätze im Aktiv.

1. In großen Betrieben wird versucht, dass der Betriebsrat teilweise oder ganz von seiner Arbeit freigestellt wird.
2. Es ist üblich, dass viermal im Jahr eine Betriebsversammlung einberufen wird.
3. Dann ist es möglich, dass zu den Beschlüssen des Betriebsrats Stellung genommen wird.
4. Es ist Gesetz, dass der Betriebsrat vor jeder Kündigung angehört wird.
5. Dem Betriebsrat wird garantiert, dass er in allen seinen Belangen geschützt wird.

9 Infinitivsatz im Aktiv oder im Passiv?

Gastarbeiter
1. Die Bundesrepublik hat ausländische Arbeitnehmer angeworben.
   Viele ausländische Arbeitnehmer waren froh ...
2. Man bezeichnet die ausländischen Arbeitnehmer als Gastarbeiter.
   Die ausländischen Arbeitnehmer akzeptieren es wohl, ...
3. Man behandelt die Gastarbeiter aber nicht so freundlich wie Gäste.
   Viele Gastarbeiter bedauern aber ...
4. Die meisten Gastarbeiter waren bei ihrer Einreise in die Bundesrepublik nicht auf so viele Probleme gefasst.
   Viele Gastarbeiter geben zu ...
5. Viele von ihnen sind von den Deutschen enttäuscht.
   Viele von ihnen gestehen ...
6. Man setzt ungelernte Gastarbeiter für schwere und schmutzige Arbeiten ein.
   Ungelernte Gastarbeiter müssen sich damit abfinden, ...
7. Die Gastarbeiter sind nicht gleichberechtigt.
   Viele Gastarbeiter leiden darunter, ...
8. Den Gastarbeitern wurde das Wahlrecht nicht gewährt.
   Bislang konnte man sich nicht dazu entschließen, ...
9. Die Gastarbeiter wurden bisher weder rechtlich noch menschlich integriert.
   (weder ... noch → und)
   Man hat es bisher nicht geschafft, ...
10. Die Deutschen waren auf die langfristige Anwesenheit so großer ausländischer Personengruppen nicht vorbereitet.
    Viele Deutsche entschuldigen sich damit, ...
11. Man braucht Gastarbeiter heute nicht mehr so dringend wie früher.
    Viele Gastarbeiter empfinden es als bitter, ...
12. Bei der Rückkehr in die Heimat sind die meisten Gastarbeiter für den neuen Start finanziell gut ausgestattet.
    Die Gastarbeiter freuen sich ...

III Die Stellung des Infinitivsatzes

(1) Es ist ein Gebot der Menschlichkeit, Minderheiten zu schützen.

(1a) Minderheiten zu schützen ist ein Gebot der Menschlichkeit.

(1b) Minderheiten zu schützen, das ist ein Gebot der Menschlichkeit.

(2) Unbestritten ist die Notwendigkeit tolerant zu sein.

(2a) Die Notwendigkeit tolerant zu sein ist unbestritten.

(3) Man beabsichtigt die Ursachen von Intoleranz und Gewalt zu erforschen.

(3a) Die Ursachen von Intoleranz und Gewalt beabsichtigt man zu erforschen.

(4) Jeder sollte versuchen die fremde Mentalität zu verstehen.

(4a) Jeder sollte die fremde Mentalität zu verstehen versuchen.

(4b) Die fremde Mentalität sollte jeder zu verstehen versuchen.

Es gibt vielfältige Möglichkeiten für die Stellung des Infinitivsatzes. Er wird meist nachgestellt, kann aber auch vorangestellt werden. Ein vorangestellter Infinitiv in der Funktion des Subjekts kann in den Satz integriert werden (1a) bzw. von einem mit *das* eingeleiteten übergeordneten Satz durch Komma getrennt werden (1b). Das Pronomen *es* entfällt (1a) bzw. erscheint im übergeordneten Satz als *das* (1b). Infinitivsätze, die von Substantiven abhängig sind, können manchmal in den übergeordneten Satz eingeschoben werden (2a) (bei (1) nicht möglich). Infinitivsätze können aber auch in den übergeordneten Satz eingebaut werden (3a) (4a) (4b).

Nach der Rechtschreibung werden Infinitivsätze durch ein Komma abgetrennt, wenn sie durch eine hinweisende Wortgruppe angekündigt oder wieder aufgenommen werden ((1b): *das*) oder wenn sie aus der üblichen Satzstruktur herausfallen. Ein Komma kann gesetzt werden, wenn dadurch die Gliederung eines Satzes deutlicher oder ein Missverständnis vermieden wird.

10 Verändern Sie die Stellung des Infinitivs. Nicht bei jedem Satz sind alle Varianten möglich.

Toleranz gegenüber Ausländern

1. Es ist dringend notwendig, Vorurteile und Unwissenheit abzubauen.
2. Es muss als intolerant bezeichnet werden, Menschen auf Grund ihrer Hautfarbe, Herkunft, Religion oder Nationalität abzulehnen.
3. Es ist ein erstrebenswertes Ziel, Toleranz und Weltoffenheit durchzusetzen.
4. Man kann jedem die Empfehlung geben seine Einstellung gegenüber Ausländern zu überdenken.
5. Viele haben die Hoffnung noch nicht aufgegeben in naher Zukunft ein selbstverständliches Zusammenleben von Deutschen und Ausländern zu erreichen.
6. Nicht alle Deutschen versuchen Kontakte zu Ausländern aufzunehmen.
7. Viele Bürger empfehlen ausländerfeindlich motivierte Straftaten noch härter zu bestrafen.
8. Der Staat ist verpflichtet Gewalttaten zu verhindern.
9. Niemand sollte zögern Gewalttaten zu verhindern.
10. Jeder sollte versuchen Fremde in ihrer Andersartigkeit zu akzeptieren.
11. Die Regierung hat beschlossen die Integration der Ausländer zu verbessern.

§ 12 Subjektsätze, Objektsätze und Attributsätze

(1)   Manchen Menschen machen **längere Arbeitszeiten** nichts aus.
Manchen Menschen macht **es** nichts aus, **länger zu arbeiten**.

(2a)   Andere fordern **mehr Freizeit**.
Andere fordern, **dass ihnen mehr Freizeit zugestanden wird**.

(2b)   Viele Menschen berichten gern **von ihren beruflichen Erfolgen**.
Viele Menschen berichten gern **davon, wie erfolgreich sie im Beruf sind**.

(3)   Jedes Jahr gibt es Tarifgespräche **über Lohnerhöhungen**.
Jedes Jahr gibt es Tarifgespräche **darüber, ob die Löhne erhöht werden**.

Satzglieder können aus einem Satz ausgegliedert und zu Nebensätzen gemacht werden, d.h., Subjekte können zu Subjektsätzen (1), Objekte zu Objektsätzen (2) und Attribute zu Attributsätzen (3) werden. Bei dieser Umformung wird das betreffende Satzglied verbalisiert. Umgekehrt können Nebensätze nominalisiert, d. h. in Satzglieder umgeformt werden. Inhaltlich besteht zwischen den Sätzen kein Unterschied. Stilistisch sind nominale Varianten eher schriftlichen Äußerungen vorbehalten.

Subjekt-, Objekt- und Attributsätze können mit den Konjunktionen *dass* (2a) oder *ob* (= fragend) (3) oder mit Fragewörtern (2b) eingeleitet werden; sie können aber auch Infinitivsätze sein (1).

An Stelle des ausgegliederten Satzglieds steht im übergeordneten Satz manchmal ein sogenanntes Korrelat (*es* bzw. Pronominaladverb) als Hinweis auf den folgenden Nebensatz. Ob ein Korrelat obligatorisch, fakultativ oder nicht zugelassen ist, ist jeweils festgelegt. (Vgl. Listen im Lösungsschlüssel)

Zur Nominalisierung und Verbalisierung vgl. § 10; zur Möglichkeit Infinitivsätze zu bilden vgl. § 11.

I   Indirekte Fragesätze
(Nebensätze mit der Konjunktion *ob* und mit Fragewörtern)

(1)   **Warum** passieren so viele Tankerunfälle?
Experten ist klar, **warum** so viele Tankerunfälle passieren.

(2)   **Mit welchen ökologischen Folgen** muss gerechnet werden?
Viele stellen die Frage, **mit welchen ökologischen Folgen** gerechnet werden muss.

(3)   Ist schon wieder ein Tankerunfall passiert?
Jemand fragt, **ob** schon wieder ein Tankerunfall passiert ist.

Indirekte Fragesätze, die Ergänzungsfragen wiedergeben, die also z. B. nach dem *Warum? Wann? Wie? Wofür?* eines Sachverhalts fragen (= W-Fragen), werden mit Fragewort (+ Präposition) eingeleitet (1) (2).

Indirekte Fragesätze, die Entscheidungsfragen wiedergeben, die also danach fragen, ob ein Sachverhalt zutrifft oder nicht (= Ja/Nein-Fragen), werden mit der Konjunktion *ob* eingeleitet (3).

Indirekte Fragesätze können Subjektsätze (1), Objektsätze (3) oder Attributsätze (2) sein.

1   Fragewort oder Konjunktion *ob*?

Tankerunfälle

1. Wie viele schwere Tankerunfälle haben sich in den letzten Jahren ereignet?
   Experten können Auskunft darüber geben, ...
2. Mit welchen Schäden muss bei Tankerunfällen gerechnet werden?
   Experten können einschätzen, ...
3. Gibt es besonders gefährliche Tankerrouten?
   Viele fragen, ...
4. Wohin wird das Öl hauptsächlich transportiert?
   Jemand möchte wissen, ...
5. Werden die vorgeschriebenen Routen eingehalten?
   Es wäre interessant zu wissen, ...
6. Auf welche Weise kann der Öltransport sicherer gemacht werden?
   Man muss überlegen, ...
7. Könnte der Schaden nicht dadurch begrenzt werden, dass Öl auf kleineren Tankern transportiert wird?
   Man muss sich fragen, ...
8. Muss der Öltransport nicht strenger überwacht werden?
   Jeder stellt sich die Frage, ...

Indirekte Fragesätze mit *ob* oder *dass*-Sätze

(1) Wissen Sie, **ob** Herr Müller viel arbeitet?
    (d. h.: Der Fragende weiß nicht, **ob** Herr Müller viel arbeitet oder nicht.)
(2) Ich weiß nicht, **ob** Herr Müller zu viel arbeitet oder nicht: Er arbeitet viel.
(3) Seinem Chef ist es bestimmt nicht gleichgültig, **ob** er viel arbeitet (oder nicht).
(4) Wissen Sie, **dass** Herr Müller viel arbeitet?
    (d. h.: Der Fragende weiß, **dass** Herr Müller viel arbeitet.)
(5) Nein, ich wusste bisher nicht, **dass** Herr Müller viel arbeitet.
(6) Ich halte es aber für möglich/wahrscheinlich, **dass** er viel arbeitet.

Die Konjunktion *ob* steht bei fraglichen Sachverhalten mit einer Alternative, wobei offen bleibt, ob die Alternative zutrifft oder nicht (1); *ob* steht auch, wenn von zwei oder mehr Alternativen die zutreffende bekannt ist (2) sowie nach Ausdrücken der (negierten) Gleichgültigkeit (3).
Die Konjunktion *dass* steht bei eindeutig zutreffenden bzw. nicht zutreffenden Sachverhalten ohne Alternative (4) (5) und bei Vermutungen, d. h. bei Sachverhalten, die für (un)möglich oder (un)wahrscheinlich gehalten werden (6).

---

2   *dass* oder *ob*? Ein neugieriger Kollege will alles genau wissen.

Herrn Müllers übertriebener Arbeitseifer

1. Arbeitet Herr Müller immer so viel? Es ist möglich, ... er immer so viel arbeitet. Sein Chef weiß bestimmt, ... er immer oder nur manchmal so viel arbeitet.
2. Arbeitet er auch an den Wochenenden im Büro? Seine Frau wird uns sicher sagen können, ... er auch an den Wochenenden im Büro ist.
3. Macht er keinen Urlaub? Ich weiß nicht, ... er in diesem Jahr Urlaub macht. Ich weiß nur, ... er im letzten Jahr mit seiner Familie am Meer war.

4. Wissen Sie, … er neben seiner Arbeit überhaupt noch Zeit für seine Kinder hat? Es ist ziemlich unwahrscheinlich, … er noch Zeit für seine Kinder hat. Aber fragen Sie doch seine Kinder. Die können Ihnen bestimmt sagen, … er Zeit für sie hat.

5. Wissen Sie, … er mittags zum Essen nach Hause geht? Nein, ich weiß es nicht, aber seine Frau weiß doch, … er mittags zu Hause, in der Betriebskantine, in einem Lokal oder vielleicht gar nicht isst.

6. Wissen Sie, … er irgendwelche Hobbys hat? Wissen Sie denn nicht, … er Tennis spielt? Nein, ich wusste nicht, … er Tennis spielt. Ich wüsste gern, … er noch weitere Hobbys hat.

7. Wundern Sie sich denn nicht, … seine Frau seinen übertriebenen Arbeitseifer akzeptiert? Ich bin gar nicht so sicher, … seine Frau seinen Lebensstil akzeptiert. Ich glaube eher, … sie darunter leidet. Ich kann nicht gerade behaupten, … sie einen glücklichen Eindruck macht.

8. Können Sie mir die Frage beantworten, … er sich wohl fühlt? Ich kann nur sagen, … er nicht so wirkt, als würde er sich besonders wohl fühlen.

9. Glauben Sie, … man seinen Arbeitseifer schon als Sucht bezeichnen kann? Ich glaube schon, … es eine Art Sucht ist.

10. Hat er schon mal mit einem Psychologen darüber gesprochen? Ich habe keine Ahnung, … er sich schon mal an einen Psychologen gewandt hat. Aber seine Frau weiß vermutlich, … er schon mal bei einer Beratung war.

11. Meinen Sie, … es sich hier vor allem um Ehrgeiz handelt? Zum Teil schon, aber ich habe Zweifel, … es das allein ist.

12. Was meinen Sie damit? Ich halte es für wahrscheinlich, … er sich selbst unter Druck setzt. Meiner Meinung nach ist es ziemlich unwahrscheinlich, … er da so leicht wieder herauskommt.

13. Halten Sie es für möglich, … seine Arbeitswut irgendwann mal nachlässt? Meiner Meinung nach ist es ziemlich unwahrscheinlich, … das je der Fall sein wird.

II Subjektsätze

(1) **Energiesparen** ist möglich.

(1a) **Es** ist möglich, **Energie zu sparen.**

(1b) Möglich ist (**es,**) **Energie zu sparen.**

(1c) Natürlich ist **es** immer möglich, **Energie zu sparen.**

(2) Vielen Leuten gefällt **Energiesparen** nicht.
Vielen Leuten gefällt **es** nicht, **Energie zu sparen.**

(3) **Der sparsame Umgang mit Energie** ist jedem freigestellt.
Jedem ist (**es**) freigestellt(,) **mit Energie sparsam umzugehen oder nicht.**

Wenn das Subjekt eines Satzes zum Nebensatz (= Subjektsatz) wird, tritt im übergeordneten Satz an die Stelle des Subjekts oft das Korrelat *es* als Hinweis auf den folgenden Nebensatz:

Energiesparen	ist möglich.
Es	ist möglich, Energie zu sparen.

Es kann immer am Satzanfang stehen (1a). Tritt ein anderes Satzglied an den Satzanfang, ist *es* bei Adjektiven, Partizipien und Substantiven + *sein* fakultativ (1b), in erweiterten Sätzen aber nötig (1c). Bei Vollverben ist *es* im Satzinnern – je nach Verb – obligatorisch (2), fakultativ (3) oder nicht möglich (nur bei wenigen Verben wie z.B. *jdm. bleibt nichts anderes übrig, jdm. fällt ein/auf, jdm. schwebt vor*).

3 Formen Sie die Subjekte in Infinitivsätze um.

Wie verhält man sich als energie- und umweltbewusster Verbraucher?
1. Energiesparen ist angesichts des hohen Energieverbrauchs unerlässlich.
2. Klagen über die auslaufenden Energievorräte helfen uns nicht weiter.
3. Eine Senkung des Energieverbrauchs ist in jedem Haushalt möglich.
4. Beispielsweise kostet der Austausch konventioneller Glühlampen gegen Energiesparlampen nicht viel.
5. Die Isolation der Außenwände bleibt keinem energiebewussten Hausbesitzer erspart.
6. Das Abdichten der Fugen an Fenstern und Türen empfiehlt sich ebenfalls.
7. Der Einbau von Doppelglasfenstern macht sich auf jeden Fall bezahlt.
8. Die Verwendung von Heizungsthermostaten wirkt sich energiesparend aus.

4 Formen Sie die Infinitivsätze in Subjekte um.

1. Beim Einkaufen ist es ratsam, sich umweltbewusst zu verhalten.
2. Es versteht sich von selbst, auf überflüssige Verpackungen zu verzichten.
3. Außerdem bietet es sich an, Agrarerzeugnisse aus biologischem Anbau zu kaufen.
4. Es hat manchmal Erfolg, umweltschädliche Produkte zu boykottieren.
5. Jedem ist es zumutbar, die Haushaltsabfälle richtig zu entsorgen.
6. Es lohnt sich, gute Ratschläge zu befolgen.
7. Aber es reicht nicht aus, gute Vorsätze zu haben.
8. Es ist wichtiger, die guten Vorsätze in die Tat umzusetzen.

III Objektsätze

(1) Viele Menschen halten **Nichtstun** nicht lange aus.
Viele Menschen halten **es** nicht lange aus, **nichts zu tun.**
(2) Andere sind **an Stress** gewöhnt.
Andere sind **daran** gewöhnt, **im Stress zu sein.**
(3) Manche bedauern **die nachlassende Arbeitsmoral.**
Manche bedauern **(es,) dass die Arbeitsmoral** nachlässt.
(4) Aber viele Arbeitnehmer sind auch **zu Überstunden** bereit.
Aber viele Arbeitnehmer sind auch **(dazu)** bereit(,) **Überstunden zu machen.**
(5) Andere fordern **eine Verkürzung der Arbeitszeit.**
Andere fordern, **dass die Arbeitszeit verkürzt wird.**

Wenn das Akkusativobjekt oder Präpositionalobjekt eines Satzes zum Nebensatz wird (= Objektsatz), tritt im übergeordneten Satz an die Stelle des Akkusativobjekts oft das Korrelat *es*, an die Stelle des Präpositionalobjekts ein Pronominaladverb (*da(r)* + Präposition) als Korrelat; das Korrelat weist jeweils auf den nachfolgenden Nebensatz hin:
Arbeitsfanatiker halten | Nichtstun | nicht lange aus.
Arbeitsfanatiker halten | es | nicht lange aus, nichts zu tun.
Sie sind | an Stress | gewöhnt.
Sie sind | daran | gewöhnt, im Stress zu sein.
Je nach Verb, Adjektiv oder Partizip sind Korrelate obligatorisch (1) (2), fakultativ (3) (4) oder nicht möglich (5). Als Korrelat eines Objekts steht *es* nie am Satzanfang.
(Vgl. Listen im Lösungsschlüssel)

5 Formen Sie die Objekte in *dass*-Sätze bzw., wenn möglich, in Infinitivsätze um und ergänzen Sie gegebenenfalls die Korrelate.

Woran erkennt man einen Arbeitsfanatiker?

1. Man erkennt den Arbeitsfanatiker an seiner zwanghaften Aktivität.
2. Ein Arbeitsfanatiker ist tägliche Arbeitszeiten von 12 bis 16 Stunden gewohnt.
3. Er neigt zur Überbewertung der Arbeit.
4. Seine Abhängigkeit von der Arbeit gibt er aber nicht gerne zu.
5. Er wünscht sich eine glänzende Karriere.
6. Er ist von seiner Unersetzbarkeit fest überzeugt.
7. Einem Arbeitsfanatiker kommt es auf berufliche Anerkennung und Sozialprestige an.
8. Niemand kann die besondere Anfälligkeit anspruchsvollerer Berufsgruppen für die Arbeitssucht bestreiten.

6 Formen Sie die *dass*- und Infinitivsätze in Objekte um.

Die Folgen übertriebenen Arbeitseifers

1. Einem Arbeitsfanatiker dient Arbeit dazu, vor Konflikten zu fliehen.
2. Wenn möglich, vermeidet er es, sich mit sich selbst und anderen auseinanderzusetzen.
3. Er beklagt sich darüber, dass er in der Familie isoliert ist.
4. Er will nicht zugeben, dass er ständig überanstrengt ist.
5. Er leugnet so lange wie möglich, körperliche Beschwerden zu haben.
6. Bis kurz vor dem Zusammenbruch lehnt er es ab, zum Arzt zu gehen.
7. Er wehrt sich auch dagegen, sich psychotherapeutisch behandeln zu lassen.
8. Der Arbeitsfanatiker begreift nicht, dass sein Verhalten krankhaft ist.

7 Ergänzen Sie die Korrelate (*es* bzw. Pronominaladverbien).

Tankerunfall vor den Shetland-Inseln

Die Bergungsmannschaften wagten ... wegen des Orkans nicht, sich dem gestrandeten Tanker zu nähern. So schaffte man ... nicht, den Tanker zu bergen. Der hohe Seegang machte ... auch unmöglich, das im Wrack verbliebene Öl abzupumpen. Bergungsexperten rechneten ..., dass das Öl auslaufen würde. Man konnte nichts ... tun, dass sich ein etwa 40 Kilometer langer Ölteppich bildete. Man bemühte sich ..., das ausgelaufene Öl mit Hilfe von Lösungsmitteln, die man versprühte, zum Verdunsten zu bringen. Aber die Inselbewohner bestanden nach einigen Tagen ..., diese Aktion abzubrechen. Das Besprühen des Ölteppichs hatte nämlich ... geführt, dass die Bevölkerung unter Atembeschwerden und Hautreizungen litt. Die Betroffenen hielten ... wegen des beißenden Gestanks von Öl und Chemikalien nicht länger aus, in ihren Häusern auszuharren. Die Anwohner im Umkreis des Tankerwracks wurden ... aufgefordert, sich auf Gesundheitsschäden untersuchen zu lassen. Die Lachszüchter an der betroffenen Küste mussten ... rechnen, dass die Nachfrage nach Lachs stark zurückgeht. Verständlicherweise verzichteten viele Lachsliebhaber in den nächsten Monaten ..., Shetland-Lachs zu essen. Vogelschützer waren ... beschäftigt, die ölverklebten Vögel einzusammeln. Sie zogen ... vor, die nicht mehr lebensfähigen Vögel zu töten. Sie wollten ... den Vögeln ersparen, langsam und hilflos zu verenden.

Seit Juli 1993 sind auf den Weltmeeren neue
35 Sicherheitsvorschriften in Kraft. Lange hat …
gedauert, bis sich die Staaten auf diese Regelungen einigten. Doch großzügige Über-
gangsregelungen bis zum Jahre 2010 sorgen
…, dass es auf den Weltmeeren noch einige
40 Zeit gefährlich zugehen wird. Beobachter
weisen … hin, dass die Zahl der Tankerunfälle in den letzten Jahren sprunghaft gestiegen
ist. Der harte Konkurrenzkampf unter den
Tankerflotten trägt … bei, dass an der Aus-
45 stattung der Schiffe drastisch gespart wird.
Alle haben … … abgesehen, Kosten einzuspa-
ren. Deshalb verzichten sie …, die Schiffe sicher auszustatten. Reedereien haben sich bisher nicht … abbringen lassen, billiges, also
schlecht oder gar nicht ausgebildetes Perso- 50
nal einzusetzen. Angesichts der Konkurrenz
ist … nur den billigsten Anbietern möglich,
einigermaßen zu überleben. Man vertraut …,
dass schon alles gut gehen wird. Die internationale Schifffahrt sollte sich aber nicht … 55
abfinden, dass wirtschaftliche Gesichtspunk-
te über die Sicherheit auf den Weltmeeren
entscheiden.

IV Attributsätze

(1) Im Augenblick ist die Gefahr **einer Massenarbeitslosigkeit** gering.
Im Augenblick ist die Gefahr, **dass es zu
einer Massenarbeitslosigkeit kommt**,
gering.
(2) Die Frage **nach den Berufsaussichten**
ist verständlich.
Die Frage, **wie die Berufsaussichten
sind/welche Berufsaussichten man
hat**, ist verständlich.
(3) Nicht jeder hat die Möglichkeit **zu
selbständiger Arbeit**.
Nicht jeder hat die Möglichkeit **selbständig zu arbeiten**.

Auch Genitivattribute und Präpositionalattribute können zu Nebensätzen werden (= Attributsätze). Korrelate (= Pronominaladverbien) werden nur selten gebraucht. Attributsätze können
mit der Konjunktion *dass* (1) oder mit Fragewörtern (*ob; wie, wann, wo* usw.) (2) eingeleitet
werden; Attributsätze können auch Infinitivsätze sein (3).

8 Bilden Sie Attributsätze.

Berufswahl
1. Peters Entscheidung für einen praktischen Beruf stand fest.
2. Vor allem beschäftigte ihn die Frage nach seiner Eignung für den gewählten
Beruf.
3. Er hatte Freude an kreativer Arbeit. (+ Korrelat)
4. Für ihn bestand noch Unsicherheit hinsichtlich der Finanzierbarkeit der
geplanten Ausbildung. (+ Korrelat)
5. Deshalb war für ihn die Frage nach der Dauer und den Kosten der Ausbildung
wichtig.
6. Er hatte Angst vor Arbeitslosigkeit in dem gewählten Beruf.
7. Meldungen über die steigende Arbeitslosigkeit beunruhigten ihn. (+ Korrelat)
8. Niemand konnte ihm eine Garantie für einen gesicherten Arbeitsplatz geben.
(+ Korrelat)

9   Sagen Sie es in einem Satz.

Beispiel: Stellenbewerbern wird oft die Frage gestellt, was sie sich von ihrem Beruf
erwarten.
Stellenbewerbern wird oft die Frage nach ... gestellt.
Stellenbewerbern wird oft die Frage nach ihren beruflichen Erwartungen gestellt.

Ein Arbeitnehmer
1. Die Frage des Arbeitnehmers, ob er Aufstiegschancen im Betrieb hat, ist legitim.
   Die Frage des Arbeitnehmers nach ... ist legitim.
2. Jeder hat ein Anrecht darauf, adäquat eingestuft und bezahlt zu werden.
   Jeder hat ein Anrecht auf ...
3. Der Wunsch des Arbeitnehmers Benno D., in eine andere Abteilung versetzt
   zu werden, wird erfüllt.
   Der Wunsch des Arbeitnehmers Benno D. nach ... wird erfüllt.
4. Benno D. hat den Entschluss gefasst sich weiterzubilden.
   Benno D. hat den Entschluss zur ... gefasst.
5. Frühere Versuche sich umzuorientieren waren gescheitert.
   Frühere Versuche einer ... waren gescheitert.
6. Den Gedanken sich beruflich nochmals zu verändern hat er inzwischen
   aufgegeben.
   Den Gedanken an ... hat er inzwischen aufgegeben.
7. Seine Bereitschaft im Betriebsrat mitzuarbeiten hat er noch nie bereut.
   Seine Bereitschaft zur ... hat er noch nie bereut.
8. Er bedauert, dass es für Arbeitnehmer zu wenig Möglichkeiten gibt bei
   betrieblichen Entscheidungen mitzuwirken.
   Er bedauert, dass es für Arbeitnehmer zu wenig Möglichkeiten zur ... gibt.
9. Das Recht der Arbeitnehmer im Betrieb mitzubestimmen ist im Betriebsverfassungsgesetz festgelegt.
   Das Recht der Arbeitnehmer auf ... ist im Betriebsverfassungsgesetz festgelegt.
10. Seine Bemühungen das Betriebsklima zu verbessern hatten durchaus Erfolg.
    Seine Bemühungen um ... hatten durchaus Erfolg.

V Gesamtübungen

10 Formen Sie die kursiv gesetzten Satzglieder in *dass*-Sätze oder in Infinitivsätze um bzw.
umgekehrt.

Wirtschaftsfragen

Arbeitnehmer müssen sich immer wieder *auf die Umstrukturierung ihrer Arbeitsplätze* einstellen. Die Betriebe sind *auf Kapazitätserweiterung* angewiesen. Die Wirtschaft unterliegt nämlich dem Zwang *die Umsätze ständig zu steigern*. Daher sind die Unternehmen besonders darauf aus, *immer neue Marktlücken zu entdecken*. Es ist nämlich unerlässlich für sie, *die Produktion dem Bedarf anzupassen*. Allerdings erfüllt sich ihre Hoffnung *auf gute Umsätze* nicht automatisch. Die Sorge *um die Verknappung der Energien und der Rohstoffe* macht die Industrie zunehmend nachdenklicher. Bis vor kurzem galt es noch als unbedenklich, *die vorhandenen Rohstoffreserven hemmungslos auszubeuten*. Der Widerstand der Industrie gegen *den Erlass strengerer Gesetze zum Umweltschutz* ist bekannt. Deshalb verlangen die Unternehmen auch die *Subventionierung der Umweltschutzmaßnahmen*. Dies ist ihrer Meinung nach eine Bedingung dafür, *dass die Wirt-schaft stabil bleibt und dass Arbeitsplätze gesichert werden.* Die Unternehmer bedauern *die* *negative Einstellung eines großen Teils der Öffentlichkeit zur technologischen Entwicklung.*   25

11 Verändern Sie den Text, indem Sie Satzglieder in Nebensätze umformen und umgekehrt.

Vom Umgang miteinander

Vera Hintze ärgert sich oft über ihre Mitmenschen. Sie übt daraufhin Selbstkritik und stellt einige „goldene" Regeln für sich selbst auf:

1. Taktlosigkeiten sollte man unterlassen.
2. Der höfliche Umgang miteinander ist empfehlenswert.
3. Der Versuchung andere ständig zu kritisieren sollte man widerstehen.
4. Ein Charakterfehler ist es, sich selbst zu überschätzen.
5. Rücksichtnahme auf die Schwächen anderer Menschen ist selbstverständlich.
6. Die Verteidigung des eigenen Standpunkts ist aber auch legitim.
7. Die Bereitschaft Kompromisse einzugehen erleichtert den Umgang miteinander.
8. Man sollte nicht auf der Realisierung unausgereifter Pläne bestehen.
9. Man sollte bedenken, dass es oft nicht ausreicht, gute Absichten zu haben.
10. Entscheidungen unter Zeitdruck sollte man unbedingt vermeiden.
11. Vorsicht ist vor Menschen geboten, bei denen das Bedürfnis gelobt und anerkannt zu werden besonders stark ausgeprägt ist.
12. Niemandem bleibt es erspart, auch Enttäuschungen hinnehmen zu müssen.

§ 13 Adverbialsätze

I Übersicht

(1) Es wurden zu viele Waren produziert. Die Preise fielen.

(2a) **Nachdem** zu viele Waren produziert worden waren, fielen die Preise.

(2b) Die Preise fielen, **nachdem** zu viele Waren produziert worden waren.

(2c) Die Preise fielen, **nachdem** zu viele Waren produziert worden waren, schneller als erwartet.

(3a) Es wurden zu viele Waren produziert; **danach** fielen die Preise schneller als erwartet.

(3b) Es wurden zu viele Waren produziert; die Preise fielen **danach** schneller als erwartet.

(3c) Es wurden zu viele Waren produziert; die Preise fielen zur Freude der Verbraucher **danach** schneller als erwartet.

(4a) **Nach der Überproduktion von Waren** fielen die Preise schneller als erwartet.

(4b) Die Preise fielen **nach der Überproduktion von Waren** schneller als erwartet.

(4c) Normalerweise fallen die Preise **nach einer Überproduktion von Waren**.

Man kann Sätze (1) durch Konjunktionen (2) und Konjunktionaladverbien (= Adverbien in der Funktion von Konjunktionen) (3) verbinden und dadurch einen bestimmten inhaltlichen Zusammenhang zwischen ihnen herstellen (Grund, Zweck, Gegengrund, Folge, Bedingung, Art und Weise, Zeit). Inhaltliche Beziehungen lassen sich auch durch Präpositionen ausdrücken, die mit einem nominalen Ausdruck verbunden werden (4).

Außer Konjunktionen, Konjunktionaladverbien und Präpositionen gibt es auch konjunktionale Wendungen (z. B. *für den Fall, dass* = falls; *aus diesem Grund* = deshalb; *auf Grund* = wegen).

Konjunktionen leiten Nebensätze ein, die vorangestellt (2a), nachgestellt (2b) oder in einen Satz eingeschoben (2c) werden können.

Konjunktionaladverbien (fortan verkürzt: Adverbien) leiten Hauptsätze ein, die immer nachgestellt werden. Das Adverb kann am Anfang (3a) oder nach dem finiten Verb stehen (3b) (3c).

Präpositionen verbinden sich mit nominalen Ausdrücken zu Präpositionalangaben, die am Satzanfang (4a), innerhalb eines Satzes (4b) oder bei einteiligen Verben am Satzende (4c) stehen können.

Satzverbindungen sind auch mit Relativadverbien möglich, die Nebensätze einleiten, welche immer nachgestellt werden: *Es wurden zu viele Waren produziert, woraufhin die Preise fielen.* Diese Adverbien werden relativ selten gebraucht; es sind: *wozu, wofür* (Zweck); *weshalb, weswegen, warum* (Folge); *wodurch, womit, wobei* (Art und Weise); *worauf(hin), wonach* (Zeit).

(Zur Nominalisierung und Verbalisierung vgl. § 10; zur Möglichkeit Infinitivsätze zu bilden vgl. § 11)

Übersicht über die wichtigsten Konjunktionen, Adverbien und Präpositionen

	Konjunktionen	Adverbien	Präpositionen
Kausalsatz	weil; da; zumal; denn	deshalb; deswegen; daher; aus diesem Grund	wegen G; auf Grund/ aufgrund G; auf Grund/aufgrund von D; aus D; vor D mangels G
Finalsatz	damit; um...zu	dazu; dafür	zu D; für A; zwecks G
Konzessivsatz	obwohl; obgleich zwar ... aber auch wenn; selbst wenn	trotzdem; dennoch; allerdings	trotz G; ungeachtet G auch bei D; selbst bei D
Konsekutivsatz	..., so dass; so ..., dass	infolgedessen; folglich; deshalb; deswegen; daher	infolge G/ infolge von D
Konditionalsatz	wenn; falls; sofern; im Falle, dass; vorausgesetzt, (dass)		bei D; mit D; durch A; unter D; im Falle G/ im Falle von D
	es sei denn, (dass)	sonst; andernfalls	ohne A
Modalsatz	indem; dadurch, dass	dadurch; damit; dabei	durch A; mit D; unter A; mittels G
	ohne dass; ohne... zu		ohne A
	(an)statt dass; (an)statt...zu	statt dessen	(an)statt G
	wie; als		nach D; entsprechend D; laut G/D; gemäß D; zufolge G/D
	je...desto/um so		bei D; mit D; durch A; unter D
	je nachdem		entsprechend D; gemäß D
Temporalsatz	während; solange	währenddessen; solange	während G; zeit G
	als; wenn	damals; da	bei D; in D; mit D; auf D/A
	sooft; immer wenn		bei jedem D
	nachdem; sobald; sowie	dann; danach; daraufhin	nach D; gleich nach D
	seitdem; seit	seitdem; seither	seit D
	bis	bis dahin	bis D; bis zu D
	bevor; ehe	davor; vorher; zuvor	vor D

II Kausalsätze

Nebensätze und Hauptsätze des Grundes/der Ursache

Fragen: *Warum? Weshalb? Aus welchem Grund?*

Konjunktionen:		weil	NS / meist ng.
		da	NS / meist vg.
		zumal (= vor allem/besonders deshalb, weil)	NS / immer ng.
		denn	HS / immer ng.
Adverbien:	Grund:	nämlich (hinter dem Verb)	
		eben (= resignativ) (hinter dem Verb)	
	Folge:	deshalb; deswegen; daher; darum;	HS / immer ng.
		aus diesem Grund	
Präpositionen:		wegen G/(D ugs.)	
		auf Grund/aufgrund G; auf Grund/aufgrund von D	
		aus D; vor D	
		angesichts G/angesichts von D; dank G/D; kraft G	
		mangels G (= weil ... nicht (genügend))	
		infolge G/infolge von D	

(1a) Die Trinkwasserqualität hat große Bedeutung für den Menschen, **weil** Wasser lebensnotwendig ist.

(1b) **Da** es in Deutschland häufig regnet, herrscht selten Wassermangel.

(1c) Flüsse und Meere sind (wegen ihres Fischreichtums) für die Menschen sehr wichtig, **zumal** sie auch als Handelswege benutzt werden.

(1d) Die Trinkwasserqualität hat große Bedeutung für den Menschen, **denn** Wasser ist lebensnotwendig.

(2a) Wasser hat große Bedeutung für den Menschen; es ist **nämlich** lebensnotwendig.

(2b) Wasser aus Flüssen und Seen ist in ungereinigtem Zustand nicht trinkbar; es enthält **eben** zu viele Giftstoffe.

(2c) Wasser ist lebensnotwendig; **deshalb** hat die Wasserqualität große Bedeutung für den Menschen.

(3) Die Wasserqualität hat **angesichts der wachsenden Umweltverschmutzung** eine große Bedeutung für den Menschen.

Die Konjunktion *weil* wird bei wichtigen Gründen (1a), die Konjunktion *da* bei unwichtigeren und allgemein bekannten Gründen gebraucht (1b).

Der Nebensatz mit der Konjunktion *zumal* fügt einem genannten bzw. nicht genannten ersten Grund einen weiteren, meist besonders wichtigen, verstärkenden Grund hinzu (1c).

Die Präposition *angesichts* hat einen optischen Bezug (*angesichts des verschmutzten Wassers; angesichts der überschwemmten Felder*).

Die Präposition *dank* kann nur mit etwas Positivem verbunden werden (*dank des sparsamen Umgangs mit Wasser; *dank der Verschwendung von Wasser*).

Die Präposition *kraft* (= durch Kraft von) steht nur bei Abstrakta und bedeutet Fähigkeit, Kompetenz, Macht (*kraft seines Amtes; kraft seines umfassenden Wissens*).

Die Präposition *wegen* wird in gehobener Sprache häufig nachgestellt (*der schweren Regenfälle wegen*).

Nach der Präposition *dank* kann im Singular der Genitiv oder Dativ stehen (*dank ihrem/ihres Umweltbewusstsein/s*), im Plural steht meistens der Genitiv (*dank der vorgelegten Beweise*).

Nach den Präpositionen *wegen* und *mangels* entfällt bei Substantiven ohne Artikel und ohne adjektivisches Attribut im Singular meist die

> Genitivendung *-(e)s* (*wegen Wassermangel*);
> im Plural steht der Dativ (*mangels Wasser-*
> *vorräten*). Der Dativ wird auch gebraucht,
> wenn zwei Substantive den Genitiv auf *-(e)s*
> bilden (*wegen dem geringen Wasserverbrauch*
> *des Dorfes*).

1 Verbinden Sie die Sätze mit *weil, denn* und *deshalb*. Achten Sie darauf, welcher der beiden
Sätze den Grund und welcher die Folge angibt.

Erziehung heute

1. Erziehung ist schwieriger geworden.
    Die Einflüsse von außen sind vielfältiger geworden.
2. Es gibt keine allgemein gültigen Wertvorstellungen mehr.
    Viele Mütter fühlen sich in Erziehungsfragen unsicher.
3. Viele Mütter werden bei der Erziehung von den Vätern kaum unterstützt.
    Sie fühlen sich überfordert.
4. Viele Frauen fühlen sich den an sie gestellten Anforderungen nicht gewachsen.
    Sie sind zu sehr mit ihren eigenen Problemen beschäftigt.
5. Viele Mütter haben Angst um ihre Kinder.
    Unter Jugendlichen steigt der Zigaretten-, Alkohol- und Drogenkonsum.
6. Kinder sind heute sehr anspruchsvoll.
    Sie kosten viel Geld.
7. Viele Mütter trauern der Zeit ihrer Berufstätigkeit nach.
    Als „Nur-Hausfrauen" haben sie wenig gesellschaftliches Ansehen.
8. Kinder sind heute sehr früh selbständig.
    Viele Mütter geben ihre Berufstätigkeit nicht auf.

2 Bilden Sie aus den Kausalsätzen Präpositionalangaben.

Warum entscheiden sich heute viele Frauen gegen Kinder?
Heute entscheiden sich viele Frauen gegen Kinder,

1. weil viele Partnerschaften instabil sind und häufig wechseln.
2. weil Familien mit Kindern wirtschaftlich benachteiligt sind.
3. weil sie Angst vor der ungewissen Zukunft ihrer Kinder haben.
4. weil die Umwelt kinderfeindlich ist.
5. weil sie Angst vor der Isolierung in der Kleinfamilie haben.
6. weil in Erziehungsfragen eine allgemeine Verunsicherung herrscht.
7. weil Erziehungsprobleme mit Kindern und Jugendlichen zunehmen.

3 Nehmen Sie jetzt die Gegenposition ein und sagen Sie in Kausalsätzen, aus welchen Gründen sich
Frauen für Kinder entscheiden.

1. ...

Wird Bangladesch vom Meer geschluckt?

UNO-Studie kam zu dramatischen Ergebnissen – 23 Millionen Menschen in gefährdeter Region

„Am Ende des kommenden Jahrhunderts wird Bangladesch in der Form, wie wir es heute kennen, aufgehört haben zu existieren." Diese dramatische Einschätzung zur La-
5 ge eines der ärmsten und bevölkerungsreichsten Länder der Erde veröffentlichten amerikanische Umweltforscher vom Worldwatch Institute bereits vor einem Jahr in dem Report „State of the World 1990". Er basiert
10 auf Daten der Umweltorganisation der Vereinten Nationen (UNEP). Der Lebensraum von mehr als 23 Millionen Menschen in Bangladesch liegt weniger als fünf Meter über dem mittleren Wasserspiegel und ist deshalb
15 besonders vom stürmischen Meer gefährdet. Die jetzige verheerende Flut scheint den Trend zu immer mehr und schwereren Katastrophen zu bestätigen. Bangladesch ist seit Menschengedenken
20 Überflutungen ausgesetzt, das flache Land verdankt ihnen sogar seine Existenz. Sie kommen vom regenreichen Himalaya und vom warmen Golf von Bengalen. Die Wassermassen aus den Bergen brachten früher
25 fruchtbare Sedimente, die bei jedem Hochwasser die Ackerfelder mit neuen Nährstoffen versorgten. Salziges Meerwasser förderte das Wachstum breiter Mangrovenwälder, die letztlich eine Art natürlichen Schutzwall ge-
30 gen ozeanische Fluten bildeten. Eingriffe des Menschen in den Naturhaushalt im Land selbst, aber auch in aller Welt, bringen Bangladesch längerfristig den Untergang, wie Wissenschaftler befürchten. Absenkun-
35 gen des Grundwassers, Kanalisierung und Bedeichung der großen Flüsse sowie wegen des Treibhauseffekts zunehmende Niederschläge

und Stürme und ein langsam ansteigender Meeresspiegel wirken zusammen. Die Wechselwirkungen sind kompliziert, die Auswir-
40 kungen eindeutig. Das Meer erobert das Land und nimmt Abermillionen Menschen ihren Lebensraum. Oberflächige Abholzungen im Himalaya führen zu einem rasanten Abfluss der gewal-
45 tigen Monsunregenfälle. Die Wassermassen tragen die Berge ab, transportieren den fruchtbaren Boden in trüben Fluten zu Tal. Hier treten die Flüsse immer häufiger über die Ufer. Dagegen werden auch mit interna-
50 tionaler Unterstützung hohe Deiche gebaut. Jetzt fehlt das fruchtbare Sediment auf den Äckern, düngt nur noch den Golf von Bengalen. Zur Bewässerung der Felder wird nun das rare Grundwasser gefördert. Fachleute haben
55 festgestellt, dass sich dadurch die Landoberfläche weiträumig absenkt. Im Zusammenhang mit dem vom Menschen verursachten Treibhauseffekt wird neben einem allgemeinen Anstieg des Meeresspiegels
60 um einige Dezimeter pro Jahrhundert auch eine Zunahme der Häufigkeit extremer Wettersituationen diskutiert. In Bangladesch ebenso wie in Ägypten, Gambia, Indonesien, den Malediven, Pakistan, Mosambik, Senegal,
65 Surinam und Thailand hat das tödliche Folgen. Die Fluten fordern nicht nur Menschenleben, sie zerstören auch unwiederbringlich Wohngebiete, Äcker und Industrieregionen. Die genannten Staaten gehören nach der
70 UNEP-Studie zu den „am meisten verwundbaren Ländern der Welt, sind aber an den Ursachen ihres Untergangs am wenigsten beteiligt".

(Hinrich Bäsemann, dpa vom 3.5.1991)

4 Bilden Sie wahlweise Sätze mit kausalen Konjunktionen, Adverbien und Präpositionen.

Warum ist Bangladesch gefährdet?

1. Bangladesch ist gefährdet, weil das Land weniger als fünf Meter über dem mittleren Meeresspiegel liegt.
2. Es gibt einen Trend zu immer mehr und immer schwereren Katastrophen, deshalb ist Bangladesch gefährdet.
3. ...

Die Präpositionen *aus* und *vor*

(1) Die Mutter wird ganz bleich **vor Schreck**.
(2) Sie schlägt ihr Kind **aus Überzeugung** nicht.

Die Präpositionen *aus* und *vor* stehen vor Substantiven, die Gefühle, Eigenschaften oder Einstellungen ausdrücken und bestimmte Reaktionen auslösen. *vor* steht bei unbewussten, unbeabsichtigten Körperreaktionen; *aus* steht bei bewussten, geplanten Handlungen. In Präpositionalangaben mit *aus* und *vor* steht meist kein Artikel.

5 *aus* oder *vor*?

Kindliche Launen

1. Das Kind wirft sich … Zorn auf den Boden. Es läuft … Zorn rot an. Es schlägt … Wut mit der Faust auf den Tisch. … Angst vor der Strafe der Mutter schließt es sich in seinem Zimmer ein. Es heult … Wut. Es zittert … Angst am ganzen Leib. Es geht … Trotz nicht ins Bett.
2. Das Kind ist krank … Eifersucht auf sein kleines Brüderchen. Es quält sein Brüderchen … Eifersucht. Manchmal fängt es … Langeweile Streit an.
3. Das Kind erblasst … Neid auf die Spielsachen seines Freundes. Es hat ihm … Neid schon öfter Spielsachen weggenommen. … Enttäuschung hat der Freund dann einige Tage nicht mit ihm gespielt.
4. … Freude auf seinen Geburtstag kann das Kind kaum noch schlafen.
5. Das Kind macht … Übermut sein Spielzeug kaputt und strahlt dabei … Freude übers ganze Gesicht. Die Mutter hat ihm … Gutmütigkeit gleich ein neues Spielzeug gekauft.
6. Die Mutter kann sich … Zeitmangel nur wenig um ihr Kind kümmern. … Zeitmangel gerät sie oft in Panik. Abends sinkt sie … Erschöpfung in den Sessel und sieht … Gewohnheit fern.
7. … Liebe zu ihrem Kind nimmt sie aber alle Anstrengungen auf sich.

6 Bilden Sie Präpositionalangaben mit der Präposition *aus*.

Manche Politiker beginnen Kriege,
1. weil sie Vorurteile gegenüber anderen Völkern, Religionen oder Ideologien haben.
2. weil sie ehrgeizig und machthungrig sind.
3. weil sie fanatisch sind.
4. weil sie eine Großmacht werden wollen. (*werden wollen* → *-streben*)
5. weil sie die Erfahrung gemacht haben, dass Kriege von innenpolitischen Schwierigkeiten ablenken. (bestimmter Artikel bleibt)
6. weil sie vom Ausgang des letzten Krieges enttäuscht sind. (*von* → *über*)
7. weil sie sich für erlittenes Unrecht rächen wollen. (*wollen* entfällt)
8. weil sie überzeugt sind den begonnenen Krieg zu gewinnen. (+ bestimmter Artikel)
9. weil sie Angst haben, dass der Gegner ihrem Angriff zuvorkommt.
10. weil sie sich mit einem angegriffenen Land solidarisch fühlen. (zusammengesetztes Substantiv)
11. Und so werden, weil es die verschiedensten Gründe gibt, immer wieder Kriege geführt.

III Finalsätze

Nebensätze und Hauptsätze der Absicht/des Zwecks/des Zieles

Fragen: *Wozu? Mit welcher Absicht? Zu welchem Zweck? Mit welchem Ziel?*

Konjunktionen:	damit; um...zu	NS / meist ng.
Adverbien:	dazu; dafür	HS / immer ng.
Präpositionen:	zu D; für A;	
	zwecks G; zum Zwecke G;	
	um G willen	

(1a) Eine private Stiftung hat der Studentin ein Stipendium gewährt, **damit** sie eine Doktorarbeit schreiben kann.
(= ... **weil** sie eine Doktorarbeit schreiben **soll**.)

(1b) Die Studentin ist nach Deutschland gekommen **um** hier zu studieren.
(= ... **weil** sie hier studieren will.)

(2) Die Studentin will studieren; **dazu** ist sie nach Deutschland gekommen.

(3) Die Studentin ist **zum Studieren** nach Deutschland gekommen.

Die Konjunktion *damit* wird bei verschiedenem Subjekt in Haupt- und Nebensatz (1a), die Konjunktion *um ... zu* nur bei gleichem Subjekt in Haupt- und Nebensatz gebraucht (1b). Die Konjunktionen *damit* und *um ... zu* enthalten die Bedeutung von *sollen* und *wollen*, deshalb stehen diese beiden Modalverben nie in Finalsätzen (1a) (1b). Ein Finalsatz mit *damit* entspricht einem Kausalsatz mit *sollen* (1a), ein Finalsatz mit *um ... zu* entspricht einem Kausalsatz mit *wollen* (1b). In Finalsätzen steht häufig das Modalverb *können* (1a).

---

7 Studenten wurden gefragt, welche Ziele sie mit ihrem Studium verfolgen. Geben Sie die Antworten in Kausal- und Finalsätzen wieder. („Ich studiere, ...")

1. Ich möchte weiterkommen als meine Eltern.
2. Mein Berufsleben soll interessanter werden als das meiner Eltern.
3. Mein Leben soll wirtschaftlich gut abgesichert sein.
4. Ich möchte vor dem Einstieg ins Berufsleben noch das Studentenleben genießen.
5. Meine Fähigkeiten sollen gefördert werden.
6. Ich möchte einen Beitrag zu gesellschaftlichen Veränderungen leisten.
7. Ich will später keine untergeordnete Tätigkeit ausüben müssen.
(*müssen* entfällt im Kausalsatz.)
8. Der elterliche Betrieb soll in Familienhand bleiben.

8 Grund oder Absicht? Bilden Sie aus den Antworten der Studenten Kausal- bzw. Finalsätze. („Ich studiere, ...")

1. Für meinen Traumberuf ist ein Studium erforderlich.
2. Ich zögere den Einstieg ins Berufsleben noch etwas hinaus.
3. Akademiker genießen ein hohes gesellschaftliches Ansehen.
4. Ich möchte auf die Übernahme der elterlichen Praxis gut vorbereitet sein.
5. Heutzutage ist eine qualifizierte Ausbildung sehr wichtig.
6. In unserer immer komplizierter werdenden Welt sind Experten gefragt.
7. Ein praktischer Beruf kommt für mich nicht in Frage.
8. Akademiker haben auf dem Arbeitsmarkt bessere Chancen.

9 Antworten Sie mit finalen Nebensätzen.

Multikulturelles in alten Gemäuern

Der Pädagoge Kurt Hahn gründete 1962 in einem alten Schloss in Wales/ Großbritannien das Atlantic College, in dem 350 16- bis 18-jährige Schüler aus aller Welt zusammen leben und lernen.

Mit welcher Absicht gründete Hahn das Atlantic College?
Hahn gründete das College,

1. die Schüler / Erlernen fremder Sprachen / im täglichen Umgang
2. den Schülern / Vermittlung von Fachwissen / in englischer Sprache
3. Erziehung der Schüler zur Selbständigkeit
4. die Schüler / Kennenlernen fremder Kulturen
5. die Schüler / Übung und Erfahrung von Toleranz
6. die Schüler / tägliches Praktizieren von Völkerverständigung
7. Verwirklichung seiner Vorstellung von der ganzheitlichen Bildung junger Menschen
8. Sensibilisierung der Schüler für soziale Probleme
9. die Schüler / Möglichkeiten zum sozialen Engagement
10. die Schüler / Sammeln von Erfahrungen / bei der Betreuung lernschwacher Jugendlicher

10 Bilden Sie wahlweise Sätze mit finalen Konjunktionen, Adverbien und Präpositionen.

Schnelle neue Welt

1. Die Menschen wollen mehr Mobilität. Sie arbeiten an immer schnelleren Fortbewegungsmitteln.
2. Die Menschen wollen Entfernungen schneller überwinden. Sie haben Flugzeuge entwickelt.
3. Sie wollen Nachrichten und Mitteilungen aller Art möglichst schnell verbreiten. Sie haben die verschiedensten Informationssysteme eingerichtet.
4. Sie wollen sich gut und schnell informieren. Sie schießen Nachrichtensatelliten in den Weltraum.
5. Sie wollen schriftliche Mitteilungen schneller an den Empfänger übermitteln. Sie bauen Telefaxgeräte.
6. Sie wollen Denkvorgänge beschleunigen. Sie benutzen Computer.

Bertolt Brecht
Der Zweckdiener

Herr K. stellt die folgenden Fragen:
„Jeden Morgen macht mein Nachbar Musik auf einem Grammophonkasten. Warum macht er Musik? Ich höre, weil er turnt. Warum turnt er? Weil er Kraft benötigt, höre ich. Wozu benötigt er Kraft? Weil er seine Feinde in der Stadt besiegen muss, sagt er. Warum muss er Feinde besiegen? Weil er essen will, höre ich."

Nachdem Herr K. dies gehört hatte, dass sein Nachbar Musik mache, um zu turnen, turne, um kräftig zu sein, kräftig sein wolle, um seine Feinde zu erschlagen, seine Feinde erschlage, um zu essen, stellte er seine Frage: „Warum isst er?"

IV Konzessivsätze

Nebensätze und Hauptsätze des unzureichenden/unwirksamen Gegengrundes

Fragen: *Trotz welchen Grundes? Trotz welcher Umstände?*

Konjunktionen:	obwohl, obgleich; wenngleich; obschon ⎫	NS
	ungeachtet der Tatsache, dass ⎭	
	zwar ..., aber	HS + HS
	wenn ... auch (noch so); auch wenn; selbst wenn	NS / meist vg.
Adverbien:	trotzdem; dennoch; gleichwohl; allerdings	HS / immer ng.
Präpositionen:	trotz G; ungeachtet G	
	bei all D; auch bei D; selbst bei D	

(1a) **Obwohl** die Straßen schon überfüllt sind, nimmt die Zahl der Autos in der BRD weiter zu.

(1b) **Zwar** sind die Straßen schon überfüllt, **aber** es wird (trotzdem) Auto gefahren.

(1c) **Wenn** die Straßen **auch (noch so)** überfüllt sind, die Zahl der Autos nimmt **dennoch** zu.

(1d) **Auch wenn / Selbst wenn** die Straßen **(noch so)** überfüllt sind, es wird weiterhin Auto gefahren.

(1e) Sind die Straßen **auch (noch so)** überfüllt, (so) wird (doch) weiterhin Auto gefahren.

(2) Die Straßen sind schon überfüllt; **trotzdem** fahren wir weiterhin Auto.

(3a) **Trotz überfüllter Straßen** nimmt die Zahl der Autos weiterhin zu.

(3b) **Bei allen Kosten**, die mit dem Unterhalt eines Fahrzeugs verbunden sind, hat das Auto seine Attraktivität nicht verloren.

Mit der Konjunktion *zwar ..., aber* werden zwei Hauptsätze gebildet (1b). *zwar* und *aber* können auch im Satzinneren nach dem finiten Verb stehen.

Nach den Konjunktionen *wenn ... auch / auch wenn / selbst wenn* beginnt der nachfolgende Hauptsatz mit dem Subjekt (1c) (1d). Die Konjunktion *wenn* kann entfallen, dann beginnt der Nebensatz mit dem finiten Verb, im folgenden Hauptsatz steht das finite Verb an erster oder zweiter Stelle (1e).

Nach der Präposition *trotz* können singularische Substantive ohne Artikel im Dativ stehen (*trotz starkem Verkehr*). Bei Substantiven ohne Artikel und ohne adjektivisches Attribut entfällt im Singular meist die Genitivendung *-(e)s* (*trotz Verkehr*). Im Plural steht der Dativ (*trotz Unfällen*). Der Dativ wird auch gebraucht, wenn nach *trotz* zwei Substantive den Genitiv auf *-(e)s* bilden (*trotz dem verkehrsgerechten Verhalten des Radfahrers*).

11 Bilden Sie Sätze mit Adverbien und Konjunktionen.

Frauen werden öfter krank, aber Männer sterben früher

1. Bei Männern ist die Lebenserwartung trotz besserer Gesundheit deutlich niedriger als bei Frauen.
2. Trotz ihrer höheren Widerstandskraft leben Männer nicht so lange wie Frauen.
3. Männer sind trotz ihrer nicht so gesunden Lebensweise (Rauchen, Alkohol, Übergewicht) seltener krank als Frauen.
4. Frauen werden trotz regelmäßigeren Schlafs und gesünderer Ernährung öfter krank als Männer.
5. Trotz engerer zwischenmenschlicher Beziehungen finden sich bei Frauen mehr psychosomatische Symptome und Depressionen als bei Männern.
6. Aber trotz ihrer höheren Anfälligkeit für Krankheiten haben Frauen eine um etwa sieben Jahre höhere Lebenserwartung als Männer.

12 Bilden Sie Sätze mit den angegebenen Konjunktionen, Adverbien und Präpositionen.

Schwierige Verhandlungen

1. Man beriet von morgens bis abends. Die Verhandlungen zogen sich über mehrere Tage hin. (obwohl / trotzdem)
2. Die Kompromissbereitschaft ist groß. Man einigt sich selten in allen Fragen. (selbst wenn / selbst bei)
3. Es wird sehr offen diskutiert. Es kann Missverständnisse geben. (auch wenn / auch bei)
4. Die Gesprächspartner bemühten sich. Nicht alle Meinungsverschiedenheiten konnten ausgeräumt werden. (wenn ... auch noch so / bei all)
5. Einige Teilnehmer wollten die Konferenz früher als vorgesehen beenden. Sie wurde wie geplant zu Ende geführt. (zwar ..., aber)
6. Einige Konferenzteilnehmer reisten vorzeitig ab. Man führte noch Abstimmungen durch. (ungeachtet der Tatsache, dass / ungeachtet)
7. Man einigte sich in den meisten Fragen. Einige Teilnehmer waren mit dem Ergebnis der Konferenz nicht zufrieden. (trotzdem / trotz)
8. Alles war gut vorbereitet. Es gab einige Pannen. (obwohl / trotz)

13 Schreiben Sie den Text um, indem Sie statt der kursiv gesetzten Konjunktionen und Adverbien Präpositionen verwenden und umgekehrt. (Übung zu Kausal-, Final- und Konzessivsatz)

Frauenarbeit in Südostasien

Die Industriestaaten lassen, *um* die Produktionskosten *zu* reduzieren, Mikrochips in Ostasien fertigen. Sie exportieren die Konstruktionsteile *zur* dortigen Verarbeitung. Dann werden die fertigen Chips wieder in die Industriestaaten importiert *um* in Computer und Konsumgüter eingebaut *zu* werden. Die Lohnkosten sind in Ostasien niedrig, *deshalb* lohnt sich der weite Transport.
Trotz der allgemeinen Bewunderung für die Mikrochip-Revolution interessiert sich kaum jemand für den Alltag der in dieser Industrie arbeitenden Menschen. Die Firmen stellen, *da* Frauen lernbereit und geduldig sind, zu 90 Prozent Frauen ein. *Wegen* der für die Arbeit erforderlichen Geschicklichkeit beschäftigen die Firmen vorwiegend Frauen im Alter von 18 bis 25 Jahren. Die Arbeiterinnen setzen sich *zur* Bewältigung der festgesetzten Produktionsmenge selbst unter Druck. Sie wagen, *weil* sie Angst vor dem Verlust ihres Arbeitsplatzes haben, während der Arbeit nicht mal einen Gang zur Toilette. Aber *trotz* der harten Arbeitsbedingungen bemühen sich Hunderttausende junger Frauen um einen Arbeitsplatz in diesem Industriezweig. Viele der Frauen verfügen *dank* eines Arbeitsplatzes zum ersten Mal in ihrem Leben über selbstverdientes Geld. *Um* ihre finanzielle Unabhängigkeit *zu* sichern nehmen sie fast jede ihnen angebotene Stelle an. Viele arbeiten auch *aus* Verantwortungsgefühl gegenüber ihrer Familie.
Es gibt viele Probleme am Arbeitsplatz; *trotzdem* sind nur wenig Frauen gewerkschaftlich organisiert. *Mangels* Arbeitsverträgen können sie jederzeit entlassen werden. Für die Firmen sind *wegen* der großen Konkurrenz in der Chipindustrie leicht kündbare Beschäftigte eine Grundvoraussetzung. *Wenn* (→Bei) die Frauen ihren Arbeitsplatz verlieren, stehen sie vor einer ungewissen Zukunft. Sie müssen sich rechtzeitig um einen neuen Arbeitsplatz bemühen. *Wegen* mangelnder Beschäftigungsmöglichkeiten in ländlichen Gebieten sind Frauen vom Land auf Arbeitsplätze in der Industrie angewiesen. Viele Frauen haben eine abgeschlossene Schulbildung; *trotzdem* haben sie kaum Aufstiegschancen.

(Nach: Gudrun Dalibor: Frauen sind geduldig, allzu geduldig. epd vom 21.1.1984)

V Konsekutivsätze

Nebensätze und Hauptsätze der Folge

Fragen: *Mit welcher Folge? Mit welchem Ergebnis?*

Konjunktionen:	..., so dass; so ..., dass	NS / immer ng.
	ohne dass, ohne ... zu (= so dass ... nicht)	NS / meist ng.
Adverbien:	infolgedessen; folglich; so; also; deshalb;	
	deswegen; daher; darum;	
	aus diesem Grund;	HS / immer ng.
	demnach; somit; demzufolge; mithin	
Präpositionen:	infolge G / infolge von D (Grund)	

(1a) Die Weltbevölkerung wächst, aber nicht die Ressourcen, **so dass** immer mehr Menschen hungern.

(1b) Die Weltbevölkerung wächst **so/derart/ dermaßen** schnell, **dass** immer mehr Menschen hungern.

(1c) Es gibt **ein solches/ein derartiges/ solch ein** Bevölkerungswachstum, **dass** immer mehr Menschen hungern.

(1d) Es gibt ein **so/solch/derart/dermaßen** schnelles Bevölkerungswachstum, **dass** immer mehr Menschen hungern.

(1e) Die Ernte fiel schlecht aus, **ohne dass** es zu einer Hungersnot kam.

(2) Die Weltbevölkerung wächst schnell; **infolgedessen** hungern immer mehr Menschen.

(3) **Infolge des schnellen Bevölkerungswachstums** hungern immer mehr Menschen.

so, derart, dermaßen, solch betonen das Hauptsatz-Geschehen. Sie stehen nie vor einem Komparativ (*Die Bevölkerung wächst so schneller, dass ...*)

Die Konjunktion *ohne dass / ohne ... zu* kann auch modale Bedeutung haben. (Vgl. S. 210f.) *ohne dass* kann auch mit dem Konjunktiv II gebraucht werden. (Vgl. S. 110f.)

Die Präposition *infolge* steht nur bei Substantiven, die ein Geschehen, aber keine Sache oder Person bezeichnen (*infolge des Bevölkerungswachstums; *infolge alter Maschinen; *infolge unfähiger Politiker*).

---

14 Bilden Sie wahlweise Sätze mit konsekutiven Konjunktionen, Adverbien und Präpositionen.

Folgen der Bevölkerungsexplosion
1. rapide Zunahme der Weltbevölkerung → Gefährdung der Versorgung mit Nahrungsmitteln
2. Fortschritte der Medizin → Rückgang der Kindersterblichkeit
3. Nahrungsmangel → Hungertod vieler Menschen
4. Zunahme der Geburtenrate → große Armut
5. gewaltige Ausdehnung der Städte → Entstehung großer Ballungsräume
6. Besiedlung bisher unberührter Gebiete → Zerstörung von Landschaften
7. steigende Nachfrage nach Gütern und Nahrungsmitteln → Wachstum der Industrie
8. zunehmende Industrialisierung → steigender Verbrauch von Energie und Rohstoffen

9. starke Belastung der Umwelt → allmähliche Zerstörung des natürlichen Lebens-raums der Menschen
10. Umweltverschmutzung → immer häufigeres Auftreten umweltbedingter Krankheiten
11. hohe Bevölkerungsdichte → Stressreaktionen der Menschen (→ mit Stress)

15 Sagen Sie es mit Hilfe der in Klammern angegebenen Wörter anders.

Städtewachstum in der Dritten Welt

1. Infolge des schnellen Städtewachstums in den Ländern der Dritten Welt geraten die Metropolen außer Kontrolle. (dermaßen, dass / deswegen)
2. Die ländlichen Lebensbedingungen verschlechtern sich; infolgedessen ziehen immer mehr Menschen vom Land in die Städte. (derart, dass / infolge)
3. Die Landflucht hält an, so dass in den Städten Chaos herrscht. (folglich / infolge)
4. Infolge des Zusammenlebens zu vieler Menschen auf zu engem Raum kommt es zu sozialen Konflikten. (so dass / deshalb)
5. Das Verkehrsaufkommen ist stark; folglich ist die Schadstoffkonzentration in der Luft sehr hoch. (so dass / infolge)
6. Politiker und Städteplaner sind ratlos; deshalb läuft die Entwicklung nach eigenen Gesetzmäßigkeiten ab. (so dass / infolgedessen)
7. Infolge des Tempos und Ausmaßes der Landflucht erscheint fast jede Planung unmöglich. (ein solches ... annehmen, dass)
8. Armut und Wohnungsnot sind so extrem, dass am Rand der Städte riesige Elendsviertel entstehen. (daher / infolge)

VI Konditionalsätze

Nebensätze und Hauptsätze der Bedingung

Fragen: *Unter welcher Bedingung? In welchem Falle?*

Konjunktionen:	wenn; falls	NS / meist vg.
	sofern	NS / meist ng.
	gesetzt den Fall, (dass); im Falle, dass; für den Fall, dass; angenommen, (dass); in der Annahme, dass	NS bzw. HS / meist vg
	vorausgesetzt, (dass); unter der Voraussetzung, dass; unter der Bedingung, dass	NS bzw. HS / meist ng.
	es sei denn, (dass) (= wenn ... nicht)	NS bzw. HS / immer ng.
	außer wenn	NS / immer ng.
Adverbien:	sonst; andernfalls (= wenn ... nicht, dann)	HS / immer ng.
Präpositionen:	bei D; mit D; durch A; unter D im Falle G / im Falle von D; unter der Voraussetzung G; unter der Bedingung G ohne A (= wenn ... nicht)	

(1a) **Wenn** man verschiedene Kulturen vergleicht, zeigt sich, dass dem Menschen aggressives Verhalten angeboren ist.

(1b) **Vergleicht** man verschiedene Kulturen, zeigt sich, dass dem Menschen aggressives Verhalten angeboren ist.

(1c) **Falls** Aggressionen nicht angeboren sind, sind sie gesellschaftlich bedingt.

(1d) Menschen können nicht zusammenleben, **es sei denn, dass** sie ihre Aggressionen beherrschen.

(1e) Menschen können nicht zusammenleben, **es sei denn**, sie beherrschen ihre Aggressionen.

(2) Menschen müssen ihre Aggressionen beherrschen, **sonst** können sie nicht zusammenleben.

(3a) **Beim Vergleich verschiedener Kulturen** zeigt sich, dass dem Menschen aggressives Verhalten angeboren ist.

(3b) Menschen können **ohne die Beherrschung ihrer Aggressionen** nicht zusammenleben.

Die Konjunktion *wenn* kann entfallen; dann steht das finite Verb am Satzanfang (1b). Nebensätze mit *wenn* bzw. ohne *wenn* haben neben konditionaler immer auch temporale Bedeutung (1a) (1b). Nebensätze mit *falls* haben nur konditionale Bedeutung (1c).
Einige konjunktionale Wendungen können mit *dass* (= NS) (1d) und ohne *dass* (= HS) (1e) gebraucht werden.
Der Präposition *ohne* in konditionaler Bedeutung entsprechen die Konjunktionen *wenn ... nicht, außer wenn* und *es sei denn, (dass)*. Die Konjunktion *ohne dass/ohne ... zu* hat konsekutive oder modale Bedeutung. (Vgl. S. 202f. und S. 210f.)

wenn – falls / sofern

(1) **Wenn/Immer wenn** die Patientin Beschwerden hat, geht sie zu ihrem Hausarzt.

(2) Oft ist, **wenn** Medikamente nicht mehr helfen, eine Operation der letzte Ausweg.

(3) **Nur wenn/Erst wenn** die Patientin auf die Therapie anspricht, ist mit einer Besserung zu rechnen.

(4) **Falls (Wenn)** die Therapie erfolglos bleibt, muss die Patientin operiert werden.

(5) Ihr bleibt eine Operation erspart, **sofern (wenn)** sie doch noch auf die Therapie anspricht.

Die Konjunktion *wenn* muss gebraucht werden, wenn ein Bedingungssatz auch temporale Bedeutung hat (1), verallgemeinernde Aussagen enthält (*immer wenn/jedesmal wenn; oft*) (1) (2) oder die Bedeutung „nur wenn"/„erst wenn" hat (3). *immer, nur, erst* können (auch) im vorangestellten Hauptsatz stehen.
Statt *wenn* können die Konjunktionen *falls/sofern* stehen, wenn es nur auf die konditionale Bedeutung ankommt (4), wenn es um Einzelfälle geht (4) (5) oder wenn die Erfüllung der Bedingung bezweifelt wird bzw. wie ein Zufall erscheint (5).

16 *wenn* oder *falls*? Setzen Sie, wenn möglich, *falls* ein.

Ein Krankenhausaufenthalt
1. Kranke werden immer dann an Fachärzte überwiesen, ... der Hausarzt es für notwendig hält.
2. Fachärzte überweisen Patienten nur dann ins Krankenhaus, ... diese ihre Zustimmung geben.

3. Manche Patienten stimmen erst zu, ... der Arzt wirklich keine andere
   Möglichkeit sieht.
4. Sie sehen ein, dass sie am besten überwacht und betreut werden können, ...
   sie im Krankenhaus liegen.
5. Gestern wurde Frau Dietz ins Krankenhaus eingeliefert. ... die verabreichten
   Medikamente anschlagen, dürften die Schmerzen bald nachlassen.
6. ... das Fieber in den nächsten Tagen zurückgeht, darf sie aufstehen.
7. Jedesmal, ... der Arzt zur Visite kommt, fragt sie ihn nach ihrer Entlassung.
8. Er will sie aber erst dann entlassen, ... kein Rückfall mehr zu erwarten ist.
9. Immer ... Komplikationen auftreten, wird ein weiterer Arzt hinzugezogen.
10. Das wird man auch tun, ... dieser Fall bei ihr eintritt.
11. ... etwas schief geht, haften beide Ärzte.
12. ... Frau Dietz nicht so schnell entlassen wird, wird ihr Mann Urlaub nehmen.
13. Die Kinder sollen, ... sie von der Schule heimkommen, keine leere Wohnung
    vorfinden.
14. Frau Dietz weiss aus Erfahrung, dass die Kinder gut versorgt sind, ... sie von
    ihrem Mann betreut werden.
15. Und ... sie doch überraschend schnell entlassen wird, erübrigen sich diese Pläne.

17 Formen Sie die Präpositionalangaben in Sätze mit *wenn* um. („Aggressives Verhalten tritt bei Affen
und Menschen bevorzugt auf, wenn ...")

Vergleichende Untersuchungen zeigten schließlich, dass aggressives Verhalten
bei Affen und Menschen gleicherweise bevorzugt in folgenden Situationen
auftritt:
a. Bei Konkurrenz um Nahrung
b. Bei Verteidigung eines Jungen
c. Beim Kampf um die Vormachtstellung zwischen zwei etwa Gleichrangigen
d. Bei Weitergeben erlittener Aggressionen an Rangniedere
e. Bei Wahrnehmung eines sich abweichend verhaltenden Gruppenmitgliedes
f. Beim Wechsel im Ranggefüge
g. Bei der Paarbildung
h. Beim Eindringen eines Fremden in die Gruppe
i. Beim Rauben von Gegenständen, typisch für das Kleinkind

(Aus: Irenäus Eibl-Eibesfeldt: Der vorprogrammierte Mensch)

---

es sei denn, (dass) / außer wenn
(= wenn ... nicht)

(1) Aggressionen können zerstörerisch wirken, **wenn** man sie **nicht** bekämpft.

(1a) Aggressionen können zerstörerisch wirken, **es sei denn, dass** man sie
bekämpft.

(1b) Aggressionen können zerstörerisch wirken, **es sei denn**, man bekämpft sie.

(1c) Aggressionen können zerstörerisch wirken, **außer wenn** man sie bekämpft.

Wenn die im *es sei denn, (dass)*-Satz bzw. im
außer wenn-Satz genannte Bedingung nicht erfüllt wird, tritt der im vorangehenden Satz be-
zeichnete Sachverhalt ein.

18 *wenn* oder *es sei denn, dass*?

Konfliktvermeidung

1. Aggressionen sind schwerer zu bekämpfen, … sie angeboren sind.
2. Eine friedliche Welt kann nur geschaffen werden, … alle Völker es wollen.
3. Aber es wird auch in Zukunft Kriege geben, … die Menschen sich ändern.
4. Es würde friedlicher in der Welt zugehen, … man die Nutzlosigkeit militärischer Auseinandersetzungen einsehen würde.
5. Die Nationen rüsten weiterhin auf, … sie sich darauf einigen, ihre Konflikte friedlich zu lösen.
6. Das Wettrüsten hört nicht auf, … die Politiker zu der Einsicht kommen, dass heutzutage ein Krieg allgemeine Vernichtung bedeuten kann.
7. Spannungen werden nicht abgebaut, … die Politiker ehrlicher miteinander umgehen.

19 *wenn* oder *es sei denn, dass*?

Kampf gegen Drogen und Mafia

1. Das weltweite Drogenproblem wird sich verschärfen, … alle Länder im Kampf gegen Drogen und gegen die Mafia zusammenarbeiten.
2. Das Drogenproblem ist eingrenzbar, … es weltweit energisch bekämpft wird.
3. Kein Land wird von der Drogenwelle verschont bleiben, … es der internationalen Drogenmafia gelingt, überall Absatzorganisationen aufzubauen.
4. Es wäre schon ein Erfolg, … der Rauschgifthandel wenigstens teilweise unter Kontrolle gebracht werden könnte.
5. Das Drogenproblem kann nicht aus der Welt geschafft werden, … die Polizei unnachgiebig nach den Tätern fahndet.
6. Die Zahl der Rauschgiftdelikte wird weiter zunehmen, … immer mehr Rauschgift beschlagnahmt werden kann.
7. Bauern werden weiterhin Pflanzen für den Drogenkonsum anbauen, … sie mit dem Anbau z. B. von Getreide mehr Geld verdienen können.
8. So wird z. B. im sogenannten Goldenen Dreieck Südostasiens das Drogenproblem seine gefährliche Aktualität nicht verlieren, … der Mohnanbau aufgegeben wird.
9. Man kann den Drogenhändlern auf die Spur kommen, … das Bankgeheimnis wenigstens teilweise außer Kraft gesetzt wird, … also die Banken bei regelmäßigen Geldüberweisungen ab einer bestimmten Höhe die Behörden informieren.
10. Das Drogenproblem wird sich auch in der Bundesrepublik bedrohlich ausweiten, … der von der Bundesregierung beschlossene Rauschgiftbekämpfungsplan schnell in die Tat umgesetzt wird.
11. Die Nachfrage nach Drogen wird nicht abnehmen, … Aufklärungskampagnen Erfolg haben.
12. Es würde weniger Drogentote geben, … den Drogenabhängigen mehr Hilfen und Therapien angeboten würden.

sonst/andernfalls (= wenn ... nicht, dann)

(1a) Wenn Babys keine Liebe erfahren, lernen sie nicht, was Liebe ist.
Babys **müssen** Liebe erfahren, **sonst/andernfalls** lernen sie nicht, was Liebe ist.

(1b) Wenn Babys vernachlässigt werden, verkümmern sie seelisch.
Babys **dürfen** nicht vernachlässigt werden, **sonst** verkümmern sie seelisch.

(1c) Wenn besorgte Mütter ihre Kinder aus den Augen lassen, haben sie Angst, dass ihnen etwas zustößt.
Besorgte Mütter lassen ihre Kinder nicht aus den Augen, **sonst** haben sie Angst, dass ihnen etwas zustößt.

(2a) **Ohne die Erfahrung von Liebe** lernen Babys nicht, was Liebe ist.

(2b) **Bei Vernachlässigung** verkümmern Babys seelisch.

Wenn die Bedingung, die im Hauptsatz vor *sonst/andernfalls* genannt wird, nicht erfüllt wird, tritt die im Hauptsatz mit *sonst/andernfalls* angeführte Folge ein. Im Satz vor *sonst/andernfalls* steht häufig ein Modalverb. Sätze mit *sonst/andernfalls* werden auch mit dem Konjunktiv II gebildet. (Vgl. S. 105)

20 Bilden Sie Sätze mit *sonst/andernfalls* und *bei* bzw. *ohne*.

Streicheln macht stark

1. Wenn Babys keine Bezugsperson haben, gewinnen sie kein Vertrauen.
2. Wenn Babys keine Zuwendung bekommen, bleiben sie in ihrem körperlichen Wachstum zurück.
3. Wenn das Kontaktbedürfnis von Babys nicht befriedigt wird, fühlen sie sich nicht angenommen.
4. Wenn Babys isoliert werden, muss mit Entwicklungsstörungen gerechnet werden.
5. Wenn Babys keinen körperlichen Kontakt haben, wird ihr Nervensystem nicht ausreichend aktiviert.
6. Wenn Babys sich nicht geborgen fühlen, entwickeln sie ihre mentalen und motorischen Fähigkeiten nicht altersgemäß.

(Nach: Streicheln macht stark. GEO 4/1988)

21 Bilden Sie jetzt Konditionalsätze mit *sonst/andernfalls* zum Thema „Eltern – erwachsene Kinder" oder „Erwachsene - Jugendliche".
1. ...

22 Schreiben Sie den Text neu, indem Sie statt der kursiv gesetzten Konjunktionen und Adverbien Präpositionen verwenden und umgekehrt.

Soziale Rangordnung

Beim Zusammenleben aggressiver höherer Wirbeltiere in Verbänden entwickelt sich regelmäßig eine soziale Rangordnung. *Wenn* z.B. eine Hühnerschar neu zusammengesetzt wird, raufen die Hennen reihum; ihr weiteres Verhalten richtet sich nach Sieg oder Niederlage. Die Sieger haben am Futter- und am Schlafplatz Vortritt vor den besiegten Hüh-

nern und übernehmen *bei* drohender Gefahr
10 eine Reihe von Aufgaben wie die Verteidigung der Küken, die Anführung der Gruppe
und die Suche nach Auswegen. Die besiegten
Hühner dürfen nicht gegen die erkämpfte
Rangordnung verstoßen, *sonst* werden sie ge-
15 hackt. *Ohne* eine allgemeine Respektierung
der Rangordnung geht es in einer Hühnerschar nicht friedlich zu. Die Herausbildung
einer Rangordnung ist für das Zusammenleben wichtig, weil es *bei* Gleichrangigkeit der
20 Tiere ständig Reibereien gäbe. Die Rangordnung hat aber nur *bei* einem seinem Rang
entsprechenden Verhalten jedes Tieres Bestand.
Wenn man verschiedene Kulturen vergleicht,
25 sieht man, dass Rang und Prestige in irgend-

einer Form auch beim Menschen fast immer
eine große Rolle spielen. *Bei* Gruppenbildung
wird meist sehr schnell ein Anführer gesucht.
Schon Kinder halten, *wenn* sie spielen, eine
bestimmte Rangordnung ein. Man kann, 30
wenn die Rangordnung so weit verbreitet ist,
von einer angeborenen Disposition dazu ausgehen, allerdings nicht bei allen Wirbeltie-
ren. Das zeigt sich *bei* der Aufzucht einzelgän-
gerischer Säugetiere. *Wenn* man z.B. Dachse 35
oder Eisbären zu erziehen versucht, wird man
schnell feststellen, dass sie sich dem Menschen nicht unterordnen, weil sie keine
Rangordnung kennen.

(Nach: Irenäus Eibl-Eibesfeldt:
Der vorprogrammierte Mensch)

VII Modalsätze

Nebensätze und Hauptsätze der Art und Weise und des Mittels

Fragen: *Auf welche Weise? Wie? Wodurch? Womit?*

Modalsatz (1)

Konjunktionen:	indem; dadurch, dass	}	NS / meist ng.
Adverbien:	dadurch; damit; dabei; so; auf diese Weise		HS / immer ng.
Präpositionen:	durch A; mit D; unter D		
	nur instrumental: mittels G; mit Hilfe G / mit Hilfe von D;		
	unter Zuhilfenahme G / unter Zuhilfenahme von D		

(1a) Der menschliche Körper wird mit Energie versorgt, **indem** er Nahrung aufnimmt.

(1b) Der menschliche Körper kann **(nur) dadurch** mit Energie versorgt werden, **dass**
er Nahrung aufnimmt.

(1c) **Dadurch, dass** der menschliche Körper
Nahrung aufnimmt, wird er mit Energie
versorgt.

(2) Der menschliche Körper nimmt Nahrung auf; **dadurch** wird er mit Energie
versorgt.

(3a) **Durch die Aufnahme von Nahrung**
wird der menschliche Körper mit Energie versorgt.

(3b) Die Landwirtschaft konnte **mit Hilfe
von Maschinen** rationalisiert werden.

In der zusammengesetzten Konjunktion *dadurch, dass* gehört *dadurch* zum Hauptsatz; *dadurch* weist auf den Nebensatz hin (1b) (1c).
Die Partikeln *nur, bloß, allein, vor allem* u. a. dienen der Hervorhebung (1b).
Bei Substantiven ohne Artikel und ohne adjektivisches Attribut entfällt bei der Präposition *mittels* im Singular die Genitivendung *-(e)s* (*mittels
Draht*). Im Plural steht der Dativ (*mittels Dräh-
ten*). Der Dativ wird auch gebraucht, wenn
nach *mittels* zwei Substantive den Genitiv auf
-(e)s bilden (*mittels Mutters neuem Staubsau-
ger*).

23 Bilden Sie Sätze mit den angegebenen Konjunktionen und Präpositionen.

Vom Hunger zum Überfluss

1. Auf welche Weise gelang es in Europa, den Hunger zu bekämpfen? (Steigerung der landwirtschaftlichen Produktion / dadurch, dass)
2. Wodurch konnte die Ernährung der Bevölkerung im Industriezeitalter sichergestellt werden? (Vergrößerung der landwirtschaftlichen Anbaufläche / indem)
3. Wodurch verbesserte die moderne Landwirtschaft ihre Ergebnisse? (Maschinen und Kunstdünger / mit Hilfe)
4. Auf welche Weise wurde der Transport von Lebensmitteln erleichtert? (Entwicklung neuer Verkehrsmittel und Ausbau von Verkehrswegen / dadurch, dass)
5. Wie hat man die Abhängigkeit der Menschen von den Erntezeiten im Laufe der Jahrhunderte zu lösen versucht? (Haltbarmachung von Lebensmitteln / indem)
6. Wie hat man Lebensmittel in früheren Zeiten konserviert? (Kochen, Räuchern, Trocknen / indem)
7. Wodurch wurde die Abhängigkeit der Menschen von guten und schlechten Ernten fast ganz überwunden? (Verbesserung der alten und Entwicklung neuer Konservierungsmethoden / durch)
8. Auf welche Weise wurden die alten Konservierungsmethoden ergänzt? (Erhitzung der Lebensmittel unter Luftabschluss oder Einfrieren / indem)
9. Wie kann der heutige Konsument vor Giftstoffen in der Nahrung geschützt werden? (regelmäßige Lebensmittelkontrollen und Verbot schädlicher Zusatzstoffe / dadurch, dass)

24 Formen Sie die Modalangaben in Nebensätze mit *dadurch, dass* um.

Möglichkeiten der Hypnose

Man kann einen Menschen durch Hypnose beeinflussen. Man kann die Wahrnehmung eines bestimmten Ausschnitts der Außenwelt durch die Herbeiführung eines hypnotischen Zustands verbessern. Diesen Hypnosezustand kann man durch die Konzentration auf einen ganz bestimmten Bereich und durch die Ausschaltung aller anderen wahrnehmbaren Reize erreichen. Der Zustand der Hypnose ist mit jenen menschlichen Mechanismen vergleichbar, mit denen sich Körper und Geist durch Ausgrenzung bestimmter Umstände vor drohenden Überforderungen schützen. Durch das Wirksamwerden eines solchen Mechanismus kann in der Hypnose das Gefühl für Schmerzen verringert werden. So kann man z.B. teilgelähmte Patienten durch die hypnotische Linderung ihrer Schmerzen zum Verlassen ihres Rollstuhls bewegen.

25 Schreiben Sie den Text um, indem Sie die Sätze mit den kursiv gesetzten Präpositionen verändern.

Das Grüßen auf Distanz

Begegnen Menschen einander ohne feindliche Absicht, dann begrüßen sie sich bereits über größere Entfernungen. Die Grußdistanz wechselt. Im offenen Gelände grüßt man über größere Distanzen als etwa im Bereich einer Siedlung. Über große Entfernungen grüßt man *durch* Gesten, wie etwa *durch* das Heben der offenen Hand, Lüften des Hutes oder das Zeigen eines Friedenszeichens (Blattwedel oder dergleichen). Einige Gesten, wie das Handheben, sind weit verbreitet. Oft meldet man seine Annäherung über große Distanzen *durch* Ausrufen an. Auf meinen Fußmärschen durch das noch recht wilde Ge-

15 biet der Kukukuku, Biami, Daribi und Woi-
tapmins meldeten meine Träger unsere Ankunft *durch* laute Rufe von den Berghängen
über einige Kilometer. Als einmal dieses Aus-
singen unserer Ankunft versäumt wurde, war
20 der Empfang in dem betreffenden Dorfe ausgesprochen unfreundlich. In solchen und
ähnlichen Fällen grüßt der Ankommende zuerst, so seine friedliche Absicht verkündend.
Das Anmelden der Ankunft von weitem
25 gehört auch bei anderen Völkern zum guten
Ton. DORNAN (1925) beschreibt, dass die
Buschleute der Kalahari ihr Anliegen schon
von weitem ausrufen. Er erwähnt die gleiche
Sitte von den Nambiquara Brasiliens und von
30 den alten Sachsen, die ein Gesetz hatten,
nach dem ein Mann, der ohne zu rufen oder
das Horn zu blasen, sich einer fremden Gruppe näherte, getötet werden konnte. Nach
SPENCER und GILLEN (1904) unterrichtet
35 bei den nordaustralischen Stämmen ein Be-

sucher die Gruppe, der er sich nähert, *durch*
eine Reihe von Rauchfeuern.
Ist man nahe genug an seinen Grußpartner
herangekommen, so dass dieser mimische
Äußerungen lesen kann, dann grüßt man 40
auch *mit* Kopf- und Gesichtsbewegungen.
Neben verschiedenen kulturellen Mustern
gibt es ein offenbar weltweit verbreitetes
Grundmuster. Selbst jene Papuas, die kaum
Kontakt mit Europäern gehabt hatten, grüß- 45
ten *durch* Zunicken, Lächeln und ein schnelles Anheben und Senken der Augenbrauen,
genau wie wir. Bei einer anderen, eher „her-
ablassenden" Form des Grüßens werden die
Augenlider für kurze Zeit über das Auge her- 50
abgezogen. Auch dabei nickt man und
lächelt ein wenig, aber das Anheben der Augenbrauen unterbleibt.

(Irenäus Eibl-Eibesfeldt:
Der vorprogrammierte Mensch)

Modalsatz (2)

Konjunktion:	ohne dass; ohne … zu (= negierend)	NS / meist ng.
Präposition:	ohne A (= negierend)	
	nur instrumental: ohne Zuhilfenahme G/von D	

(1a) Manche Menschen fühlen sich an ihrem
Arbeitsplatz überlastet, **ohne dass** es
einen ersichtlichen Grund dafür gibt.
(= Es gibt **keinen** ersichtlichen Grund
dafür.)
(1b) Andere machen Überstunden **ohne**
dazu gezwungen **zu** sein.
(= Sie sind **nicht** dazu gezwungen.)
(2) Manche Menschen fühlen sich **ohne
ersichtlichen Grund** an ihrem Arbeitsplatz überlastet.

Modalsätze mit der Konjunktion *ohne dass/ohne
… zu* haben negierende Bedeutung: Sie geben
an, dass der Hauptsatz nicht von einem erwar-
teten Nebensatz-Geschehen begleitet wird (1a)
(1b). Bei gleichem Subjekt in Haupt- und Nebensatz können Infinitivsätze gebildet werden
(1b).
Die Konjunktion *ohne dass/ohne … zu* kann
auch konsekutive Bedeutung haben (vgl.
S. 202). *ohne dass* kann auch mit dem Konjunktiv II gebraucht werden (vgl. S.110f.).

26 Bilden Sie Sätze mit der Konjunktion *ohne … zu*.

Weniger Arbeit, mehr Freizeit?

1. Viele Menschen haben heutzutage viel Freizeit, aber sie können nichts damit
anfangen.
2. Viele Menschen verdienen genügend Geld, aber sie genießen ihren
Wohlstand nicht.
3. Viele wollen in einer leitenden Stellung arbeiten, aber sie wollen keine
Verantwortung übernehmen.

4. Viele wünschen sich mehr Urlaub, aber sie erholen sich an den arbeitsfreien Tagen nicht.
5. Viele sehnen sich nach einem zwanglosen, arbeitsfreien Leben, aber sie können diese Freiheit nicht ertragen.
6. Viele verwünschen ihren vollen Terminkalender, aber sie tun nichts gegen die Überlastung.
7. Viele fordern mehr Freizeit, aber sie akzeptieren keine Lohnkürzungen.
8. Viele sind mit ihrem Arbeitsplatz unzufrieden, aber sie bemühen sich nicht um eine passendere Stelle.

Modalsatz (3)

Konjunktion:	(an)statt dass; (an)statt … zu (= negierend)	NS / meist vg.
Adverb:	stattdessen	HS / immer ng.
Präpositionen:	(an)statt G;	
	an Stelle/anstelle G; an Stelle/anstelle von D (= negierend)	

(1a) **Statt dass** sich beim Glücksspiel der Traum vom Glück erfüllt, führt Spielen oft in den finanziellen Ruin.
(= Beim Glücksspiel erfüllt sich der Traum vom Glück **nicht**.)

(1b) **Anstatt** Kontakte zu ihren Mitmenschen **zu** knüpfen suchen Spieler Spielhallen auf.
(= Spieler knüpfen **keine** Kontakte zu ihren Mitmenschen.)

(1c) **Anstatt** Spielhallen aufzusuchen sollten sie Kontakte zu ihren Mitmenschen suchen.
(= Sie sollten **keine** Spielhallen aufsuchen, sondern…)

(2) Beim Glücksspiel erfüllt sich der Traum vom Glück nicht, **stattdessen** führt Spielen oft in den finanziellen Ruin.

(3) **Statt Freunden** sucht ein Spieler Spielhallen auf.

Modalsätze mit der Konjunktion *(an)statt dass/ (an)statt … zu* haben negierende Bedeutung: Sie bieten zu dem Vorgang des Hauptsatzes, der als unpassend oder falsch empfunden wird, eine Alternative (1a) (1b). Bei gleichem Subjekt in Haupt- und Nebensatz können Infinitivsätze gebildet werden (1b).

Die Konjunktion *(an)statt dass* wird mit dem Konjunktiv II gebraucht, wenn Erstaunen oder Verwunderung ausgedrückt werden sollen: *Anstatt dass der Spieler Kontakte zu seinen Mitmenschen geknüpft hätte, ging er jeden Abend in die Spielhalle.*

Man kann Sätze mit *(an)statt* auch als Empfehlung formulieren, dann steht *(an)statt* bei dem als unpassend oder falsch empfundenen Vorgang. In solchen Sätzen hat nicht der Nebensatz, sondern der Hauptsatz negierende Bedeutung (1c).

Das Verb bezieht sich oft auch auf die Präpositionalangabe ((3): *Spielhallen aufsuchen / Freunde aufsuchen*).

Nach der Präposition *(an)statt* stehen pluralische Substantive ohne Artikel und ohne adjektivisches Attribut im Dativ (*(an)statt Arbeitstagen*). Der Dativ wird auch gebraucht, wenn nach *(an)statt* zwei Substantive den Genitiv auf *-(e)s* bilden (*(an)statt dem Terminkalender meines Chefs*).

27 Bilden Sie wahlweise Sätze mit der Konjunktion *anstatt … zu* und dem Adverb *stattdessen*.

Untersuchungen zum Glücksspiel an Automaten

1. Der Spieler setzt sich mit seinen Mitmenschen nicht offen auseinander. Er benutzt den Spielautomaten als Kampfplatz für gefahrlose Auseinandersetzungen.
2. Der Spieler geht nicht auf andere Menschen zu. Er zieht sich in Spielhallen zurück.
3. Der Spieler trägt Konflikte nicht verbal aus. Er reagiert sie am Spielautomaten ab.
4. Der Spieler interessiert sich nicht für Menschen. Er denkt nur an Spielautomaten.
5. Der Spieler setzt sich mit seinem eigenen Verhalten nicht selbstkritisch auseinander. Er verdrängt seine Probleme beim Glücksspiel.
6. Der echte Spieler bekämpft seine Spielsucht nicht. Er versucht seine Leidenschaft zu rechtfertigen.
7. Der Spieler sucht Erfolgserlebnisse nicht im Beruf. Er erhofft sie sich vom Glücksspiel.
8. Der Spieler zeigt seine Geschicklichkeit nicht als Hobbybastler, Handwerker oder Künstler. Er funktioniert das Automatenspiel zum Geschicklichkeitsspiel um.
9. Der Spieler scheut den hohen Geldeinsatz nicht. Er investiert immer höhere Summen.
10. Der Spieler zieht keine Konsequenzen aus dem Verlustgeschäft. Er träumt von großen Gewinnen.

Modalsatz (4)

1. Komparativsätze

Konjunktionen:	wie	NS / meist ng.
	als	NS / immer ng.

(1a) Das Rauchen beeinträchtigt den Geruchssinn **so/genauso/ebenso** (stark), **wie** es auch den Geschmackssinn beeinflusst.

(1b) Im Allgemeinen riechen wir **nicht so gut, wie** wir glauben.

(1c) Hunde haben einen **besseren** Geruchssinn, **als** sich Menschen vorstellen können.

(1d) Unser Geruchssinn ist in Wirklichkeit oft **anders, als** wir ihn einschätzen.

(2) Tiere haben oft einen besseren Geruchssinn **als** Menschen.
(= Tiere haben oft einen besseren Geruchssinn, **als** ihn Menschen haben.)

Komparativsätze werden bei Gleichheit und bei verneinter Gleichheit mit *wie* eingeleitet (1a) (1b), bei Ungleichheit und nach *anders* mit *als* (1c) (1d).
Wenn das Verb in Haupt- und Nebensatz identisch ist, wird der Nebensatz meist verkürzt mit *wie/als* wiedergegeben (2).
(Zu irrealen Komparativsätzen vgl. S. 106ff.)

28 *wie* oder *als*?

Wie gut ist unser Geruchssinn? Ergebnisse eines Geruchstests

1. Nur wenige Menschen haben einen so guten Geruchssinn, ... sie vermuten.
2. Gerüche lassen uns weniger gleichgültig, ... wir annehmen.
3. Im Gegenteil: Sie beeinflussen uns mehr, ... wir denken.
4. Ein gut funktionierender Geruchssinn ist für unser Wohlbefinden wichtiger, ... wir generell meinen.
5. Gerüche lassen sich schlechter beschreiben, ... man denkt. (Probieren Sie es mal aus und versuchen Sie den Duft des Waldes nach Regen zu beschreiben!)
6. Manche Menschen haben keine so gute Nase, ... sie glauben.
7. Manche Gerüche dagegen nimmt unsere Nase besser wahr, ... wir wünschen.
8. Wir schätzen unseren Geruchssinn oft anders ein, ... er in Wirklichkeit ist.
9. Den Geruch von Bananen können ältere Menschen nicht so gut wahrnehmen, ... sie glauben.
10. Dagegen können sie den Duft von Rosen besser wahrnehmen, ... sie vermuten.

2. Wiedergabe von Mitteilungen

Konjunktion: wie   NS / meist vg.
Präpositionen: nach D; entsprechend D; laut G/D; gemäß D; zufolge (vorangestellt G / nachgestellt D)

(1) **Nach Meinung der Schlafforscher** gehört Schlaf zu den biorhythmischen Vorgängen im Organismus.
(= **Wie** Schlafforscher meinen, gehört Schlaf zu den biorhythmischen Vorgängen im Organismus.)
(2) **Neueren Schlaftheorien zufolge** wird der Schlaf-Wach-Rhythmus u.a. durch neurochemische Substanzen gesteuert.
(= **Wie** neuere Schlaftheorien besagen, wird der Schlaf-Wach-Rhythmus u.a. durch neurochemische Substanzen gesteuert.)

Die Konjunktion *wie* leitet auch Nebensätze ein, die die Informationsquelle für das Hauptsatz-Geschehen angeben. Statt dieser Nebensätze mit *wie* werden aber meist Präpositionalangaben gebraucht. Die Präpositionen *nach* (meist ohne Artikel) und *entsprechend* können dem Substantiv voran- oder nachgestellt werden (*nach Meinung, seiner Meinung nach; entsprechend seinem Vorschlag, seinem Vorschlag entsprechend*); *gemäß* und *zufolge* werden meist nachgestellt (*seinen Erwartungen gemäß; neueren Theorien zufolge*); *laut* (meist ohne Artikel) steht vor dem Substantiv meist ohne Genitiv-(e)s (*laut Wetterbericht*) oder im Dativ (*laut gestrigem Wetterbericht, laut Presseberichten*). *laut* wird nur mit Substantiven verbunden, die etwas Geschriebenes oder Gesprochenes bezeichnen (*laut Statistik; *laut Meinung der Schlafforscher*). *laut* kann auch kausale Bedeutung haben.
Die Wendungen *nach Ansicht von / nach Auffassung von* entsprechen *dass*-Sätzen (*Jemand vertritt die Ansicht / die Auffassung, dass ...*)

29 Erklären Sie die Präpositionalangaben durch Nebensätze mit *wie*.

Lob des Mittagsschlafs

Nach Meinung amerikanischer Schlafforscher ist die Müdigkeit am Nachmittag ein Teil unseres natürlichen Bio-Rhythmus. Wenn man Versuche in zeitlich völlig abgeschirmten
5 Schlaflabors durchführt, legen sich nach Mitteilung der Forscher die Versuchspersonen von sich aus zweimal täglich ins Bett. Den Beobachtungen der Schlafexperten zufolge schlafen sie mehrere Stunden und haben
10 zwölf Stunden nach der Mitte des Schlafs eine zweite Phase, in der sie eine oder zwei Stunden schlummern. Nach Ansicht der Forscher widersprechen die Arbeitszeiten am frühen Nachmittag dem natürlichen Ruhebedürfnis. Untersuchungen der Schlafforscher 15 zufolge fällt die Leistungsfähigkeit am Nachmittag stark ab. Den Erwartungen der Forscher entsprechend ist die Zahl der Autounfälle in den Nachmittagsstunden besonders hoch. Aber ein Mittagsschläfchen von einer 20 Viertelstunde reicht laut Expertenaussagen nicht aus. Dem Rat der Schlafforscher zufolge sind 30 Minuten das Minimum.

(Nach: Lob des Mittagsschlafs.
Psychologie heute 2/1990)

Modalsatz (5)

Konjunktion: je ... desto/um so   NS mit *je* meist vg.
Präpositionen: bei D; mit D; durch A; unter D

(1) **Je größer** der Wohlstand eines Landes ist, ...
(= Der Wohlstand eines Landes ist groß.)

(a) **desto/um so höher** ist die Lebenserwartung.
(= Die Lebenserwartung ist hoch.)

(b) **desto mehr** geht die Kindersterblichkeit **zurück**.
(= Die Kindersterblichkeit geht zurück.)

(c) **desto niedrigere Geburtenraten** sind zu beobachten.
(= Niedrige Geburtenraten sind zu beobachten.)

(d) **mit desto größerer Wahrscheinlichkeit** sinkt die Kindersterblichkeit.
(= Die Kindersterblichkeit sinkt mit großer Wahrscheinlichkeit.)

(e) **eine desto geringere Rolle** spielt die Familie.
(= Die Familie spielt eine geringe Rolle.)

(f) **mit einer desto höheren Lebenserwartung** ist zu rechnen.
(= Mit einer hohen Lebenserwartung ist zu rechnen.)

(g) **desto mehr Benachteiligungen** haben kinderreiche Familien.
(= Kinderreiche Familien haben Benachteiligungen.)

je + Komparativ und *desto/um so + Komparativ* bilden feste Verbindungen und werden nie getrennt. *je* leitet einen Nebensatz mit Endstellung des Verbs ein, *desto/um so* leitet einen Hauptsatz ein. In diesen Sätzen werden zwei Aussagen verglichen, wobei eine Änderung der Aussage des Nebensatzes eine Änderung der Aussage des Hauptsatzes zur Folge hat.
Wenn kein Komparativ gebildet werden kann, steht *mehr* als endungsloser Komparativ vor Verben (1b) und Substantiven (1g) (1h), manchmal passen Komparative wie *besser, eher, leichter, stärker* (*gelingen → desto eher/leichter gelingen*). *weniger* steht als endungsloser Komparativ bei (eingeschränkter) Negation von Verben und Substantiven (*keine/kaum Nachteile → desto weniger Nachteile*).
Der unbestimmte Artikel steht vor *desto/um so* (1e); Präpositionen stehen vor *desto/um so* (1d) (1h) und vor dem unbestimmten Artikel (1f). Wird der Hauptsatz vorangestellt, wird meist *um so* gebraucht: Die Lebenserwartung ist **um so höher, je größer** der Reichtum eines Landes ist. Vorangestellte Hauptsätze können auch mit *immer + Komparativ* gebildet werden:
Die Kindersterblichkeit geht **immer weiter** zurück, **je größer** der Wohlstand eines Landes ist.

(h) **mit desto mehr Benachteiligungen** haben kinderreiche Familien zu rechnen.
(= Kinderreiche Familien haben mit Benachteiligungen zu rechnen.)

(2) **Bei einem höheren Lebensstandard**
geht die Kindersterblichkeit immer
mehr zurück.

Proportionalsätze mit *desto/um so/immer* haben
auch konditionale Bedeutung.

30 Bilden Sie Proportionalsätze mit *je ... desto/um so.*

Das Ich im Test
1. Die Testpersonen schnitten in einem Test schlecht ab. Der Test wurde
energisch abgelehnt.
2. Der eigene Intelligenzquotient war beim IQ-Test niedrig. Begierig wurde nach
noch schlechteren IQ-Ergebnissen gefragt.
3. Die Testergebnisse schmälerten das eigene Selbstwertgefühl. Die Eigenschaften
anderer Personen wurden gering bewertet.
4. Die Testergebnisse waren unerfreulich. Häufig wurde die Schuld für die
Misserfolge äußeren Umständen gegeben.
5. Die Testpersonen konnten sich mit dem Testergebnis nicht identifizieren. Sie
zweifelten an der Aussagekraft von Tests.
6. Die Testergebnisse schmeichelten den getesteten Personen. Das Vertrauen in
die Tests war groß.
7. Die Testpersonen schnitten erfolgreich ab. Sie fühlten ihre eigenen Fähigkeiten
durch den Test bestätigt.

(Nach: Psychologie heute 9/1986)

31 Bilden Sie Proportionalsätze mit *je ... desto*. Benutzen Sie außer *mehr* Komparative wie *besser,
eher, leichter.*

Frauen in der Dritten Welt
Frauen sind gut ausgebildet.
1. Sie können ihr Leben verändern.
2. Sie nehmen Benachteiligungen nicht als natürliche Gegebenheit hin.
3. Sie wissen viel über Familienplanung.
4. Sie können zu einer gesünderen Ernährung der Familie beitragen.
5. Die Kindersterblichkeit kann verringert werden.
6. Sie haben gute berufliche Chancen.
7. Sie werden für die Ausbildung ihrer Kinder sorgen.
8. Sie können gegen Analphabetismus kämpfen.
9. Es gelingt ihnen, sich aus Abhängigkeit und Unterordnung zu lösen.

32 Bilden Sie Sätze mit *je ... desto.*

Das Artensterben bei Vögeln
1. Die Artenvielfalt der einheimischen Vogelwelt geht zurück. Unsere
Umwelt wird arm.
2. Die Bedürfnisse der Menschen wachsen. Das Artensterben nimmt bedenkliche
Ausmaße an.

3. Viele Grünflächen werden zersiedelt, viele Feuchtgebiete werden trockengelegt, viele Flussläufe werden kanalisiert. Den Vögeln bleibt ein kleiner Lebensraum.
4. Luft und Wasser werden durch Öl und andere Schadstoffe verschmutzt. Die Vögel finden wenig Nahrung.
5. Die moderne Kulturlandschaft ist vogelfeindlich. Die Brutplätze für Vögel werden knapp.
6. Die Eingriffe des Menschen in den Lebensraum der Vögel sind brutal. Umweltbewusste Gruppen setzen sich mit großem Engagement für den Schutz der Vögel ein.
7. Das Klima verändert sich. Man muss schwerwiegende Auswirkungen auf die Vogelwelt befürchten.
8. Die europäischen Winter werden wärmer. Das Zugverhalten der Vögel verändert sich.
9. Viele Zugvögel bleiben im Winter in Mitteleuropa. Sie verdrängen heimische Vogelarten.
10. Es wird weniger Vögel geben. Bauern und Förster müssen einen harten Kampf gegen Schädlinge wie z.B. Raupen und Mäuse führen.

33 Bilden Sie Sätze mit *je ... desto/um so.*

Das ökologische Gleichgewicht
1. Durch den Einsatz von Chemikalien gerät die ökologische Ordnung aus dem Gleichgewicht.
2. Durch den energischen Protest der Ökologiebewegung kamen weniger Schädlingsbekämpfungsmittel auf den Markt.
3. Bei einer intensiven Bodennutzung werden Wälder und Ackerflächen zerstört.
4. Bei einem Eingreifen des Menschen in die Natur werden natürliche Lebensräume vernichtet.
5. Durch die nachhaltige Zerstörung des natürlichen Gleichgewichts schreitet der Artentod vieler Pflanzen schnell voran.
6. Mit der rücksichtslosen Jagd auf bestimmte Tiere verschwinden Tierarten von der Erde. (*auf* entfällt)

Modalsatz (6)

Konjunktion:	je nachdem + Fragewort (z. B. *ob, wer, wie, wann, was für ein*)	NS / meist ng.
Präpositionen:	entsprechend D; gemäß D	

(1a) Richter verhängen mildere oder härtere Strafen, **je nachdem was** für eine Straftat vorliegt.
(= Richter verhängen mildere oder härtere Strafen. Das hängt von der Straftat ab.)
(1b) Zeugen können vereidigt werden, **je nachdem ob** ihre Aussagen wichtig sind oder nicht.

Der Hauptsatz enthält Alternativen. Welche von ihnen zutrifft, hängt vom Nebensatz ab, der die Kriterien für die Entscheidung nennt. Proportionalsätze mit *je nachdem* haben auch konditionale Bedeutung. Die Präposition *gemäß* wird meist nachgestellt; auch die Präposition *entsprechend* kann nachgestellt werden (2). Zwischen *nachdem* und dem Fragewort kann ein Komma stehen.

(= Wenn ihre Aussagen wichtig sind,
werden Zeugen vereidigt; wenn ihre
Aussagen nicht wichtig sind, werden sie
nicht vereidigt.)
(2) Richter verhängen **entsprechend der
begangenen Straftat / der begangenen
Straftat entsprechend/gemäß** mildere
oder härtere Strafen.

34 Bilden Sie wahlweise Präpositionalangaben und Nebensätze mit *je … nachdem*.

Rechtsprechung
1. Ein Rechtsfall wird vor einem Zivilgericht oder Strafgericht verhandelt.
   (die vorliegende Straftat)
2. Angeklagte werden vor einen Einzelrichter oder vor ein Schöffengericht gestellt.
   (das zu erwartende Strafmaß)
3. 21-Jährige unterliegen dem Jugendstrafrecht oder dem Erwachsenenstrafrecht.
   (die Einschätzung ihrer Reife durch das Gericht)
4. Richter können Zeugenaussagen verwerten. (ihre Glaubwürdigkeit)
5. Gutachter können das Urteil des Gerichts beeinflussen.
   (die Überzeugungskraft ihrer Argumente)
6. Ein Prozess kann Tage oder Wochen dauern. (die Schwierigkeit des zu verhandelnden Sachverhalts)
7. Gerichtsurteile fallen unterschiedlich aus. (die Berücksichtigung mildernder Umstände)
8. Richter können am Jugendgericht, Zivilgericht, Arbeitsgericht oder Strafgericht tätig sein. (ihre Interessen)

VIII Temporalsätze

Nebensätze und Hauptsätze der Zeit

(1) **Während** die Konkurrenz im Flugverkehr **zunahm, fielen** die Preise.
(2) **Nachdem** die Konkurrenz im Flugverkehr **zugenommen hatte, fielen** die Preise.
(3) **Bevor** die Konkurrenz nicht **zunahm, waren** die Preise nicht **gefallen (fielen)**.

Temporale Nebensätze können im Verhältnis zum Hauptsatz gleichzeitig (1), vorzeitig (2) oder nachzeitig (3) sein. Diese zeitliche Beziehung wird aber nicht immer korrekt wiedergegeben; so wird. z. B. statt Nachzeitigkeit meist Gleichzeitigkeit gebraucht (3). (Vgl. S. 324).

Zum Ausdruck der Gleichzeitigkeit, Vorzeitigkeit und Nachzeitigkeit gibt es folgende
Konjunktionen (Die Pfeile weisen auf die üblicherweise gebrauchten Zeiten hin.):

		Vorzeitigkeit	*Gleichzeitigkeit*	*Nachzeitigkeit*
Temporalsatz	(1):		während; solange	
	(2):	als (= nachdem); wenn; sooft; immer wenn; jedesmal wenn	als; wenn; sooft; immer wenn; jedesmal wenn	
	(3):	nachdem; sobald →; sowie →;kaum dass →	sobald; sowie; kaum dass	
	(4):	seitdem; seit	seitdem; seit	
	(5):		bis	← bis
	(6):		bevor; ehe	← bevor; ← ehe

Temporalsatz (1)

Fragen: *Wann? Wie lange?*

Konjunktionen: während GZ
                    solange GZ   } NS / meist vg.

Adverbien: währenddessen; unterdessen;
                    inzwischen; gleichzeitig;
                    zugleich; zur gleichen Zeit   } HS / immer ng.
                    solange

Präpositionen: während G
                    zeit G (in der Wendung: zeit seines Lebens
                    = solange er lebte)

(1a) **Während** Mozart Konzertreisen durch
     Europa machte, schrieb er viele Musik-
     stücke.

(1b) **Solange** er lebte, hat er komponiert.

(2) Mozart war oft auf Reisen; **währenddes-
     sen** schrieb er viele Musikstücke.

(3a) **Während seiner Konzertreisen durch
     Europa** schrieb Mozart viele Musik-
     stücke.

(3b) **Zeit seines Lebens** hat Mozart kompo-
     niert.

Die Konjunktion *während* antwortet auf die Frage: *Wann?, solange* antwortet auf die Frage: *Wie
lange?* Diese Temporalsätze drücken eine
Gleichzeitigkeit des Geschehens in Haupt- und
Nebensatz aus, wobei *während* eine teilweise
oder vollständige, *solange* immer eine vollständige zeitliche Parallelität anzeigt (1a) (1b).
Nach der Präposition *während* stehen pluralische Substantive ohne Artikel und ohne adjektivisches Attribut im Dativ (*während Fortbildungs-
kursen*). Der Dativ wird auch gebraucht, wenn
zwei Substantive den Genitiv auf *-(e)s* bilden
(*während dem Besuch eines gemeinsamen Freundes*).
Die Konjunktion *während* kann auch einen Gegensatz ausdrücken (adversativer Gebrauch):
*Während heute kaum jemand die Kompositionen
seines Vaters kennt, ist Mozarts Musik weltberühmt.*

35 Formen Sie die Präpositionalangaben in Nebensätze um.

Wolfgang Amadeus Mozart (1756 Salzburg – 1791 Wien)

1. Während der Vorbereitungen für seine ersten Konzertreisen schrieb der fünf-jährige Mozart schon seine ersten Stücke.
2. Er schrieb während der Komposition seiner ersten Oper im Jahre 1768 noch ein Singspiel.
3. Mozarts Musikstil formte sich während seiner Tätigkeit als Konzertmeister in Salzburg (1779-1781).
4. Während der Entstehung seiner sechs Joseph Haydn gewidmeten Streichquartette (1782-1785) hatte er viele Konzertverpflichtungen.
5. Während der Uraufführung seiner Oper „Die Zauberflöte" am 20. September 1791 reagierte das Publikum reserviert.
6. Während seines Aufenthaltes in Prag im Sommer 1791 verschlechterte sich sein Gesundheitszustand.
7. Er starb während der Arbeit an seinem „Requiem" im Alter von nur 35 Jahren.
8. Mozart hat zeit seines Lebens schöpferisch gearbeitet.

Temporalsatz (2)

Fragen: *Wann? Wie oft?*

Konjunktionen:	als GZ/VZ (= nachdem)	
	wenn GZ/VZ (= nachdem)	
	sooft	} NS / meist vg.
	immer wenn; jedesmal wenn; wann immer GZ/VZ	
Adverbien:	damals; da	HS / immer ng.
Präpositionen:	bei D; in D; mit D; auf D, auf A … (hin)	
	bei jedem D	

(1a) **Als** das europäische Bürgertum im 18. Jahrhundert wirtschaftlich erstarkte, wollte es auch politische Macht haben.

(1b) **Als/Nachdem** der Adel seine politische Vormachtstellung verloren hatte, be-gann im 19. Jahrhundert das bürgerli-che Zeitalter.

(1c) **Wenn** man früher von Bürgern sprach, meinte man meist die freien Bürger ei-ner Stadt.

(1d) **Sooft / Immer wenn** man heute den Begriff „Bürger" verwendet, meint man damit den politisch und sozial vollbe-rechtigten Staatsbürger.

(2) Das europäische Bürgertum erstarkte im 18. Jahrhundert wirtschaftlich; **damals** wollte es auch politische Macht haben.

(3) **Mit dem wirtschaftlichen Erstarken im 18. Jahrhundert** wollte das europäi-sche Bürgertum auch politische Macht haben.

Die Konjunktion *als* steht bei einmaligen Vor-gängen der Vergangenheit (1a). Bei Vorzeitig-keit hat *als* die Bedeutung von *nachdem* (1b). Die Konjunktion *wenn* steht bei sich wiederho-lenden Vorgängen der Vergangenheit (1c) und bei einmaligen oder sich wiederholenden Vor-gängen der Gegenwart und Zukunft (1d).
Die Konjunktionen *sooft / immer wenn / jedes-mal wenn / wann immer* stehen bei sich regel-mäßig wiederholenden Vorgängen der Vergan-genheit, Gegenwart und Zukunft.
Die Präposition *auf (hin)* steht bei Substantiven mit Artikel bzw. Pronomen (*auf die Nachricht hin, auf ihre Bitte hin*). Bei Substantiven mit Adjektiv oder nachgestelltem Attribut ist *hin* fakultativ (*auf höheren Befehl (hin), auf Anregung seines Chefs (hin)*). Die Präposition *auf (hin)* kann auch kausale, konditionale und lokale Bedeutung haben (*auf seinen Wunsch hin = weil/wenn/als er es wünschte*).

36 *wenn* oder *als*?

Deutschland und die Französische Revolution

1. … 1789 die Französische Revolution ausbrach, drangen ihre Ideen sofort über Frankreichs Grenzen nach Deutschland.
2. Immer … sich damals in Frankreich etwas Neues ereignete, nahmen die deutschen Intellektuellen unmittelbar daran teil.
3. … in Frankreich wichtige literarische oder politische Schriften erschienen, wurden sie sofort ins Deutsche übersetzt.
4. … in Deutschland über die Prinzipien der Französischen Revolution diskutiert wurde, ging es auch immer um die Frage der eigenen nationalen Identität.
5. … sich die Machtverhältnisse in Frankreich durch die Revolution änderten, erwachte auch in Deutschland die Hoffnung auf eine neue Gesellschaftsordnung.
6. … in Deutschland die Anhänger der Französischen Revolution zur Feder griffen, kamen zum ersten Mal breite Schichten der Bevölkerung zu Wort.
7. Aber … deutsche Intellektuelle für die Ideen der Französischen Revolution eintraten, mussten sie mit hohen Strafen rechnen.
8. … sich die Französische Revolution ab 1792 radikalisierte, waren die deutschen Intellektuellen enttäuscht.
9. … Napoleon Bonaparte an die Macht kam, wurden die sozialen Errungenschaften von 1789 gesetzlich verankert.
10. … heute über die Französische Revolution diskutiert wird, wird ihre historische Bedeutung hervorgehoben.

37 *als* oder *wenn*? Bilden Sie aus den Präpositionalangaben Nebensätze.

Können Affen sprechen lernen?

1. Bei Versuchen mit Menschenaffen in den USA hat man immer wieder Überraschungen erlebt.
2. Bei seinem ersten Versuch in den vierziger Jahren hatte ein Psychologen-Ehepaar wenig Glück.
3. Der Affe konnte am Ende dieses Experiments gerade mühsam vier Wörter artikulieren: auf deutsch „Mama", „Papa", „hoch" und „Tasse".
4. Bei dem Bemühen einem Affen die amerikanische Taubstummensprache beizubringen hatte ein anderes Psychologen-Ehepaar in den sechziger Jahren mehr Glück.
5. Dieser Affe verwendete bei „Gesprächen" mit dem Psychologen-Ehepaar weit über hundert sprachliche Zeichen und verstand ein Vielfaches davon.
6. Einer Gorilla-Dame mit Namen Koko konnten bei einem anderen Versuch in den Siebzigerjahren noch mehr Zeichen beigebracht werden.
7. Koko benutzte in „Unterhaltungen" mit menschlichen Gesprächspartnern weit über hundert sprachliche Zeichen.
8. Auf unangenehme Fragen hin konnte Koko auch lügen.
9. In Momenten der Wut konnte Koko sogar schimpfen. (*Momente* entfällt)

(Nach: D. E. Zimmer: Ich Gorilla gut. DIE ZEIT vom 28.10.1988)

Temporalsatz (3)

Frage: *Wann?*

Konjunktionen:	nachdem VZ		
	sobald; sowie; kaum dass VZ / meist GZ	}	NS / meist vg.
Adverbien:	dann; danach; daraufhin		HS / immer ng.
Präpositionen:	nach D		
	gleich nach D		

(1a) **Nachdem** die Bahn viele Bahngleise stillgelegt hat, müssen die Leute häufiger mit dem eigenen Auto fahren.

(1b) **Kaum dass** die neue Autobahnstrecke für den Verkehr freigegeben wurde / freigegeben worden war, ereignete sich der erste Unfall.

(2) In den letzten Jahrzehnten wurden viele Straßen ausgebaut; **daraufhin** fuhren die Leute vermehrt mit dem eigenen Auto.

(3) **Nach dem Ausbau vieler Straßen in den letzten Jahrzehnten** fuhren die Leute vermehrt mit dem eigenen Auto.

Die Handlung des Temporalsatzes mit der Konjunktion *nachdem* ist gegenüber dem Geschehen des Hauptsatzes vorzeitig. Der Gebrauch der Vorzeitigkeit ist obligatorisch (1a). Bei den Temporalsätzen mit den Konjunktionen *sobald / sowie / kaum dass* (= *gleich nachdem*) steht wegen des geringen zeitlichen Abstands meist die gleiche Zeit (1b).

38 Setzen Sie die Verben in der richtigen Zeit ein.

Verkehrsprobleme in der Bundesrepublik

1. Nachdem viele Straßen … (ausgebaut werden), wurden immer mehr Autos verkauft und gefahren.
2. Die Bundesbürger … (benutzen), nachdem sie ein Auto gekauft haben, nur noch selten Bus und Bahn.
3. Nachdem sie die „Mobilität" durch das eigene Auto … (erfahren), möchten sie auf dieses Gefühl der Beweglichkeit nicht gern verzichten.
4. Nachdem der individuelle Personenverkehr stark zugenommen hatte, … (kommen) es zu immer längeren Staus.
5. Auch nachdem die Staus in den letzten Jahren … (anwachsen), steigen die Bundesbürger nur ungern auf öffentliche Verkehrsmittel um.
6. Die Deutsche Bahn legte, nachdem sie sich immer stärker … (verschulden), viele Bahnstrecken still.
7. 1989 hatte beispielsweise das Land Schleswig-Holstein, nachdem unprofitable Bahn-Nebenstrecken … (gestrichen werden), nur noch halb so viele Bahnhöfe wie 1960.

Temporalsatz (4)

Frage: *Seit wann?*

Konjunktionen:	seitdem; seit VZ/GZ	NS / meist vg.
Adverbien:	seitdem; seither	HS / immer ng.
Präpositionen:	seit D; von D ... an/auf	

(1a) **Seitdem** es die Frauenbewegung gibt, kämpfen Frauen für Gleichberechtigung.

(1b) **Seit** Frauen in der Französischen Revolution Frauenrechte formuliert hatten, haben sie schon viel erreicht.

(2) In der Französischen Revolution wurden Frauenrechte formuliert; **seitdem** kämpfen Frauen für Gleichberechtigung.

(3) **Seit dem Bestehen der Frauenbewegung** kämpfen Frauen für Gleichberechtigung.

Bei parallelen Vorgängen in Hauptsatz und Nebensatz, die zum *seitdem*-Zeitpunkt begonnen haben und andauern, wird Gleichzeitigkeit gebraucht (1a). Wenn der Vorgang des Nebensatzes zum *seitdem*-Zeitpunkt abgeschlossen ist, wird Vorzeitigkeit gebraucht (1b).

Die Präposition *von ... an/auf* ist vor allem in festen Wendungen gebräuchlich: *von Jugend auf, von klein auf, von Kindheit an/auf, von Montag an, von frühester Jugend an, von heute an, von da an, von nun an.*

---

39 Setzen Sie die in Klammern angegebenen Verben in der richtigen Zeit ein.

Gleichberechtigung von Mann und Frau (1)

1. Seitdem Frauen ... (beginnen) sich zusammenzuschließen, haben ihre Forderungen mehr Durchschlagskraft.

2. Seit Frauen den Weltbund für Frauenwahlrecht ... (gründen), kämpften die Frauen vieler Länder gemeinsam für ihr Wahlrecht.

3. Die deutschen Frauen haben das Wahlrecht, seit Deutschland im Jahre 1918 zu einer Demokratie ... (werden).

4. Seit das Wahlrecht auch für Frauen ... (gelten), nutzen sie es in gleichem Umfang wie Männer.

5. Frauen sind nicht mehr von Staat und Gesellschaft ausgeschlossen, seitdem sie das Wahlrecht ... (durchsetzen).

6. Frauen ist die Mitgliedschaft in Parteien und politischen Organisationen erlaubt, seitdem das Vereinsverbot für Frauen zu Beginn unseres Jahrhunderts ... (aufgehoben werden).

7. Seitdem sich die Großfamilie ... (auflösen), arbeiten Frauen auch außerhalb des häuslichen Betriebes.

8. Immer mehr Frauen wollen berufstätig sein, seit die Kinderzahl ... (zurückgehen) und die Hausarbeit durch technische Hilfsmittel immer leichter ... (werden).

9. Seitdem Frauen berufstätig ... (sein), sind schlecht bezahlte Arbeitsplätze z.B. für Krankenschwestern, Sekretärinnen, Verkäuferinnen oder Putzfrauen vorwiegend weiblich besetzt.

10. Seit Frauen sich stärker am öffentlichen Leben ... (beteiligen), steht für viele Frauen die Mutterrolle nicht mehr im Mittelpunkt ihres Lebens.

11. Frauen kämpfen um eine gerechtere Verteilung der Aufgaben bei Haushaltsführung und Kindererziehung, seitdem sich das Rollenverständnis ... (verändern).

12. Seit die familienrechtlichen Bestimmungen des Bürgerlichen Gesetzbuches im Jahre 1953 ... (aufgehoben werden), hat der deutsche Ehemann nicht mehr die alleinige Entscheidungsgewalt in allen Familienangelegenheiten.

13. Seit Frauen Spitzenpositionen in Staat, Wirtschaft und Gesellschaft ... (besetzen), müssen manche Männer alte Vorurteile überprüfen.

Temporalsatz (5)

Fragen: *Bis wann? Wie lange?*

Konjunktion:	bis NZ / meist Gebrauch der GZ	NS / meist vg.
Adverb:	bis dahin	HS / immer ng.
Präpositionen:	bis D; bis zu D	

(1a) Frauen kämpften so lange (hatten ... gekämpft), **bis** die Gleichheit gesetzlich verankert wurde.

(1b) **Bis** die Frauen ihr Ziel **nicht** erreicht hatten, gaben sie **nicht** auf.

(1c) Die Frauen gaben **nicht** auf, **bis** sie ihr Ziel (nicht) erreicht hatten.

(2) Die Gleichheit wurde gesetzlich verankert; **bis dahin** mussten die Frauen lange kämpfen.

(3) **Bis zur gesetzlichen Verankerung der Gleichheit von Männern und Frauen** mussten die Frauen lange kämpfen.

Die Konjunktion *bis* gibt einen Grenzpunkt an, der das Geschehen des Hauptsatzes beendet. Das Nebensatz-Geschehen ist also gegenüber dem Hauptsatz-Geschehen nachzeitig, Haupt- und Nebensatz stehen aber meist in der gleichen Zeit. Vorzeitigkeit des Hauptsatzes wird nur gebraucht, wenn das Hauptsatzgeschehen als abgeschlossen dargestellt werden soll (1a). Aus dem gleichen Grund kann auch der Nebensatz vorzeitig sein (1b) (1c).

Wenn bei verneinter Aussage der *bis*-Satz vorangestellt oder eingeschoben wird, müssen Haupt- und Nebensatz verneint werden (1b). Wird der *bis*-Satz nachgestellt, ist nur die Verneinung des Hauptsatzes obligatorisch (1c).

Vor Temporaladverbien und Uhrzeitangaben steht *bis*: bis jetzt; bis 9 Uhr. Vor Temporalangaben ohne Artikel steht meist *bis*, vor Temporalangaben mit Artikel steht *bis zu*: z. B. *bis Ostern; bis zu den Wahlen; bis (zum) Montag; bis (zum Jahre) 2010; bis Ende 2010 / bis (zum) Ende des Jahres 2010; bis nächste Woche / bis zur nächsten Woche.*

40 Formen Sie die Präpositionalangaben in Nebensätze um.

Gleichberechtigung von Mann und Frau (2)

1. Bis zur Einführung des Wahlrechts für Frauen im Jahre 1918 hatten die Frauen als Staatsangehörige zwar Pflichten, aber keine Rechte.

2. Bis zur Lockerung des Vereinsrechts zu Beginn des 20. Jahrhunderts war Frauen die Mitgliedschaft in Parteien und politischen Organisationen nicht erlaubt.

3. Bis zur Auflehnung gegen ihre Rechtlosigkeit hatten Frauen ihre Benachteiligung jahrhundertelang geduldig hingenommen.

4. An Gleichberechtigung war bis zur Veränderung der traditionellen Familienstruktur nicht zu denken.

5. Bis zur Auflösung der Institution Großfamilie gab es eine geschlechtsspezifische Arbeitsteilung.

6. Frauen waren bis zur Aufhebung der traditionellen Rollenverteilung für die unbezahlte Haus- und Familienarbeit zuständig.

7. Bis zum Beginn der neuen Frauenbewegung in den 60er Jahren unseres Jahrhunderts hatten Frauen kaum theoretische Konzepte und Programme.

8. Bis zur Umsetzung der in der Verfassung der Bundesrepublik festgelegten Gleichberechtigung vergingen etwa 30 Jahre.

Temporalsatz (6)

Frage: *Wann?*

Konjunktionen:	bevor; ehe NZ / meist Gebrauch der GZ	NS / meist vg.
Adverbien:	davor; vorher; zuvor	HS / immer ng.
Präposition:	vor D	

(1a) **Bevor/Ehe** Bücher gedruckt wurden, gab es nur handgeschriebene Bücher. (hatte ... gegeben)

(1b) **Bevor** das Taschenbuch in Deutschland eingeführt wurde, hatte es sich in England und Amerika schon durchgesetzt.

(1c) **Bevor** Gutenberg den Buchdruck **nicht** erfunden hatte, konnten Bücher **nicht** zur Massenware werden.

(1d) Bücher konnten **nicht** zur Massenware werden, **bevor** Gutenberg den Buchdruck (nicht) erfunden hatte.

(2) Bücher wurden ab Mitte des 15. Jahrhunderts gedruckt; **davor** gab es nur handgeschriebene Bücher.

(3) **Vor der Erfindung des Buchdrucks** konnten Bücher nicht zur Massenware werden.

Das Geschehen des Nebensatzes mit *bevor/ehe* ist gegenüber dem Hauptsatz-Geschehen nachzeitig, Haupt- und Nebensatz stehen aber meist in der gleichen Zeit (1a). Vorzeitigkeit kann aber in Haupt- oder Nebensatz gebraucht werden, wenn ein Geschehen als abgeschlossen dargestellt werden soll (1b)–(1d).
Der zeitliche Abstand zwischen dem Hauptsatz- und Nebensatzgeschehen kann genauer bestimmt werden: *kurz bevor, lange bevor, noch ehe.*
Bei verneinter Aussage (1c) (1d) gelten die gleichen Regeln wie für Temporalsätze (5).

---

41 Bilden Sie aus den Präpositionalangaben Nebensätze mit *bevor*.

Bücher

1. Vor der Entwicklung des Druckverfahrens wurden Bücher vervielfältigt, indem man sie gleichzeitig mehreren Schreibern diktierte.

2. Vor der Erfindung des Papiers durch die Chinesen im 1. Jahrhundert n. Chr. wurde auf Papyrusrollen, Palmblätter, Holz- und Tontafeln und auf Pergament geschrieben.

3. Die Ägypter, Griechen und Römer hatten vor dem Aufkommen der flachen, viereckigen Buchform im 1./2. Jahrhundert n. Chr. Bücher in Form von Rollen.

4. Vor der Verwendung von Pappe als Bucheinband wurden Bücher in Metall, Leder, Pergament oder Leinen gebunden.

5. Man kannte Bücher vor der Herstellung in hohen Auflagen nur als handgeschriebene Einzelexemplare.

6. Bücher waren vor der Mechanisierung der Papier- und Buchherstellung eine große Kostbarkeit.

7. Vor der Einführung der allgemeinen Schulpflicht konnten nur relativ wenig Menschen lesen und schreiben.

8. In Asien und Europa wurde vor der Erfindung des Buchdrucks durch Gutenberg mit eingefärbten Stempeln und Platten auf Stoffe und Papier gedruckt.

9. Vor dem Druck des ersten Buches hatte sich Gutenberg etwa zwanzig Jahre mit dem Problem des Buchdrucks beschäftigt.

42 Schreiben Sie den Text neu, indem Sie statt der kursiv gesetzten Konjunktionen und Adverbien Präpositionen verwenden und umgekehrt. (Übung zu den Temporalsätzen)

Jean-François Champollion – der Erforscher der Hieroglyphen (1790-1832 in Frankreich)

Bevor Jean-François Champollion geboren wurde, war seinen Eltern ein Wunderknabe prophezeit worden. Seine Begabung zeigte sich schon *in* seiner Kindheit. Er konnte ei-
5 nen Text *nach* nur einmaligem Hören wörtlich wiederholen. Und noch *vor* dem Schuleintritt fand er ganz allein die Bedeutung der Silben und Buchstaben heraus. *Als* Champollion in Grenoble zur Schule ging, interessier-
10 te er sich für Hieroglyphen. Er wurde Mitglied der Akademie in Grenoble, *damals* war er 16 Jahre alt. *Vor* seiner Abreise nach Paris, wo er studieren wollte, hielt er in der Akademie eine Abschiedsrede mit dem Titel „Ägyp-
15 ten unter den Pharaonen"*. Er kehrte, *als er* 19 Jahre alt war, als Professor nach Grenoble zurück. *Während* seiner Lehrtätigkeit als Professor schrieb er politische Lieder gegen die vom Königsthron vertriebenen Bourbonen**.
20 Sie kehrten auf den Königsthron zurück, *daraufhin* wurde er nach Italien verbannt. *Während* er verbannt war, konnte sich Champollion mit dem Problem der Hieroglyphen beschäftigen. *Nach* seiner Begnadigung kehr-
25 te er 1821 nach Paris zurück. *Bis zur* Entzifferung der in Hieroglyphen überlieferten Na-

men Kleopatra, Ptolemäus und Xerxes verging dann noch ein weiteres Jahr. Zwei Jahre *nach* der Entschlüsselung dieser Namen ver-
30 öffentlichte Champollion sein Buch „Abriss des hieroglyphischen Systems". Die Kenntnis der koptischen*** Sprache war ihm *bei* der Erforschung der Hieroglyphen von Nutzen. *Während* er sich mit der alten Hieroglyphen-
35 sprache beschäftigte, gelang es ihm auch, in ihre grammatischen Strukturen vorzudringen. Er hatte Aufsehen erregende Erfolge, *danach* reiste er – zum ersten und letzten Mal in seinem Leben – in das Land der Pharaonen.
40 *Nach* einem einjährigen Aufenthalt in Ägypten wurde er Professor für Ägyptische Altertumsforschung in Paris. Es verging nur noch ein Jahr, *bis* er starb. *Zeit* seines Lebens hat er sich mit dem ägyptischen Altertum beschäf-
45 tigt.

*   Pharaonen = die Könige im alten Ägypten
**   Bourbonen = französisches Königsgeschlecht
***   koptische Sprache = im 3. Jh. entstandene Sprache der Kopten (= christliche Nachkommen der alten Ägypter)

43 Schreiben Sie Ihren eigenen oder einen fiktiven Lebenslauf. Bilden Sie Temporalsätze mit Konjunktionen, Präpositionen und Adverbien.

IX Gesamtübungen

44 Ergänzen Sie Konjunktionen.

Experiment in einem amerikanischen Supermarkt

... es exakte Wissenschaften gibt, versuchen die Menschen immer mehr über sich zu erfahren. ... amerikanische Psychologen in den 70er Jahren einen Versuch durchführten,
5 ging es ihnen um das Kaufverhalten von

Konsumenten. Die Psychologen spielten, ... sie in einem Kaufhaus Kunden befragten, Marktforscher. Die Kunden sollten aus einem bestimmten Warenangebot den „besten" Artikel aussuchen. Die Kunden durften, ... sie 10 sich entschieden, einige Zeit überlegen, ... sie die Entscheidung in Ruhe treffen konnten. ... sie das Warenangebot überprüften, wurden sie von den „Marktforschern" beobachtet. ...

15 die Kunden das Warenangebot gründlich be-gutachtet hatten, mussten sie den „besten" Artikel auswählen. Die Kunden entschieden sich immer für den Artikel, der rechts lag, ... alle Artikel gleich waren, was sie aber nicht wussten. 20

45 Ergänzen Sie Konjunktionen.

Im Gefängnis

Menschen leiden, ... sie in Haft sind, physisch und psychisch. ... die Haftbedingungen nur schwer erträglich sind, sind die Gefangenen nach langer Haft oft seelisch zerstört. Sie

5 sind von Frau und Kindern getrennt, ... es häufig zur Auflösung der Familien kommt. ... es wenig Arbeitsmöglichkeiten gibt, ist der Alltag der Gefangenen monoton. Sie werden schlecht bezahlt, ... sie sich ausgenutzt

10 fühlen. ... sie gute Leistungen erbringen, erhalten sie eine Monatsprämie. Sie können ihre Haftzeit ... verkürzen, ... sie sich gut führen. ... die Besuchszeit beschränkt ist, ha-ben sie wenig Kontakte zur Außenwelt. Sie sind von der Außenwelt isoliert, ... ihre spä- 15 tere Wiedereingliederung in die Gesellschaft schwierig ist. Die Gefangenen bekommen aber im Jahr einige Tage „Urlaub auf Ehrenwort", ... sie sich auf ihre Resozialisierung vorbereiten können. Dieser Urlaub ist not- 20 wendig, ... familiäre Bindungen gefestigt und abgebrochene Kontakte wieder aufgenommen werden können. Auch jugendliche Strafgefangene bekommen zeitlich begrenzten Urlaub ... Verwandte besuchen zu kön- 25 nen.

46 Verbinden Sie die Satzpaare durch Konjunktionen bzw. Adverbien.

Die Betonung liegt auf Freizeit

1. Bei den sogenannten Zeitpionieren liegt die Betonung auf Freizeit. Sie entscheiden sich für Teilzeitarbeit. (Kausalsatz)
2. Arbeitnehmer verändern ihre Lebensweise. Sie wollen mehr Zeit für sich haben. (Finalsatz)
3. Zeitpioniere lehnen Vollzeitarbeit ab. Sie verkürzen ihre Arbeitszeit. (Kausalsatz)
4. Sie arbeiten nur 20 bis 25 Wochenstunden. Sie haben ein geringeres Einkommen. (Konsekutivsatz)

Stellen Sie im Folgenden die logische Verknüpfung zwischen den Satzpaaren selbst her. Manchmal gibt es mehrere sinnvolle Möglichkeiten.

5. Zeitpioniere haben weniger Geld zur Verfügung. Sie können sich keinen Luxus leisten.
6. Sie erreichen keinen materiellen Wohlstand. Sie erreichen „Zeitwohlstand".
7. Sie arbeiten weniger. Sie arbeiten intensiver und produktiver.
8. Die Arbeitszeit ist kürzer. Die Arbeitsleistung kann gesteigert, manchmal sogar verdoppelt werden.
9. Die Zeitpioniere bereuen ihre Entscheidung für Teilzeitarbeit nicht. Der Druck am Arbeitsplatz erhöht sich gegenüber der Vollerwerbstätigkeit.
10. Die Zeitpioniere verkraften den größeren Stress am Arbeitsplatz besser als vorher. Sie haben mehr Distanz zum Arbeitsbereich.
11. Ihnen ist eine flexible und kürzere Arbeitszeit wichtig. Sie nehmen Nachteile hin.

12. Am Arbeitsplatz können Konflikte entstehen. Viele Vorgesetzte sind nicht bereit die Arbeitsweise der Zeitpioniere zu akzeptieren.
13. Viele Vorgesetzte wollen keine Zeitpioniere als Mitarbeiter haben. Diese sind schwerer kontrollierbar.
14. Die Zeitpioniere nutzen die gewonnene Zeit. Sie gehen ihren Interessen nach.
15. Sie verbringen ihre Freizeit sinnvoll. Sie weiten z.B. ihre sozialen Kontakte aus.
16. Sie sind zufriedener und ausgeglichener als früher. Sie können Berufs- und Privatleben besser vereinbaren.
17. Vollzeitkollegen reagieren manchmal mit Neid. Sie haben weniger Freizeit.
18. Es wird noch einige Zeit vergehen. Es werden mehr Untersuchungen über die Zeitpioniere vorliegen.

47 Formen Sie die Präpositionalangaben in Nebensätze um.

Schwertwale

Trotz seiner Harmlosigkeit galt der Schwertwal lange Zeit als Raubtier und wurde der Gefährlichkeit von Haien gleichgesetzt. Heute sind die sogenannten Killerwale *dank* der intensiven Erforschung ihres Verhaltens rehabilitiert. *Wegen* ihrer großen Beliebtheit legen die Zoodirektoren weltweit besonderen Wert darauf, Schwertwale in ihren Zoos präsentieren zu können. *Auf* Befehl vollführen dressierte Schwertwale in den Zoos die höchsten Sprünge. *Beim* Zurückplatschen ins Wasser spritzen sie die Zuschauer nass. Wissenschaftlern ist es *nach* langjähriger Beobachtung dieser Tiere gelungen, die Walsprache teilweise zu entschlüsseln. Junge Schwertwale benötigen *bis zur* ungefähren Beherrschung ihrer Sprache etwa fünf Jahre. *Zur* Verständigung innerhalb der eigenen Gruppe benutzen Schwertwale eine Art „Dialekt". *In* Gefahr können sie sich mit Schwertwalen anderer Gruppen *durch* Verwendung einer gemeinsamen „Hochsprache" verständigen. *Angesichts* der erfolgreichen Dressuren in Zoos und Vergnügungsparks wird häufig vergessen, dass Schwertwale in Gefangenschaft ständig unter Stress stehen und oft nach wenigen Jahren sterben. Dagegen können Schwertwale, die in der freien Natur leben, ungefähr so alt wie der Mensch werden. Jedoch werden Wale *wegen* ihrer industriell nutzbaren Produkte (Vitamin A, Öl, Parfüm) von modernen Fangflotten gejagt und getötet. Dies geschieht *ungeachtet* der Proteste von Tierschützern aus aller Welt auch weiterhin.
(Nach: ZEITmagazin vom 18.11.1988)

48 Bilden Sie Sätze mit Konjunktionen bzw. Adverbien.

Keine Angst vor der Angst

Jeder Mensch verspürt *bei* Gefahr Angst. Angst entsteht *durch* das Gefühl einer bestimmten Situation nicht gewachsen zu sein. Manche Menschen leiden allerdings auch *ohne* großes Risiko unter Angstgefühlen. Angst ist jedoch als Alarmsignal für den Menschen unentbehrlich. *Mit* dem Anstieg der Angst nehmen Wachheit und Sorgfalt zu. Diese brauchen wir *zur* Abwehr einer realen Gefahr. Manche Gefahren könnten wir *ohne* die Mobilisierung aller unserer Kräfte nicht abwenden. *Durch* Konzentration auf die Gefahr können wir uns in gefährlichen Situationen richtig verhalten, z.B. fliehen oder kämpfen. Auch *bei* der Lösung von Aufgaben z.B. in Prüfungen spielt Angst eine Rolle. *Bei* leichten und übersichtlichen Aufgaben wird die Leistung durch Angst gesteigert, während sie bei schwierigen Aufgaben *durch* zu große Angst beeinträchtigt wird. Die Ursachen von Angst haben sich im Laufe der Zeiten verändert. *Infolge* der Erklärbarkeit vieler Naturphänomene hat der Mensch die Angst z.B. vor Donner und Blitz weitgehend verloren. Andererseits leidet der moderne Mensch *angesichts* der unübersehbaren Folgen von Wissenschaft und Technik unter anderen, bisher unbekannten Ängsten. *Seit* der Möglichkeit von Atomspaltung und Genmanipulation z.B. ist der technologische Fortschritt selbst eine Ursache von Angst. Ängste entstehen aber auch *bei* Zweifeln am Sinn menschlichen Lebens. Jeder Mensch muss gegen zu große Ängste angehen, denn niemand kann *ohne* eine wenigstens teilweise Überwindung seiner Ängste leben.

49 Schreiben Sie den Text neu, indem Sie statt der kursiv gesetzten Konjunktionen und Adverbien Präpositionen verwenden und umgekehrt.

Endoskopische Chirurgie – Chirurgie ohne Schnitt

Heute verlaufen viele chirurgische Eingriffe *dank* präziserer Instrumente unblutiger. Früher ließ sich der Krankheitsherd *mangels* geeigneter diagnostischer Möglichkeiten nicht genau lokalisieren. Daher musste man *bei* Operationen größere Schnitte als heute machen, d.h., heute kommt man *wegen* der genauen Diagnostizierbarkeit von Krankheiten mit kleineren Schnitten aus. Aber auch schon kleinere Öffnungen, z. B. der Bauchwand, vergrößern das Risiko postoperativer Verwachsungen *aufgrund* der Verletzung der Bauchhöhle beim Operieren.
Bislang wandte man die endoskopische Chirurgie vorwiegend bei kleineren Operationen an, also beispielsweise *bei* der Entfernung von Blinddärmen. Heute werden aber auch schwierigere Operationen *mittels* endoskopischer Instrumente durchgeführt. *Wenn* man z.B. die Bauchhöhle endoskopisch operiert, wird die Bauchwand meist in der Nabelgrube mit einem zehn Millimeter weiten Rohr durchbohrt. *Um* solche Eingriffe durchführen *zu* können wurden spezielle Instrumente entwickelt. Sie müssen *für* die Einführung durch das schmale Operationsrohr zierlich beschaffen sein. *Um* Schlingen und Knoten auszuführen benötigt man kleine Scheren, Zangen usw. *Infolge* der geringen Strapazen bei endoskopischen Operationen können die Patienten rascher aus dem Krankenhaus entlassen werden. Und *dadurch, dass* die Krankenhausaufenthalte kürzer sind, sparen die Krankenkassen eine Menge Geld. Die endoskopischen Eingriffe haben viele Vorteile (+ bestimmter Artikel); *dennoch* wenden viele Ärzte die Technik der Endoskopie nicht an.

(Nach: H.H. Bräutigam:
Operation ohne Schnitt. Viele Eingriffe können
dank raffinierter Instrumente unblutiger werden.
DIE ZEIT vom 2.2.1990)

50 Verändern Sie die Sätze, indem Sie statt der kursiv gesetzten Konjunktionen und Adverbien Präpositionen verwenden und umgekehrt.

Stadtentwicklung seit der Industrialisierung

1. *Vor* Beginn der Industrialisierung beherrschte das wohlhabende Bürgertum die Städte politisch und wirtschaftlich.
2. *Als* die Industrialisierung einsetzte, verloren die Stadtzentren ihre Anziehungskraft für die vermögenden Schichten.
3. *Weil* sich die Städte im 19. Jahrhundert grundlegend veränderten, verlagerte sich das private Leben in die Vorstädte.
4. *Nachdem* sich die Innenstädte in ausschließlich kommerziell genutzte Zentren verwandelt hatten, war das Leben in der Stadt für die Bürger nicht mehr attraktiv.
5. Geschäfte und Banken bevorzugten *aufgrund* der Ausrichtung aller Stadtteile auf das Zentrum die Stadtmitte als Standort.

6. *Infolge* des Baus von Fabriken und Bahnhöfen am Rand des Stadtkerns wurde die Bevölkerung aus den Städten verdrängt.

7. *Mit* dem Wachstum der Städte wuchsen auch die Vororte.

8. Lärm und Schmutz nahmen zu; *deshalb* floh das Bürgertum aus den Innenstädten.

9. *Mit* den Einkommenssteigerungen und dem wachsenden Wohlstand in den 50er Jahren dieses Jahrhunderts konnten sich immer mehr Menschen ein Eigenheim im Grünen leisten.

10. Der Strom der Abwanderer hörte nicht auf, *weil* die Motorisierung weiter anhielt.

11. *Wegen* der Abwanderung so vieler Menschen aus den Städten hatte man Angst vor einem allmählichen Verfall der Stadtzentren.

12. Die Abwanderung in die Vorstädte wäre *ohne* den Zuzug von ländlicher Bevölkerung schon im 19. Jahrhundert problematisch geworden.

13. Dieser Zustrom aus den ländlichen Regionen nahm aber allmählich ab, vor allem *als* das Bevölkerungswachstum seit Mitte der 70er Jahre dieses Jahrhunderts nachließ.

14. Doch *dadurch, dass* seit den 60er Jahren Gastarbeiter angeworben wurden, nahm die Bevölkerung in den Innenstädten wieder zu.

15. *Mit* zunehmender Freizeit gewannen die Innenstädte wieder an Bedeutung.

16. Vor allem junge Menschen bevorzugen das Leben in den Innenstädten *wegen* der Nähe zu Lokalen, Kinos, Freunden usw.

17. *Obwohl* das Leben durch den Verkehr stark beeinträchtigt ist, sind die Innenstädte als Wohnort wieder beliebt.

18. *Um* die Innenstädte *zu* beleben wurden Fußgängerzonen angelegt.

19. *Ohne* eine gezielte Förderung der Innenstädte wären die Stadtzentren mit der Zeit verfallen.

20. Die Innenstädte sind wiederbelebt worden; *seitdem* regt sich neues Leben in den alten Stadtvierteln.

(Nach: H. Häußermann: Vom Müsli zum Kaviar.
DIE ZEIT vom 3.10. 1986)

§ 14 Relativsätze

Relativsätze sind Nebensätze, die durch die Relativpronomen *der, die, das – welcher, welche, welches – wer, was* bzw. durch die Relativadverbien *wo(r)* + Präposition (z.B. *wodurch, worüber*), *wo, wohin, woher, von wo aus* eingeleitet werden. Die meisten Relativsätze sind Attributsätze, da sie ein Bezugswort näher bestimmen.

I Die Relativpronomen *der, die, das*

(1) Haben Sie schon mal von **Heinrich Heine** gehört, **der** einer der größten deutschsprachigen Schriftsteller ist?
(= Haben Sie schon mal von Heinrich Heine gehört? Er ist einer der größten deutschsprachigen Schriftsteller.)

(2) Nicht **jeder**, **den** man in Deutschland nach Heine fragt, kennt diesen Schriftsteller.

(3) Die satirischen **Gedichte** Heines, **mit denen** ich mich intensiv beschäftigt habe, werden häufig zitiert.
(= Die satirischen Gedichte Heines werden häufig zitiert. Ich habe mich intensiv mit ihnen beschäftigt.)

(4) **Er, dessen** politische Ansichten den Regierenden missfielen, bekam Schreibverbot.
(= Er bekam Schreibverbot. Seine politischen Ansichten missfielen den Regierenden.)

(5) Mit diesem **Schriftsteller, von dessen** wechselvollem Leben wir viel wissen, haben sich schon viele Biographen befasst.
(= Mit diesem Schriftsteller haben sich schon viele Biographen befasst. Wir wissen viel von dem wechselvollen Leben Heines / von seinem wechselvollen Leben.)

Die Relativpronomen *der, die, das* (selten: *welcher, welche, welches*) haben als Bezugswort im übergeordneten Satz ein Substantiv (1) (3) (5), ein auf Personen bezogenes Demonstrativ- oder Indefinitpronomen (z.B. *alle, derjenige, einer, einige, jeder, jemand, keiner, manche, niemand, viele*) (2) oder ein Personalpronomen (4). Das Relativpronomen richet sich in Numerus und Genus nach dem Bezugswort (1)-(5). Der Kasus des Relativpronomens dagegen hängt vom Verb des Relativsatzes ab (1) (2) bzw. von der Präposition, die vor dem Relativpronomen steht (3).
Die Relativpronomen *dessen/deren* stehen im Relativsatz für ein Genitivattribut bzw. Possessivpronomen. Das Verb des Relativsatzes hat keinen Einfluss auf *dessen/deren*, es bestimmt aber den Kasus des zu *dessen/deren* gehörenden Substantivs. Beim Substantiv stehende Adjektive werden wie Adjektive ohne Artikel dekliniert. Zwischen *dessen/deren* und dem dazugehörigen Substantiv darf kein Artikel stehen (4) (5).
Wenn das Bezugswort ein Personalpronomen in der 1. oder 2. Person Singular/Plural oder in der 3. Person Plural als Anredeform gebraucht wird, wird dieses im Relativsatz wiederholt: *Ich, die ich Heines Werk gut kenne, schätze diesen Schriftsteller sehr.*
Relativsätze stehen dicht hinter dem Bezugswort. Sie können nachgestellt (1) oder in einen Satz eingeschoben werden (2)–(5).

	Singular			Plural
	Mask.	Fem.	Neutrum	
Nom.	der	die	das	die
Akk.	den	die	das	die
Dat.	dem	der	dem	denen
Gen.	dessen	deren	dessen	deren

1 Bilden Sie Relativsätze. Der Hauptsatz wird jeweils beibehalten.

Beispiel: Gibt es einen Schriftsteller, ...? (besonders schätzen)
             Gibt es einen Schriftsteller, den Sie besonders schätzen?

Bücher
  1. Gibt es einen Schriftsteller, ...?
      a) (sich schon oft ärgern über / Perf.)
      b) (mehr Publikumsresonanz wünschen)
      c) (sich intensiv auseinandersetzen mit / Perf.)
      d) (ablehnen)
      e) (schon mal persönlich begegnen / Perf.)
      f) (allen anderen Schriftstellern vorziehen)
  2. Gibt es eine Schriftstellerin, ...?
      a) (viele Leser wünschen)
      b) (nicht ganz verstehen)
      c) (schwärmen für)
      d) (viel lesen von / Perf.)
      e) (besonders interessant finden)
      f) (den Nobelpreis geben / Konj. II)
  3. Gibt es ein Buch, ...?
      a) (zur Lektüre besonders empfehlen können)
      b) (nichts halten von)
      c) (sich gut erinnern an)
      d) (beeindruckt sein von)
      e) (wichtige Einsichten zu verdanken haben)
      f) (besonders schätzen)
  4. Haben Sie in Büchern schon mal Ideen gefunden, ...?
      a) (sofort zustimmen / Perf.)
      b) (sich distanzieren von / Perf.)
      c) (widersprechen müssen / Prät.)
      d) (lächeln müssen über / Prät.)
      e) (bei Ihnen ein Aha-Erlebnis auslösen / Perf.)
      f) (nichts abgewinnen können / Prät.)
  5. Gibt es einen Autor, ...?
      a) (vor seinem schriftstellerischen Können Respekt haben)
      b) (die Dichterlesungen des Autors gern besuchen)
      c) (seinem großartigen Werk internationale Verbreitung wünschen)
      d) (sich seinem erfrischenden Humor nicht entziehen können)
      e) (sein großer Bekanntheitsgrad nicht überraschen)
      f) (über das Werk des Autors mit anderen viel diskutieren / Perf.)
  6. Gibt es eine Autorin, ...?
      a) (ihrer angekündigten Veröffentlichung mit Neugier entgegensehen)
      b) (an das Talent dieser Autorin glauben)
      c) (an ihren Büchern hängen)
      d) (ihren witzigen Thesen zustimmen)
      e) (sich mit den Büchern der Autorin lange befassen / Perf.)
      f) (ihrem bewundernswerten Verhalten nacheifern wollen / Prät.)

7. Gibt es Bücher, …?
   a) (von ihren Ideen beeinflusst sein)
   b) (ihre Lektüre immer wieder begeistern)
   c) (ihren kunstvollen Aufbau bewundern)
   d) (von ihrer eigenartigen Sprache fasziniert sein)
   e) (ihre Lektüre empfehlen können)
   f) (ihren schwierigen Gedankengängen kaum folgen können / Prät.)

2 Bilden Sie Relativsätze.

Kennen Sie diese Schriftsteller?

1. Kennen Sie Heinrich von Kleist? (Ihm war das Leben eine große Last.)
2. Kennen Sie Hugo von Hofmannsthal? (Seine Sprache grenzt an Sprachmagie.)
3. Kennen Sie Thomas Mann? (Sein Bruder Heinrich war ebenfalls ein großer Schriftsteller.)
4. Kennen Sie Gottfried Keller? (Ihn interessierte die soziale Wirklichkeit seiner Zeit.)
5. Kennen Sie Annette von Droste-Hülshoff? (Sie hinterließ der Nachwelt schöne Naturgedichte.)
6. Kennen Sie Joseph von Eichendorff? (Seine bekanntesten Gedichte werden heute als Volkslieder gesungen.)
7. Kennen Sie Arthur Schnitzler? (Ihn faszinierte die Wiener Gesellschaft der Jahrhundertwende.)
8. Kennen Sie Schiller? (Aus seinen Dramen wird heute in Deutschland am häufigsten zitiert.)
9. Kennen Sie Stefan Zweig? (Die Nationalsozialisten trieben ihn ins Exil und in den Selbstmord.)
10. Kennen Sie Bertolt Brecht? (Ihm gelangen im Exil die besten Dramen.)
11. Kennen Sie E.T.A. Hoffmann? (In seinem literarischen Werk verschwimmen die Grenzen zwischen Phantasie und Realität.)
12. Kennen Sie Else Lasker-Schüler? (Von ihren wunderschönen Liebesgedichten werden die Leser verzaubert.)
13. Kennen Sie Günter Grass? (Seine Kindheitserlebnisse fließen sehr stark in sein literarisches Werk ein.)
14. Kennen Sie Jean Paul? (Sein Humor und seine groteske Phantasie machen ihn zu einem der größten deutschsprachigen Dichter.)
15. Kennen Sie Goethe? (Von seinem Jugendroman „Die Leiden des jungen Werther" war Napoleon begeistert.)

3 Verbinden Sie die Satzpaare durch Relativpronomen.

Die Frankfurter Buchmesse

1. Die Frankfurter Buchmesse ist eine der größten Buchmessen der Welt. Sie findet jedes Jahr im Herbst statt.
2. Die Frankfurter Buchmesse ist ein großes Ereignis für Buchhändler und Bücherfreunde. Zu der Frankfurter Buchmesse kommen Verleger und Autoren aus aller Welt.

3. Die Frankfurter Buchmesse ist aus dem Frankfurter Kultur- und Wirtschaftsleben nicht mehr wegzudenken. Die Frankfurter sind auf die lange Tradition ihrer Buchmesse sehr stolz.

4. Verleger und Autoren hoffen auf gute Geschäfte und internationale Resonanz. Für sie ist die Frankfurter Buchmesse der Höhepunkt des Jahres.

5. Jedes Jahr steht ein bestimmtes Land im Mittelpunkt der Frankfurter Buchmesse. Es soll auf die Buchproduktion dieses Landes aufmerksam gemacht werden.

6. Mit dem Friedenspreis des Deutschen Buchhandels werden Persönlichkeiten ausgezeichnet. Sie haben sich um den Frieden verdient gemacht. Die Verleihung des Friedenspreises ist jedes Jahr der Höhepunkt der Frankfurter Buchmesse.

7. Neben der Frankfurter gibt es die Leipziger Buchmesse. Sie findet im Frühjahr statt und gilt als Fachmesse mit Ausrichtung nach Osteuropa.

II Das Relativpronomen *wer*

(1) **Wer** ein Buch schreiben will, **(der)** braucht Zeit und Ausdauer.
(= Jemand will ein Buch schreiben. Er braucht Zeit und Ausdauer.)

(2) **Wer** keine Gedichte mag, **dem** gefallen vielleicht Romane.
(= Jemand mag keine Gedichte. Ihm gefallen vielleicht Romane.)

(3) **Wem** Lesen keinen Spaß macht, **der** sieht vielleicht lieber fern.
(= Jemandem macht Lesen keinen Spaß. Er sieht vielleicht lieber fern.)

(4) **Mit wem** man über Bücher reden kann, **mit dem** verbindet einen etwas.
(= Man kann mit jemandem über Bücher reden. Mit ihm verbindet einen etwas.)

Nom.	wer
Akk.	wen
Dat.	wem
Gen.	wessen (= selten)

Das Relativpronomen *wer* ist genusneutral und hat keine Pluralformen.
Relativsätze mit *wer* leiten sich von Relativsätzen her, die als Bezugswort ein auf Personen bezogenes Demonstrativ- oder Indefinitpronomen haben (z.B. *derjenige/jeder/jemand/einer, der* → *wer*). Das Relativpronomen *wer* hat verallgemeinernden Charakter und kommt daher oft in Sprichwörtern vor: *Wer andern eine Grube gräbt, fällt selbst hinein.*
Der nachgestellte Hauptsatz wird durch das Demonstrativpronomen *der* eingeleitet (2) (3), das entfallen kann, wenn Relativpronomen und Demonstrativpronomen im gleichen Kasus stehen (1). Vor dem Relativpronomen und dem Demonstrativpronomen können Präpositionen stehen, allerdings nur im gleichen Kasus, wobei die Präposition des Relativsatzes der Präposition des Hauptsatzes entsprechen muss (4).

4 Setzen Sie Relativpronomen und, soweit notwendig, Demonstrativpronomen ein.

Der strenge Literaturkritiker M.

1. … sich anmaßt, Autoren zu kritisieren, … muss selbst viel lesen.

2. … der Literaturkritiker M. mangelndes Talent vorwirft, … hat es als Schriftsteller schwer.

3. ... er nicht mag, ... setzt er hart zu.
4. ... er für schlecht hält, ... entgeht seiner beißenden Kritik nicht.
5. ... er kritisiert, ... kann er großen Schaden zufügen.
6. ... er den literarischen Rang aberkennen möchte, ... bekämpft er in den Medien.
7. ... er von einer Veröffentlichung abrät, ... sollte seinem Rat folgen.
8. ... dem Kritiker widerspricht, ... entzieht er sein Wohlwollen.
9. Aber ... er lobt, ... darf auf Erfolg hoffen.
10. ... er favorisiert, ... wird in kurzer Zeit bekannt.
11. ... sich der Kritiker interessiert, ... setzt er sich ein.
12. ... die Kompetenz des Kritikers bezweifelt, ... täuscht sich.

5 Bilden Sie Sätze mit *Wer ...., (der)*.

Kontaktpflege
1. Jemand ist schlecht organisiert. Er hat für nichts Zeit.
2. Jemand geht keine Kompromisse ein. Er setzt Freundschaften aufs Spiel.
3. Es gelingt ihm nicht, Freundschaften zu schließen. Er ist wirklich zu bedauern.
4. Jemand will Freunde gewinnen. Er muss sich um andere Menschen bemühen.
5. Jemand war als Kind kontaktarm. Es gelingt ihm später nur schwer, Freunde zu finden.
6. Jemand hilft anderen gerne. Ihm wird auch geholfen.
7. Jede Hilfeleistung ist ihm zu viel. Über fehlende Unterstützung von anderen braucht er sich nicht zu wundern.
8. Das kleinste Geschenk ist ihm zu teuer. Er ist ein Geizhals.
9. Jemand gönnt anderen nichts. Er ist ganz einfach ein Egoist.
10. Jemand gerät in Not. Er merkt schnell, ob er echte Freunde hat.

III Das Relativpronomen *was* – die Relativadverbien *wo(r)* + Präposition

(1) In dem Buch steht **etwas, was** mich überrascht hat.
(2) Das Buch enthält **vieles, dem** man widersprechen kann.
(3) Ein Bucherfolg ist **das Schönste, was** einem Autor passieren kann.
(4) Das Buch enthält **einiges, wovon** die Öffentlichkeit bisher nichts wusste.
(5) Literatur ist **etwas, ohne das** die Welt ärmer wäre.
(6) **Was** sich jeder Autor wünscht, **(das)** ist Erfolg.
(= **Das, was** sich jeder Autor wünscht, ist Erfolg.)
(7) Das Buch ist sehr begehrt, **was** der Verlag zufrieden feststellt.
(8) Das Buch wurde aber kein Bestseller, **womit** auch niemand gerechnet hatte.

Nom.: was
Akk.: was
Dat.: dem
Gen.: dessen

Das Relativpronomen *was* bildet den Dativ und Genitiv mit dem Relativpronomen *das* (*dem, dessen*) und hat keine Pluralformen. Bezugswörter können auf Sachen bezogene Demonstrativ- und Indefinitpronomen (z. B. *alles, das, dasselbe, einiges, etwas, manches, nichts, vieles*) (z.B. (1) (2)) und substantivierte Adjektive im Neutrum, meist im Superlativ (3), sein. Vor dem Relativpronomen *was* kann keine Präposition stehen. Mit den Präpositionen *an, auf, aus, bei, durch, für, gegen, in, mit, nach, über, um, unter, von, vor, zu* werden Relativadverbien (*wo(r)* + Präposition) gebildet (4). Alle anderen

Präpositionen stehen vor dem Relativpronomen (5). Bei Präpositionen mit dem Dativ sind beide Formen möglich:
Das Buch enthält einiges, woran / an dem sich manche stören.
In verallgemeinernden Aussagen kann das Bezugswort weggelassen werden (*das/alles, was → was*) (6). Das Relativpronomen *was* kommt häufig in Sprichwörtern vor: *Was Hänschen nicht lernt, lernt Hans nimmermehr.*
Das Relativpronomen *was* bzw. Relativadverbien stehen auch, wenn sich der Relativsatz auf den ganzen übergeordneten Satz bezieht (7) (8).

6 Bilden Sie Relativsätze.

    1. In dem Sachbuch steht manches, ...
        a) Es interessiert die Leser brennend.
        b) In der Öffentlichkeit wird darüber heftig diskutiert.
        c) Über seine Hintergründe bestand bisher Unklarheit.
        d) Manchem muss man zustimmen.
        e) Andere Argumente verblassen daneben.
        f) Einige Bürgerinitiativen setzen sich schon lange dafür ein.
        g) Es sollte unbedingt bald in die Tat umgesetzt werden.
        h) Die Politiker müssen darauf reagieren.
    2. a) Schaffenskrisen sind das Schlimmste, ... (Schriftstellern kann es passieren.)
        b) Aufgeschlossene Verleger, Kritiker und Leser sind das Wichtigste, ... (Autoren brauchen es.)
        c) Erwartungen von Verlegern, Kritikern und Lesern sind nicht das Einzige, ... (Schriftsteller müssen sich ihm stellen.)
        d) Einen Bestseller zu schreiben ist das Höchste, ... (Davon träumen Schriftsteller.)
        e) Stilgefühl ist das Mindeste, ... (Man kann es von einem Autor verlangen.)
        f) Ein Verkaufserfolg ist nicht das Einzige, ... (Man kann Schriftsteller dazu beglückwünschen.)
        g) Ein schlechtes Buch zu verreißen ist das Beste, ... (Kritiker können es tun.)

7 Setzen Sie Relativpronomen bzw. Relativadverbien ein.

    In Büchern steht vieles, ...
    1. ... man nichts anfangen kann.
    2. ... Wichtigkeit zweifelhaft ist.
    3. ... keinem Kritiker erwähnenswert erscheint.
    4. ... einziger Zweck es ist, die Leser zu unterhalten.
    5. ... man nicht einfach hinnehmen kann.
    6. ... Logik man nur schwer nachvollziehen kann.
    7. ... man ablehnend gegenübersteht.
    8. ... man nicht Ja sagen kann.

9.   ... man nicht unwidersprochen lassen kann.
10.   ... man energisch entgegentreten sollte.
11.   ... gründlicher nachgedacht werden müsste.
12.   ... in einer Neuauflage korrigiert werden sollte.

8   Verbinden Sie die Sätze durch Relativpronomen bzw. Relativadverbien.

Ein erfolgreiches Sachbuch

1.   Ein Kritiker hat ein gerade erschienenes Sachbuch sehr positiv besprochen. Darüber hat sich der Autor natürlich gefreut.
2.   Auch in Fachkreisen wurde das Buch sehr gelobt. Damit hatte der Autor nicht unbedingt gerechnet.
3.   Besonders hervorgehoben wurden die hervorragenden Analysen des Buches. Das ist berechtigt.
4.   Der Autor hat lange an dem Sachbuch gearbeitet. Das wundert bei dem komplexen Thema niemanden.
5.   Das Buch verkaufte sich sehr gut. Dadurch kam der Verlag aus den roten Zahlen.
6.   Das Autorenhonorar fiel hoch aus. Dagegen hatte der Autor nichts einzuwenden.
7.   Dem Autor wird eine glänzende Karriere vorhergesagt. Das könnte durchaus eintreffen.
8.   Der Autor plant weitere Sachbücher. Dabei hat er die volle Unterstützung seines Verlages.

IV Die Relativadverbien *wo, wohin, woher, von wo aus*

(1a)   **Die Großstädte** der Dritten Welt, **wo/in denen** schon sehr viele Menschen leben, wachsen immer noch weiter an.

(1b)   In **Afrika, wo** die Bevölkerungszahl rasant steigt, ist die Hälfte der Menschen jünger als zwanzig Jahre.

(1c)   **Wo / Dort, wo** Slums entstehen, gibt es soziale Probleme.

(2)   **In den Großstädten, wohin/in die** immer mehr Menschen ziehen, werden die Lebensbedingungen immer schlechter.

(3)   **Die Dörfer, woher/aus denen** die Menschen kommen, verfallen.

(4)   **Neu-Delhi, von wo aus** 22 Bundesstaaten und 9 Unionsterritorien regiert werden, ist die Hauptstadt Indiens.

(5)   In den letzten Jahrzehnten, **wo** (= als, da) die Bevölkerung der Dritten Welt stark wuchs, hatten nicht alle Menschen genügend zu essen.

Relativsätze mit den Relativadverbien *wo, wohin, woher* (= *von wo*), *von wo aus* haben im übergeordneten Satz ein Bezugswort mit lokaler Bedeutung. *Wo* wird bei Ortsangaben ((1) Frage: *Wo?*), *wohin* und *woher* bei Richtungsangaben gebraucht ((2) Frage: *Wohin?*; (3) Frage: *Woher?*). *Von wo aus* wird statt *woher* gebraucht, wenn der räumliche Ausgangspunkt und nicht die Richtung betont werden soll ((4) Frage: *Von wo aus?*).
Statt eines Relativadverbs kann das Relativpronomen *der* mit einer Präposition gebraucht werden (1a) (2) (3), allerdings nicht bei artikellosen geographischen Namen (1b) (4) und nicht bei Lokaladverbien (1c). Bei Lokaladverbien kann das Bezugswort weggelassen werden (1c).
Das Relativadverb *wo* wird umgangssprachlich manchmal auch gebraucht, wenn das Bezugswort im Hauptsatz temporale Bedeutung hat (= *als/wenn; da*) (5).

9 *Wo, wohin, woher, von wo aus* oder Präposition + *der?*

Eine romantische Stadt

Touristen aus aller Welt kommen nach Heidelberg, … es viele Sehenswürdigkeiten gibt. Der Ort am Neckar, … so bekannte Persönlichkeiten wie der frühere Reichspräsident
5 Friedrich Ebert stammen, hat den Ruf einer romantischen Stadt. Dieser Ruf ist bis nach Ostasien gedrungen, … sehr viele Touristen kommen. Die Stadt, … es schon in den vorigen Jahrhunderten berühmte Schriftsteller,
10 Philosophen und Wissenschaftler zog, ist von vielen Dichtern besungen worden. Überall dort, … früher mal berühmte Leute wohnten, weisen Schilder auf die ehemaligen Bewohner hin.
15 Die Heidelberger sind stolz auf ihre lange Fußgängerzone. Hier, … auch die Bewohner der umliegenden Ortschaften zum Einkaufen kommen, können die Touristen schöne Häuserfassaden bewundern. In der Hauptstraße,
20 … jetzt der Durchgangsverkehr verboten ist, fuhren früher Autos und Straßenbahnen. … keine Autos mehr fahren dürfen, ist viel Platz für Fußgänger, die in Straßencafés sitzen und spazieren gehen können. Die Touristen zieht
25 es besonders in die Altstadt, … es viele gemütliche Lokale gibt. Auch der Marktplatz, … zweimal in der Woche Obst, Gemüse und Blumen verkauft werden, ist ein zentraler Treffpunkt. Er liegt gleich neben der Heilig-Geist-Kirche. Im Umland von Heidelberg, … 30 die Gärtner und Bauern mit ihren frischen Waren kommen, werden Obst und Gemüse angebaut.
In Heidelberg, … viele Ausländer zum Studieren kommen, gibt es eine über 600 Jahre alte 35 Universität. Hier, … es sich gut leben und studieren lässt, nimmt die Zahl der ausländischen Studierenden laufend zu. An einem Hang oberhalb der Stadt liegt das berühmte Schloss, … man einen schönen Blick auf die 40 Altstadt hat. Im Schlosshof, … man eine der schönsten deutschen Renaissancefassaden bewundern kann, finden im Sommer bei schönem Wetter Konzerte und Theateraufführungen statt. Am Neckar, … eine Uferpro- 45 menade zum Spazierengehen einlädt, halten sich viele Einheimische in ihrer Freizeit auf. Die Neckarwiesen, … das Schloss gut zu sehen ist, ist ein Treffpunkt für Jugendliche.

V Gesamtübungen

10 Setzen Sie Relativpronomen, Relativadverbien und, falls notwendig, Demonstrativpronomen ein.

Die Messen im mittelalterlichen Frankreich

Das Hauptziel der wandernden europäischen Kaufleute im Mittelalter war die Champagne im Nordosten Frankreichs, … das ganze Jahr über Messen abgehalten wurden. Die Messen,
5 über … Verlauf die Historiker viel herausgefunden haben, waren im mittelalterlichen Frankreich ein bedeutender Wirtschaftsfaktor. Hier, … viele Menschen zusammenkamen, herrschte eine geschäftige Betriebsamkeit.
10 keit. … an den Messen teilnehmen wollte, … musste lange und schwierige Reisen auf sich nehmen. Die Italiener zum Beispiel, … die Alpen überqueren mussten, waren fünf Wochen lang unterwegs, … bei den Verkehrsmit- teln der damaligen Zeit eine enorme Strapaze 15 bedeutete. Anfangs baute man für die Reisenden Baracken, … als behelfsmäßige Unterkünfte dienten. Häufig baute man solche Baracken außerhalb der Städte, … mehr Platz war. Später vermieteten die Stadtbewohner 20 Zimmer, … Ausstattung schon etwas besser war. Schließlich wurden für die Reisenden spezielle Häuser aus Stein gebaut, in … großen Kellern die Waren besser gelagert und vor Feuer geschützt werden konnten. Die 25 Grafen der Champagne taten vieles, … zum wirtschaftlichen Aufschwung dieser Region beitrug. … zum Beispiel Bauland für Messe-

unterkünfte zur Verfügung stellte, … wurden
30 bestimmte Steuern erlassen. In den Gegenden, durch … die Kaufleute zogen, wurden
die Wegzölle abgeschafft oder eingeschränkt.
… zur Messe in die Städte kam, … musste weder Einfuhrsteuern noch Standrecht zahlen.
35 Auch waren die Grafen sehr um Ruhe und
Ordnung bemüht, … den Kaufleuten bei
ihrem Handel sehr half. Im 14. Jahrhundert
begann der Niedergang der Messen, … viele
Gründe angeführt werden können. Einer der
40 Hauptgründe dürfte der Hundertjährige Krieg
gewesen sein, … man sich nicht zu wundern

braucht. Die wichtigste französische Handels-
route, … aus dem Mittelmeerraum kam, wurde aufgegeben, … dazu führte, dass die Kaufleute von jetzt an mit dem Schiff auf dem 45
Rhein oder vom Mittelmeer über den Atlan-
tik bis nach England fuhren. Dort, … die Ver-
kehrsverhältnisse günstig waren, entstanden
neue Messen wie z. B. in Genf oder in Frankfurt am Main. 50

(Nach: J. Le Goff:
Kaufleute und Bankiers im Mittelalter)

11 Verbinden Sie die Sätze durch Relativpronomen, Relativadverbien und, falls notwendig, durch Demonstrativpronomen.

Christoph Kolumbus und Amerika

1. Jemand denkt an Entdeckungsreisen. Ihm fällt sofort Christoph Kolumbus ein.
2. Christoph Kolumbus wurde 1451 geboren. Seine Familie stammt aus Genua.
3. Christoph Kolumbus ist einer der bekanntesten Seefahrer. Kolumbus gelang die Überquerung des Atlantiks.
4. Christoph Kolumbus entdeckte Amerika. Er suchte eigentlich einen Seeweg nach Indien.
5. Ostasien war für die Europäer wegen des Gewürzhandels interessant. Kolumbus wollte nach Ostasien fahren.
6. Die Wikinger hatten vermutlich schon vor Kolumbus Amerika entdeckt. Das wusste man damals aber nicht.
7. Kolumbus beabsichtigte in westlicher Richtung nach Ostasien zu fahren. Dafür fand er zunächst keine Geldgeber.
8. Kolumbus wandte sich an das spanische Königshaus. Er wohnte damals in Spanien.
9. Im Jahre 1492 unterzeichnete Kolumbus den Vertrag über die Expedition nach Asien. Er hatte die spanischen Könige zu dieser Expedition überredet.
10. Im selben Jahr startete er seine Expedition. Er erhielt für diese Expedition von den spanischen Königen drei Schiffe.
11. Kolumbus hatte auch ein finanzielles Interesse an dem Gelingen der Expedition. Laut Vertrag sollte ihm ein Zehntel aller zu erwartenden Gewinne gehören.
12. Jemand sieht Schiffe aus der damaligen Zeit. Ihm erscheinen sie unglaublich klein.
13. Jedes zehnte Schiff erlitt Schiffbruch. Das machte die Schifffahrt gefährlich.
14. Auf seiner ersten Fahrt entdeckte Kolumbus nicht Amerika, sondern die Inseln San Salvador, Kuba und Haiti. Auf den Inseln gründete er spanische Kolonien.
15. Kolumbus glaubte bis zu seinem Tod Indien gefunden zu haben. Seine dritte Expedition führte ihn an die Küste Südamerikas.
16. Von seiner vierten Fahrt kehrte er krank nach Spanien zurück. Er starb vergessen in Spanien.
17. Kolumbus hat einen neuen Kontinent zwischen Europa und Asien entdeckt. Mit der Existenz des Kontinents hatte er nicht gerechnet.

18. Um Kolumbus entstanden bald Geschichten aller Art. In diesen Geschichten wurde er idealisiert.
19. Im Jahre 1992 wollten die Europäer die Entdeckung Amerikas feiern. Das führte zu Protesten besonders in Südamerika.
20. Über die Entdeckungen der Europäer sind in den letzten Jahren viele Bücher erschienen. In den Büchern wird die Geschichte des europäischen und überseeischen Kulturkontakts kritisch beurteilt.

§ 15 Partizipialattribute

I Die Bedeutung der Partizipialattribute

Drama auf dem Neckar: Kind ertrunken

if.Neckarsteinach. Alles lief in Sekundenschnelle ab: Das Auto machte einen Ruck, durchbrach die Absperrung auf der Fähre und versank mit dem dreijährigen Jungen in den schlammigen Fluten des Hochwasser führenden Neckars. Entsetzen gestern Mittag auf dem Neckar zwischen Neckarsteinach und Neckarhäuser Hof. Zu dem tragischen Unfall war es gekommen, als eine 29-jährige Frau aus Hirschhorn auf der Fähre ihre Überfahrt bezahlen wollte. In einem unbeachteten Moment dreht der Junge, der im Auto sitzen geblieben war, den Zündschlüssel um und der Wagen rollte in den Neckar.

Der beherzte Fährmann erkannte die dramatische Situation, wollte in den Wagen greifen und wurde ebenfalls in den Neckar gerissen. Während Männer vom Neckarhäuser Hof den Fährmann noch aus dem Wasser ziehen konnten, blieb das Auto mit dem wahrscheinlich ertrunkenen Jungen verschwunden. Durch eine groß angelegte Rettungsaktion konnte zwar Stunden später der Wagen, aber nicht das Kind geborgen werden.

Bis zum späten Abend dauerte die fieberhafte Suche nach dem Kind in den reißenden Fluten des Hochwasser führenden Flusses. Die Aktionen wurden am Nachmittag durch schwere Unwetter erschwert. Die Schifffahrt wurde während der gesamten Suchaktion eingestellt.

(RNZ vom 27.6.1992)

(1) der **ertrunkene** Junge (2) der **Hochwasser führende** Neckar (3) der **wahrscheinlich in den Fluten des Neckars ertrunkene kleine** Junge (4) der **ertrunkene** Junge **aus Hirschhorn**	*Es gibt zwei Partizipien: Partizip Präsens (Partizip I): führend, reißend (= Infinitiv + -d) und Partizip Perfekt (Partizip II): beachtet, gebracht (= (ge) + t bei schwachen und gemischten Verben); getragen, ertrunken (= (ge-) + -en bei starken Verben).* *Partizipien können Attribute sein und wie Adjektive vor Substantiven stehen. Solche Partizipialattribute werden wie Adjektive dekliniert. Partizipialattribute können erweitert werden. Diese Erweiterungen stehen zwischen Artikel und Partizipialattribut (2) (3), manchmal allerdings fehlt der Artikel. Diese erweiterten Partizipialattribute werden vor allem in der Schriftsprache gebraucht. Zwischen dem Partizipialattribut und dem dazugehörigen Substantiv können weitere Adjektive stehen ((3): kleine).* *Rechts vom Substantiv können weitere Attribute stehen, z. B. Genitiv- oder Präpositionalattribute (4).*

1 Erklären Sie die Bedeutung der Partizipien.

    1. der *im Auto sitzen gebliebene* Junge → Der Junge blieb im Auto sitzen.
    2. der *in den Neckar rollende* Wagen
    3. der *zu Hilfe eilende* Fährmann

4. der *Hochwasser führende* Fluss
5. das *im Neckar versunkene* Auto
6. der *von dem Auto in den Neckar gerissene* Fährmann
7. der *einige Stunden später vom Rettungsdienst geborgene* Wagen
8. der *seitdem verschwundene* Junge

Partizip Präsens (= Partizip I)

(1) Das den Verkehr **blockierende** Flugzeug zieht (zog) viele Schaulustige an.
(= Das Flugzeug, das den Verkehr blockiert (blockierte), zieht (zog) viele Schaulustige an.)

(2) Der nur zäh **fließende** und immer wieder **stockende** Verkehr kommt (kam) ganz zum Erliegen.
(= Der Verkehr, der nur zäh fließt (floss) und immer wieder stockt (stockte), kommt (kam) ganz zum Erliegen.)

(3) Die **sich** um das Flugzeug **versammelnde** Menge der Schaulustigen wächst (wuchs) von Minute zu Minute.
(= Die Menge der Schaulustigen, die sich um das Flugzeug versammelt (versammelte), wächst (wuchs) von Minute zu Minute.)

Das Partizip I der transitiven (1), intransitiven (2) und reflexiven (3) Verben bezeichnet andauernde aktivische Vorgänge, die gleichzeitig mit dem finiten Verb sind. Das Partizip I reflexiver Verben wird mit Reflexivpronomen gebraucht.

Partizip Perfekt (= Partizip II)

(4) Der Pilot freut (freute) sich über die glücklich **beendete** Notlandung.
(= Der Pilot freut (freute) sich über die Notlandung, die glücklich beendet worden ist / beendet ist (beendet worden war / beendet war)).

Das Partizip II der transitiven Verben bezeichnet im Allgemeinen abgeschlossene passivische Vorgänge, die vorzeitig (= Vorgangspassiv) bzw. gleichzeitig (= Zustandspassiv) sind (4).

(5) Die bereits **eingetroffene** Polizei sichert (sicherte) die Spuren.
(= Die Polizei, die bereits eingetroffen ist (eingetroffen war), sichert (sicherte) die Spuren.)

Das Partizip II der intransitiven Verben mit *sein* im Perfekt bezeichnet im Allgemeinen abgeschlossene aktivische Vorgänge, die vorzeitig sind; allerdings können nur solche Verben als Partizip II attributiv gebraucht werden, die Anfang und Ende eines Vorgangs angeben (*die eingetroffene Polizei;* mit Zielangabe: *die zum Unfallort gefahrene Polizei; *die gefahrene Polizei*).
Das Partizip II der intransitiven Verben mit *haben* im Perfekt kann nicht attributiv gebraucht werden (**der zugenommene Flugverkehr*).

(6a) Der auf Krankentransporte **spezialisierte** Pilot ist (war) ein begeisterter Flieger.
(= Der Pilot, der sich auf Krankentransporte spezialisiert hat / der auf Krankentransporte spezialisiert ist (der sich ...
spezialisiert hatte / der ... spezialisiert
war), ist (war) ein begeisterter Flieger.)
(6b) Die **empörten** Autofahrer beschimpfen
(beschimpften) den Piloten.
(= Die Autofahrer, die sich empören /
die empört sind (die sich empörten / die
empört waren), beschimpfen (beschimpften) den Piloten.)

Das Partizip II der reflexiven Verben bezeichnet
aktivische Vorgänge, die als reflexive Verbform
– je nach Verb – vorzeitig (6a) oder gleichzeitig
(6b), als Zustandsreflexiv aber immer gleichzeitig (6a) (6b) sind. Allerdings können nur solche
reflexiven Verben als Partizip II attributiv gebraucht werden, die ein Zustandsreflexiv bilden
(*der spezialisierte Pilot*; **der beeilte Pilot*). Bei attributiv gebrauchtem Partizip II entfällt das Reflexivpronomen.
(Zum Zustandsreflexiv vgl. S. 71 und Liste im
Lösungsschlüssel.)

	Partizip I	Partizip II
Transitive Verben	(1) andauernd aktivisch gleichzeitig	(4) abgeschlossen passivisch vorzeitig (Vorgangspassiv) bzw. gleichzeitig (Zustandspassiv)
Intransitive Verben	(2) andauernd aktivisch gleichzeitig	(5) abgeschlossen aktivisch vorzeitig
Reflexive Verben	(3) andauernd aktivisch gleichzeitig	(6) aktivisch a) vorzeitig (6a) oder gleichzeitig (6b) als reflexive Verbform b) gleichzeitig als Zustandsreflexiv (6a) (6b)

**Besonderheiten bei transitiven, intransitiven
und reflexiven Verben**

(7) Viele **früher** nur mit großer Angst **flie-
gende** Passagiere besteigen Flugzeuge
heute unbeschwert.
(= Viele Passagiere, die früher nur mit
großer Angst geflogen sind, besteigen
Flugzeuge heute unbeschwert.)
(8) Der die Atmosphäre stark **belastende**
Flugverkehr hat um 1920 eingesetzt.
(= Der Flugverkehr, der die Atmosphäre
stark belastet, hat um 1920 eingesetzt.)

Das Partizip I kann – meist in Verbindung mit
einer Temporalangabe – auch vorzeitig sein (7).
Bei nicht abgeschlossenen, sich oft/immer
wiederholenden Vorgängen, die bis in die Gegenwart reichen, steht Präsens (8).

(9) Die schon in den 70er Jahren (immer wieder) **geäußerte** Kritik am Flugverkehr wurde damals nicht ernst genommen. (= Die Kritik am Flugverkehr, die schon in den 70er Jahren (immer wieder) geäußert wurde, wurde damals nicht ernst genommen.)

(10) Die seit Jahrtausenden von den Menschen rücksichtslos **ausgebeutete** Natur ist aus dem Gleichgewicht geraten. (= Die Natur, die seit Jahrtausenden von den Menschen rücksichtslos ausgebeutet wird, ist aus dem Gleichgewicht geraten.)

Das Partizip II kann bei nicht abgeschlossenen, sich oft/immer wiederholenden Vorgängen auch gleichzeitig sein (9). Reichen diese Vorgänge bis in die Gegenwart, steht Präsens (10).

Anmerkung

Es gibt Partizipien, die ihren Verbcharakter verloren haben und zu Adjektiven geworden sind, von einigen gibt es das zugrunde liegende bedeutungsgleiche Verb gar nicht mehr (z.B. *bekannt, beliebt, berühmt, dringend, entlegen, spannend, willkommen*). Ihren Adjektivcharakter erkennt man daran, dass sie durch Adverbien ergänzt (*ganz entlegen, sehr bekannt*) und gesteigert werden können (*dringend / dringender / am dringendsten*). Diese sogenannten adjektivischen Partizipien werden nicht verbal, sondern wie Adjektive mit *sein* aufgelöst:

Es gibt besonders beliebte Flugrouten.
Es gibt Flugrouten, die besonders beliebt sind.

II Die Bildung von Partizipialattributen

2 Partizip I oder Partizip II?

Beispiel: (ausbauen) Motor —> der ausgebaute Motor
                     (singen) Autofahrer —> der singende Autofahrer

1. (voll tanken) Auto
2. (stehen) Auto
3. (laufen) Motor
4. (einschalten) Nebellicht
5. (gut ausbauen) Straße
6. (sich überschlagen) Auto
7. (nicht einhalten) Geschwindigkeitsbegrenzung
8. (beschädigen) Motor
9. (eindrücken) Autotür
10. (schimpfen) Autofahrer
11. (feststellen) Sachschaden
12. (entziehen) Führerschein
13. (sich verfahren) Anfänger

14. (hupen) Autofahrer
15. (verbrauchen) Benzin
16. (verändern) Straßenführung
17. (langsam fahren) Autofahrer
18. (sich umschauen) Beifahrer

3 Ordnen Sie das Partizip I und II der angegebenen Verben jeweils dem richtigen Substantiv zu.

Beispiel: (schweißen) Lehrling / Autoteile
             der schweißende Lehrling / die geschweißten Autoteile

1. (lackieren) Auto / KFZ-Mechaniker
2. (pfeifen) Lehrling / Lied
3. (beleidigen) Lehrling / Worte
4. (ablenken) Geräusche / Lehrling
5. (gut beraten) Verkäufer / Kunde
6. (scharf kalkulieren) Preise / Chef
7. (bar bezahlen) Rechnung / Kunde
8. (überholen) Sportwagen / Radfahrer
9. (tanken) Benzin / Autofahrer
10. (blenden) Sonne / Motorradfahrer

4 Ist – mit veränderter Bedeutung – auch das Partizip II möglich?

Beispiel: die zum Unterricht erscheinenden Schüler
             die zum Unterricht **erschienenen** Schüler

1. die gut aussehende Lehrerin
2. der mit Begeisterung musizierende Lehrer
3. die sehr genau beobachtende Lehrerin
4. die sich nicht überarbeitende Lehrerin
5. eine aus dem Schuldienst ausscheidende Kollegin
6. die mit Bus, Mofa oder Fahrrad fahrenden Schüler
7. die sich nach den Ferien sehnenden Schüler
8. die zu schnell vergehenden Ferien
9. der pünktlich beginnende Unterricht
10. ein nicht rechtzeitig aus den Ferien zurückkehrender Schüler

III Die Umwandlung von Partizipialattributen in Relativsätze

Das Partizip I transitiver, intransitiver und reflexiver Verben

5 Bilden Sie aus den Partizipialattributen Relativsätze.

Eine Notlandung

1. Der auf der Autobahn landende Pilot hatte mit den beiden Motoren seines Flugzeugs Probleme.
2. Der einen Stau verursachende Pilot konnte mit seiner Maschine nirgendwo anders landen.
3. Dem seit acht Jahren fliegenden Piloten ist noch nie etwas Ähnliches passiert.
4. Im Polizeirevier stellt der den Vorfall protokollierende Polizist dem Piloten viele Fragen.
5. Der sich zum Hergang der Notlandung äußernde Pilot steht unter leichtem Schock.
6. Die Polizisten machen dem in der Notsituation schnell und richtig reagierenden Piloten keine Vorwürfe.
7. Der den Polizisten von ähnlichen Vorfällen berichtende Pilot ist bisher unfallfrei geflogen.
8. Der einer möglichen Anzeige ruhig entgegensehende Pilot ist froh über den guten Ausgang der Notlandung.

Das Partizip II transitiver Verben

6 Bilden Sie Relativsätze im Vorgangspassiv.

Im Lesesaal einer Bibliothek

1. Der laufend auf den aktuellen Stand gebrachte Bücherbestand des Lesesaals kommt allen Benutzern zugute.
2. Die dafür ausgegebenen Geldmittel gehen in die Millionen.
3. Die im letzten Haushaltsplan für den Kauf von Büchern und Zeitschriften bewilligten Gelder reichen bei weitem nicht aus.
4. Die in den letzten Jahren mit Hilfe von Sponsoren nach und nach angeschafften Bücher und Zeitschriften haben den Bestand sinnvoll ergänzt.
5. Die den Benutzern in der letzten Woche präsentierten Neuerwerbungen stehen bereits in den Regalen.
6. Besonders viel benutzte Bücher sind im Lesesaal in mehreren Exemplaren vorhanden.
7. Der Präsenzbibliothek entnommene Bücher dürfen nicht mit nach Hause genommen werden.
8. Die von allen Benutzern bevorzugten Plätze des Lesesaals sind die Fensterplätze.

7 Bilden Sie Relativsätze im Zustandspassiv.

Eine Ausstellung in der Universitätsbibliothek

1. Die finanziell nicht besonders gut ausgestattete Universitätsbibliothek will mit einer Ausstellung auf sich aufmerksam machen.
2. Die in ihren Räumen ausgestellten alten Handschriften interessieren nicht nur Experten.

3. Farbig ausgemalte Handschriften haben schon immer als besondere Kostbarkeit gegolten.
4. Die mittelalterlichen Handschriften liegen in Vitrinen aus mehrfach gesichertem Glas.
5. Zu der auch an den Wochenenden geöffneten Ausstellung sind sogar schon Besucher aus dem Ausland angereist.
6. Angemeldete Gruppen werden sofort eingelassen.

8 Vorgangspassiv oder Zustandspassiv? Bilden Sie Relativsätze.

Das Sportinstitut der Universität
1. Das im letzten Jahr vergrößerte Sportinstitut liegt am Stadtrand.
2. Der von einem angesehenen Architekten entworfene Bauplan fand allgemeine Zustimmung.
3. Mit dem zu Beginn des Wintersemesters in Betrieb genommenen Anbau sind alle zufrieden.
4. Der intensiv genutzte Raum ist mit modernsten Sportgeräten ausgestattet.
5. Die im letzten Jahr zurückgestellte Vergrößerung der Turnhalle wird jetzt realisiert.
6. Die mit den Baumaßnahmen verbundenen Störungen des Lehrbetriebs sind lästig.
7. Der von Kollegen und Studenten ständig bedrängte Institutsdirektor versucht die Baumaßnahmen zu beschleunigen.
8. Die immer wieder zu Überstunden aufgeforderten Bauarbeiter tun ihr Bestes.

Das Partizip II reflexiver Verben

9 Bilden Sie Relativsätze mit dem reflexiven Verb und dem Zustandsreflexiv.

Beispiel: Der für die Stellung geeignete Direktor ist noch jung.
Der Direktor, der sich für die Stellung eignet, ist noch jung.
Der Direktor, der für die Stellung geeignet ist, ist noch jung.

Der Direktor der Universitätsbibliothek
1. Der zur Vergrößerung der Bibliothek entschlossene Direktor wirbt um Gelder.
2. Der an alten Büchern interessierte Direktor möchte den Bestand erweitern. (für / an)
3. Der auf mittelalterliche Handschriften spezialisierte Direktor ist ein weithin bekannter Experte.
4. Der von seinem Beruf begeisterte Bibliotheksdirektor ist bei seinen Mitarbeitern sehr angesehen. (für / von)
5. Der um ein gutes Betriebsklima bemühte Direktor begeistert alle Mitarbeiter für ihre Aufgaben.
6. Die sehr engagierten Mitarbeiter unterstützen ihren Chef nach Möglichkeit.
7. Die an Überstunden gewöhnten Mitarbeiter arbeiten oft auch noch an den Wochenenden.
8. Die Mitarbeiter raten ihrem völlig überarbeiteten Chef zu einem baldigen Urlaub.

10 Definieren Sie die Begriffe mit Hilfe von Relativsätzen. (Übung zu Partizip I und II)

     Buch und Leser

1. Immer wieder gern gelesene Bücher sind Bücher, ...
2. Illustrierte Bücher sind Bücher, ...
3. Die Phantasie anregende Bücher sind Bücher, ...
4. Wenig verkaufte Bücher sind Bücher, ...
5. In den letzten Jahren bereits mehrfach aufgelegte Bücher sind Bücher, ...
6. Schon in mehreren Auflagen erschienene Bestseller sind Bestseller, ...
7. Zum Verschenken besonders geeignete Bücher sind Bücher, ...
8. Oft zitierte Bücher sind Bücher, ...
9. Über Neuerscheinungen informierte Leser sind Leser, ...
10. Spannend geschriebene Bücher sind Bücher, ...
11. Verloren gegangene Bücher sind Bücher, ...
12. In ein bestimmtes Sachgebiet einführende Bücher sind Bücher, ...
13. An Sachbüchern interessierte Leser sind Leser, ...
14. Kontrovers diskutierte Bücher sind Bücher, ...

Zusammengesetzte Partizipien

(1) Ein **abendfüllendes** Programm ist ein Programm, das den Abend füllt.

(2) Ein **computergesteuertes** Verkehrssystem ist ein Verkehrssystem, das von Computern gesteuert wird.

(3) Eine **hochgestellte** Persönlichkeit ist eine Persönlichkeit in einer hohen Stellung/Position.

Bei zusammengesetzten Partizpien steckt die Erweiterung des Partizips im Bestimmungswort.

11 Bilden Sie Relativsätze.

     Was ist was?

1. Ein umweltschonendes Verhalten ist ein Verhalten, ...
2. Ein handgeknüpfter Teppich ist ein Teppich, ...
3. Ein leistungsorientiertes Verhalten ist ein Verhalten, ...
4. Ein herzerfrischendes Lachen ist ein Lachen, ...
5. Ein nervenberuhigendes Medikament ist ein Medikament, ...
6. Irreführende Informationen sind Informationen, ...
7. Hasserfüllte Reden sind Reden, ...
8. Jugendgefährdende Bücher sind Bücher, ...
9. Ein freudestrahlender Gewinner ist ein Gewinner, ...
10. Schlafstörender Lärm ist Lärm, ...

Das Gerundiv

(1) Das ist eine **zu lösende** Aufgabe.
(= Das ist eine Aufgabe, die zu lösen ist / gelöst werden muss/soll/kann.)

(2) Die Studenten schreiben an der spätestens am Semesterende **abzugebenden** Hausarbeit.
(= Die Studenten schreiben an der Hausarbeit, die spätestens am Semesterende abzugeben ist / abgegeben werden muss.)

(3) Die Prüfung enthält einfach **zu lösende** Aufgaben.
(= Die Prüfung enthält Aufgaben, die einfach zu lösen sind / gelöst werden können / lösbar sind / die sich einfach lösen lassen.)

(4) Die Prüfungsordnung führt die nicht **zu benutzenden** Hilfsmittel auf.
(= Die Prüfungsordnung führt die Hilfsmittel auf, die nicht zu benutzen sind / nicht benutzt werden dürfen.)

Das Gerundiv wird mit dem Partizip I passivfähiger transitiver Verben und *zu* gebildet. Es entspricht der Passivumschreibung *sein* + Infinitiv mit *zu* bzw. einer passivischen Verbform mit Modalverb. Das Gerundiv drückt einen Sachverhalt aus, der verwirklicht werden muss (Notwendigkeit) (2), soll (Forderung) bzw. sollte (Empfehlung), kann (Möglichkeit) (3) oder nicht verwirklicht werden darf (Verbot) (4). Welche modale Bedeutung das Gerundiv hat, muss aus dem Kontext erschlossen werden, ist aber nicht immer eindeutig (1).
(Zu *sein* + Infinitiv mit *zu* vgl. S. 83ff. und S. 160f. Zur aktivischen Entsprechung *haben* + Infinitiv mit *zu* vgl. S. 160f.)

12 Bilden Sie Relativsätze.

Beispiel: ein einfach zu bearbeitendes Thema
ein Thema, das einfach zu bearbeiten ist
ein Thema, das einfach bearbeitet werden kann

1. der unbedingt nachzuholende Stoff
2. ein nur schwer zu verstehendes Sachgebiet
3. möglichst zu vermeidende Fehler
4. die nicht zu versäumende Studieneinführung
5. die in der vorlesungsfreien Zeit problemlos zu lesenden Bücher
6. von den Studenten leicht zu bewältigende Aufgaben
7. der bis zur Prüfung unbedingt zu lernende Stoff
8. nur schwer zu ertragende Prüfungsängste
9. die von allen leicht zu verstehende Vorlesung
10. das während der Klausur unter keinen Umständen zu benutzende Wörterbuch

13 Bilden Sie wahlweise Relativsätze oder das Gerundiv.

Beispiel: unbeherrschbare Wut
= Wut, die man nicht beherrschen kann
= Wut, die nicht beherrscht werden kann
= Wut, die unbeherrschbar/nicht beherrschbar ist
= Wut, die sich nicht beherrschen lässt
= Wut, die nicht zu beherrschen ist
= nicht zu beherrschende Wut

Was ist was?
1. ein unerreichbares Ziel
2. unermesslicher Ärger
3. ein schwer beeinflussbarer Charakter
4. ein unvermeidlicher Konflikt
5. unauslöschliche Erinnerungen
6. eine unüberwindbare Abneigung
7. ein unentschuldbares Verhalten
8. unersetzbare Freunde
9. ein unverantwortlicher Leichtsinn
10. eine verständliche Aufregung

IV Die Umwandlung von Relativsätzen in Partizipialattribute

(1) Nomaden sind Völker, **die** in Savannen, Steppen oder Wüsten **umherziehen.**
Nomaden sind in Savannen, Steppen oder Wüsten **umherziehende** Völker.

(2) Nomaden sind Völker, **die** von sesshaften Völkern meist **gemieden werden.**
Nomaden sind von sesshaften Völkern meist **gemiedene** Völker.

(3) Nomaden leben in Stammesverbänden, **die** recht **klein sind.**
Nomaden leben in recht **kleinen** Stammesverbänden.

Bei der Umwandlung eines Relativsatzes in ein (erweitertes) Partizipialattribut entfällt das Relativpronomen. Das finite Verb wird zum Partizip I bzw. II und tritt als Partizipialattribut (= Linksattribut) vor das Substantiv (1) (2). *sein* als Vollverb entfällt (3).

14 Formen Sie die Relativsätze in Attribute um.

Nomaden
1. Nomaden sind Hirten, die sich auf steter Wanderschaft befinden.
2. Die Nomadenstämme, die ihren Standort periodisch wechseln, können keinem Land zugeordnet werden.
3. Nomaden sind Menschen, die in großer Genügsamkeit leben.
4. Die Nomaden, die bei den sesshaften Völkern oft nicht gern gesehen werden, haben ihre eigenen Gesetze.
5. Nomaden sind Völker, die vom Aussterben bedroht sind.
6. Nomadismus ist eine Lebensform, die durch staatliche Kontrolle heute immer mehr eingeschränkt wird.
7. Die Nomaden, die von anderen Kulturen bedrängt werden, verlieren allmählich ihre kulturelle Identität.
8. Zu den Nomaden zählen auch die Eskimos, die früher an gänzliche Genügsamkeit gewöhnt waren.
9. Inzwischen haben die Eskimos ihre Lebensweise aufgegeben, die einst voll an die arktischen Polargebiete angepasst war.
10. Bei den Eskimos treten heute Probleme auf, die durch den Einfluss der westlichen Zivilisation bedingt sind.

Relativpronomen im Akkusativ

Der Verkehr, den alle als problematisch empfinden, nimmt weiter zu.
(= **Der Verkehr, der** (von allen) als problematisch empfunden wird, nimmt weiter zu.)
Der (von allen) als problematisch **empfundene Verkehr** nimmt weiter zu.

Ein Relativsatz mit Relativpronomen im Akkusativ kann erst nach einer Transformation ins Passiv Attribut eines Bezugswortes werden. Ein auf diese Weise gebildetes Attribut ist immer ein Partizip Perfekt. Das Subjekt des Relativsatzes kann mit *von* bzw. *durch* angeschlossen werden.

15 Formen Sie die Relativsätze in Attribute um.

Der Umweltdenker Frederic Vester

1. Das Verkehrskonzept, das Vester entwickelt hat, plädiert für andere Autos und für einen anderen Einsatz der Autos.
2. Die Studie Vesters über den Verkehr der Zukunft, die ein deutscher Automobilhersteller in Auftrag gab, beschäftigt sich auch mit gegenwärtigen Verkehrsproblemen.
3. Die Studie, die der Auftraggeber zwei Jahre lang geheim hielt, erregte nach ihrer Veröffentlichung großes Aufsehen.
4. An der Studie, die Vester 1991 als Buch herausgab, haben die Automanager keine Freude.
5. In seinem Buch stellt der Autor, den viele für zu radikal halten, den Autoverkehr in Frage.

Ab jetzt müssen Sie darauf achten, in welchem Kasus das Relativpronomen steht.

6. Die Technik, die mit Mensch und Umwelt nicht im Einklang steht, muss nach Vesters Meinung neu überdacht werden.
7. Das überlieferte Verkehrskonzept, das die Automobilindustrie bisher nicht aufgegeben hat, ist überholt.
8. Der Mensch, der die Folgewirkungen seines Handelns missachtet, zerstört die natürlichen Lebensgrundlagen.
9. Beim Autofahren, das Vester „abenteuerlich unwirtschaftlich" nennt, gehen 95 Prozent der investierten Energie für Reibung, Wärme und Abgase und die Fortbewegung des Leergewichts verloren.
10. Unsere Autos, die täglich tausendfach von den Fließbändern rollen, sind nach Vesters Urteil technische Fossilien.
11. Verbesserungen wie der Drei-Wege-Katalysator, den Vester nur als „vorübergehende Notlösung" akzeptiert, sind keine ausreichenden Umweltschutzmaßnahmen.
12. Außerdem braucht das Auto, das er als „Relikt des vorigen Jahrhunderts" bezeichnet, zu viel Park- und Straßenraum.
13. Das Auto, das schon den gegenwärtigen Verkehrsbedürfnissen nicht gerecht wird, ist erst recht nicht für die Zukunft geeignet.
14. Natürlich beurteilt die Automobilindustrie, die Vester heftig kritisiert, das alles ganz anders.
15. Die Alternative, die Vester vorschlägt, besteht nicht in der Abschaffung der Autos.

16. Die „Stadtmobile", die Vester entworfen hat, sind leicht und völlig anders gebaut als die Autos, die heute auf unseren Straßen verkehren.

17. Vesters „Ökomobile" nutzen die Energie, die eingesetzt wird, zu 90 Prozent.

(Nach: Wolfgang Kaden: Dinosaurier auf Rädern. DER SPIEGEL 1/1991, S. 36 ff.)

V Gesamtübungen

16 Formen Sie die (erweiterten) Attribute in Relativsätze um.

Was im Knoblauch wirklich steckt – Wissenschaft bestätigt Volksmedizin

Nach einer vor kurzem *veröffentlichten* Studie hat Knoblauch eine *blutgerinnungshemmende* Wirkung. Schon an der ihm in Sagen *zuge-schriebenen* Abwehrwirkung gegen Vampire erkennt man, dass der Knoblauch nicht nur ein Nahrungsmittel, sondern ein Mythos ist. Die Volksmedizin erkennt ihm *blutverdünnen-de* und *lebensverlängernde* Eigenschaften zu. Chemiker und Physiologen in den USA und in der Bundesrepublik haben nun die dahin-ter *stehende* medizinische Realität sichtbar ge-macht. Schon vor rund einem Jahrzehnt war erstmals beobachtet worden, dass chemisch *gewonnener* Knoblauchextrakt die Verklum-pung der Blutplättchen (Thrombozyten) ver-hindert. Bei Herzoperationen an Tieren konnte das normalerweise zur Gerinnungs-verhinderung *verwendete* Arzneimittel durch einen aus Knoblauch *isolierten* Wirkstoff (Ajoen) ersetzt werden. Offenbar hat man mit diesem Stoff ein noch weiterhin auf seine Wirkung zu *testendes* medizinisches „Werk-zeug" gefunden. Bei der Gerinnungshem-mung greift das Ajoen in einen auch die Zell-teilung *regulierenden* biochemischen Zyklus ein. Denn Ajoen hat schon in minimalen Do-sen eine die Zellteilung *hemmende* und somit vielleicht krebsartige Wucherungen *stoppende* Wirkung. Diese von der Wissenschaft bislang *erforschten* Zusammenhänge lassen hoffen, dass mit dem Knoblauch-Wirkstoff eine ge-gen bösartige Wucherungen *einzusetzende* biologische Substanz gefunden worden ist.

(Nach: Harald Steiner: Was im Knoblauch wirklich steckt. RNZ vom 24.4.1989)

17 Formen Sie die erweiterten Attribute in Relativsätze und die Relativsätze in Attribute um.

Fremdenfurcht und Reaktion auf Außenseiter

Die bei geselligen Tieren häufig *beobachtete* Fremdenfurcht ist ein Prinzip, *das* im Tier-reich nahezu durchgeht. Auch wir Menschen entwickeln bereits im Kindesalter Fremden-furcht, ohne dass es dazu schlechter Erfah-rungen mit Fremden bedarf. Kinder ent-wickeln sie im Alter von 6 bis 9 Monaten, und zwar in allen Kulturen, *die* daraufhin un-tersucht wurden. Eine noch genauer zu *untersuchende* Aggressi-onsform ist die sich nicht gegen gruppen-fremde Tiere, sondern gegen Gruppenmit-glieder *richtende* Ausstoßreaktion. Hühner greifen ein von der Norm *abweichendes* Grup-penmitglied heftig an oder töten es unter Umständen sogar. Forscher fanden heraus, dass drei Pinguine, *die* anders gefärbt waren, ständig von ihresgleichen angegriffen wur-den. Andere Forscher haben davon berichtet, dass Schimpansen die infolge einer Kinder-lähmung *behinderten* Gruppenmitglieder fürchteten oder gelegentlich sogar angriffen. Diese Schimpansen, *die* vorher voll in die Gruppe integriert waren, lösten nun auf-grund ihres veränderten Verhaltens bei den anderen Tieren Aggressionen aus. So bewirkte z.B. ein solcher sich der Gruppe langsam *nähernder* Schimpanse, dass die anderen sich

vor ihm fürchteten. Ein anderer Schimpanse,
30 *der* ebenfalls gelähmt war, löste durch seine
Annäherung an die Gruppe sogar den Angriff
der Männchen aus.
Auch Menschen neigen dazu, Gruppenmit-
glieder, *die* sich abnorm verhalten, zu ver-
35 stoßen. Jeder kennt aus seiner Schulzeit wegen körperlicher Gebrechen *ausgelachte* oder

gar *misshandelte* Mitschüler. Der Grund für
die Ausstoßreaktionen dürfte der Zusammenhalt der Gruppe sein, *der* gesichert werden
soll. 40

(Nach: Irenäus Eibl-Eibesfeldt: Grundriss
der vergleichenden Verhaltensforschung)

18 Formen Sie die Attribute in Relativsätze und die Relativsätze in Attribute um.

Suche nach den Krebsursachen

Nach einer Umfrage fühlen sich 85 Prozent
der Bundesbürger durch die Vergiftung von
Wasser, Luft und Boden, *die* ständig zu-
nimmt, in ihrer Gesundheit bedroht. Die in
5 diesem Zusammenhang häufig *genannten*
Umweltchemikalien sind für diese Menschen
die Ursache der Krebserkrankungen. Nach
langjähriger Forschungsarbeit verstehen Wissenschaftler jetzt besser, was Substanzen sind,
10 *die* Krebs erregen. Die Forscher konnten beweisen, dass die Karzinome, *die* durch die
Umwelt bedingt sind (= umwelt...), nur zwei
Prozent aller Krebserkrankungen ausmachen.
Auch die häufig als Ursache für Krebs *ange-
15 führten* Nahrungsmittelzusätze und Haushalts-
chemikalien sind nur mit weniger als einem
Prozent an der Entstehung von Krebs beteiligt. Dagegen sind zwei Drittel aller in unserer Wohlstandsbevölkerung zu *beobachtenden*
20 Krebserkrankungen den heute üblichen
Ernährungsgewohnheiten sowie dem Tabak-
rauchen (Überernährung 35 %, Tabak 30 %)
zuzuschreiben. Überernährung und zum kleineren Teil einseitige Ernährung wirken also
25 in einem Maße, *das* den Laien überrascht,

Krebs erregend. Aus Tierversuchen weiß
man, dass Nahrung mit hohem Fettgehalt,
die unbeschränkt aufgenommen wird, zu einer drastischen Erhöhung der Krebserkrankungen führt. Vorwiegend in den USA und in 30
China *durchgeführte* epidemiologische Untersuchungen bestätigen diese Beobachtungen
für den Menschen. Nahrung, *die* fleisch- und
fettreich ist, lässt die Krebsraten steigen. Hinzu kommt eine Vielzahl anderer teilweise 35
schon *identifizierter* Faktoren. So weiß man
beispielsweise, dass die Hitzebehandlung besonders von Fleischprodukten zur Bildung
von *kanzerogenen* und *erbgutverändernden* Stoffen führt. Starkes Anbraten oder Grillen sind 40
beliebte, aber *gesundheitsgefährdende* Methoden der Nahrungszubereitung. Maßnahmen,
die Krebs vermeiden, sind nach Meinung der
Forscher der größtmögliche Verzicht auf Fett,
Zucker und Fleisch, auf Tabak und Alkohol 45
sowie Zurückhaltung beim Sonnenbaden.

(Nach: Suche nach den Krebsursachen.
DIE ZEIT vom 12.9.1991)

19 Formen Sie die Attribute in Relativsätze um.

Stellenangebot
1. Die von uns *ausgeschriebene* Stelle verspricht eine vielseitige und abwechslungs-
reiche Tätigkeit.
2. Einer an übersichtliche Organisation *gewöhnten* und selbständig *arbeitenden*
Fachkraft bieten wir einen auch hohe Ansprüche *befriedigenden* Wirkungsbereich
und ein überdurchschnittlich hohes Einkommen, denn die zu *erbringende* Leistung verdient eine angemessene Bezahlung.
3. Unter unseren Angestellten herrscht ein auf langjähriger Zusammenarbeit

basierendes Vertrauen.

4. Der Firmenleitung liegt daran, das in seiner Auswirkung auf die Arbeitsleistung nicht zu *unterschätzende* gute Betriebsklima zu erhalten.

5. Unser gut aufeinander *eingespieltes* Team arbeitet in nach modernsten Gesichtspunkten *gestalteten* und heutigen Anforderungen *entsprechenden* Räumen.

6. Die Aufsicht über die in unseren Hallen *gelagerten* Warenbestände ist eine viel Sachkenntnis *erfordernde* Tätigkeit.

7. Wir setzen die für diesen Arbeitsplatz *notwendige* Qualifikation voraus.

8. Da unserer Meinung nach nicht nur die direkt zur Herstellung von Gütern *führenden* Tätigkeiten produktiv sind, erwarten wir eine von Selbständigkeit und Kreativität *bestimmte* Arbeitsweise.

9. Ein seinen Aufgaben *gewachsener*, erfahrener Abteilungsleiter wird Ihnen bei Ihrer Tätigkeit hilfreich zur Seite stehen.

10. Wir wollen den in der engagierten Mitarbeit unserer Angestellten *begründeten* Erfolg unserer Firma kontinuierlich steigern.

11. An diesem von uns bisher *verfolgten* und weiter zu *verfolgenden* Ziel werden wir auch in Zukunft fest halten.

12. Es gilt, die in unserer Branche *anstehenden* Aufgaben und die in den nächsten Jahren *vorzunehmenden* Veränderungen mit Umsicht und Tatkraft anzugehen.

13. In naher Zukunft zu *erwartende* Marktverschiebungen werden an unsere Fantasie und Flexibilität hohe Ansprüche stellen.

14. Wenn Sie meinen diesen in der Stellenausschreibung *gestellten* Anforderungen gewachsen zu sein, reichen Sie bitte Ihre Bewerbungsunterlagen in unserem Personalbüro ein.

15. Sollten Sie noch Fragen haben, so rufen Sie unseren rund um die Uhr *besetzten* Telefondienst an.

20 Formen Sie die Attribute in Relativsätze und die Relativsätze in Attribute um.

Das Auto der Zukunft?

Nach Meinung des Umweltdenkers Frederic Vester wird die Umweltsituation, *die* sich immer mehr zuspitzt, dazu führen, dass wir auf das Auto verzichten müssen. Vester hält das
5 uns so unentbehrlich *gewordene* Auto für nicht mehr zeitgemäß. Die Kohlendioxid und andere Abgase in riesigen Mengen *ausstoßenden* Autos werden unserer heutigen Umweltsituation nicht gerecht. Der viele Todesopfer
10 *fordernde* Verkehr zerstört mit dem Straßennetz ganze Landstriche. Das gängige Auto, *das* rund 1500 Kilogramm wiegt, befördert im Durchschnitt 1,3 Menschen, also etwa 100 Kilogramm. Diese Art der Fortbewegung, *die*
15 sehr unwirtschaftlich ist, verursacht wiederum Verkehrschaos, Staus und Umweltbelastungen. Vester weist auch auf das Missver-

hältnis von Stand- und Fahrtzeit hin, *das* nicht zu übersehen ist. Ein Auto steht im Durchschnitt 18 Stunden um dann eine 20 Stunde bewegt zu werden. Bei den immer perfekter *ausgestatteten* Autos wird das Missverhältnis zwischen Aufwand und Ertrag immer größer.
Vester empfiehlt nur auf kurzen Strecken *fah-* 25 *rende* Autos mit Elektromotor. Er meint, die Zeit für das ganze Verkehrssystem *verändernde* Stadtfahrzeuge sei gekommen. Auf langen Strecken soll das Auto auf extra für diesen Zweck zu *entwickelnde* Bahnwaggons gestellt 30 werden. Die Autofahrer werden mittransportiert. Diese Art der Fortbewegung mit am Zielort wieder als Stadtfahrzeug zu *benutzenden* Fahrzeugen würde einen nahtlosen Über-

35 gang zwischen Individualfahrzeug und Massenverkehrsmittel schaffen. Dieses mit viel Fantasie in Vesters Kopf *entstandene* Stadtmobil schafft höchstens 50 Kilometer und wiegt nur 200 Kilogramm. Es besitzt eine aus extra 40 leichtem Kunststoff *gefertigte* Karosserie. Der Kofferraum, *der* unter die Fahrgastzelle verlegt ist, beansprucht in dem kurzen, hohen Fahrzeug keinen eigenen Raum. Vesters „Ökomobil" ist ein mit Elektronik *voll gestopftes* Auto. Es ist ein wenig Energie *verbrau* 45 *chendes* und wenig oder keine Abgase *produzierendes* Fahrzeug. Und es fährt leise.

(Nach: Wolfgang Kaden: Dinosaurier auf Rädern. DER SPIEGEL 1/1991, S. 36 ff.)

Schindler Waggon AG

§ 16 Partizipialsätze

(1) Eine Gruppe, aus mehr oder weniger erfahrenen Wanderern **zusammengesetzt**, plante eine Bergtour.
(= Eine Gruppe, **die** aus mehr oder weniger erfahrenen Wanderern **zusammengesetzt war**, plante eine Bergtour.)

(2) Jeder hatte einen Rucksack, **vollgepackt** mit Proviant und Regenzeug.
(= Jeder hatte einen Rucksack, **der** mit Proviant und Regenzeug **vollgepackt war**.)

(3) Die Wanderung, langfristig **geplant**, wurde für die meisten ein großes Erlebnis.
(= Die Wanderung, **die** langfristig geplant (worden) war, wurde für die meisten ein großes Erlebnis.)
(= **Weil / Dadurch, dass / Nachdem** die Wanderung langfristig geplant (worden) war, wurde sie für die meisten ein großes Erlebnis.)

(4) Sie wanderten mehrere Stunden bergauf schwere Rucksäcke auf dem Rücken (tragend) und den Gipfel vor Augen.
(= Sie wanderten mehrere Stunden bergauf, **wobei** sie schwere Rucksäcke auf dem Rücken trugen und den Gipfel vor Augen hatten.)

(5) Für die untrainierten Teilnehmer wurde die Wanderung, **obwohl** lange **herbeigesehnt**, zur Qual.
(= Für die untrainierten Teilnehmer wurde die Wanderung, **obwohl** sie sie lange herbeigesehnt hatten, zur Qual.)

(6) **Streng genommen** hätten sie im Ort zurückbleiben müssen.
(= **Wenn man** es streng nimmt, hätten sie im Ort zurückbleiben müssen.)

Partizipialsätze sind verkürzte Relativ- bzw. Adverbialsätze ohne eigenes Subjekt. Das gedachte Subjekt kann dem Subjekt (z.B. (1)) oder dem Objekt (2) des übergeordneten Satzes entsprechen.
Das endungslose Partizip steht gewöhnlich am Ende. Bedeutungsschwache Partizipien entfallen (*habend, seiend, geworden*) bzw. können entfallen (z. B. *haltend, tragend*) (4). Für den Gebrauch von Partizip I bzw. II gelten dieselben Regeln wie für das Partizipialattribut. (Vgl. S. 245ff.)
Partizipialsätze können in Relativsätze (1) (2) oder in Adverbialsätze (4)–(6) mit kausaler, modaler, temporaler, konzessiver oder konditionaler Bedeutung aufgelöst werden. Manchmal sind verschiedene Interpretationen möglich (3).
Bei Partizipialsätzen mit konzessiver Bedeutung bleibt die Konjunktion erhalten (5).
Viele Partizipialsätze mit konditionaler Bedeutung sind feste Wendungen, deren gedachtes Subjekt *man* ist. Sie werden vor allem mit Verben des Sagens und Denkens gebildet.
Beispiele: *anders/genau/kurz/offen gesagt; anders formuliert; milde ausgedrückt; bildlich gesprochen; bei Licht/genauer/oberflächlich betrachtet; langfristig/so gesehen; genau/streng/im Grunde genommen; richtig verstanden; verglichen mit; grob geschätzt; ausgehend von; abgesehen von; angenommen (dass); vorausgesetzt (dass); zugegeben (dass)* (6).
Partizipialsätze können dem übergeordneten Satz vorangestellt (6) oder nachgestellt werden (2) (4), sie können aber auch eingeschoben werden (1) (3) (5).
Partizipialsätze werden durch ein (paariges) Komma getrennt, wenn sie aus der üblichen Satzstruktur herausfallen (1) (3) oder durch eine konzessive Konjunktion eingeleitet werden (5). Kommas können gesetzt werden, wenn dadurch die Gliederung deutlicher wird oder Missverständnisse vermieden werden (2).
Partizipialsätze werden vorwiegend im gehobenen Sprachstil der Schriftsprache verwendet.

1 Lösen Sie die Partizipialsätze in Relativsätze und/oder Adverbialsätze auf.

Ein aufregender Urlaub

1. Die Koffer packend bekamen die jungen Eheleute richtig Reisefieber.
2. Im Taxi sitzend fiel der Stress der letzten Tage von ihnen ab.
3. Der Taxifahrer, vom Trinkgeld enttäuscht, ließ den jungen Mann die Koffer allein tragen.
4. Am Flughafen angekommen erfuhren die jungen Leute, dass das Flugzeug Verspätung hatte.
5. Am Urlaubsort eingetroffen gingen sie gleich an den Strand.
6. Den Rest des Tages in der prallen Sonne liegend hatten sie beide am Abend den schlimmsten Sonnenbrand.
7. Sie schliefen, vom Sonnenbrand geplagt, erst gegen Morgen ein.
8. Bereits um sieben Uhr von Kinderlärm geweckt saßen sie missgelaunt am Frühstückstisch.
9. Karten spielend vertrieben sie sich die Zeit bis zum Mittagessen.
10. Vom Mittagsschlaf aufgewacht entschlossen sie sich zu einer Fahrt ins Landesinnere.
11. Die meiste Zeit des Urlaubs verbrachten sie am Swimming-Pool des Hotels, faul in Liegestühlen liegend.
12. In der Sonne schmorend träumten sie von einem Abenteuer-Urlaub.
13. Abends saßen sie meistens vor dem Fernseher, gelangweilt von den abendlichen Folklore-Veranstaltungen im Hotel.
14. Aus dem Urlaub zurückgekehrt erzählten sie allen Bekannten von ihrer abwechslungsreichen Reise.
15. Dabei hatten sie, abgesehen von der Fahrt ins Landesinnere, kaum etwas gesehen oder erlebt.

2 Bilden Sie Partizipialsätze.

Wie machen Sie Urlaub?

1. Durch Lektüre auf die Reise gut vorbereitet weiß ich etwas über Land und Leute.
2. ...

3 Formen Sie die Partizipialsätze in Relativ- und/oder Adverbialsätze um.

Lebenslügen

1. Viele Menschen flüchten sich, bittere Wahrheiten einfach nicht zur Kenntnis nehmend, in eine „Lebenslüge".
2. Ihre Probleme verharmlosend schützen sie sich vor möglicherweise deprimierenden Entdeckungen über ihre persönliche Situation.
3. Unangenehme Wahrheiten, „unter den Teppich gekehrt", können auf diese Weise das positive Selbstbild solcher Menschen nicht gefährden.
4. Theaterstücke wie Ibsens „Wildente" oder A. Millers „Tod eines Handlungsreisenden" sind, solche Lebenslügen aufzeigend, weltberühmt geworden.
5. Die Augen vor der Realität verschließend leben die in diesen Theaterstücken dargestellten Personen angenehmer und bequemer.

6. Sie vermeiden, obwohl von unbequemen Erinnerungen bedrängt, die Auseinandersetzung mit der eigenen Vergangenheit.

7. Viele unangenehme Gedanken dringen, im richtigen Augenblick blockiert, erst gar nicht ins Bewusstsein.

4 Formen Sie die Konditionalsätze in Partizipialsätze um (= feste Wendungen).

Beispiel: Wenn man es milde ausdrückt, ist die deutsche Grammatik für den Anfänger nicht ganz einfach.
Milde ausgedrückt ist die deutsche Grammatik für den Anfänger nicht ganz einfach.

Deutsche Sprache – schwere Sprache

1. Wenn man sich bildlich ausdrückt, irrt der Anfänger beim Deutschlernen in einem Labyrinth umher.
2. Wenn man es genau nimmt, ist keine Sprache leicht zu lernen.
3. Wenn man grob schätzt, gibt es in der deutschen Grammatik 180 starke Verben.
4. Wenn man es genauer betrachtet, folgen diese Verben einem bestimmten Schema.
5. Wenn man es so sieht, sind auch die Partizipialsätze nicht so schwer zu verstehen.
6. Die deutsche Adjektiv-Deklination ist, wenn man sie mit der russischen vergleicht, sehr einfach.
7. Nur wenn man es oberflächlich betrachtet, erscheint die deutsche Adjektiv-Deklination kompliziert.
8. Wenn man es aber bei Licht betrachtet, reduzieren sich die Schwierigkeiten auf wenige Fälle.
9. Wenn man von einigen Ausnahmen und idiomatischen Wendungen absieht, hält sich die deutsche Sprache genau an die Regeln.
10. Wenn man voraussetzt, dass der Anfänger zum Erlernen der deutschen Sprache motiviert ist, wird er bald in gutem Deutsch über die Schwierigkeiten dieser Sprache klagen können.
11. Wenn man es langfristig sieht, lohnt es sich auf jeden Fall, die Mühen des Sprachenlernens auf sich zu nehmen.

5 Lösen sie die kursiv gesetzten Partizipialsätze in Relativsätze und/oder konjunktionale Nebensätze auf.

Drei Gedichte von Bertolt Brecht

1. **Tagesanbruch**

Nicht umsonst
Wird der Anbruch jeden neuen Tages
Eingeleitet durch das Krähen des Hahns
Anzeigend seit alters
Einen Verrat.

2. **Die Maske des Bösen**

An meiner Wand hängt ein japanisches Holzwerk
Maske eines bösen Dämons, *bemalt mit Goldlack.*
Mitfühlend sehe ich
die geschwollenen Stirnadern, *andeutend*
Wie anstrengend es ist, böse zu sein.

3. **Nachdenkend über die Hölle**

Nachdenkend, wie ich höre, *über die Hölle*
Fand mein Bruder Shelley*, sie sei ein Ort
Gleichend ungefähr der Stadt London. Ich
Der ich nicht in London lebe, sondern in Los Angeles
finde, *nachdenkend über die Hölle,* sie muss
Noch mehr Los Angeles gleichen.

Auch in der Hölle
Gibt es, ich zweifle nicht, diese üppigen Gärten
Mit den Blumen, so groß wie Bäume, *freilich verwelkend*
Ohne Aufschub, wenn nicht gewässert mit sehr teurem Wasser.
Und Obstmärkte
Mit ganzen Haufen von Früchten, die allerdings
Weder riechen noch schmecken. Und endlose Züge von Autos
Leichter als ihr eigener Schatten, schneller als
Törichte Gedanken, schimmernde Fahrzeuge, in denen
Rosige Leute, *von nirgendher kommend*, nirgendhin fahren.
Und Häuser, *für Glückliche gebaut, daher leerstehend*
Auch wenn bewohnt.

Auch die Häuser in der Hölle sind nicht alle häßlich.
Aber die Sorge, auf die Straße geworfen zu werden
Verzehrt die Bewohner der Villen nicht weniger als
Die Bewohner der Baracken.

*Shelley: englischer Dichter, 1792–1822

6 Formen Sie die Partizipialsätze in Relativsätze und/oder Adverbialsätze um.

Das Heulen der Wölfe
1. Das Heulen, ein langgezogener, melodischer U-Laut, ist der wohl charakteristischste Laut des Wolfes.
2. Den Kopf gehoben und die Ohren zurückgelegt heulen Wölfe um über weite Entfernungen zu Wölfen des eigenen Rudels oder fremder Rudel Kontakt aufzunehmen bzw. zu halten. Das Heulen eines Wolfes ist oft mehrere Stunden lang zu hören.
3. Eine besondere Heulzeremonie, von Erik Zimen beschrieben und als „Chorheulen" bezeichnet, läuft folgendermaßen ab: Nach einer langen Ruhepause am Nachmittag steht ein Wolf langsam auf und verschwindet, auf dem Boden herumschnüffelnd, im Gebüsch.
4. Die meisten Wölfe, im Umkreis von etwa fünfzig Metern liegend, schlafen noch.

5. Plötzlich fängt der im Gebüsch verschwundene Wolf, unterhalb des Rudels auf einem Stein stehend, zu heulen an.
6. Immer lauter werdend weckt das Heulen die anderen Wölfe aus ihrem Schlaf.
7. Sie erheben sich, strecken sich und rennen mit den Schwänzen wedelnd aufeinander zu.
8. Nun zu einem engen Haufen zusammengekommen hat jeder mit jedem direkten körperlichen Kontakt.
9. Dann fängt ein zweiter Wolf, den Kopf hebend, zu heulen an.
10. Bald heulen die Wölfe, nacheinander in das Geheul einfallend, im Chor.
11. Allerdings stoßen die Jüngeren und Rangniederen, noch unruhig hin- und herlaufend, zunächst quäkende Laute aus.
12. Endlich zur Ruhe gekommen heben auch sie den Kopf ganz hoch und heulen im Chor mit.
13. Diese Heulzeremonie, auch in freier Wildbahn beobachtet, hat eine integrierende Funktion.
14. Auf das engste Rudel beschränkt deutet sie darauf hin, dass sie dem Zusammenhalt der Gruppe dient.
15. Gut ausgeruht kommen die Wölfe durch diese Zeremonie in eine freundliche, kooperative Stimmung, die beste Voraussetzung für gemeinsame Aktivitäten.
16. Vorwiegend vor dem abendlichen Start zur Jagd und früh am Morgen stattfindend sind diese Zusammenkünfte vermutlich der Auftakt zu einem gemeinsamen Aufbruch.

(Nach: Erik Zimen: Der Wolf. Verhalten, Ökologie und Mythos)

§ 17 Satzverbindungen und Satzgefüge

I Satzverbindungen

1. Nebenordnende Konjunktionen

(1) Schon mit 16 Jahren beherrschte Zamenhof acht Sprachen **und** später kamen noch weitere hinzu.

(2) Der junge Zamenhof wuchs dreisprachig auf, **aber** er beließ es nicht dabei.
aber dabei beließ er es nicht.
er beließ es **aber** nicht dabei.
dabei **aber** beließ er es nicht.
dabei beließ er es **aber** nicht.

(3) …, dass Zamenhof der Erfinder der Kunstsprache Esperanto ist **und** (dass) diese Sprache über 100 Jahre alt ist.

(4) Esperanto beruht auf 16 Grundregeln **und** kennt keine Ausnahmen.

(5a) …, dass Sprachenlernen ihm **keine** Mühe, **sondern** Spaß machte.

(5b) Der Erfinder des Esperanto war allerdings **nicht** Sprachwissenschaftler, **sondern** Augenarzt.

(5c) Er lernte **nicht nur** Hebräisch und Aramäisch, **sondern auch** Latein, Griechisch, Französisch und Deutsch.

(6) In seinem Geburtsort Bialystok sprach die Bevölkerung Polnisch, in den umliegenden Dörfern wurde Litauisch gesprochen, (und) die von Moskau eingesetzte Verwaltung bestand auf der russischen Sprache.

Nebenordnende Konjunktionen verbinden gleiche Satzarten, also Hauptsätze (1) (2) bzw. Nebensätze gleichen Grades (3). Solche Verbindungen nennt man Satzverbindungen.

Nebenordnende Konjunktionen sind keine selbständigen Satzglieder, d.h. sie haben keinen Einfluss auf die Wortstellung.

Der inhaltlichen Verbindung nach unterscheidet man folgende nebenordnende Konjunktionen:

additiv: *und*

alternativ: *oder, entweder … oder*

adversativ: *aber, denn, doch, jedoch, allein (= aber)*

korrigierend: *sondern, nicht nur … sondern auch*

kausal: *denn*

erläuternd: *d.h. (= das heißt)*

Die Konjunktionen *und, oder, denn, allein, sondern* und *d.h.* stehen in Satzverbindungen immer, auch in den mehrgliedrigen Konjunktionen, in der Position 0 (1) (3). Die Konjunktionen *aber, doch, jedoch, entweder* sind in ihrer Stellung etwas freier und können auch direkt vor dem finiten Verb in der Position 1 oder nach dem finiten Verb stehen (2), während *nicht nur* immer nach dem finiten Verb im Satzinnern steht (5c).

Die Konjunktion *sondern* steht nur nach negierten Aussagen und wird oft zu *nicht nur … sondern auch* erweitert (5).

Vor additiven und alternativen Konjunktionen steht kein Komma, es sei denn man will dadurch die Gliederung verdeutlichen und Missverständnisse vermeiden.

Wenn Sätze einer Satzverbindung ein oder mehrere identische Satzglieder haben, werden diese nicht wiederholt:

Esperanto beruht auf 16 Grundregeln und Esperanto/es kennt keine Ausnahmen.

Esperanto beruht auf 16 Grundregeln und kennt keine Ausnahmen.

(identisch: Subjekt)

Sprachenlernen machte ihm keine Mühe, sondern Sprachenlernen machte ihm Spaß.

Sprachenlernen machte ihm keine Mühe,
sondern Spaß.
(identisch: Subjekt, Prädikat, Dativobjekt)
Solche verkürzten Satzverbindungen nennt
man zusammengezogene Sätze (4) (5). Subjekte können in Satzverbindungen mit *und* nur
entfallen, wenn sie in der 1. Position stehen (4).
Sätze können auch unverbunden, d.h. ohne
Konjunktionen nebeneineinder stehen (6).

1 Verbinden Sie die Hauptsätze durch nebenordnende Konjunktionen und variieren Sie, soweit möglich, die Wortstellung.

Esperanto (1)
1. Esperanto ist eine systematische Sprache. Sie ist folgerichtig aufgebaut.
2. Man führt Esperanto nicht als Hauptfach ein. Es wird sich nie durchsetzen.
3. Esperanto sollte als Universalsprache der weltweiten Verständigung dienen.
   Es sollte die einzelnen Nationalsprachen ergänzen.
4. Der Wortschatz dieser Sprache stammt vorwiegend aus dem Englischen und
   Französischen. Die Schreibung ist phonetisch.
5. Es gibt noch andere Kunstsprachen. Esperanto ist die bekannteste.
6. Die Idee einer Kunstsprache fasziniert Sprachwissenschaftler. Auch Philosophen
   haben sich immer wieder mit dieser Idee beschäftigt.
7. Der Erfinder des Esperanto, Ludwig Lazarus Zamenhof, hatte nicht Sprach-
   wissenschaft studiert. Er hatte Medizin studiert.
8. Zamenhof machte als Kind Erfahrungen mit vielen Sprachen. Er wuchs in
   einem Sprachengewirr auf.
9. Stark vertreten war auch das Jiddische. Die Hälfte der etwa 20 000 Einwohner
   waren Juden. Zu dieser Bevölkerungsgruppe gehörte die Familie Zamenhof.
10. Zamenhof wollte eine Universalsprache entwickeln. Er hat darunter gelitten, dass
    sich in seiner Heimat viele Menschen nicht miteinander verständigen konnten.
11. Er lernte in der Synagogenschule und im Gymnasium vier Sprachen. Das reichte
    dem Vater nicht. Dieser wollte die Sprachbegabung seines Sohnes fördern.
12. Über weitere europäische Sprachen – vor allem Italienisch und Spanisch – ver-
    schaffte sich Zamenhof ebenfalls Kenntnisse. Er bastelte aus ihnen seine Kunst-
    sprache Esperanto zusammen.
13. Zamenhof muss sehr sprachbegabt gewesen sein. Er beherrschte viele Sprachen.

2 Sagen Sie es kürzer.

1. Esperanto ist eine systematische Sprache und es ist deshalb eine leicht zu
   lernende Sprache.
2. Esperanto ist leicht zu lernen, weil es auf nur 16 Grundregeln beruht und weil
   es keine Ausnahmen kennt.
3. Vater Zamenhof brachte seinem Sohn Französisch bei und er brachte ihm
   Deutsch bei.

4. Zamenhof lernte Fremdsprachen nicht nur bei seinem Vater, sondern er lernte Fremdsprachen auch in der Synagogenschule und im Gymnasium.
5. Es ist nicht bekannt, ob Zamenhof sich lieber von seinem Vater unterrichten ließ oder ob er sich lieber von fremden Lehrern unterrichten ließ.
6. Vater Zamenhof hielt von den „Spinnereien" seines Sohnes nicht viel und er überredete diesen zum Medizinstudium.

3 Was bedeuten die zusammengezogenen Sätze? Bilden Sie zwei vollständige Sätze.

1. Zamenhof ist nicht als Augenarzt, sondern als Erfinder des Esperanto berühmt geworden.
2. Zamenhof konnte nicht vorhersehen, ob sich Esperanto durchsetzen würde oder nicht.
3. Man weiß, dass Zamenhof den Sprachenwirrwarr in seiner Heimatstadt nicht als bereichernd, sondern als problematisch empfunden hat.
4. Man kann Esperanto oder andere Kunstsprachen wie Ido, Occidental oder Uropi lernen.
5. Hebräisch und Aramäisch lernte Zamenhof in der Synagogenschule und Latein und Griechisch im Gymnasium.
6. Es ist klar, dass Esperanto die Nationalsprachen nicht ersetzen, sondern ergänzen sollte.

2. Konjunktionaladverbien

(1) Der Grundwortschatz von Esperanto umfasst nur etwa 1 000 Wörter, (und) **trotzdem** kann man sich in dieser Sprache verständigen.
man kann sich **trotzdem** in dieser Sprache verständigen.
man kann sich in dieser Sprache **trotzdem** verständigen.

(2) **Zwar** wünschen sich Esperantisten Esperanto als Weltsprache,
Esperantisten wünschen sich **zwar** Esperanto als Weltsprache,
Esperantisten wünschen sich Esperanto **zwar** als Weltsprache,
aber die Nationalsprachen sollen (trotzdem) weiter gesprochen werden.

Konjunktionaladverbien verbinden nur Hauptsätze. Sie sind selbständige Satzglieder und damit Teil des Satzes. Sie stehen unmittelbar vor dem finiten Verb in der Position 1 oder nach dem finiten Verb. Auch solche Verbindungen nennt man Satzverbindungen.
Der inhaltlichen Verbindung nach unterscheidet man folgende Konjunktionaladverbien:
additiv: *auch, außerdem, daneben, darüber hinaus, desgleichen, ebenfalls, ebenso, ferner, gleichfalls, sogar, überdies, übrigens, zudem;* mehrgliedrig: *weder ... noch, bald ... bald, einerseits ... andererseits, zum einen ... zum anderen, erstens ... zweitens ... drittens, teils ... teils*
adversativ: *dagegen, hingegen, indessen, vielmehr*
adverbial (Grund, Folge, Art und Weise usw.): z.B. *deshalb, dafür, trotzdem, zwar ... aber, infolgedessen, sonst, dadurch, dabei, stattdessen, danach, inzwischen, seitdem, dort* (vgl. § 13)
erläuternd: *und zwar, sozusagen, bzw. (= beziehungsweise),* z.B. (= zum Beispiel)
Am Satzanfang können in der Position 1 vor Konjunktionaladverbien nebenordnende Konjunktionen stehen, z.B. *und, oder, aber, denn, doch: und daher, oder dann, aber trotzdem, denn sonst, doch dabei.*

4   Verbinden Sie die Sätze durch Konjunktionaladverbien, manchmal kommen mehrere in Frage. Variieren Sie die Wortstellung.

Esperanto (2)

1. Zamenhof träumte von einer einzigen Sprache. Er dachte an eine Universalsprache.
2. Der Vater hielt von der Beschäftigung des Sohnes mit der Kunstsprache nichts. Er warf dessen erste Aufzeichnungen ins Feuer.
3. Er unterstützte das Sprachenlernen seines Sohnes. Er versuchte ihn von der Beschäftigung mit der Universalsprache abzubringen.
4. Esperanto ist leicht erlernbar: Es ist folgerichtig aufgebaut. Es basiert auf 16 Grundregeln. Es kennt keine Ausnahmen.
5. Es gibt zusätzlich zum Grundwortschatz etwa 40 Silben mit fester Bedeutung. Man kann den Wortschatz beliebig erweitern. „buso" heißt *Bus*. „busisto" heißt *Busfahrer* („isto" = Nachsilbe für Berufsbezeichnungen).
6. Esperanto wurde vor gut 100 Jahren erfunden. Es hat sich noch nicht durchgesetzt.
7. Esperanto ist die bekannteste Universalsprache. Nach vagen Schätzungen beherrschen diese Sprache nur einige Millionen Menschen.
8. Es gibt noch andere Kunstsprachen. Mir fallen Ido, Occidental und Uropi ein.
9. Esperanto und die anderen Kunstsprachen sind leicht zu erlernen. Sie haben noch nicht die erhoffte Verbreitung gefunden.
10. Esperanto ist eine neutrale Sprache. Sie ist für eine weltweite Kommunikation geeignet.
11. Esperanto hat in internationalen Gremien keine Chance. Es wird nicht über die Einführung des Schulfachs Esperanto nachgedacht.
12. Kenner dieser Sprache können Radiosendungen hören. Sie können die Esperantozeitung aus Peking lesen.

II Satzgefüge

1. Unterordnende Konjunktionen

(1) Es ist wahrscheinlich, **dass** die Arbeitszeit in Zukunft noch kürzer wird.

(2) Immer mehr Menschen fragen sich, **ob** sie ihre Zeit sinnvoll verbringen.

(3) Man muss sich die Frage stellen, **warum** Zeit heute so knapp ist.

(4a) **Obwohl** die Arbeitszeit immer kürzer wird, haben die Menschen immer weniger Zeit.

(4b) Die Menschen haben, **obwohl** die Arbeitszeit immer kürzer wird, immer weniger Zeit.

(5) Viele Menschen klagen heute über Stress, **der** eine Folge des Zeitmangels ist.

(6) Die Menschen von heute geben vor wenig Zeit **zu haben**.

Die Verbindung von Hauptsatz und einem oder mehreren Nebensätzen nennt man Satzgefüge. Nebensätze können nachgestellt (z.B. (1)), vorangestellt (4a) oder in den Hauptsatz eingeschoben werden (4b). Nebensätze werden vom Hauptsatz durch Kommas getrennt, ausgenommen Infinitivsätze (6) und Partizipalsätze.

Nebensätze können eingeleitet werden durch:
– **unterordnende Konjunktionen:**
dass, *ob*; adverbial (Grund, Folge, Art und Weise usw.): z.B. *weil, damit, um … zu, obwohl, so dass, als dass, wenn, indem, ohne dass, ohne … zu, als ob, je … desto, nachdem, bis, bevor*

(7) Viele Menschen meinen, sie **hätten** keine Zeit.

(8) **Ist** die Arbeitszeit auch noch so kurz, so klagen die Menschen doch über Zeitmangel.

(9) **Wird** die Arbeitszeit kürzer, haben die Menschen mehr Freizeit.

(10a) Viele Menschen haben von Termin zu Termin **eilend** wenig Zeit zum Nachdenken.
(= indem sie von Termin zu Termin eilen)

(10b) Der Kontakt mit der Familie, fast nur auf das Wochenende **beschränkt**, wird als unbefriedigend empfunden.
(= der fast nur auf das Wochenende beschränkt ist)

– **Fragewörter:** z.B. *wann, warum, was, wer, wie, wo, woher, wohin*
– **Relativpronomen:** *der, die, das; welcher, welche, welches; wer, was*
– **Relativadverbien:** *womit, worüber* (= wo(r) + Präposition); *wo, wohin, woher, von wo aus.*

Dem Einleitungswort entsprechend werden Nebensätze eingeteilt in
– Konjunktionalsätze (1) (2) (4)
– indirekte Fragesätze (3)
– Relativsätze (5).
In eingeleiteten Nebensätzen steht das finite Verb am Satzende (1)–(5).
Nebensätze können aber auch danach eingeteilt werden, für welches Satzglied sie stehen:
– Subjekt-, Objekt- und Attributsätze (= Konjunktionalsätze mit der Konjunktion *dass* bzw. indirekte Fragesätze) (1) (2) (3) (vgl. §12)
– Adverbialsätze (= Konjunktionalsätze mit adverbialen Konjunktionen) (4) (vgl. §13)
– Relativsätze (5) (vgl. §14 und §15).
Außer eingeleiteten Nebensätzen gibt es auch uneingeleitete Nebensätze:
– Infinitivsätze als uneingeleitete Subjekt-, Objekt- und Attributsätze (statt *dass*-Sätzen) (6) (vgl. § 11, § 12)
– uneingeleitete Objektsätze (statt *dass*-Sätzen) nach Verben des Sagens, Mitteilens, Denkens, Erkennens, Fühlens (z.B. *antworten, begreifen, bemerken, denken, erkennen, erklären, fühlen, meinen, merken, sagen, sehen, spüren, wissen*), nach Verben des Hoffens und Wollens (z.B. *erwarten, hoffen, wünschen*) und nach Verben des Veranlassens und Aufforderns (z.B. *auffordern, bitten, raten, verlangen*) (7) (vgl. S. 119ff.)
– uneingeleitete Konzessiv- und Konditionalsätze (statt *wenn*-Sätzen) (8) (9) (vgl. S. 200f., S. 99ff. und S. 203ff.)
– Partizipialsätze als uneingeleitete Adverbialsätze (10a) oder uneingeleitete Relativsätze (10b). (Vgl. § 16)
In nachgestellten uneingeleiteten Nebensätzen steht das Verb an zweiter Stelle (7), in vorangestellten an erster Stelle (8) (9).

2. Satzgefüge mit mehreren Nebensätzen

(1a) Er vertrieb sich die Zeit, bis die Frau kam, indem er Münzen in den Automaten
     warf und andere Leute für sich drücken ließ.

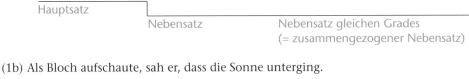

(1b) Als Bloch aufschaute, sah er, dass die Sonne unterging.

(2) Bloch bildete sich ein, Geräusche zu hören, mit denen die Bierflaschen aufs Spielfeld fielen.

(3) Eine Zeitlang hörte er dem Gespräch zu, das er, weil er früher einige Male mit seiner
     Mannschaft zu einem Turnier in New York gewesen war, leidlich verstehen konnte.

(4) Bloch hatte die Ausweise, statt sie den beiden zurückzugeben, nur vor sich hin auf den
     Tisch gelegt, als sei er gar nicht berechtigt gewesen, sie anzuschauen.

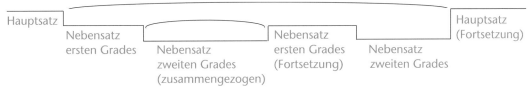

(5) Zu der Frau, die ihm schon im Bus, indem sie die Handtasche aufmachte und darin mit ver-
     schiedenen Gegenständen spielte, angedeutet hatte, dass sie unwohl sei, sagte er: …

Hauptsatz | Nebensatz ersten Grades | Nebensatz zweiten Grades (zusammengezogen) | Nebensatz ersten Grades (Fortsetzung) | Nebensatz zweiten Grades | Hauptsatz (Fortsetzung)

(Peter Handke: Die Angst des Tormanns beim Elfmeter)

Er hatte beabsichtigt, das Werk, für welches er lebte, bis zu einem gewissen Punkte zu fördern, bevor er aufs Land übersiedelte, und der Gedanke einer Weltbummelei, die ihn auf Monate seiner Arbeit entführen würde, schien allzu locker und planwidrig, er durfte nicht ernstlich in Frage kommen.

(Thomas Mann: Tod in Venedig)

Bei Satzgefügen mit mehreren Nebensätzen muss man zwischen Nebensätzen gleichen Grades und Nebensätzen verschiedenen Grades unterscheiden. Nebensätze gleichen Grades hängen von demselben Hauptsatz ab (1). Bei Nebensätzen verschiedenen Grades, also ersten, zweiten, dritten Grades usw., hängt der Nebensatz ersten Grades vom Hauptsatz ab, während der Nebensatz zweiten Grades vom Nebensatz ersten Grades abhängt usw. (2) (4). Untergeordnete Nebensätze können hintereinander stehen (2), ein untergeordneter Nebensatz kann aber auch in den übergeordneten Nebensatz eingeschoben werden (3). Ebenso kann ein Nebensatz in den übergeordneten Hauptsatz eingeschoben werden (4). Man kann das Einschieben von Nebensätzen in Nebensätze (3) und von Nebensätzen in Hauptsätze (4) miteinander verbinden (5).

Nebensätze gleichen Grades können voneinander getrennt werden (1b), Nebensätze verschiedenen Grades aber nicht (2) (3) (4).

Sätze können noch weit komplizierter zusammengesetzt sein, also aus mehreren Satzgefügen und Satzverbindungen bestehen. Solche mehrfach zusammengesetzten Sätze nennt man Satzperioden.

Satzperioden spielen in der modernen Alltagssprache fast keine Rolle, sie sind ein Stilmittel in literarischen und wissenschaftlichen Texten. In der Alltagssprache stehen Nebensätze meist im Vor- oder Nachfeld des Hauptsatzes. Der Text wird dadurch einfacher und verständlicher.

5 Untersuchen Sie die Satzgefüge und stellen Sie die Abhängigkeiten der Haupt- und Nebensätze graphisch dar.

Nach einer mutmaßlichen Entlassung

1. Dem Monteur Bloch, der früher ein bekannter Tormann gewesen war, wurde, als er sich am Vormittag zur Arbeit meldete, mitgeteilt, dass er entlassen sei. Jedenfalls legte Bloch die Tatsache, dass bei seinem Erscheinen in der Tür der Bauhütte, wo sich die Arbeiter gerade aufhielten, nur der Polier von der Jause aufschaute, als eine solche Mitteilung aus und verließ das Baugelände.
2. Bloch fuhr wieder mit dem Bus zu seinem Zimmer und nahm in einer Reisetasche zwei Pokale, die freilich nur Nachfertigungen von Pokalen waren, die seine

Mannschaft einmal in einem Turnier, einmal im Cup gewonnen hatte, und ein
Anhängsel, zwei vergoldete Fußballschuhe, mit.
3. Er setzte sich zurück auf die letzte Sitzbank, wo er, wenn nötig, bequem nach hinten hinausschauen konnte. Als er sich setzte, sah er, obwohl das nichts zu bedeuten hatte, in die Augen des Fahrers im Rückspiegel.
4. Der Briefträger hatte Bloch, noch während dieser sprach, den Rücken zugekehrt und unterhielt sich leise mit der Postbeamtin in einem Gemurmel, das Bloch hörte wie jene Stellen in ausländischen Filmen, die man nicht übersetzte, weil sie ohnedies unverständlich bleiben sollten.

(Peter Handke: Die Angst des Tormanns beim Elfmeter)

6 Schaffen Sie durch Kommasetzung Klarheit.

Felix Krull

Wenn aber so träumerische Experimente und Spekulationen geeignet waren mich von meinen Alters- und Schulgenossen im Städtchen die sich auf herkömmliche Weise beschäftigten innerlich abzusondern so kam hinzu dass diese Burschen Weingutsbesitzers- und Beamtensöhne von seiten ihrer Eltern wie ich bald gewahr werden musste vor mir gewarnt und von mir ferngehalten wurden ja einer von ihnen den ich versuchsweise einlud sagte mir mit kahlen Worten ins Gesicht dass man ihm den Verkehr mit mir und den Besuch unseres Hauses verboten habe weil es nicht ehrbar bei uns zugehe. Das schmerzte mich und ließ mir einen Umgang begehrenswert erscheinen an dem mir sonst nichts gelegen wäre. Allein nicht zu leugnen war dass es mit der Meinung des Städtchens über unser Hauswesen gewissermaßen seine Richtigkeit hatte.
Ich ließ schon weiter oben eine Anspielung einfließen auf Störungen welche durch die Anwesenheit des Fräuleins aus Vevey in unser Familienleben getragen wurden. In der Tat stellte mein armer Vater diesem Mädchen in verliebtem Sinne nach und gelangte auch wohl zu dem gesteckten Ziel worüber sich Meinungsverschiedenheiten zwischen ihm und meiner Mutter entspannen die weiter dahin führten dass mein Vater sich auf mehrere Wochen nach Mainz begab um dort wie er es manches Mal zu seiner Erfrischung tat das Leben eines Junggesellen zu führen.

(Thomas Mann: Bekenntnisse des Hochstaplers Felix Krull)

An welcher Stelle können übergeordnete Nebensätze unterbrochen werden?

(1) Es ist klar, dass man Zeit spart, wenn man Maschinen einsetzt.
(1a) Es ist klar, **dass** man, **wenn** man Maschinen einsetzt, Zeit spart.
(2) Heute beherrscht die Uhr das Leben der Menschen, die sich überfordert fühlen, weil sie mit dem schnellen Lebensrhythmus nicht Schritt halten können.
(2a) Heute beherrscht die Uhr das Leben der Menschen, **die** sich, **weil** sie mit dem schnellen Lebensrhythmus nicht Schritt halten können, überfordert fühlen.

Nebensätze werden an der Stelle eingeschoben, auf die sie sich inhaltlich beziehen. Dabei bleiben das erste Satzglied und das Reflexivpronomen meist im vorderen Teil. Konstruktionen, in denen zwei Konjunktionen aufeinanderfolgen, sollten vermieden werden. (* *Es ist klar, dass, wenn man Maschinen einsetzt, man Zeit einspart.*)

7 Fügen Sie die untergeordneten in die übergeordneten Nebensätze ein.

Zeitprobleme?

1. Das Seltsame ist, dass die Menschen immer mehr unter Zeitdruck stehen, obwohl ihnen technische Geräte viele Arbeiten abnehmen.
2. Den Historikern ist bekannt, dass der Uhrzeit im 19. Jahrhundert ein völlig neuer Stellenwert zukam, auch wenn sie schon in früheren Jahrhunderten wichtig war.
3. Man kann sich sicher vorstellen, dass den Menschen viel Disziplin abverlangt wurde, bis sie an die zeitlichen Zwänge gewöhnt waren.
4. Inzwischen ist die Uhrzeit für uns Menschen eine Selbstverständlichkeit geworden, weil unsere Aktivitäten zeitlich koordiniert werden müssen, wenn sie nicht sinnlos aneinander vorbeilaufen sollen.
5. Der heutige Mensch macht sich nicht klar, dass er sich ständig selbst überfordert, wenn er sein Lebenstempo weiter beschleunigt.
6. Die schnelle Lebensweise ist wie ein Zwang, dem man sich nicht entziehen kann, auch wenn man dies gern möchte.
7. Viele Menschen haben heute das Problem, dass sie keine Ruhe mehr finden, weil die Hektik des Alltags sie nervös macht.
8. Allerdings erkennen die Menschen allmählich, dass sie sich unnötigem Stress aussetzen, wenn sie zu viele Freizeitangebote wahrnehmen.

In der folgenden Satzperiode von Wolfgang Hildesheimer sind Haupt- und Nebensätze absichtlich bis zur Unverständlichkeit ineinander geschoben. Dieser Satz zeigt, dass man Konstruktionen vermeiden sollte, in denen
– ein einzelnes Satzglied im hinteren Teil alleine steht
– sich der zweite Teil zu weit vom ersten entfernt
– sich am Ende des Satzgefüges die Verben bzw. Prädikatsteile häufen.

---

8 Machen Sie aus dem Satz einen verständlicheren Text, indem Sie die Satzperiode auflösen.

Wieder ist, wie Du, lieber Max, wahrscheinlich bereits festgestellt hast, ein Jahr vergangen, und ich weiß nicht, ob es Dir so geht wie mir: allmählich wird mir dieser ewigwährende Zyklus ein wenig leid, wozu verschiedene Faktoren, deren Urheber ich in diesem Zusammenhang, um mich keinen Unannehmlichkeiten, deren Folgen, die in Kauf zu nehmen ich, der ich gern Frieden halte, gezwungen wäre, nicht absehbar wären, auszusetzen, nicht nennen möchte, beitragen.

(Wolfgang Hildesheimer:
Mitteilungen an Max über den
Stand der Dinge und anderes)

§ 18 Satzglieder und ihre Stellung

I Wortarten und Satzglieder

Satz	DER	SPIEGEL	berichtete	vor	kurzem	über die	Ergebnisse einer	Umfrage.
Wortarten:	Artikel	Subst.	Verb	Präp.	Adj.	Präp. Artikel Subst.	Artikel	Subst.
Satzglieder:	Subjekt		Prädikat	Angabe		Objekt		

Vor kurzem / berichtete / DER SPIEGEL /
  über die Ergebnisse einer Umfrage.
Über die Ergebnisse einer Umfrage / berichtete / DER SPIEGEL / vor kurzem.
(aber z.B. nicht möglich: Über die Ergebnisse /
  berichtete/ DER SPIEGEL / vor kurzem /
  einer Umfrage.)

Wörter sind die kleinste Einheit eines Satzes.
Die nächstgrößere Einheit sind nach den Wörtern die Satzglieder. Sie bestehen aus einem
Wort oder aus Wortgruppen und können durch
verschiedene Wortarten vertreten werden. Satzglieder können innerhalb eines Satzes nur geschlossen umgestellt werden; dabei bewegen
sie sich im Hauptsatz um das finite Verb herum,
das immer die zweite Position besetzt hält.
Mit einer Umstellprobe lässt sich feststellen,
welche Wörter zu einem Satzglied gehören.

1. Wortarten

Man unterscheidet folgende Wortarten:

Substantive: Jugend, Lebensgefühl

Verben: hoffen, erleben

Adjektive: glücklich, unkompliziert
            Zahladjektive (Numerale): *ein, einer, einmalig, einzeln, vereinzelt, zwei, zweiter, beide,
            zweifach, doppelt, zweierlei, letzter, ein halber/ganzer (Liter)*

Artikel: *der, die, das; ein, eine, ein*

Pronomen: *ich, er* (Personalpronomen); *sich* (Reflexivpronomen); *mein, sein* (Possessivpronomen);
            der, dieser, jener, derjenige, derselbe, solche, derartige (Demonstrativpronomen); *der, wel-
            cher* (Relativpronomen); *jemand, niemand, man, jeder, einige, andere, manche, mehrere,
            etliche, verschiedene, sonstige, weitere, wenige, viele, alle, sämtliche; endungslos: nichts,
            wenig, etwas, mehr, mancherlei, allerlei, viel, genug* (Indefinitpronomen); *wer, was, wel-
            cher, was für ein, was für welche* (Interrogativpronomen)

Adverbien: *heute, morgen, nie* (Temporaladverbien); *dort, überall, oben* (Lokaladverbien); *gern,
            üblicherweise, sehr, besonders, fast, vielleicht, nicht* (Modaladverbien); *deshalb, dafür,
            trotzdem, sonst* (Kausaladverbien); *wo, wohin, woher, wann, wie, warum, wieso, weswe-
            gen, womit* (Interrrogativadverbien); *daran, hieran, woran; dafür, hierfür, wofür* (Pronomi-
            naladverbien); *außerdem, ebenso, dagegen, deshalb* (Konjunktionaladverbien)

Präpositionen: aus, durch, von, wegen, trotz, mit, bei
Konjunktionen: und, aber, sondern, weil, dass, ob
Partikeln: aber, bloß, denn, doch, eben, einfach, halt, ja, nur, sogar, wohl, ziemlich
Modalwörter: bestimmt, grundsätzlich, hoffentlich, leider, überhaupt, vielleicht, wahrscheinlich,
        wirklich
Interjektionen: ach! ah! pfui! pst! oh, hm, na ja
Substantive, Verben, (Zahl-)Adjektive, Artikel und Pronomen sind – bis auf wenige Ausnahmen –
veränderlich: Sie können konjugiert bzw. dekliniert werden. Dagegen sind Adverbien, Präpositio-
nen, Konjunktionen, Partikeln, Modalwörter und Interjektionen unveränderlich.

Ein Wort kann, je nach seiner Funktion im Satz, zu mehreren Wortarten gehören, z.B.

aber	*Konjunktion: Er ist intelligent, aber nicht fleißig.*
	Abtönungspartikel: Es ist aber schon spät.
doch	*Konjunktion: Er wollte wegfahren, doch sein Auto war kaputt.*
	Modalabverb: Er hat das Buch doch nicht gelesen.
	Abtönungspartikel: Du kommst doch morgen?
	Satzäquivalent: Kommst du nicht? – Doch.
über	*Adverb: Er ist über 18 Jahre.*
	Präposition: Er springt über den Zaun.

---

1 Bestimmen Sie die Wortart der kursiv gesetzten Wörter.

Jugend 94: Freiheit

„Es gibt *drei* verschiedene *Arten* von Menschen", so fing Marlon Brando in *dem* Film
„Der Mann *in* der Schlangenhaut" an. Ich
war *gerade* zwölf Jahre alt, legte meine Barbie-
puppe weg, setzte *mich* in *meinem* Sessel auf
und hörte aufmerksam zu: „Die Käufer, die
Gekauften und die Menschen, *die* ohne Beine
sind wie diese *kleinen* Vögel. Im ganzen Leben *berühren* sie *nur* einmal die Erde – wenn
sie sterben." *Ich* wollte wie *dieser* kleine *blaue*
Vogel sein. (...) Ich wollte mich *nie* kaufen
lassen und auch *niemanden* kaufen. Aber wie
weit kommst du *ohne* Bein, wenn du nicht
fliegen kannst?

(DER SPIEGEL 38/1994, S. 58 ff. Hier wurden die
Ergebnisse einer Umfrage veröffentlicht, bei der
junge Deutsche zwischen 14 und 29 Jahren nach
ihrem Lebensgefühl befragt worden waren.)

---

2. Satzglieder

Man unterscheidet folgende Satzglieder:

Subjekt:	**Meinungsforscher** fragten Jugendliche nach ihrem Lebensgefühl.
Prädikat:	Die Jugendlichen **mussten** viele Fragen **beantworten**.
Ergänzungen:	

Die Jugend von 1994 ist **eigensinnig und ohne Illusionen.** (= Prädikativ)
DER SPIEGEL veröffentlichte **interessante Umfrageergebnisse.** (= Objekt)
In den Interviews **kamen** auch sehr persönliche Dinge **zur Sprache.** (= Funkti-
onsverbgefüge/feste Verb-Substantiv-Verbindung)
Die Meinungsumfrage dauerte **ca. sechs Wochen.** (adverbiale Ergänzung: Ort,
Zeit, Art und Weise usw.)

Angaben: Über die Ergebnisse der Umfrage wurde (**in der Öffentlichkeit**) (**lange Zeit**)
(**eifrig**) diskutiert. (adverbiale Angabe: Ort, Zeit, Art und Weise usw.)

Ergänzungen sind obligatorische Satzglieder, die grammatisch notwendig sind und von bestimmten Verben gefordert werden.

Angaben sind fakultative, freie Satzglieder, die grammatisch nicht notwendig sind. Sie sind nicht an bestimmte Verben gebunden, sondern können jedem beliebigen Verb hinzugefügt werden.

Viele Subjekte, Objekte und Angaben können zu Nebensätzen verbalisiert werden. (Vgl. Subjektsätze S. 184f., Objektsätze S. 185ff. und Adverbialsätze S. 192ff.)

Das Subjekt

Subjekte stehen im Nominativ und antworten auf die Frage *Wer?* bei Personen bzw. *Was?* bei Sachen.

Der Wortart nach sind Subjekte meist Substantive (*Jugend*) oder Pronomen (*er, man*), aber auch substantivierte Adjektive (*Jugendliche*), Partizipien (*Befragte),* Infinitive (*das Nachforschen*), Adverbien (*das Hin und Her*), Präpositionen (*das Für und Wider*) und Konjunktionen (*das Wenn und Aber).*

2   Unterstreichen Sie alle Subjekte.

Jugend 94: Glück

„Ich bekenne: Ich gehöre zu den vier Millionen Menschen, die täglich diese Zeitungen mit den großen Buchstaben lesen. Natürlich interessiert mich, wie man einen Fenstersturz
5 aus dem 12. Stockwerk überlebt, wie man Regenwürmer zubereitet und was man gegen die Grippe des Yorkshire-Terriers machen kann. Mich fesseln die Schlagzeilen des Glücks: „Mutter machte Kind glücklich",
10 „Politiker K. hatte wieder einmal Glück",

„Rufen Sie an, ich mache Sie glücklich". Jedes Kind beginnt früh das Glück zu suchen. Bei Umfragen über die großen Wünsche ist es immer auf den vordersten Plätzen zu finden, aber nur wenige meiner Freunde haben es je- 15 mals erlebt, das große, schöne, strahlende Glück. Vielleicht sollte ich eine Annonce aufgeben."

(Ebd.)

Das Prädikat

Prädikate können einteilig (*fragte*) oder mehrteilig sein (*hat gefragt; wollte fragen; begann zu fragen; dachte ... nach*). Die finite Verbform wird als Prädikat 1, die infinite Verbform (Partizip II, Infinitiv, trennbare Vorsilbe) als Prädikat 2 bezeichnet.

3 Unterstreichen Sie alle Prädikate und kennzeichnen Sie Prädikat 1 und 2.

Jugend 94: Mut

„Es kam mal ein Typ auf meine Taxe zuge-
steuert, den zwei Kollegen schon abgelehnt
hatten, weil er aussah, als wäre er gerade in
eine Schlägerei verwickelt gewesen. Er war
5 ziemlich betrunken und machte nicht den
Anschein, als wollte er die Fahrt bezahlen.
Ich habe ihn dann mitgenommen und er hat
mir erzählt, dass drei Männer ihn überfallen
hätten. Die drei Männer haben den jungen
10 Mann ausgeraubt, zusammengeschlagen und
auf ihn geschossen. Er konnte sich gerade
noch mit einem Sprung in die Elbe retten. Er
ist dann, weil er tatsächlich kein Geld hatte,
zu einem Freund gefahren.
Es gibt Leute, deren Mut besteht darin, sich 15
an einem Gummiband hundert Meter in die
Tiefe zu stürzen und dafür Geld zu bezahlen.
Mein Mut ist völlig umsonst, mein Mut will
geben – auch wenn ich gelegentlich ein
Trinkgeld dafür kassiere." 20
(Ebd.)

Das Prädikativ	Prädikative sind obligatorische Ergänzungen zu bestimmten Verben, meist zu den Verben *sein, werden, bleiben*; aber auch zu Verben wie *heißen; scheinen; nennen; halten für; finden (= halten für); gelten als; aussehen/sich vorkommen/wirken wie; benutzen/betrachten/bezeichnen/empfinden als; auftreten/sich fühlen/handeln als/wie*. Ist das Prädikativ ein Substantiv, steht es im gleichen Kasus wie das Subjekt bzw. Akkusativobjekt:
	Er ist **ein Angeber**. Er hält den Jugendlichen **für einen Neonazi**.
	Der Wortart nach sind Prädikative Substantive (*Journalist* sein), Adjektive (*alt* werden), Partizipien (ihn *anregend* finden) oder Adverbien (*von hier* sein).
	Prädikativ gebrauchte Adjektive und Partizipien werden nicht flektiert:
	Die Journalisten finden die Aussagen der Jugendlichen **interessant**.

4 Unterstreichen Sie alle Prädikative.

Jugend 94: Jugend

„Es gab schon schlechtere Zeiten um aufzu-
wachsen. Auch heutzutage ist es kein Kinder-
spiel, aber für ein Dach über dem Kopf und
einen Hamburger in der Hand reicht es.
5 Woran es liegt, dass „die Jugend" nicht mehr
so einfach von Werten zu überzeugen ist? Es
ist unwahrscheinlich, dass es an „der Jugend"
liegt. Immerhin sind die Gene in den letzten
tausend Jahren ziemlich gleich geblieben.
Die Menschen sind alle gleich, lehrt die Bi- 10
bel. Alle Menschen? Na ja, bis auf die Asozia-
le, die unser Dachgeschoss mieten wollte. Die
brach ihre Ausbildung ab, weil sie schwanger
war. Anschließend wollte sie dem Kind Erzie-

15 hung spendieren und seitdem lässt sie sich von unseren Steuern durchfüttern. Nicht alle Menschen sind gleich, schon gar nicht Punks, Langhaarige, Querulanten oder Linke.

Es ist wichtig, seinen Nächsten zu lieben, aber für das Rasenmähen muss auch noch 20 Zeit bleiben."

(Ebd.)

Objekte	Objekte hängen von Verben ab und sind – je nach Verb – obligatorische oder fakultative Ergänzungen zum Prädikat (*jdm. begegnen/gefallen; etw. besitzen/nehmen; (jdm.) etw. empfehlen/glauben/zeigen; (mit jdm.) sprechen über etw.; mit jdm. sprechen (über etw.); (jdm.) etw. (an etw.) erläutern*). Man unterscheidet Kasusobjekte und Präpositionalobjekte. Alle Wortarten, die Subjekt sein können, können auch als Objekt gebraucht werden, also Substantive, Pronomen, substantivierte Adjektive, Partizipien, Infinitive, Adverbien, Präpositionen und Konjunktionen.

Kasusobjekte:

Akkusativobjekt: Die Meinungsforscher befragten **einen Jugendlichen nach dem anderen**.
(Frage: *Wen?* bei Personen bzw. *Was?* bei Sachen)

Dativobjekt: Sie hörten **den Jugendlichen** gespannt zu.
(Frage: *Wem?*)

Genitivobjekt: Die Befragung bedurfte **der Genehmigung der Schule**.
(Frage: *Wessen?*)

Präpositionalobjekte:

Die Jugendlichen warteten **auf die Journalisten**.
Die Jugendlichen freuten sich **auf das Interview**.
(Frage: *Auf wen?* bei Personen bzw. *Worauf?* bei Sachen)

5 Unterstreichen und bestimmen Sie alle Objekte.

Jugend 94: Liebe

„Bei den meisten Leuten fängt das Leben mit Liebe an. Bei mir war da nichts. Irgendwie bin ich mit meinen Eltern ausgekommen, aber Liebe? Als ich vor der Entscheidung
5 stand, entweder meine Eltern zu verlassen oder meine Freundin, war klar: hin zu ihr, die mir alles gab, wonach ich mich sehnte. Ich wollte sie gar nicht mehr loslassen. Nach zwei Jahren konnte sie nicht mehr. Sie ging.
10 Es war zu spät.

Viele Freunde habe ich nicht, denn ich will mit ihnen nicht über Autos und Weiber fachsimpeln. (...)
Mit dem Hass-Kult komme ich nicht mit, warum hassen viele so gern? Wenn ich noch 15 mal eine Frau finde, die ich liebe und sie mich, dann sollen Kinder kommen. Was die Leute in meinem Alter immer mit Karriere am Hut haben, ist mir schleierhaft. Ist Arbeit Spaß? Bringt Arbeit Glück?" 20

(Ebd.)

Adverbiale Angaben und Ergänzungen (= adverbiale Bestimmungen)	Adverbiale Angaben und Ergänzungen bezeichnen die näheren Umstände eines Geschehens. Man unterscheidet Temporal-, Lokal-, Modal- und Kausal- (=Kausal-, Final-, Konzessiv-, Konsekutiv- und Konditional-)angaben bzw. -ergänzungen. Die Fragen lauten: *Wann? Wie lange? Wie oft? Wo? Wohin? Woher? Wie? Womit? Warum? Wozu? Wofür? Trotz welchen Grundes? Mit welcher Folge? Unter welcher Bedingung?* Der Wortart nach sind adverbiale Angaben und Ergänzungen Substantive (*in der Öffentlichkeit* diskutiert werden), Adjektive, Partizipien (*eifrig/überzeugend* argumentieren), Pronomen (*neben ihr* stehen) oder Adverbien (*von hier* sein). Substantive im Akkusativ oder Genitiv, die eine zeitliche (*jeden Tag, eines Tages*) oder räumliche Ausdehnung (*den Berg hinabsteigen, des Weges kommen*), das Mittel (*Auto fahren*) oder eine persönliche Meinung (*meines Erachtens*) angeben, sind keine Objekte, sondern adverbiale Angaben bzw. Ergänzungen (= adverbialer Akkusativ/Genitiv).

6 Unterstreichen und bestimmen Sie alle adverbialen Bestimmungen.

Jugend 94: Heimat

„Vor wenigen Tagen fragte mich ein Freund, ob ich in den letzten Monaten mal zu Hause war. Er wunderte sich, dass ich nie in meine Heimat zu Besuch fahre, und fragte, ob es für
5 mich eine Heimat gebe oder nur einen Ort, wo meine Eltern wohnen. Einer, der mich seit zwei Jahren kennt, fragt mich nach meinem Heimatgefühl!
Ich habe einfach keine Lust zu meinen Eltern
10 zu fahren, in meine Heimat-, Geburts- und alte Wohnstadt zu fahren. Sie ist mir lästig, diese Konfrontation mit der Familie und der alten Zeit.
Es gab eine Zeit, als ich an dieser Umgebung
15 hing, damals, während des Zivildienstes in der weit entfernten Großstadt. Obwohl ich aus der Enge meiner Heimatstadt fliehen

wollte, zog es mich in den ersten sechs Monaten zurück. Heimweh. Doch das verlor sich, als die alten Freunde wegzogen. Ich zog 20 in immer größere Städte, besuchte immer weiter entfernte Länder und sah immer seltener bei meinen Eltern vorbei.
(...) Ich habe auch das letzte Band zu meiner Heimat gekappt und bin dort nun ein Frem- 25 der. Ich kenne mich nicht mehr aus, die Leute schauen mich komisch an. Heimat lebt nur noch in meiner Erinnerung. Ich werde nicht mehr dorthin zurückkehren können. Ich suche Heimat und bin auf eine Weise hei- 30 matlos und das ist nicht schön. Ich suche die zweite Heimat."

(Ebd.)

3. Das Attribut als Teil eines Satzglieds

Attribute beziehen sich auf ein Wort innerhalb eines Satzglieds und bestimmen dieses Bezugswort, meist ein Substantiv, genauer. Attribute zu Substantiven werden mit der Frage *Was für ein-?* erfragt. Bei Umstellungen im Satz werden Attribute zusammen mit ihrem Bezugswort verschoben.

Es gibt vorangestellte und nachgestellte Attribute:

Vorangestellte Attribute sind:

Pronomen: **einige** Computer

(erweiterte) Adjektive: ein **kleiner** Computer; ein **wegen seiner handlichen Form auch auf Reisen verwendbares** Notebook

(erweiterte) Partizipien: ein **Text verarbeitender** Computer; ein **nach einem halben Jahr fast schon wieder veralteter** Computer

Adverbien: **nur** Fachleute; ein **unglaublich** hoher Preis; **sehr** leistungsfähig

Genitive: **Japans** Computerindustrie; **Peters / Herrn Müllers** Computer

Ausdrücke mit Präpositionen: die **an der Umfrage** Beteiligten

Bestimmungswörter in Wortzusammensetzungen: **reparatur**anfällig (= anfällig für Reparaturen); **Geschäfts**aufgabe (= die Aufgabe des Geschäfts)

Nachgestellte Attribute sind:

Genitive: die Leistung **moderner Computer**; einer **der Experten**

Ausdrücke mit Präpositionen: der Bedarf **an Computern**; zufrieden **mit euch**;

die Präposition von als Genitiversatz bei Substantiven ohne Artikel, bei

Pronomen: die Leistung **von Computern**; der Computer **von Peter/ von Herrn Müller**

Adverbien: der Computer **dort**; leistungsfähig **genug**

Vergleiche mit wie und als: Geräte **wie Schreibmaschinen und Computer**; ein Computer **wie dieser hier**; leistungsfähiger **als gedacht**

Infinitive: die Fähigkeit **zu abstrahieren**

Substantive im gleichen Kasus (Apposition): Karl **der Große**
          Viele Geschäftsleute besitzen ein Notebook, **einen tragbaren Personalcomputer.**

Substantive mit Präposition lassen sich manchmal als Attribut und als selbständiges Satzglied interpretieren, vor allem Lokalangaben:

Oft lässt die Beratung der Kunden **in Fachgeschäften** zu wünschen übrig.
Die Beratung der Kunden **in Fachgeschäften** lässt oft zu wünschen übrig.
(Was für eine Beratung lässt zu wünschen übrig? = Attribut)
Die Beratung der Kunden lässt **in Fachgeschäften** oft zu wünschen übrig.
In Fachgeschäften lässt die Beratung der Kunden oft zu wünschen übrig.
(Wo lässt die Beratung zu wünschen übrig? = Lokalangabe)

Viele Attribute können zu Nebensätzen verbalisiert werden. (Vgl. S. 187f. und S.249ff.)

7 Trennen Sie die einzelnen Satzglieder durch Längsstriche voneinander ab. Unterstreichen und bestimmen Sie dann die Attribute innerhalb der Satzglieder.

Picasso (1881–1973)

Picasso, Pablo (...), spanischer Maler, Grafiker, Bildhauer, Keramiker und Dichter, (...) besuchte, 15-jährig, die Kunstschule in Barcelona, 1897 kurze Zeit die Academia San Fernando in Madrid. Von 1900 bis zu seiner endgültigen Übersiedlung 1904 reiste Picasso jährlich nach Paris, wo ihn nachimpressionistische Bilder von H. Toulouse-Lautrec, P. Gauguin, aber auch E. Delacroix, H. Daumier, E. Degas und Th. Steinlen beeinflussten. 1901 begann die „Blaue Periode" (schwermütige Frauenbilder in verschiedenen Blautönen), die bis 1904 reichte, 1905 folgten Zirkusthemen, 1906 die „Rosa Periode". Gleichzeitig entstanden neben Radierungen und Kupferstichen die ersten Plastiken. Für die Stilwende von 1907 waren afrikanische Masken, aber auch die Auseinandersetzung mit P. Cézanne wichtig, die zeitgleich mit G. Braque zum analytischen Kubismus führten. (...) Seit 1915 trat neben den Kubismus eine in konventioneller Sehweise arbeitende Technik, vor allem bei Portraitzeichnungen. (...) Picassos Hinwendung zum Surrealismus zeigt sich in der Malerei seit 1927 (...). Ein Höhepunkt in Picassos Schaffen ist das 1937 entstandene großformatige Gemälde „Guernica". Picassos Protest gegen den Krieg, den er im besetzten Paris erlebte, führte zu stärkerem politischem Engagement (...). Seit 1947 entstand in Vallauris (bei Cannes) eine große Zahl bemalter Keramiken. (...) Seit 1961 lebte Picasso in Mougins (bei Cannes). Seinen Nachlass erhielt der französische Staat (Picasso-Museum, Paris).

(dtv-Lexikon)

8 Unterstreichen Sie die Genitiv- und Präpositionalattribute.

Erfindungen

Die Geschichte der menschlichen Zivilisation ist eine Geschichte menschlichen Erfindungsgeistes von den ersten primitiven Geräten der Altsteinzeit bis zu den kompliziertesten technischen Apparaturen unserer Tage. Erfindungen und Entdeckungen (...) gehen dabei zeitweilig ineinander über. Die Entdeckung einer Gesetzmäßigkeit in der Natur kann zu einer Erfindung führen, aber auch umgekehrt kann eine Erfindung helfen den Gesetzen der Natur auf die Spur zu kommen. (...) Die Entdeckung der elektrischen Natur des Blitzes machte die Erfindung des Blitzableiters möglich und die Erfindung des Fernrohrs (...) erlaubte Galilei neue Entdeckungen im Weltall. (...) Manche Erfindungen sind das Ergebnis langjährigen Nachdenkens und vielleicht auch Experimentierens, andere die Frucht eines genialen Augenblicks oder einfach nur des Zufalls. Aus kleinen Erfindungen können große hervorgehen; große Forschungsprojekte können, wie heute etwa die zahlreichen Nebenprodukte der Weltraumforschung beweisen, kleinere Erfindungen nach sich ziehen. Viele, ja wohl die meisten Erfinder standen und stehen auch heute noch auf den Schultern ihrer Vorgänger, bauen auf schon bekannten Erfindungen auf.

(Erfindungsberichte. Arbeitstexte für den Unterricht. Hrsg. von Heinrich Pleticha)

Die Verbindung von Genitiv- und Präpositionalattributen

(1) die Versorgung **der Menschen** mit Nahrungsmitteln

(2) die Verarbeitung **von Rohstoffen** zu Gütern

> Wenn sich mehrere Genitiv- und/oder Präpositionalattribute auf dasselbe Bezugswort beziehen, spricht man von gleichgeordneten Attributen. Bei mehreren gleichgeordneten Attributen steht das Genitivattribut immer vor dem Präpositionalattribut. Als Genitiv gilt auch der Genitiversatz mit *von (die Einführung von Maschinen)*.

(3) Überlegungen zur weiteren Rationalisierung der Arbeit

(4) Nebenprodukte der Weltraumforschung der 80er Jahre dieses Jahrhunderts

> Genitiv- und Präpositionalattribute können wiederum durch Attribute genauer bestimmt werden. Diese Attribute, die ein Attribut als Bezugswort haben, nennt man untergeordnete Attribute. Bei einem Wechsel von neben- und untergeordneten Attributen steht das nebengeordnete Attribut immer vor dem untergeordneten Attribut.

9 Verdeutlichen Sie, zu welchem Bezugswort die einzelnen Attribute gehören.

Elektrizität
1. erste Untersuchungen zur Elektrizität von W. Gilbert im Jahre 1600
2. die Erfindung der Glühbirne durch einen amerikanischen Elektrotechniker namens Edison
3. die Lösung des Problems der Massenproduktion von Lichtquellen
4. die Entwicklung praktischer Anwendungsmöglichkeiten der Elektrizität in Maschinenbau und Beleuchtungstechnik
5. der Anstieg der Nachfrage nach elektrischem Strom
6. die Inbetriebnahme des ersten Elektrizitätswerks der Welt im Jahre 1882 durch Edison
7. Einrichtungen zur Versorgung der Haushalte und Industriebetriebe mit Strom

10 Ordnen Sie die Attribute.

Industrialisierung

1. die Folgen (für das Normen- und Wertesystem / der Industrialisierung / der Gesellschaft)
2. die Veränderung (des 18. Jahrhunderts / durch die Industrialisierung / der Arbeits- und Lebensbedingungen / seit der zweiten Hälfte)
3. der Beginn (mit der Einführung / der Industrialisierung / in der Textilindustrie / der Maschinen)
4. die Revolutionierung (der Eisenbahn und des Dampfschiffes / des Verkehrswesens / durch die Entwicklung / des 19. Jahrhunderts / seit der Mitte)
5. die grundlegende Veränderung (der europäischen Länder / der sozialen Struktur)
6. die starke Konzentration (von Arbeitsplatz und Wohnung / in Ballungsgebieten / der arbeitenden Menschen / bei räumlicher Trennung)
7. die industrielle Revolution (der Weltgeschichte / als das vermutlich wichtigste Ereignis / der Landwirtschaft und der Städte / seit der Entwicklung)

11 Formulieren Sie aus dem gegebenen oder aus eigenem Wortmaterial Heiratsannoncen, in denen die Suchenden und die Gesuchten mit vorangestellten und nachgestellten Attributen beschrieben werden. Die Partner müssen natürlich zusammenpassen!

Beispiel: *Ein* schon seit vier Jahren verwitweter, vom langen Alleinsein frustrierter, beruflich erfolgreicher, gutaussehender, sehr dynamischer und sportlicher *Manager* ohne Anhang in leitender Position mit überdurchschnittlich hohem Einkommen und im Besitz einer Villa am Starnberger See
sucht
eine attraktive, gewandte, für vielseitige Freizeitinteressen aufgeschlossene, nicht ortsgebundene *Partnerin* zwischen 25 und 30 Jahren mit weiblicher Ausstrahlung und dem Wunsch nach einem sorglosen, glücklichen Leben in einer festen Beziehung.

Wortmaterial für Heiratsannoncen

einsam	elegant	verständnisvoll
gefühlsbetont	gebildet	häuslich
ledig	ausgeglichen	offen
außergewöhnlich sympathisch	modisch	wohlhabend
liebesbedürftig	temperamentvoll	reiselustig
naturliebend	positiv denkend	tolerant
bildhübsch	gepflegt	belesen
solide	gesellig	fröhlich
anpassungsfähig	liebevoll	fleißig
unternehmungslustig	lebensbejahend	ehrgeizig
schlank	treu	etwas schüchtern
jung	allein stehend	zuverlässig
kinderlieb	sparsam	unkonventionell
	umgänglich	humorvoll

mit vielseitigen Interessen
mit Sportwagen
voll Begeisterung für alles Schöne
zum Liebhaben
mit guter Figur
mit einem Herz aus Gold
mit langen, blonden Haaren
voller Sehnsucht nach Liebe, Zärtlichkeit
    und Vertrauen
mit Herz und Hirn
mit Niveau
voll Unternehmungsgeist
mit 10-jährigem Kind
mit dem Wunsch nach einer glücklichen
    Partnerschaft

mit Kochkenntnissen und langjähriger
    Übung
mit Liebe zu Kunst, Theater, Kino und klassi-
    scher Musik
mit Vorliebe für Geselligkeit und Gespräche
    über Gott und die Welt
mit dem Herzen auf dem rechten Fleck
mit unwiderstehlichem Charme
mit viel Herzenswärme
mit vielen Hobbys
mit Traumfigur
ohne Schulden
mit blauen Augen
mit Freude an Natur und Kultur

Suchende(r) / Gesuchte(r):

Witwe(r)	Lehrer(in)	Sekretärin
Angestellte(r)	Akademiker(in)	Unternehmer
Junggeselle	Architekt(in)	Pensionär
Handwerker	Französin	Arzt
Arzthelferin	Single	Ärztin
Geschäftsmann	Kaufmann	Hausfrau ...

12 Präpositionalattribut, Präpositionalobjekt oder adverbiale Bestimmung? Bestimmen Sie die kursiv gesetzten Satzglieder bzw. Satzgliedteile.

Gute Berufschancen für Informatiker?

Noch immer sind die Aussichten *für Berufsan-fänger mit abgeschlossenem Informatikstudium* gut. Heute haben diplomierte Computer-Fachleute *als Berufsgruppe* gute Chancen *am*
5 *akademischen Arbeitsmarkt.* Computer-Fachleute *an der Universität Karlsruhe* halten die Berufsaussichten *von Berufsanfängern* für gut. Statistisch gesehen sind allerdings die Chancen schlecht, dass Computer-Fachleute *nach*
10 *Studienabschluss* einen Arbeitsplatz *in der Computerindustrie* finden. Früher gingen Industrielle *in die technischen Universitäten,* um für die schnell wachsenden Unternehmen akademischen Nachwuchs anzuwerben. Die
15 größte Nachfrage *nach Informatikern* herrscht heute bei den Kunden von Computer- und Programmherstellern. Derzeit werden 80 Prozent der Informatiker *im Dienstleistungsbereich* eingestellt. In der Industrie kümmern sie sich als Computer-Fachleute *um die haus-*
20 *eigenen Computernetze.* Von den jährlich 4000 Informatik-Absolventen der Universitäten wird inzwischen ein hohes Maß *an Anpassungsbereitschaft und Weiterbildungswillen* verlangt. Momentan zählt die Medizininforma-
25 tik *zu den aussichtsreichsten Berufsfeldern für spezialisierte Informatiker.* Denn Sparmaßnahmen *im Gesundheitswesen* haben einen Zwang *zum kostensparenden Computereinsatz in Kliniken und Arztpraxen* verursacht. So erklärt sich
30 der stark wachsende Bedarf *an Informatikspezialisten.*

(Nach: Abschied vom Schmalspur-Hacker.
DER SPIEGEL vom 1.11.1993)

13 Setzen Sie die in Klammern stehende Apposition im richtigen Kasus in den Satz ein.

Beispiel: Pythagoras wurde auf Samos, ..., geboren. (eine griechische Insel vor
             der Küste Kleinasiens)
             Pythagoras wurde auf Samos, einer griechischen Insel vor der Küste
             Kleinasiens, geboren.

Die Großen der Antike
1. Pythagoras musste im Alter von 35 Jahren vor Polykrates, ..., von der Insel fliehen. (der tyrannische Herrscher von Samos)
2. Pythagoras ist bis heute für seine mathematische Formel, ..., bekannt. (der
   Lehrsatz $a^2 + b^2 = c^2$)
3. Das Werk des Griechen Herodot, ..., ist das erste Zeugnis abendländischer
   Geschichtsschreibung. (der „Vater" der Historiker)
4. Auf seinen großen Reisen, ..., fand Herodot das Material für seine Aufzeichnungen. (die Voraussetzung für seine Geschichtsschreibung)
5. Für den jungen Griechen Platon, ..., war der Tod von Sokrates, ..., ein tiefer
   Schock und eine Wende in seinem Leben. (der Sohn wohlhabender Eltern / sein
   Freund und Lehrer)
6. Bis heute ist sich die Wissenschaft nicht sicher, ob die von Platon im „Phaidon"
   niedergeschriebene Ideenlehre von ihm oder von Sokrates, ..., stammt.
   (sein Lehrer)
7. Platon gründete eine Akademie in Athen, ... (seine Geburtsstadt)
8. Mit dem griechischen Philosophen Aristoteles, ..., begann eine neue Ära der
   Philosophie. (ein Schüler Platons)
9. Im Gegensatz zur platonischen Ideenlehre, ..., geht die aristotelische Philosophie
   von der Welt des Alltags aus. (eine auf das Schöne und Ideale gerichtete
   Philosophie)
10. In seinen philosophischen Schriften zur Logik, ..., stellt Aristoteles zum erstenmal
    Gesetze des Denkens systematisch auf. (die Lehre vom logischen Schlussfolgern)

II. Die Verteilung und Stellung der Satzglieder im Satzfeld

1. Die Verteilung der Satzglieder auf Vor-, Mittel- und Nachfeld

Vorfeld	Mittelfeld		Nachfeld
1. Position	2. Position	Weitere Positionen	letzte Position
(1) Der Referent	**begann** nicht **zu sprechen,**		bevor alle saßen.
(2) Der Referent, ein Biologe,	**hat** noch nie so ausführlich **referiert**		wie heute.
(3) Solange referiert wurde,	**war** es im Saal **ganz still.**		
(4) Warum	**reisen** einige Wissenschaftler vorzeitig **ab?**		
(5)	**Könnten** Sie etwas lauter **sprechen?**		
(6)	**Fangen** Sie doch **an,**		bitte!
(7)	**Hätte** ich mir den Vortrag doch bloß **angehört!**		

Typisch für den deutschen Satz ist die sogenannte Satzklammer, die von den getrennten
Teilen des Verbs gebildet wird. Sie umschließt
das Mittelfeld und grenzt dieses zugleich gegen
Vorfeld und Nachfeld ab. Diese feste Stellung
des Verbs bestimmt die Struktur des Satzes.
Das Vorfeld ist nur in Aussagesätzen (1) (2) (3)
und Ergänzungsfragen (*W*-Fragen) (4) besetzt,
nicht aber in Entscheidungsfragen (*Ja/Nein*-Fra-
gen) (5), Aufforderungssätzen (Bitte, Aufforde-
rung, Befehl) (6) und Wunsch- und Bedingungssätzen ohne einleitende Konjunktion (7).
Das Nachfeld kann in allen Satztypen besetzt
werden, was aber grammatisch nicht notwendig ist.

Das Vorfeld

(1) **Ladendiebe** gehen oft sehr raffiniert
   vor.
(2) **Im Jahre 1988** wurden in der BRD rund
   350 000 Ladendiebstähle registriert.
(3) **In Selbstbedienungsläden** wird besonders viel gestohlen.
(4) **Wie man weiß**, sind viele Diebe Wie-
   derholungstäter.
(5) **Ladendiebstähle zu verhindern** ist
   kaum möglich.
(6) Man weiß heute noch zu wenig über die
   Ursachen der Kleptomanie. **Deshalb**
   läuft seit 1988 in Hamburg ein For-
   schungsprojekt. **Es** wird von einem Psychiater geleitet. **Dieser** hat inzwischen
   mit seinen Mitarbeitern eine Therapie
   entwickelt. **Seitdem** können Kleptomanen behandelt werden. **Das** ist zwar ein
   Fortschritt, **aber damit** ist man noch
   nicht am Ziel.
(7) Ladendiebe wagen sich nicht in kleine
   Geschäfte.
   In kleine Geschäfte wagen sich Ladendiebe nicht.
(8) Die Polizei kommt Ladendieben nur
   schwer auf die Spur.
   Ladendieben kommt die Polizei nur
   schwer auf die Spur.
(9) Man wird die Ursachen der Kleptomanie
   nicht restlos klären können.
   Restlos wird man die Ursachen der
   Kleptomanie nicht klären können.
(10) Immer mal wieder wird ein Ladendieb
   erwischt.
   Erwischt wird immer mal wieder ein
   Ladendieb.

Das Vorfeld ist die erste Position im Satz. Es
nimmt nur ein Satzglied auf. Bis auf wenige
Ausnahmen kann jedes Satzglied im Vorfeld stehen, teils in neutraler Aussage, teils mit hervor-
hebender Wirkung.
In neutraler Aussage stehen im Vorfeld häufig
das Subjekt (1), eine Temporalangabe (2), eine
Lokalangabe auf die Frage *Wo?* (3), ein Nebensatz (4) oder ein (erweiterter) Infinitiv (5).
Anstelle von Substantiven stehen in neutraler
Aussage in der ersten Position oft Pronomen
oder Adverbien, wenn an Bekanntes angeschlossen oder ein inhaltlicher Bezug zum vorher Gesagten hergestellt werden soll. Davor
kann noch eine nebenordnende Konjunktion
mit im Vorfeld stehen (z.B. *und, aber, oder,
denn, doch: und dieser, aber damit*) (6).
Satzglieder, die von weit hinten im Mittelfeld
ins Vorfeld geholt werden, wirken hervorgehoben. Das gilt besonders für adverbiale Ergänzungen (7), Objekte (8), Modalangaben (9),
abgeschwächt für Kausalangaben und auch für
das Prädikat (10).
In der ersten Position können nicht stehen: das
Pronomen *es* im Akkusativ, Reflexivpronomen,
Partikeln sowie die Modalwörter *nämlich* und
wirklich (vgl. S. 298f.).

14 Tauschen Sie die Subjekte im Vorfeld gegen andere Satzglieder aus. Merken Sie Unterschiede?

Ladendiebe wider Willen
1. Helmut H. muss den Wochenvorrat an Lebensmitteln aus ganz bestimmten Gründen ohne seine Frau einkaufen.
2. Seine Frau hat nämlich seit einiger Zeit in Supermärkten und Kaufhäusern Hausverbot.
3. Sie hat von ihren Streifzügen durch die Innenstadt jahrelang unbezahlte Waren mit nach Hause genommen.
4. Ein ganzes Warenlager türmt sich zum Entsetzen des Ehemannes in ihrem Schlafzimmer.
5. Frau H. kann das Stehlen trotz Strafanzeigen, Hausverbot und Gerichtsverfahren einfach nicht lassen.
6. Kleptomanen haben keine Bereicherungsabsichten.
7. Kleptomanie betrifft Frauen nicht stärker als Männer.
8. Kleptomanen gestehen ihre Diebereien nur ungern ein.
9. Sie weichen klaren Antworten so lange wie möglich aus.
10. Sie entschließen sich fast immer erst auf Anraten von Angehörigen und Freunden zu einer Therapie.
11. Psychiater vermuten als Ursache der Kleptomanie seelische Probleme.

(Nach: Dorian Weickmann: Ladendiebe wider Willen.
Die Kleptomanie: Suchtkrankheit oder Symptom einer Neurose?
DIE ZEIT vom 2.3.1990)

Das Mittelfeld

Im Mittelfeld, das die meisten Satzglieder aufnimmt, können alle Satzglieder stehen. Zwischen der finiten Verbform am Anfang und der infiniten am Ende des Mittelfelds sind freie Positionen für weitere Satzglieder.

Das Nachfeld

(1) Kleptomanie kann so zwanghaft sein **wie Spielsucht**.
(2) Kleptomanen verhalten sich nicht kontrolliert, **sondern zwanghaft**.
(3) Oft kommen sie erfolgreich nach Hause, **mit kleineren oder größeren Gegenständen in der Tasche**.
(4) Manche fangen schon in der Jugend an **zu stehlen**.
(5) Es ist bekannt, **dass Kleptomanen keinen moralischen Defekt haben**.

Die Nachstellung eines Satzglieds dient meist dazu, einen Satz durch Ausklammerung übersichtlicher zu machen oder – besonders in der mündlichen Rede – etwas Vergessenes nachzutragen. Nachstellung bewirkt selten eine Hervorhebung.
Im Nachfeld können stehen:
– Vergleiche mit *wie* und *als* (1)
– Berichtigungen, Nachträge, längere Aufzählungen (2) (3)
– (Erweiterte) Infinitive mit *zu* (4)
– Nebensätze (5)

2. Die Stellung der Satzglieder

(1) Konnte der Referent seinen Zuhörern das Problem verständlich machen?
Ja, zweifellos hat **er es ihnen** verständlich dargelegt.

(2) Gestern haben sie **den nächsten Kongress** um ein halbes Jahr verschoben.

(3) Zum Abschluss des Kongresses hat man den Organisatoren **ein großes Lob** ausgesprochen.

(4) Gestern haben sie nach vielen Überlegungen in einer Abstimmung endlich **den nächsten Tagungsort** festgelegt.

(5) **Einen interessanteren Kongress** kann man sich wirklich kaum vorstellen.

Für die Stellung der Satzglieder im Mittelfeld gilt allgemein: Je höher der Informationswert eines Satzgliedes ist, desto weiter hinten steht es. Ein rechts stehendes Satzglied ist inhaltlich immer wichtiger. Den Informationswert erkennt man an der Form:
Personal- und Reflexivpronomen sowie das Indefinitpronomen *man* haben den geringsten Mitteilungswert, weil sie für Bekanntes stehen. Sie haben ihren Platz am Anfang des Mittelfeldes nach dem finiten Verb (1).
Definite Satzglieder in Form von Substantiven mit bestimmtem Artikel sowie mit Demonstrativ- und Possessivpronomen haben einen mittleren Informationswert, weil sie etwas Bestimmtes, Bekanntes angeben. Sie stehen nach den Pronomen im mittleren Teil des Mittelfeldes (2).
Indefinite Satzglieder in Form von Substantiven mit unbestimmtem Artikel oder ohne Artikel sowie Indefinitpronomen haben den höchsten Informationswert, weil sie etwas Unbekanntes, Neues enthalten und daher die größte Aufmerksamkeit auf sich ziehen. Sie stehen nach den definiten Satzgliedern im hinteren Teil des Mittelfeldes (3).
Es ergibt sich folgendes Schema:
Pronominale Satzglieder -→ Definite Satzglieder -→ Indefinite Satzglieder
Abweichungen von dieser Reihenfolge werden als Hervorhebung verstanden (4) (5).

Die Stellung der Subjekte

(1) **Die industrielle Revolution/Sie** veränderte die Dörfer und Städte.

(2) Ohne Zweifel veränderte **die industrielle Revolution/sie** die Dörfer und Städte.

(3) Zu diesen Fragen haben sich natürlich auch immer wieder **die Volkskundler** geäußert.

(4) Natürlich haben **Wissenschaftler** die Veränderungen genau untersucht.

(5) In ganzen Landstrichen verwandelten sich seit der Industrialisierung nicht nur in Deutschland **alte Dörfer** in Arbeitersiedlungen.

(6) Diese Entwicklung konnte am Anfang des vorigen Jahrhunderts natürlich **niemand** voraussehen.

(7) **Ganze Landstriche** veränderten sich durch die Industrialisierung.

Das Subjekt hat keine feste Position im Satz. Subjekte in Form von definiten Substantiven stehen meist, Subjekte in Form von Personalpronomen oder Indefinitpronomen immer unmittelbar vor (1) oder nach (2) dem finiten Verb. Im hinteren Teil des Satzes stehende definite Subjekte wirken hervorgehoben (3).
Indefinite Subjekte stehen selten vor dem finiten Verb, sondern danach (4) oder im hinteren Teil des Satzes (5). Subjekte in Form von Indefinitpronomen (z.B. *andere, einige, jemand, niemand, alles, etwas, nichts*) können auch im mittleren oder hinteren Teil des Satzes stehen (6).
Ins Vorfeld gestellte indefinite Subjekte wirken oft hervorgehoben (7).
Subjekte in Verbindung mit Ereignisverben (vgl. S. 19f.) oder ähnlichen Verben stehen meist im hinteren Teil des Satzes (z.B. mit den Verben *er-*

(8) Bekanntlich entstanden infolge der in-
dustriellen Revolution nicht nur in
Deutschland **die schwersten sozialen
Probleme.**

folgen, geschehen, passieren, aber auch mit Verben wie *auftreten, bestehen, entstehen, fehlen,
gelingen, herrschen, sich vollziehen*) (8).
Das Pronomen *es* kann, wenn es in Aktivsätzen
oder in Passivsätzen (vgl. S. 63ff.) stellvertretendes Subjekt ist, nur am Satzanfang vor dem finiten Verb stehen:
Es entstanden schwere soziale Probleme.
Bekanntlich entstanden schwere soziale Probleme.
Es wurden Veränderungen beobachtet.
Überall wurden Veränderungen beobachtet.

15 Bilden Sie aus den Satzgliedern Sätze und diskutieren Sie die verschiedenen Möglichkeiten.

Die Entwicklung von Dörfern und Städten

1. verschiedene Siedlungsformen / überall auf der Welt / sich / bekanntlich / lassen /
   unterscheiden
2. untergebracht / in vielen Gegenden / sind / im Bauernhaus / Mensch, Vieh,
   Vorräte und Geräte
3. Dorfgemeinschaften / im Laufe der Zeit / aus der Ansammlung einzelner
   Bauernhöfe / entstanden / sind
4. regelmäßig / ausgetauscht / Rohstoffe und fertige Produkte / wurden / auf
   den Märkten
5. zwischen den Händlern / ausgetragen / heftige Konkurrenzkämpfe / natürlich /
   wurden
6. sich / in der Nähe der Handelsplätze / siedelten ... an / mit der Zeit / immer mehr
   Menschen
7. Städte / allmählich / entwickelten / aus den Siedlungen / sich
8. entstanden / große Fabriken und Arbeitersiedlungen / mit der Industrialisierung /
   an verkehrsgünstigen Plätzen
9. sich / durch die Entstehung von Industrie- und Arbeiterdörfern / die soziale
   Struktur / natürlich / änderte
10. hinsichtlich seiner Struktur / das heutige Dorf / eine reiche Differenzierung /
    weist ... auf
11. durch die Verstädterung / zurückgedrängt oder ganz aufgegeben / im Laufe der
    Zeit / wurde / das dörfliche Brauchtum
12. große Bedeutung / Historiker und Soziologen / schon lange / messen ... bei /
    diesem Problem
13. eine Selbstverständlichkeit / heute / ist / in den Industriestaaten / die Trennung
    von Wohn- und Arbeitsstätte / für jeden

Die Stellung der Ergänzungen

	Subjekt	Prädikat 1	Dativobjekt	Akkusativobjekt
(1)	Der Vortrag	hat	den Zuhörern	
(2)	Der Referent	hat		interessante Thesen
(3)	Er	zeigte	einem Kollegen	einen Film.
(4)	Er	dankte	dem Auditorium	
(5)	Er	hat	den Kollegen	seine Thesen
(6)	Er	hat		sich
(7)	Das Gesagte	bedarf		
(8)	Einige	enthielten		sich
(9)	Der Kongress	ist		
(10)	Viele	halten		den Referenten
(11)	Der Kongress	dauerte		
(12)	Die Teilnehmer	haben		
(13)	Der Vortrag	hat		
(14)	Die Stadt	stellte	den Wissenschaftlern	Tagungsräume

Grundsätzlich gilt: Je enger ein Satzglied zum Verb gehört, desto weiter hinten steht es im Satz. Aus diesem Grund haben Präpositionalobjekte (4)–(6) und Genitivobjekte (7) (8) sowie Prädikative (9) (10), adverbiale Ergänzungen (11) (12) und Funktionsverbgefüge (13) (14) ihren festen Platz am Satzende vor dem infiniten Verb. Bei Verben mit zwei Präpositionalobjekten steht das persönliche Objekt vor dem Sachobjekt (6). Dativobjekte (meist Personen) und Akkusativobjekte (meist Sachen) stehen als Substantive vor den genannten Satzgliedern und nach dem Subjekt (1)–(3). Dabei stehen Dativobjekte vor Akkusativobjekten (3). Definite Akkusativobjekte können auch vor Dativobjekten stehen: *Er zeigte den Film einem/dem Kollegen.*

Präpositionalobjekt Genitivobjekt	Prädikativ adverbiale Ergänzung Funktionsverbgefüge	Prädikat 2
		gefallen.
		vertreten.
fürs Zuhören.		
an Beispielen		erläutert.
mit den Kollegen über seine Arbeit		unterhalten.
weiterer Erklärungen.		
der Stimme.		
	sehr interessant/ein Erfolg	gewesen.
	für einen Experten.	
	eine Woche.	
	im gleichen Hotel	gewohnt.
	starke Beachtung	gefunden.
	zur Verfügung.	

16 Ordnen Sie die Satzglieder im Mittelfeld.

Der Referent

1. Seit kurzem ... (den Kongressteilnehmern / bietet / moderne Vortrags- und Seminarräume / das renovierte Kongresszentrum)
2. Bis vor kurzem ... (stellen / den Teilnehmern / zur Verfügung / die Stadt / keine großzügigen Räume / konnte)
3. In den Vortragsräumen ... (außergewöhnlich gut / seit dem Umbau / ist / die Akustik)
4. Nach dem Vortrag ... (einige Kollegen / rieten / zur Veröffentlichung des Vortrags / dem Referenten)
5. Im Anschluss an den Vortrag ... (zur Diskussion / standen / die Forschungsergebnisse des Referenten / eine Stunde lang)
6. Offensichtlich ... (jeder Logik / ermangelten / einige Argumente / schon bei oberflächlicher Betrachtung)
7. Nach der Diskussion ... (für ihre rege Beteiligung / sich / bei den Zuhörern / bedankte / der Referent)
8. Einige Kongressteilnehmer ... (zum Essen / nach der Diskussion / gingen)
9. Zu Recht ... (als Experte / der Referent / gilt / in Fachkreisen)
10. Schon seit längerem ... (Beachtung / auch im Ausland / findet / die Arbeit des Referenten)
11. Wegen seiner wissenschaftlichen Methodik ... (sehr überzeugend / auch ausländische Wissenschaftler / finden / die Arbeit des Referenten)
12. Der Referent ... (vor seinem Ruf an eine angesehene deutsche Universität / hat / im Ausland / verbracht / einige Jahre)

Die Stellung der nominalen und pronominalen Satzglieder

	1. Position	Prädikat 1	Akkusativobjekt	Dativobjekt	Subjekt
(1)	Gestern	zeigte			der Referent
(2)	Gestern	zeigte			er
	Gestern	sahen			sie
(3)	Gestern	zeigte			der Referent / er
	Gestern	sahen			die Kollegen / sie
(4)	Gestern	zeigte		ihnen	der Referent
	Gestern	sahen		sich	die Kollegen
(5)	Gestern	zeigte			der Referent / er
	Gestern	zeigte	es		der Referent
(6)	Gestern	zeigte			der Referent
	Gestern	sahen			die Kollegen
(7)	Gestern	zeigte	es		der Referent
	Gestern	sahen	es		die Kollegen
(8)	Gestern	zeigte	es	ihnen	der Referent.
	Gestern	sahen	es	sich	die Kollegen
(9)	Gestern	bat			ein Journalist
(10)	Gestern	sprach			er

Für die Reihenfolge im Mittelfeld gilt:
Als Substantive stehen Subjekte, Dativ- und Akkusativobjekte in der genannten Reihenfolge (1).
Als Pronomen stehen sie in der Reihenfolge Subjekt, Akkusativobjekt, Dativobjekt (2).
Pronominale Objekte stehen nie vor einem pronominalen Subjekt (2), sie können aber vor einem nominalen Subjekt stehen (4) (5) (7) (8).
Gibt es pronominale und nominale Objekte, dann steht das pronominale Objekt vor dem nominalen Objekt (3) (4) (5).
Ein nominales Subjekt kann vor (6), zwischen (7) oder nach (8) pronominalen Objekten stehen.

Dativobjekt	Akkusativobjekt	Dativobjekt	Präpositionalobjekt	Prädikat 2
den Kollegen	sein Institut.			
	es	ihnen.		
	es	sich		an.
ihnen	sein Institut.			
sich	sein Institut			an.
	sein Institut.			
	sein Institut			an.
	es	den Kollegen.		
		den Kollegen.		
	es	ihnen.		
	es	sich		an.
ihnen.				
sich				an.
				an.
	den Referenten		um ein Interview / darum.	
			mit dem Referenten / mit ihm über sein Institut / darüber.	

Präpositionalobjekte stehen als Substantive und als Pronomen + Präposition (bei Personen) bzw. als Pronominaladverb (*da(r)*+Präposition bei Sachen) nach dem Subjekt und den Kasusobjekten. Bei Verben mit zwei Präpositionalobjekten steht das persönliche Objekt vor dem Sachobjekt (9) (10).

Bei Reflexivpronomen ist zu beachten, dass das Reflexivpronomen im Dativ steht, wenn ein reflexiv gebrauchtes Verb noch ein Akkusativobjekt bei sich hat: *sich* (D) *etw.* (A) *ansehen.*

17 Beantworten Sie die Fragen, indem Sie die kursiv gesetzten Satzglieder durch Pronomen bzw. Pronominaladverbien ersetzen. Manchmal gibt es mehrere Möglichkeiten.

Beispiel: Hat *der Institutsleiter dem Journalisten* ein Interview gegeben?
              Ja, natürlich hat er ihm ein Interview gegeben.

In einem Institut
1. Hat sich *der Institutsleiter bei den Mitarbeitern* für die gute Zusammenarbeit bedankt? – Ja, am Jahresende ...
2. Hat *der Institutsleiter seinen Assistenten* die Korrektur der Prüfungsarbeiten überlassen? – Ja, aus Zeitgründen ...
3. Beschweren sich die Assistenten *über das viele Korrigieren*? – Aber natürlich ...
4. Hat der Institutsleiter *dem Mitarbeiter das gewünschte Dienstzeugnis* schon ausgestellt? – Ich hoffe, dass ...
5. Hat sich der Chef *das viele Kaffeetrinken* noch nicht abgewöhnt? – Soviel ich weiß, ...
6. Hat *der Institutsleiter* dem Dozenten *ein Forschungssemester* bewilligt? – Ich glaube, dass ...
7. Legt *der Assistent dem Chef seine Veröffentlichungen* vor? – Ja, bestimmt ...
8. Hat der Student *dem Assistenten die geliehenen Bücher* zurückgegeben? – Ich hoffe, ...
9. Haben sich manche Studenten *das Studieren* leichter vorgestellt? – Es ist wohl richtig, dass ...
10. Kann sich *der Assistent die Namen der Studenten* merken? – Ja, erstaunlicherweise ...
11. Kann sich *der Assistent teure Fachbücher* kaufen? – Ich glaube schon, dass ...
12. Konnte *der Assistent* den Studenten *das schwierige Problem* erklären? – Ja, natürlich ...
13. Hat *der Assistent seinem Chef* schon *die Literaturliste* übergeben? – Ja, bestimmt ...
14. Kann sich der Institutsleiter *auf seine Assistenten* verlassen? – Ich bin sicher, dass ...
15. Kümmert sich *der Institutsleiter um die Verwaltung des Instituts*? – Ja, Gott sei Dank ...

Die Stellung der adverbialen Angaben

(1) Viele Bundesbürger sitzen **täglich stundenlang aus Gewohnheit völlig passiv in bequemen Sesseln** vor dem Fernseher.
     aus Gewohnheit täglich stundenlang
(2) **In den letzten Jahren** ist die Zahl der Sender **in Deutschland sprunghaft** angestiegen.
     In Deutschland ist die Zahl der Sender **in den letzten Jahren sprunghaft** angestiegen.
(3) Der Junge hat sich **trotz des elterlichen Verbots** einen Krimi angesehen.
     Er hat sich den Krimi **trotz des elterlichen Verbots** angesehen.

Für die Reihenfolge der adverbialen Angaben gibt es keine festen Regeln. Sie stehen in neutraler Aussage meist in der Reihenfolge Temporal- (T), Kausal- (K), Modal- (M), Lokalangabe (L) oder in der Reihenfolge K T M L (1). Modalangaben stehen meist im hinteren Teil des Satzes dicht vor dem infiniten Verb, sogar nach Lokalangaben (2). Sätze mit vier Angaben sind selten, normalerweise beschränkt man sich auf eine oder zwei.
Angaben stehen immer nach Personal- und Reflexivpronomen (3) sowie nach dem Pronomen *man*, aber vor Ergänzungen, z.B. vor Präpositionalobjekten (4) und vor adverbialen Ergänzungen (1) (5) (6) (7).

(4) Pädagogen weisen Eltern **immer wieder eindringlich** auf die Gefahren des Fernsehens hin.

(5) Fernsehabende reichen für „Vielseher" **nicht selten** bis weit in die Nacht hinein.

(6) **Völlig passiv** sitzen viele Bundesbürger **täglich** vor dem Fernseher.

(7) **Aus Gewohnheit** sitzen viele Bundesbürger **völlig passiv** vor dem Fernseher.

(8) Die Eltern haben ihrem Sohn **erst gestern wieder** das Anschauen von Krimis verboten.

(9) Der Vater hat **heute schon wieder** eine Kürzung des Taschengeldes angedroht. **Heute** hat der Vater **schon wieder**...

(10) Die Eltern haben ihrem Sohn das Anschauen von Krimis **erst gestern wieder** verboten.

(11) Der Junge hat **heute wieder** einen Krimi **im Nachtprogramm** gesehen.

Angaben und nominale Dativ- und Akkusativobjekte verteilen sich im Mittelfeld wie folgt: Angaben stehen meist nach definiten und vor indefiniten Objekten (3), häufig zwischen den Objekten (8), manchmal direkt nach dem finiten Verb oder nach dem Subjekt (9).
Die Stellung der Angaben kann sich mit der Sprecherintention ändern. Angaben, die hervorgehoben werden sollen, werden in den hinteren Teil des Satzes gestellt (10); hinter einem indefiniten Objekt können sie nur stehen, wenn im Mittelfeld eine weitere Angabe steht (11).
Die hervorhebende Wirkung durch Nachstellung ist bei längeren Sätzen stärker als bei kurzen.
Besonders Lokalangaben auf die Frage *Wo?* und Temporalangaben stehen häufig im Vorfeld. Diese Satzstellung wirkt neutral (2) (9), während vorangestellte Modalangaben stark (6), Kausalangaben weniger stark hervorgehoben wirken (7).

18 Schreiben Sie einen zusammenhängenden Text.

Immanuel Kant (1724–1804)

1. gehören / Zerstreutheit, Weltfremdheit und eine eigentümliche Pedanterie / nach einer weit verbreiteten Ansicht / zu einem rechten Professor
2. ein Pedant / Immanuel Kant / zeit seines Lebens / war
3. genau / hatte / seinen Tagesablauf / festgelegt / er
4. stand ... auf / jeden Morgen / er / um 5 Uhr
5. Vorlesungen / in geregeltem Ablauf / der Arbeit am Schreibpult / folgten
6. mittags / nahm ... ein / er / im Kreise von Freunden / ein längeres Essen
7. besuchte / zur selben Zeit / seinen Freund Green / jeden Nachmittag / er
8. abends / er / nach Hause / ging / pünktlich um 7 Uhr
9. genau auf 10 Uhr abends / festgesetzt / auch das Schlafengehen / er / hatte
10. aufs Genaueste / er / auch seine Umgebung / ordnete
11. geraten / beim Anblick eines verschobenen Stuhls / er / konnte / in Verzweiflung
12. ihn / einmal / der Hahn eines Nachbarn / irritierte
13. nicht / er / kaufen / den Hahn / konnte
14. zog ... um / er / in eine andere Wohnung / daher
15. nie / verließ / seine Heimatstadt Königsberg in Preußen / er
16. in einem pietistischen Elternhaus / aufgewachsen / dort / war / er
17. verbrachte / in Königsberg / er / sein ganzes Leben
18. wurde / an der Universität Königsberg / Kant / neun Jahre nach Beendigung seines Studiums / Privatdozent
19. er / Privatdozent / 15 Jahre lang / dort / blieb
20. an dieser Universität / er / eine Professur / mit 46 Jahren / bekam / endlich
21. in Königsberg / 1804 / achtzigjährig / starb / er
22. eine der größten Leistungen auf dem Gebiet der Philosophie / trotzdem / er / in diesem unscheinbaren Rahmen / vollbrachte

23. einen Wendepunkt / in der Geschichte des philosophischen Geistes / sein Denken / stellt ... dar
24. fragt / Kants Philosophie / nach den Grenzen der menschlichen Vernunft
25. erstmals / Kant / beschrieben / die Unmöglichkeit objektiver Erkenntnis / hat

19 Bilden Sie Sätze. Überlegen Sie Alternativen, auch für das Vorfeld.

Das Fernsehzeitalter
1. das Fernsehen / besonders in den Industrieländern / die Hauptquelle gesellschaftlicher Kommunikation / ist / seit vielen Jahren / ohne Zweifel
2. serienmäßig / im Jahre 1934 / in Deutschland / die ersten Fernsehgeräte / stellte ... her / man
3. sich / man / mit der Entwicklung des Farbfernsehens / beschäftigte / intensiv / in Europa / von 1956 an
4. ausgestrahlt / nur von öffentlichen Anstalten / wurden / bis vor wenigen Jahren / in Deutschland / die Fernsehsendungen
5. wenden ... zu / privaten Fernsehsendern / auch in Deutschland / die Fernseh-zuschauer / vermehrt / heute / sich
6. unterschiedlich / geregelt / nach dem Beginn des privaten Fernsehens 1984 / die Zulassung privater Sender / in ihren Landesmediengesetzen / die einzelnen Bundesländer / haben
7. im Wesentlichen / derzeit / finanzieren / durch Werbeeinnahmen / ihre Programme / die privaten Programmanbieter
8. ist / durch seine Wirkungsmöglichkeiten / in vieler Hinsicht / überlegen / den anderen Medien / das Fernsehen
9. verfolgen / das politische Geschehen / am Bildschirm / passiv / fast alle Bundesbürger / können / vom Wohnzimmer aus
10. nicht mehr / vorstellen / ohne Massenmedien / Politik / sich / kann / in modernen Industriegesellschaften / man
11. durchschnittlich / der Fernseher / dreieinhalb Stunden / lief / im Jahre 1985 / an einem Wochentag / in den Haushalten der BRD
12. können / mit Hilfe der Erwachsenen / der Faszination des Fernsehens / sich / besonders Kinder / entziehen / wohl nur
13. einen „Ehrenplatz" im Wohnzimmer / wie selbstverständlich / gestehen ... zu / viele / heute / dem Fernsehapparat
14. erschienen / auf dem Buchmarkt / sind / viele medienkritische Bücher / in den letzten Jahren
15. die Bundesbürger / am einsamsten / nach Umfrageergebnissen / vor dem Fernseher / sind
16. eindringlich / Fernsehkritiker / vor den realitätsverzerrenden Darstellungen des Fernsehens / warnen / schon seit langem

Modalwörter

(1) Zu viel Fernsehen kann **wirklich** schädlich sein.
(2) Man lastet dem hohen Fernsehkonsum von Kindern heute **bekanntlich** viele Schäden an.

Modalwörter geben die subjektive, häufig gefühlsmäßige Haltung eines Sprechers wieder. Sie können den Satz modifizieren hinsichtlich der Wahrscheinlichkeit des Sachverhalts (z.B. *bestimmt, gewiss, natürlich, sicher, vermutlich,*

Bekanntlich lastet man heute dem hohen Fernsehkonsum von Kindern viele Schäden an.

wahrscheinlich, vielleicht), hinsichtlich seiner (emotionalen) Beurteilung durch den Sprecher (z.B. *bedauerlicherweise, leider, glücklicherweise, hoffentlich, dummerweise, eigentlich, nämlich*), hinsichtlich der Glaubwürdigkeit der Aussage (z.B. *angeblich, offensichtlich, bekanntlich, wirklich, zweifellos*) sowie hinsichtlich des Geltungsanspruchs und -bereichs (z.B. *absolut, an sich, grundsätzlich, im Allgemeinen, im Großen und Ganzen, im Prinzip, jedenfalls, überhaupt; theoretisch, praktisch, physisch, psychisch*). Modalwörter stehen vor dem Satzglied, auf das sie sich beziehen; sie stehen aber auch häufig im Vorfeld (Ausnahme: *nämlich, wirklich*).
(Zur Negation von Modalwörtern vgl. S. 309ff.)

---

20 Fügen Sie die in Klammern angegebenen Modalwörter ein.

Zu hoher Fernsehkonsum
1. Das Fernsehen verführt Kinder und Jugendliche in der Zukunft noch mehr zu passivem Fernsehkonsum. (bestimmt)
2. Hoher Fernsehkonsum beeinträchtigt Kinder und Jugendliche in ihrer Entwicklung. (wahrscheinlich)
3. Das Fernsehverhalten vieler Kinder und Jugendlicher wird von den meisten Pädagogen kritisiert. (bekanntlich)
4. Man setzt Kinder zu früh elektronischer Kommunikation aus. (bedauerlicherweise)
5. In den letzten Jahren ist die Kritik an den Medien deshalb stark gewachsen. (zweifellos)
6. Aber man kann die Wirkungen des Fernsehkonsums nicht genau einschätzen. (natürlich)
7. Pädagogen warnen die Eltern heute vor einem zu hohen Fernsehkonsum ihrer Kinder. (jedenfalls)
8. Gewalt im Fernsehen verstärkt Untersuchungen zufolge die Ängste der Kinder. (nämlich)
9. Die schnelle Aufeinanderfolge der Fernsehbilder überfordert die psychische Aufnahmefähigkeit der Kinder ständig. (offensichtlich)
10. Die Eltern sprechen mit ihren Kindern zu wenig über die Fernsehsendungen. (leider)

21 Bilden Sie Sätze und stellen Sie das kursiv gesetzte Satzglied an den Anfang. Satzglieder, die eng zum Verb gehören, müssen am Ende des Satzes vor dem infiniten Verb stehen.

Max Planck (1858–1947)
1. nicht nur in Fachkreisen / *Max Planck* / heute / als bedeutender Physiker / gilt
2. natürlich / jeder / an den Erfinder der Quantentheorie / denkt / sofort / *wenn der Name Max Planck auftaucht*

3. nicht so schnell / er / geraten / *mit Sicherheit* / wird / in Vergessenheit / als Begründer der Quantentheorie

4. bewusst / die Fachwelt / sich / *längst* / ist / der Bedeutung dieses Wissenschaftlers

5. *zu Recht* / Max Planck / gezählt / zu den bedeutendsten Physikern des 19. und 20. Jahrhunderts / heute / wird

6. zum Abschluss / *erstaunlicherweise* / er / gebracht / schon mit 21 Jahren / hat / seine Doktorarbeit

7. die Fachwelt / in Erstaunen / hat / mit seinen Thesen / er / versetzt / *immer wieder*

8. sind / auf großes Interesse / *stets* / seine Entdeckungen / gestoßen / bei Physikern

9. so schnell / *in Deutschland* / die einsteinsche Relativitätstheorie / gefunden / nicht zuletzt dank seiner Unterstützung / hat / Anerkennung

10. Max Planck / *wie bekannt* / jahrzehntelang / in Berlin / gelebt / als Professor der Physik / hat

11. ihm / *sicher* / zur Verfügung / in seinem Institut / standen / gute Forschungsmöglichkeiten

12. sich / bei Kollegen und Studenten / *wie man weiß* / erfreute / als Professor / er / großer Beliebtheit

13. ihn / seine Zeitgenossen / als Mensch und Wissenschaftler / fanden / imponierend / *wie bekannt*

14. in Biographien / hingewiesen / *aus gutem Grund* / wird / auf seinen vornehmen und gradlinigen Charakter

15. anderen gegenüber / *zeit seines Lebens* / er / hat / menschlich / verhalten / sich

16. seine Leistungen / gefunden / durch die Verleihung des Nobelpreises / haben / Anerkennung / *erfreulicherweise*

17. Nobelpreisträger / einige seiner Schüler / *wie er* / sind / wegen Aufsehen erregender Entdeckungen / geworden

3. Die Stellung der Satzglieder im Nebensatz

(1a) ..., dass **er** ein Lokal **aufsucht**.

(1b) ..., dass **er** ein Lokal **aufgesucht hat**.

(1c) ..., dass **er** ein Lokal **aufsuchen wollte**.

(1d) ..., dass **er** ein Lokal **aufgesucht haben soll**.

(1e) ... um etwas **zu trinken**.

(1f) ... heute abend **essen zu gehen**.

(2a) ..., dass er etwas **hat/wird trinken müssen**.

(2b) ..., dass er nichts **hätte trinken sollen**.

(3) Er sagte, er wolle nicht viel trinken.

(4a) Nachdem sie ein Glas Bier getrunken hatten, **bestellten sie** ein zweites.

(4b) Geht er in die Kneipe, **trifft er** meist Freunde.

(4c) Ist er auch noch so müde, **geht** er abends in die Kneipe.

..., er **geht** abends / abends **geht** er in die Kneipe.

In eingeleiteten Nebensätzen steht das Subjekt unmittelbar nach der einleitenden Konjunktion (1a)–(1d) (2). Das finite Verb steht am Satzende, z.B. (1a). Bei zusammengesetzten Verbformen gilt die Reihenfolge Partizip Perfekt, Infinitiv, finites Verb (1b)–(1d). In eingeleiteten und uneingeleiteten Infinitivsätzen entfällt das Subjekt, der Infinitiv mit *zu* steht am Satzende (1e) (1f). Enthält eine Verbform mehrere Infinitive (Perfekt, Plusquamperfekt, Futur, Vergangenheitsformen des Konjunktivs + Modalverb), dann steht das finite Verb vor den beiden Infinitiven (2).

In nachgestellten uneingeleiteten Aussagesätzen steht das Subjekt am Anfang, das finite Verb in zweiter Position (3).

Nebensätze können auch vor Hauptsätzen stehen. Vorangestellt werden vor allem eingeleitete Kausalsätze mit der Konjunktion *da*, Kondi-

(5)   Vorhin brachte die Kellnerin dem Gast das Getränk.

(5a) ..., als die Kellnerin dem Gast das Getränk brachte.

(6)   Vorhin brachte sie es ihm.

(6a) ..., als sie es ihm brachte.

(7)   Er ist bisher abends immer in die Kneipe gegangen.

(7a) ..., weil er bisher abends immer in die Kneipe gegangen ist.

tional- und Temporalsätze (4a). Uneingeleitete Konditionalsätze (4b) und Konzessivsätze (4c) stehen immer vor Hauptsätzen. Wenn Nebensätze in Position 1 stehen, beginnen die Hauptsätze mit dem finiten Verb, es folgt das Subjekt (4a) (4b). Ausnahme: Nach uneingeleiteten Konzessivsätzen kann das finite Verb an erster oder zweiter Stelle stehen (4c).

Für die Stellung der übrigen Satzglieder im Nebensatz gelten die gleichen Regeln wie für den Hauptsatz (5)–(7).

22 Bilden Sie aus den Satzgliedern Haupt- und Nebensätze.

1. Wer, aufsucht, ein Lokal / in dem, verkehren, hauptsächlich Männer / eine Welt, betritt / in der, herrschen, eigene Regeln

2. an eine Bar, ein Mann, tritt / an der, stehen, drei Männer / und, ein Glas, bestellt / das, halb austrinkt, er

3. nachdem, bei dem Barkeeper, er / der, steht, hinter der Theke / bestellt, vier Glas Alkohol, hat / eine Unterhaltung, beginnt

4. gibt, nach und nach, jeder der Männer / von denen, ist, arbeitslos, einer / aus, eine Runde / bis, sind, die Runden, beendet

5. nachdem, sind, die Gläser, hingestellt / das Lokal, der Arbeitslose, verlässt / wobei, zum Zeichen dafür, er / dass, zurückkehren, er, wird / hinterlässt, sein halb volles Glas

6. nachdem, fünf Minuten später, ist, er, zurückgekommen / sein Glas, er, leert / dann, vier weitere Gläser, bestellt, er

7. später, er, erzählt / dass, konnte, nicht, er, mithalten / da, nicht genügend Geld, hatte, er, bei sich

8. gehen, er, nach Hause, musste / um, welches, holen, sich, zu / weil, nicht, durfte, sich, von der Runde, er, ausschließen

9. kennt, diese Verpflichtung, jeder / teilzunehmen, an einer Trinkrunde / auch wenn, es, eigentlich, nicht, kann, man, sich, leisten / weil, glaubt, man / dass, würde, sein Gesicht, man, verlieren / wenn, nicht, man, mitmachte

10. wenn, hat, das Rundentrinken, begonnen / verpflichtet, jeder Teilnehmer, ist / zu übernehmen, mindestens, eine Runde

11. wenn, begonnen, die Runden, haben / die ursprüngliche Gruppe, zusammen ... bleibt, gewöhnlich / bis, hat, jeder, geleistet, seine Runde

12. nachdem, hat, er, bezahlt, eine Runde / ein Teilnehmer, in eine andere Ecke, sich, wird, manchmal, begeben / was, nichts, aber, ändert, daran / dass, trotz dieser physischen Abwesenheit, betrachten und behandeln, als Mitglied ihrer Gruppe, die Teilnehmer der Gruppe, ihn, weiterhin

13. er, umgekehrt, wird, jedes Glas / das, lässt, die Gruppe, zukommen, ihm / bestätigen, mindestens, durch eine Geste / bis, sind, beendet, die Runden / so dass, bleibt, auf diese Weise, erhalten, die Verbindung

14.   das gemeinschaftliche Trinken / das, stiftet, eine brüderliche Verbundenheit, zwar / das, zugleich, bestimmt, von Verpflichtung und Wettkampf, ist, aber / gekennzeichnet, durch eine merkwürdige Ambivalenz, ist / was, lässt, gar nicht so freundschaftlich, es, erscheinen / wie, zeigt, sich, hier

(Nach: Wolfgang Schievelbusch:
Das Paradies, der Geschmack und die Vernunft.
Eine Geschichte der Genussmittel)

§ 19 Negation

I Übersicht

(1) Für die Reisegruppe war die lange Fahrt **kein** Problem. **Niemand** beklagte sich. Es gab **weder** Staus **noch** Pannen.

(2) Für die Reisegruppe war die lange Fahrt **gar kein** Problem.
Fast keiner (= Kaum einer) hat sich beklagt.

(3) Es gab **keine einzige / nicht eine einzige** Verzögerung.

(4) Alle Befürchtungen waren **un**begründet. Die Fahrt verlief reibungs**los**.

(5) Die Reisenden **unterließen** es, im Bus zu rauchen. (= Sie rauchten nicht.)

(6) Die Fahrt war **zu** interessant, **als dass** sich jemand gelangweilt hätte. (= Niemand langweilte sich.)

(7) Die Fahrt verlief **ohne** Probleme. (= Es gab keine Probleme.)

(8) Wenn das Hotel doch zentraler gelegen hätte! (= Das Hotel lag nicht zentral.)

(9) Was haben die Touristen **nicht** alles gesehen!
(= Die Touristen haben wirklich viel gesehen.)

(10) Waren Sie **nicht** auf dem Eiffelturm?
(= Sie waren doch sicher auf dem Eiffelturm.)

(11) Die Touristen gaben dem Reiseleiter ihre Adressen **nicht**.
Der Reiseleiter stammt **nicht** aus Südfrankreich.

(12) Die Touristen gaben dem Reiseleiter **nicht** ihre Adressen, **sondern** ihre Telefonnummern.

(13) Der Reiseleiter stammt **nicht** aus Südfrankreich.

(14) Die Touristen sind wegen des Rockfestivals **nicht** nach Paris gefahren. (= Satznegation)
Die Touristen sind **nicht** wegen des Rockfestivals nach Paris gefahren.
(= Teilnegation)

(15) Der Tourist war lange **nicht** in Paris.
(= Satznegation)
Der Tourist war **nicht** lange in Paris.
(= Teilnegation)

Aussagen können auf verschiedene Weise negiert werden:

1. durch die Negationswörter *nein, nicht, nichts, nie, niemals, niemand, nirgends, nirgendwo, nirgendwohin, nirgendwoher, kein, keiner, keineswegs, keinesfalls, auf keinen Fall, unter keinen Umständen, weder ... noch* (1)

Die Negationswörter *nicht, nichts, niemand, kein* können durch Partikeln wie *bestimmt, durchaus, gar, ganz und gar, sicher(lich), überhaupt, absolut* (ugs.) verstärkt bzw. durch die Partikel *fast* abgeschwächt werden (2).

Das Negationswort *kein* kann auch verstärkt werden (3). (Vgl. S. 311)

2. durch die Präfixe *nicht-, un-*, die Fremdpräfixe *a-, (an-), non-* und die Suffixe *-frei, -leer, -los*; manchmal auch durch das Präfix *miss-* sowie die Fremdpräfixe *ab-, de- (des-), dis-, in- (il-, im-, ir-)* (4). (Vgl. S. 313f.)

3. durch Verben mit negierender Bedeutung, z.B. *ablehnen, leugnen, unterlassen, verbieten* (5). (Vgl. S. 314)

4. durch Konjunktionen (*ohne dass; (an)statt dass; zu ... als dass* (meist mit dem Konjunktiv II) und Präpositionen (*ohne, (an)statt*) mit negierender Bedeutung (6) (7). (Vgl. S. 109ff., S. 202 und S. 210ff.)

5. durch den Konjunktiv II in Wunsch- und Bedingungssätzen (8). (Vgl. S. 97ff.)

Die Negationswörter *nicht* und *kein* können auch bejahende Bedeutung haben
- in negierten Ausrufesätzen (9)
- in negierten Fragesätzen mit erwarteter positiver Antwort (10).

Bei der Negation unterscheidet man zwischen Satz- und Teilnegation.
Bei der Satznegation wird der Satz mit allen seinen Satzgliedern negiert, wobei kein Satzglied besonders betont wird (11).
Bei der Teilnegation wird nur ein Teil des Satzes (ein Satzglied oder Satzgliedteil) negiert, wobei das negierte Satzglied sowie gegebenenfalls die folgende Richtigstellung mit *sondern* betont wird (12). Die Richtigstellung mit *sondern* ist nicht obligatorisch.
Während die Aussage in Sätzen mit Satznegation insgesamt negativ ist, ist die Aussage in Sätzen mit Teilnegation insgesamt positiv (14)–(16).

(16) Die Sonne schien die ganze Woche **nicht**. (= Satznegation)
Die Sonne schien **nicht** die ganze Woche. (= Teilnegation)

Satz- und Teilnegation können sich in der Bedeutung erheblich unterscheiden (14)–(16).

II Satznegation

1. Das Negationswort *nicht*

(1) Heute klappt die Organisation / sie **nicht**.
(2) Die Touristen haben sich ihre Enttäuschung **nicht** anmerken lassen.
(3) Man hat ihnen die Anstrengungen der Reise **nicht** angesehen.
(4) Trotz des Regens fiel der Spaziergang durch den Schlosspark **nicht** aus.
(5) Die Besichtigung des Schlosses bedurfte **nicht** der Zustimmung des Besitzers.
(6) Einige Reiseteilnehmer interessierten sich **nicht** für das Schloss / für eine Schlossbesichtigung / für Schlösser / dafür.
(7) Unser Reiseleiter, der **nicht** der beliebteste Reiseleiter zu sein scheint, gilt **nicht** als Experte. Er ist **nicht** geschwätzig. Er ist **nicht** hier.
(8a) Der Reiseleiter besitzt **nicht** die Fähigkeit anschaulich zu erzählen.
(8b) Die Touristen haben den Reiseleiter **nicht** in Verlegenheit gebracht.

Das Negationswort *nicht* negiert Substantive mit bestimmtem Artikel und mit Pronomen, Substantive mit Präposition, unabhängig vom Artikel, sowie Pronomen, Pronominaladverbien, Adjektive und Adverbien.
Bei der Satznegation wird das Prädikat negiert und damit zugleich der ganze Satz. Das Negationswort *nicht* tendiert zum Satzende und bildet mit dem finiten Verb eine sogenannte Negationsklammer, die die anderen Satzglieder einschließt:
Heute **klappt** die Organisation **nicht**.
Man **hat** ihnen die Anstrengungen der Reise **nicht angesehen**.
Das Negationswort *nicht* steht
– nach Subjekten, Dativ- und Akkusativobjekten mit bestimmtem Artikel oder Pronomen bei einteiligem Prädikat am Satzende (1), bei mehrteiligem Prädikat vor der infiniten Verbform (Infinitiv/Partizip II) (2) (3) oder einer trennbaren Vorsilbe (4)
– meist vor Genitivobjekten (5)
– meist vor Präpositionalobjekten (6)
– vor Prädikativen (7)
– vor Funktionsverbgefügen (8).
Manchmal werden *nicht* und *kein* alternativ gebraucht:
Er rechnet **nicht** mit einer Niederlage.
Er rechnet mit **keiner** Niederlage.
Die Reisegruppe ist **nicht** in Gefahr.
Die Reisegruppe ist in **keiner** Gefahr.

1 Negieren Sie die folgenden Sätze.

Beispiel: Der eine genießt die Reise.
Der andere genießt die Reise nicht.

1. Den einen begeistert die herrliche Landschaft.
2. Der eine begeistert sich für Kunst.
3. Der eine beschäftigt sich damit.
4. Die eine Reisegruppe bekommt die Erlaubnis, das Schloss zu besichtigen.
5. Die Erwartungen des einen gehen in Erfüllung.

6. Der eine erfreut sich der besten Gesundheit.
7. Der eine bekommt den Auftrag einen Reisebericht zu schreiben.
8. Den einen empfinden die Touristen als idealen Reiseleiter.
9. Bei der einen Reise ist die Stadtrundfahrt im Preis inbegriffen.
10. Der eine Reiseleiter ist der geborene Organisator.
11. Der eine Reiseleiter zeigt den Touristen die Regierungsgebäude.
12. Der eine ist der Star der Gruppe.
13. Der eine hört seinem Reiseleiter zu.
14. Dem einen schmeckt das Essen.
15. Der eine unternimmt den Versuch den Reisepreis herunterzudrücken.
16. Der eine bringt den Reiseleiter zur Verzweiflung.
17. Die eine Information ist von Interesse.
18. Der eine ist an Kultur interessiert.

2. Das Negationswort *kein*

(1) Es steht eine Überraschung bevor.
    Es steht **keine** Überraschung bevor.
(2) Der Reiseleiter gibt sich Mühe.
    Der Reiseleiter gibt sich **keine** Mühe.
(3) Er macht gute Vorschläge.
    Er macht **keine** guten Vorschläge.
(4) Er kennt andere Länder.
    Er kennt **keine** anderen Länder.
(5) Er mag solche Reisegruppen.
    Er mag **keine** solchen Reisegruppen.
    Er mag solche Reisegruppen **nicht**.

Das Negationswort *kein* (+ Endung) negiert Substantive mit unbestimmtem Artikel (1) und ohne Artikel (2) (3) sowie artikellose Substantive mit dem Pronomen *andere* (4). Artikellose Substantive mit dem Pronomen *solche* können mit *kein* und *nicht* negiert werden (5).
Wenn *ein* nicht als Artikel, sondern als Zahlwort verstanden wird und betont werden soll, steht *nicht + ein* statt *kein*:
Das Reiseunternehmen hat **nicht einen** Konkurrenten.

2 *nicht* oder *kein*?

Beispiel: Der eine hat Kontakte zu Einheimischen.
             Der andere hat keine Kontakte zu Einheimischen.

1. Der eine Reiseleiter hat gute Sprachkenntnisse.
2. Der eine Reiseleiter scheint ein ausgebildeter Archäologe zu sein.
3. Der eine Reiseleiter kann anderen zuhören.
4. Der eine Mitreisende stellt hohe Ansprüche an die Reiseleitung.
5. Der eine hat andere Erwartungen an den Reiseleiter.
6. Der eine Reiseleiter nimmt Rücksicht auf Sonderwünsche.
7. Der eine kennt die anderen europäischen Länder.
8. Der eine mag solche Reisen. (zwei Möglichkeiten)
9. Bei der einen Reise treten Schwierigkeiten auf. (zwei Möglichkeiten)
10. Der eine hat solche Erfahrungen gemacht. (zwei Möglichkeiten)
11. Der eine trinkt zum Frühstück Kaffee.
12. Der eine schreibt seinen Freunden Postkarten.

3. *nicht* statt *kein*

(1) Der Reiseleiter mag Peter / Herrn Müller / London **nicht**.
(2) Der Reiseleiter heißt **nicht** Jacques, oder doch?
(3) Es wird noch lange **nicht** Herbst.
(4) Die Touristen mussten vor dem Museum **nicht** Schlange stehen.

nicht steht anstelle von *kein*
– nach Subjekten und Kasusobjekten in Form von artikellosen Eigennamen (1)
– vor artikellosen Prädikativen in Form von Eigennamen und Bezeichnungen für Tages- und Jahreszeiten (2)(3)
– vor artikellosen Substantiven, die fast schon zu einem Teil des Verbs geworden sind, z.B. *Auto / Boot / Bus / Karussell / Kolonne / Lift / Rad / Rollschuhe / Schlitten / Schlittschuhe / Schritt / Seilbahn / Ski fahren; Wort halten; Radio hören; Amok / Gefahr / Ski / Spießruten / Sturm laufen; Bankrott / Feierabend / Schluss machen; Pfeife rauchen; Bescheid sagen; Maschine schreiben; Flöte / Fußball / Karten / Klavier / Schach / Skat / Tennis spielen; Schlange stehen* (4).
Manchmal werden *nicht* und *kein* alternativ gebraucht:
Er ist **nicht/kein** Arzt/Angestellter/Professor/Moslem/Franzose.

3 *nicht* oder *kein*?

Beispiel: Der eine raucht Pfeife.
Der andere raucht nicht Pfeife.

1. Der eine spielt Skat.
2. Der eine hört Radio.
3. Der eine muss Schlange stehen.
4. Der eine fährt Taxi.
5. Dem einen gefällt Frankreich.
6. Der eine hat Wort gehalten.
7. Der eine spielt Gitarre.
8. Der eine Reiseleiter ist Kunsthistoriker.
9. Der eine Reiseleiter will Dolmetscher werden.
10. Das eine Reiseunternehmen hat Bankrott gemacht.

III Teilnegation

(1) Der Hotelier gab gestern Herrn Meier **nicht** die Zimmerrechnung (, sondern die Telefonrechnung).
(2) Der Hotelier gab gestern **nicht** Herrn Meier (, sondern Herrn Huber) die Zimmerrechnung.
(3) Der Hotelier gab **nicht** gestern (, sondern heute früh) Herrn Meier die Zimmerrechnung.

Wenn nicht der ganze Satz, sondern nur ein Satzglied (1)–(4) oder ein Satzgliedteil (5) negiert werden soll, wird das Negationswort *nicht* diesem unmittelbar vorangestellt. Die Aussage bleibt – im Gegensatz zur Satznegation – insgesamt positiv (z.B. (1) (2): *Der Hotelier gab gestern Herrn Meier etwas, aber nicht die Zimmerrechnung. Der Hotelier gab gestern jemandem die Zimmerrechnung, aber nicht Herrn Meier.*)

(4) **Nicht** der Hotelier (, sondern der Portier) gab gestern Herrn Meier die Zimmerrechnung.

(5) Herr Meier reiste **nicht** an, sondern ab.

(6) Die Zimmerrechnung gab der Hotelier Herrn Meier gestern **nicht**.

Das negierte Satzglied wird betont, meist folgt eine Richtigstellung mit *sondern*, die ebenfalls betont wird.

Negation eines Satzglieds ist aber auch allein durch starke Betonung - besonders eines an den Satzanfang gestellten Satzglieds - möglich, allerdings ohne Richtigstellung durch *sondern* (6).

Wenn das Negationswort *nicht* bei der Satznegation vor einem Satzglied steht, fallen Satz- und Teilnegation zusammen. Bei normaler Betonung liegt Satznegation vor:

Der Reiseleiter holte die Touristen **nicht** am Flughafen ab.

Bei Betonung des negierten Satzglieds sowie gegebenenfalls der Richtigstellung mit *sondern* liegt Teilnegation vor:

Er holte die Touristen **nicht** am Flughafen, **sondern** am Bahnhof ab.

4 Negieren Sie den ganzen Satz (= Satznegation) und außerdem ein oder mehrere Satzglieder (= Teilnegation).

Beispiel: Der berühmte Flohmarkt interessiert ihn.
Der berühmte Flohmarkt interessiert ihn nicht. (= Satznegation)
Der berühmte Flohmarkt interessiert nicht ihn, sondern seine Reisebegleiterin.
(= Teilnegation)
Nicht der berühmte Flohmarkt, sondern der Eiffelturm interessiert ihn.
(= Teilnegation)

In Paris
1. Er besichtigt den Eiffelturm.
2. Er schreibt den Arbeitskollegen eine Ansichtskarte.
3. Er fragt den Portier nach einem Souvenirladen.
4. Ihm imponieren die großen Geschäfte.
5. Der starke Verkehr stört ihn.
6. Die Lichterfahrt auf der Seine hat ihm gefallen.
7. Er spricht mit dem Nachtportier über die Stadt.

5 Bilden Sie Sätze mit *nicht ... sondern*.

Beispiel: Die Touristen sind mit dem Zug angereist. (Omnibus)
Die Touristen sind nicht mit dem Zug, sondern mit dem Omnibus angereist.

1. Die Touristen waren bei Sonnenschein in Paris angekommen.
(bei strömendem Regen)

 2. Sie haben im Hotel Ritz gewohnt. (im Hotel Métropole)
 3. Sie haben ihre Sachen eingepackt. (auspacken)
 4. Der gewünschte Reiseleiter hat die Gruppe begrüßt. (eine Reiseleiterin)
 5. Die Reiseleiterin stammt aus der Hauptstadt. (aus einer Provinzstadt)
 6. Die Gruppe hatte jeden Tag ein gemeinsames Programm. (jeden zweiten Tag)
 7. Die Touristen haben in billigen Restaurants gegessen. (teuer)
 8. Sie haben den Einkaufsbummel vor dem Essen gemacht. (nach dem Essen)
 9. Am Besuch des Louvre haben sich alle beteiligt. (nur die Kunstinteressierten)
10. Einige sind abends ins Theater gegangen. (ins Varieté)
11. Ihnen ist der Abschied von Paris leicht gefallen. (schwer fallen)
12. Nur einige wollen bald wiederkommen. (alle)
13. Sie werden Paris nur als Weltstadt in Erinnerung behalten.
     (auch als Kunstmetropole)

IV Negation von adverbialen Angaben und Ergänzungen

Satz- und Teilnegation

(1a) Die Bootsfahrt auf der Seine fand wegen des Regens **nicht** statt.

(1b) Es regnete. Die Bootsfahrt fand deswegen **nicht** statt.

(2a) Einige Touristen schliefen in der Nacht / die ganze Nacht / gestern **nicht**.

(2b) Andere schliefen **nicht** sofort ein.

(3a) Der Reiseleiter holte die Touristen **nicht** am Flughafen ab.

(3b) Er holte sie **nicht** dort / dort **nicht** ab.

(4a) Die Touristen verlassen Paris **nicht** ohne Bedauern / **nicht** gern.

(4b) Eine Verlängerung der Reise klappte leider **nicht**.

(5) Die Stadtführung dauerte **nicht** den ganzen Tag.

(6) Der Reiseleiter stammt **nicht** aus Paris.

Das Negationswort *nicht* steht vor bzw. nach adverbialen Angaben:

– meist nach Kausalangaben (auch: Final-, Konzessiv-, Konsekutiv- und Konditionalangaben) mit Präposition (1a), immer nach Adverbien (1b)

– meist nach Temporalangaben mit Präposition, immer nach Angaben im Akkusativ und nach bestimmten Adverbien (z.B.: *bisher, damals, demnächst, gestern, häufig, heute, jetzt, manchmal, mehrmals, meistens, mittags, montags, oft, seither, vorher, zunächst*) (2a)

– vor folgenden Temporaladverbien: *bald, beizeiten, eher, früh, gleich, immer, jährlich, monatlich, nochmals, pünktlich, rechtzeitig, selten, sofort, sogleich, spät, stets, täglich, wöchentlich, zeitig, zugleich* (2b) (alle anderen Temporaladverbien wie (2a))

– meist vor Lokalangaben mit Präposition (3a), vor oder nach Lokaladverbien (3b)

– vor Modalangaben mit Präposition bzw. als Adjektiv oder als Adverb (4a)

– nach Modalwörtern (z.B.: *absolut, angeblich, anscheinend, bekanntlich, bestimmt, eigentlich, grundsätzlich, hoffentlich, im Allgemeinen, körperlich, leider, möglicherweise, natürlich, sicher(lich), theoretisch, vermutlich, vielleicht, wahrscheinlich, wirklich, zweifellos; zu seinem Bedauern, zum Glück, Gott sei Dank, zu allem Unglück*) (4b). Modalwörter geben die subjektive Haltung eines Sprechers wieder. (Vgl. S. 298f.)

Das Negationswort *nicht* steht immer vor adverbialen Ergänzungen (5) (6).

Wenn das Negationswort *nicht* vor einer adverbialen Angabe/Ergänzung steht, fallen Satz- und Teilnegation zusammen, bei Temporaladverbien (2b) und Modalangaben (4a) liegt immer Teilnegation vor.

6 Ergänzen Sie *nicht*.

Ein Theaterabend

1. Das neue Theaterstück wird ... täglich ... gegeben. 2. Aufführungen gibt es ... montags .... 3. Der Theaterraum ist dem Publikum ... tagsüber ... zugänglich. 4. Der Erfolg eines Stückes ist ... häufig ... vorauszusagen. 5. Dem Publikum gefallen moderne Stücke ... manchmal .... 6. Generalproben klappen ... meistens .... 7. Schauspieler wechseln ... jährlich ... zu anderen Bühnen. 8. Die gestrige Aufführung fing ... pünktlich ... an. 9. Zwei Schauspieler waren ... rechtzeitig ... eingetroffen. 10. So etwas hat es ... bisher ... gegeben. 11. Der eigentliche Star dieser Aufführung hat wegen einer Grippe ... mehrmals ... mitgespielt. 12. Manche Theaterbesucher hatten das Programm ... vorher ... gelesen. 13. Der Bühnenvorhang ging ... eher ... auf, bis alle Zuschauer auf ihren Plätzen saßen. 14. Stimmung kam ... anfangs ... auf. 15. Gelacht wurde ... zunächst .... 16. Geklatscht wurde aber ... selten .... 17. Pannen gab es ... gestern .... 18. Nach dem Ende der Vorstellung stand das Publikum ... sofort ... auf. 19. Die Schauspieler traten vor den Vorhang und verbeugten sich, sie zeigten sich dann ... nochmals .... 20. Die meisten Zuschauer gingen nach der Aufführung ... gleich ... nach Hause.

7 Fügen Sie die eingeklammerten Angaben in die Sätze ein.

Beispiel: Sie trinkt ihren Kaffee nicht im Hotelzimmer.
              (morgens, gern)
              Sie trinkt ihren Kaffee morgens nicht im Hotelzimmer.
              Sie trinkt ihren Kaffee nicht gern im Hotelzimmer.

   1. Der Reiseleiter spricht nicht mit dem Busfahrer.
       (anscheinend, viel, heute, Gott sei Dank)
   2. Der Reiseleiter erkundigt sich nicht nach dem Befinden des erkrankten Touristen.
       (täglich, ernsthaft, aus Gleichgültigkeit, deswegen, bestimmt)
   3. Der Reiseleiter langweilt die Gruppe nicht mit seinen Erklärungen.
       (meistens, zum Glück, absolut, bisher, nochmals)
   4. Die Reisegruppe interessiert sich nicht für seine Erklärungen.
       (zu seinem Bedauern, manchmal, wahrscheinlich, übermäßig)
   5. Der Reiseleiter spricht nicht über die Geschichte Frankreichs.
       (ausführlich, den ganzen Tag, gleich, vermutlich, ohne Vorbereitung)
   6. Die Touristin kauft keine teuren Souvenirs.
       (natürlich, hoffentlich, im Allgemeinen)
   7. Der Reiseleiter führt die Touristen nicht durch das Museum.
       (immer, wegen des schönen Wetters, mit Engagement, aus Zeitmangel, nachmittags)

8 Welches Satzglied wird negiert? Beachten Sie den Kontext.

Beispiel: Er konnte in den letzten Tagen mittags nach Hause fahren.
            Er konnte in den letzten Tagen mittags nicht nach Hause fahren.

1. Der Louvre war im letzten Jahr während der Feiertage abends geöffnet.
2. Der Reiseleiter war deshalb während dieser Zeit dort.
3. Die Touristen bummeln an ihrem freien Nachmittag aus verständlichen Gründen gemeinsam über den Flohmarkt.
4. Der Reiseleiter geht morgens bestimmt sehr früh aus dem Haus.
5. Er ist gestern nach dem Klingeln des Weckers gleich aufgestanden.
6. Er ist deshalb bei seiner Reisegruppe pünktlich eingetroffen.
7. Das wird ihm bei dieser Gruppe wahrscheinlich noch mal passieren.
8. Das Restaurant bietet den Touristen normalerweise mittags ein Menü.
9. Die Touristen essen abends gern im Hotel.
10. Sie sind deshalb abends meistens im Hotel.
11. Der Reiseleiter ist heute mit seiner Reisegruppe ins Regierungsviertel gefahren.
12. Einige Touristen konnten ihre Reise dieses Mal aus den verschiedensten Gründen gründlich vorbereiten.

V Negationswörter außer *nicht*

1. Die Negationswörter *kein, nie, niemals, nichts*

Keiner der / Kein Teilnehmer war auf die Reise gut vorbereitet.
(= **Alle** Teilnehmer waren **nicht** gut vorbetet. / Satznegation: 100% der Teilnehmer)
Nicht alle Teilnehmer waren auf diese Reise gut vorbereitet.
(= **Nicht alle**, aber die meisten Teilnehmer waren gut vorbereitet. / Teilnegation)

Bei der Satznegation verwendet man statt *nicht* oft andere Negationswörter:
alle/sämtliche/jeder ... nicht → kein
immer/jedesmal ... nicht → nie, niemals
alles ... nicht → nichts
Das Negationswort *kein* kann noch verstärkt werden:
Kein einziger / Nicht ein einziger Teilnehmer war auf diese Reise gut vorbereitet.

9 Bilden Sie jeweils Sätze mit Satz- und Teilnegation.

1. Sie kannte alle Reiseteilnehmer.
2. Sie hat alles mitgemacht.
3. Sie ist in sämtliche Künstlerlokale gegangen.
4. Sie war in jedem Museum.
5. Sie hat sich auf jeder Reise verliebt.
6. Sie ist immer teuer essen gegangen.
7. Sie ist jedesmal in ein Bistro gegangen.
8. Sie hat sich bei jedem Reiseteilnehmer Geld geliehen.
9. Sie hat alle Sehenswürdigkeiten besichtigt.
10. Sie war immer von morgens bis abends unterwegs.

Die Negationswörter *noch nicht / noch kein*

Die Partikel *schon* und die negierte Form *noch nicht / noch kein* modifizieren ein Geschehen zeitlich: *schon* bezeichnet ein Geschehen, das bereits eingetreten oder abgeschlossen ist; *noch nicht / noch kein* bezeichnen ein Geschehen, das noch nicht eingetreten ist. Die Partikel *noch* kann mit den Negationswörtern *nicht, kein, niemand, nichts* und *nie* verbunden werden.

(1)   Er hat seine Koffer **schon** gepackt.
      Sie hat ihre Koffer **noch nicht** gepackt.
(2)   Er hat **schon** Reisefieber.
      Sie hat **noch kein** Reisefieber.
(3)   Ihn hat **schon jemand** für 40 gehalten.
      Sie hat **noch niemand** für 40 gehalten.
(4)   Er hat sich **schon etwas** überlegt.
      Sie hat sich **noch nichts** überlegt.
(5)   Er ist **schon oft / schon einmal** geflogen. Sie ist **noch nie / noch kein einziges Mal** geflogen.

10 Negieren Sie die folgenden Sätze.

1.   Er hat schon Urlaub, aber sie ...
2.   Er hat schon etwas für die Urlaubstage geplant, aber sie ...
3.   Ihm hat schon jemand Tips gegeben, aber ihr ...
4.   Er hat schon Landkarten und Stadtpläne studiert, aber sie ...
5.   Er hat schon etwas über das Reiseland gelesen, aber sie ...
6.   Er hat seine Sprachkenntnisse schon aufgefrischt, aber sie ...
7.   Er hat schon oft große Reisen gemacht, aber sie ...
8.   Er war schon einmal in dem Land, aber sie ...

3.   Die Negationswörter *nicht mehr / kein ... mehr*

Die Partikel *noch* und die negierte Form *nicht mehr / kein ... mehr* modifizieren ein Geschehen zeitlich: *noch* bezeichnet ein Geschehen, das in der Gegenwart noch anhält; *nicht mehr / kein ... mehr* bezeichnet ein Geschehen, das in der Vergangenheit stattfand, aber in der Gegenwart nicht mehr fortbesteht. Die Partikel *mehr* kann mit den Negationswörtern *nicht, kein, niemand* und *nichts* verbunden werden.

(1)   Sie packt **noch**. Er packt **nicht mehr**.
(2)   Sie nimmt **noch** einen Rucksack mit.
      Er nimmt **keinen** Rucksack **mehr** mit.
(3)   Sie bittet **noch jemanden** um Karten.
      Er bittet **niemanden mehr** um Karten.
(4)   Sie muss **noch etwas** einkaufen.
      Er braucht **nichts mehr** einzukaufen.
(5)   Sie muss **noch mehrmals / noch einmal** zum Zahnarzt gehen. Er muss **nicht mehr** zum Zahnarzt gehen.

11 Negieren Sie die folgenden Sätze.

1.   Sie arbeitet noch, aber er ...
2.   Sie muss noch jemanden anrufen, aber er ...
3.   Sie hat noch Resturlaub, aber er ...
4.   Sie muss noch Reisevorbereitungen treffen, aber er ...
5.   Sie muss noch etwas Wichtiges erledigen, aber er ...
6.   Sie benutzt ihren alten Rucksack noch, aber er ...
7.   Sie will in diesem Jahr noch einmal verreisen, aber er ...
8.   Sie hat noch einen Fensterplatz bekommen, aber er ...

4. Das Negationswort *nicht einmal*

Sie sind in diesem Jahr **sogar** drei Wochen unterwegs gewesen.
Sie sind in diesem Jahr **nicht einmal** drei Wochen unterwegs gewesen.

Die verstärkende Partikel *sogar* wird durch das abschwächende Negationswort *nicht einmal* negiert.

12 *sogar* oder *nicht einmal?*

1. Das Flugzeug ist mit Verspätung gestartet. Es ist ... noch pünktlich angekommen.
2. Sie wollten oft baden gehen. Sie haben ... Badehandtücher mitgenommen.
3. Sie haben in Eile gepackt. Sie haben ... an den Reisewecker gedacht.
4. Es war ein heißer Tag. Sie haben auf die Bergwanderung ... etwas zu trinken mitgenommen.
5. Sie waren keine geübten Bergsteiger. Sie haben ... den höchsten Berg der Gegend erstiegen.
6. Der Aufstieg war anstrengend. Sie haben ... eine Pause gemacht.
7. Sie waren immer unterwegs. Sie hatten ... Zeit für ein Mittagsschläfchen.
8. Die Landessprache gefiel ihnen so gut, dass sie ... einen Sprachkurs belegt haben.

VI Weitere Negationsmöglichkeiten

1. Negation durch Präfixe und Suffixe

Negationspräfixe sind:
nicht-: *nichtöffentlich, Nichtraucher*
un-: *unsicher, Unglück*
a- (an-): *Anomalie, anorganisch, Analphabet*
non-: *nonverbal, Nonkonformismus*
Negationssuffixe sind:
-frei: *bleifrei, rostfrei, keimfrei*
-leer: *luftleer, menschenleer*
-los: *bargeldlos, obdachlos, Arbeitslosigkeit, Hilflosigkeit*
Folgende Präfixe haben nur manchmal negierende Bedeutung:
miss-: *misstrauisch, misslingen, Misserfolg*
ab-: *abnorm, Abstinenz*
de- (des-): *destruktiv, Dezentralisierung; desorientiert, Desinteresse*
dis-: *disproportioniert, Disharmonie*
in- (il-, im-, ir-): *inhuman, Inkompetenz; illegitim, Illegalität; immateriell, Immobilien; irreparabel, Irrealität*

13 Formen Sie die Sätze nach dem Beispiel um.

Beispiel: Sind die Menschen in diesem Land gastlich?
               Von der Ungastlichkeit der Menschen in diesem Land kann nicht die Rede sein.

Fragen zu einem Land
1.   Sind die Menschen in diesem Land freundlich?
2.   Sind die Straßen sicher?
3.   Sind die Menschen politisch interessiert?
4.   Sind die Minister kompetent?
5.   Verhalten sich die Intellektuellen konform?
6.   Ist die Regierung erfolgreich?
7.   Ist das Regime menschlich?
8.   Sind die politischen Verhältnisse stabil?
9.   Sind die öffentlichen Verkehrsmittel zuverlässig?
10. Haben die jungen Menschen Arbeit?

2. Verben mit negierender Bedeutung

(1) Der Passagier sagt: „Ich führe **keine** Waren mit."
     Der Passagier **bestreitet** Waren mitzuführen.
(2) Er will mit den Zollbeamten **nicht** weiter diskutieren.
     Er **lehnt** es **ab**, mit den Zollbeamten weiter zu diskutieren.

Folgende Verben haben negierende Bedeutung:

abhalten, ablehnen, abraten, absehen, abstreiten, ausbleiben, bestreiten, bewahren, bezweifeln, entkräften, hindern, sich hüten, leugnen, negieren, sich sparen, unterlassen, untersagen, verbieten, verhindern, vermeiden, verneinen, versäumen, verweigern, verzichten, warnen, sich weigern, zurückhalten, zurückweisen, zweifeln u.a.

14 Formen Sie, wenn nicht anders angegeben, die Sätze mit Hilfe der eingeklammerten Verben in Infinitivsätze um.

Beim Zoll
1.   Die Zollbeamten sagen zu dem Passagier: „Verlassen Sie das Flughafengelände nicht." (untersagen)
2.   Der Passagier sagt: „Ich habe keine zollpflichtigen Waren bei mir." (leugnen)
3.   Die Zollbeamten sagen: „Sie sind nicht ehrlich." (bezweifeln / *dass*-Satz)
4.   Der Passagier sagt: „Ich öffne meinen Koffer nicht." (sich weigern)
5.   Der Passagier sagt zu den Zollbeamten: „Fassen Sie mein Gepäck nicht an." (hindern an)
6.   Der Passagier gesteht: „Ich habe drei Stangen Zigaretten nicht deklariert." (versäumen)
7.   Die Zollbeamten sagen: „Wir nehmen keine Leibesvisitation vor." (absehen von)
8.   Die Zollbeamten sagen: „Wir zeigen Sie nicht an." (verzichten auf)
9.   Die Zollbeamten sagen zu dem Passagier: „Verschweigen Sie in Zukunft mitgeführte Waren nicht." (warnen vor)
10. Der Passagier sagt: „Ich nehme zukünftig keine Zigaretten aus dem Urlaub mit." (sich hüten vor)

VII Die doppelte Negation als Bejahung

(1) Es gab **keine Miss**verständnisse zwischen dem Künstler und dem Veranstalter.
(= Der Künstler und der Veranstalter verstanden sich gut.)

(2) Die Ausstellung zeigt **kein** Bild, das **nicht** von hohem künstlerischem Wert wäre.
(= Alle Bilder der Ausstellung sind von hohem künstlerischem Wert.)

(3a) Die Ausstellung ist **nicht un**interessant.
(= Die Ausstellung ist ganz/recht/ziemlich interessant.)

(3b) Die Besucher hatten die Ausstellung **nicht ohne** Spannung erwartet.
(= Die Besucher hatten die Ausstellung mit ziemlicher Spannung erwartet.)

Die doppelte Negation hat bejahende Bedeutung (1) (2).
Die doppelte Negation wird oft als Stilmittel zur vorsichtigen Bejahung gebraucht. Das ist nur möglich mit:
– *nicht + un- +* Adjektiv (3a)
– *nicht + ohne +* Substantiv (3b).

---

15 Formen Sie die Sätze nach dem Beispiel um.

Beispiel: Die Ausstellung war *ziemlich interessant.*
Die Ausstellung war nicht uninteressant.

Eine Ausstellung
1. Die Begrüßungsrede des Veranstalters wurde *mit Beifall* aufgenommen.
2. Die Ausstellung kam für Kunstinteressierte *erwartet.*
3. Der Künstler ist *recht erfolgreich.*
4. Die Aufregung des Künstlers vor der Ausstellung war *verständlich.*
5. Der Künstler war *dankbar* für das Verständnis des Publikums.
6. Die Ausstellungsräume waren *recht attraktiv.*
7. Die Presse verfolgt die künstlerische Entwicklung des Malers *mit Interesse.*
8. Die Bilder des Malers sind *wirklich reizvoll.* (→ Reiz)
9. Diese Ausstellung war für das Bekanntwerden des Künstlers *ziemlich wichtig.*
10. Solche Ausstellungen sind nur *mit erheblichem finanziellem Aufwand* möglich.
(*nur* entfällt)

§ 20 Zeitstufen – Zeitformen

I Übersicht

Man unterscheidet generell drei Zeitstufen (Gegenwart, Vergangenheit und Zukunft), denen im Deutschen sechs Zeitformen (Präsens, Präteritum, Perfekt, Plusquamperfekt, Futur I und Futur II) entsprechen. Jede Zeitstufe kann durch mehrere Zeitformen wiedergegeben werden.

Zeitstufe:	*Zeitform:*		*Beispiel:*
Vergangenheit	Plusquamperfekt	(1)	Familie Meier **hatte** eine Ferienwohnung am Meer **gemietet**.
	Perfekt	(2)	Die Reise **ist** ohne Zwischenfälle **verlaufen**.
	Präteritum	(3)	Nach dem Abendessen **ging** das Ehepaar Meier immer auf der Uferpromenade spazieren.
	Präsens	(4)	Eines Abends **treffen** sie dort Bekannte aus Köln.
	Futur II	(5)	Die Bekannten **werden** schon viele Urlaubsbekanntschaften **gemacht haben**. (Vermutung) (= Die Bekannten haben wahrscheinlich schon viele Urlaubsbekanntschaften gemacht.)
Gegenwart	Präsens	(6)	Die Kinder **sind** im Hotel.
	Futur I	(7)	Sie **werden** im Bett **liegen** und **schlafen**. (Vermutung) (= Sie liegen jetzt wahrscheinlich im Bett und schlafen.)
Zukunft	Futur I	(8)	Familie Meier **wird** morgen einen Ausflug **machen**.
	Futur II	(9)	In drei Wochen **wird** Familie Meier ihren Urlaub **beendet haben**.
	Präsens	(10)	Familie Meier **macht** morgen einen Ausflug.
	Perfekt	(11)	In drei Wochen **hat** Familie Meier ihren Urlaub **beendet**.

II Der Gebrauch der Zeitformen

1. Das Präsens

(1) Heute **beginnt** die Verhüllung des Berliner Reichstags durch den Verpackungskünstler Christo und seine Lebensgefährtin Jeanne-Claude. Sie **dürfen** den künftigen Sitz des Deutschen Bundestags zu einem monumentalen Paket **verschnüren**. Für das Künstlerpaar **erfüllt sich** mit dem Kunstprojekt „Verhüllter Reichstag 1971–1995" – wie der offizielle Titel der Verpackungsaktion **lautet** – ein Traum, den sie bis auf einige Sponsorengelder selbst **bezahlen**. Durch den Verkauf seiner Skizzen, Zeichnungen und Collagen **erhofft sich** Christo eine erfolgreiche Refinanzierung wie schon bei seinen vorangegangenen Projekten.

(2) Die Berliner Tourismusbranche rechnet damit, dass in den zwei Wochen Verpackung zwei bis drei Millionen Besucher nach Berlin **kommen** (statt: kommen werden).

(3) 1989: Wende auch für Christo
Etwa ein Vierteljahrhundert hat das Künstlerpaar Christo und Jeanne-Claude für sein Vorhaben gekämpft, den Berliner Reichstag verhüllen zu dürfen. Erst nach vielen Jahren, mit der deutschen Wiedervereinigung, **ändert** sich die ablehnende Haltung des Bundestages und seines Präsidiums.
1989: Am 9. November **fällt** die Mauer. Mit der deutschen Wiedervereinigung (1990) und dem Beschluss, das Parlament von Bonn nach Berlin zu verlegen (1991), ist auch für Christos Pläne eine neue politische Situation entstanden. Die Zustimmung **wächst**.
1992: Bundestagspräsidentin Rita Süssmuth (CDU) **empfängt** Christo und Jeanne-Claude in Bonn und **sagt** ihre Unterstützung **zu**.

1993: Süssmuth **eröffnet** eine Ausstellung zum Reichstag-Projekt in der Lobby des Bonner Bundestages. Bundeskanzler Helmut Kohl (CDU) und Fraktionschef Wolfgang Schäuble **lehnen** die Verhüllung **ab**.
1994: In einer namentlichen Abstimmung **stimmen** am 25. Februar 292 vom Fraktionszwang befreite Abgeordnete des Bundestages für das Projekt, 223 dagegen.

(Nach: RNZ (dpa) vom 17./18.6.1995)

(4) Ein Künstler **ist** ein kreativ Tätiger vor allem auf dem Gebiet der bildenden oder darstellenden Kunst, Schöpfer oder Interpret. Oft **werden** damit auch Vertreter der anderen Künste **bezeichnet**, z.B. Dichter oder Komponisten. Das Wort Künstler **stammt** wohl aus dem 15. Jh., ist im 16. Jh. zum ersten Mal nachgewiesen. In der heutigen Bedeutung **wird** es erst seit dem 18. Jh. **gebraucht**.

(Nach: Meyers Großes Taschenlexikon in 24 Bänden)

Das Präsens wird gebraucht
– für Gegenwärtiges, das zum Sprechzeitpunkt (Gegenwart) noch andauert (1)
– für Zukünftiges statt Futur I. Der Zukunftsbezug muss durch Kontext oder Temporalangabe verdeutlicht werden (2)
– für Vergangenes zur Vergegenwärtigung eines vergangenen Geschehens (= historisches Präsens) (3)
– bei sich immer wiederholenden Vorgängen und allgemein gültigen Sachverhalten (4).

1 Erklären Sie, welche Bedeutung das Präsens in den folgenden Sätzen hat.

Christo verhüllt den Berliner Reichstag

1. Der verpackte Reichstag lockt bestimmt viele Neugierige nach Berlin.
2. Es gibt aber bestimmt auch Menschen, die grundsätzlich nichts von solchen Verpackungsprojekten und ähnlichen Verfremdungseffekten halten.
3. Über 20 Jahre lang bemühte sich das Künstlerpaar vergeblich um die Genehmigung zur Verhüllung des Berliner Reichstags. Da eröffnen sich plötzlich mit der Wiedervereinigung neue Chancen, die sie sogleich wahrnehmen.
4. In ein paar Tagen sieht man keinen Stein, kein Fenster mehr vom Reichstag.
5. Solche Aufsehen erregenden Aktionen lassen sich gut vermarkten.

6. Das Auto des Künstlerpaares parkt als einziges Fahrzeug innerhalb der Absperrung vor dem Südportal des Reichstags.
7. Unter denen, die sich das Projekt in den nächsten zwei Wochen anschauen, halten sich Begeisterung und Skepsis wahrscheinlich die Waage.
8. Ob Verpackung Kunst ist, kann niemand endgültig entscheiden.
9. Gespannt warten Tausende Schaulustige vor dem Reichstagsgebäude darauf, dass die Verhüllung beginnt.
10. Am Samstag hatte man den Innenhof des Reichstags verhüllt, was die Öffentlichkeit aber nicht zu sehen bekam. Am nächsten Tag nun sollte das Spektakel in großem Stil beginnen. Die ersten beiden silbrigen Stoffbahnen waren an der Außenfassade des Reichstags herabgelassen, da kommt ein heftiger Wind auf. Er bläst so stark, dass Christo sich gezwungen sieht die Arbeiten vorübergehend einzustellen.
11. Mehrere Millionen Menschen, viel mehr als erwartet, besichtigen den Reichstag, bevor er nach zwei Wochen wieder ausgepackt wird.

2. Präteritum, Perfekt und Plusquamperfekt

Zeitungsbericht: Ein ganzes Dorf unter Lava begraben

(1) Nach 21jähriger Ruhe **ist** am Montag der Vulkan Oyama auf der japanischen Insel Miyakejima, 180 km südlich von Tokio, wieder **ausgebrochen**.

(2) Der Ausbruch **begann** am Montag früh um 7.05 Uhr MEZ. Der Berg **spie** hohe Fontänen flüssiger Lava und Asche in den Himmel. Ein Dorf **wurde** unter Strömen flüssiger Lava und einem Ascheregen **begraben**, ein zweites Dorf **wurde** völlig **zerstört**.

(3) Viele Menschen **haben** ihre Dörfer **verlassen** und sind jetzt obdachlos.

(4) Die Meldung über den Vulkanausbruch **hat** in der ganzen Welt Anteilnahme **ausgelöst**.

(5) Meldungen über Tote und Verletzte **lagen** zunächst nicht **vor**.

(6) Zum letzten Mal **war** der Oyama am 24. August 1962 **ausgebrochen**. Damals **waren** 31 Menschen **verletzt worden**.

(7) Erst wenn sich der Vulkan **beruhigt hat** (statt: beruhigt haben wird), wird man eine endgültige Schadensbilanz ziehen können.

Das Präteritum wird gebraucht
– bei Vorgängen, die zum Sprechzeitpunkt (Gegenwart) vergangen und abgeschlossen sind
– als Erzähltempus der geschriebenen Sprache (Erzählungen, Berichte, geschichtliche Darstellungen, Meldungen in Presse, Rundfunk und Fernsehen) (2) (5)
– statt des Perfekts bei den Verben *haben, sein, werden* und den Modalverben, häufig auch in Passivsätzen:

Der Vulkanausbruch war ein Schock für mich, weil mein ältester Sohn gerade in Japan ist.
Den ganzen Tag konnte ich nichts essen.
Im japanischen Rundfunk wurden ausländische Urlauber zur Heimreise aufgefordert.

Das Perfekt wird gebraucht
– bei Vorgängen, die zum Sprechzeitpunkt (Gegenwart) vergangen und abgeschlossen sind, aber – im Unterschied zum Präteritum – einen Bezug zur Gegenwart haben und mit ihren Ergebnissen und Folgen in die Gegenwart hineinwirken (1) (3) (4)
– als Erzähltempus der gesprochenen Sprache, vor allem im südlichen deutschen Sprachraum (8)
– als Tempus der Zusammenfassung am Anfang (1) und/oder Ende eines zusammenhängenden Textes im Präteritum

(8) Frau Bunse erzählt einer Nachbarin: Am Montag **ist** in Japan ein Vulkan **ausgebrochen**. Er **hat** ein ganzes Dorf unter sich **begraben**. Ich **habe** eben noch mal Nachrichten **gehört**, man weiß immer noch nicht, wie viele Tote und Verletzte es **gegeben hat**. Diese Nachricht **hat** mich sehr **erschüttert**.

– als Tempus der Vorzeitigkeit gegenüber dem Präsens (3) und Futur I (7)
– für Zukünftiges statt Futur II. Der Zukunftsbezug muss durch Kontext oder Temporalangabe deutlich werden (7).

Präteritum und Perfekt sind zeitgleich und oft austauschbar (*begann / hat begonnen; spie / hat gespieen* (2); *lagen vor / haben vorgelegen* (5)). Das Perfekt kann aber nicht durch das Präteritum ersetzt werden, wenn die Folgen eines vergangenen Geschehens bis in die Gegenwart hineinwirken (3) (4) und wenn ein Geschehen Zukunftsbezug hat (7).

Das Plusquamperfekt wird nicht als selbständige Zeitform gebraucht, sondern nur um Vorzeitigkeit gegenüber dem Präteritum/Perfekt auszudrücken (6).

2 Setzen Sie die Verben in der richtigen Zeit ein.

Storchenmänner als Pinguin-Eltern

Für eine zoologische Sensation (sorgen) im Osnabrücker Tierpark ein männliches Storchenpaar. Die beiden in einer gleichgeschlechtlichen Beziehung lebenden Männchen (ausbrüten) ein Pinguin-Ei erfolgreich. Der kleine Humboldt-Pinguin „Pingu" mit den ungewöhnlichen Pflegeeltern (sein) mittlerweile drei Wochen alt und wohlauf. Die Obhut (übernehmen) eine Tierpflegerin, die den Kleinen sechsmal am Tag mit einem Fläschchen (füttern).
Tierpflegerin Gisela Küppers (entdecken) das von den Eltern aus der Bruthöhle geworfene Pinguinei. Weil es nicht (zurücklegen dürfen / Pass.), (unterschieben) sie es „aus einer Laune heraus" dem Storchenpaar. Die beiden Männchen (bauen) zuvor mit Übereifer nach dem Vorbild eines echten Storchenpaares in der Nachbarschaft ein Nest. 14 Tage (sitzen) die beiden Störche abwechselnd auf dem Ei. „Die beiden (sorgen) für eine Brutpflege, wie sie besser nicht hätte sein können", meint Zoodirektor Wolf Everts.
Als Pingu (beginnen), die Eierschale zu durchbrechen, (legen) Tierpflegerin Küppers das Ei in den Brutkasten. Dort (kommen) der Geselle mit den kleinen grauen Flügeln zur Welt.

(Nach: RNZ (dpa) vom 28.6.1995)

3. Futur I und II

Die Legenden berichten von einem Mann, der eines Tages erscheinen und dank seiner zauberfähigen Augen die Erde leerblicken wird. Es heißt, dass seine Blicke über die Fähigkeit verfügen werden die erblickten Dinge von ihren Stellen zu lösen und unversehrt hinter seinen Pupillen und Lidern anzusiedeln. Dieser Mann, vermutet man, wird zuletzt, vom vielen, lückenlosen Betrachten müde, den ganzen Erdball hinter seinen Augen versammelt haben, und das verlagerte Leben wird in seinem Kopfe weitergehen mit Ebbe und Flut, Jahrmärkten und Mondaufgängen. Als es selbst oder als seine Erinnerung? Als Zerrbild oder verworrenes Echo?

(Christoph Meckel: Im Land der Umbramauten)

(1) Morgen **werde** ich eine neue Stelle **antreten** (trete ... an).

(2) Am Ende der Woche **wird sich herausgestellt haben** (hat sich herausgestellt), ob meine Entscheidung richtig war.

(3a) Die Computer-Revolution **wird** unser Leben (bestimmt) stark **verändern.**
Ich **werde versuchen** mich darauf einzustellen.

(3b) Am Ende dieser Entwicklung **wird** es wahrscheinlich ganz andere Arbeitsplätze **geben.**

(4) Auch du **wirst** dich **umstellen müssen!**

(5a) Viele Arbeitnehmer **werden sich** jetzt (vermutlich) Sorgen um die Sicherheit ihrer Arbeitsplätze **machen.**
(= Viele Arbeitnehmer machen sich jetzt vermutlich Sorgen um die Sicherheit ihrer Arbeitsplätze.)

(5b) Jeder **wird** (wohl) schon mal etwas von Tele-Arbeitsplätzen **gehört haben.**
(= Jeder hat wohl schon mal etwas von Tele-Arbeitsplätzen gehört.)

Futur I und Futur II werden gebraucht als Bezeichnung für Zukünftiges, das zum Sprechzeitpunkt (Gegenwart) noch nicht begonnen hat (Futur I) bzw. das man sich zu einem bestimmten Zeitpunkt in der Zukunft als abgeschlossen vorstellt (Futur II).

Futur I wird meist durch das Präsens, Futur II durch das Perfekt ersetzt. Allerdings muss der Zukunftsbezug durch den Kontext oder eine Temporalangabe verdeutlicht werden (1) (2).

In folgenden Fällen werden aber Futur I und Futur II bevorzugt, weil sie einer Aussage stärkeren Nachdruck verleihen und den Zukunftsbezug betonen:

– bei Voraussagen, Ankündigungen, Versprechen, festen Absichten und Entschlüssen (3). In Aussagen mit Zukunftsgewissheit ist die modale Komponente „Gewissheit" (*sicher, bestimmt*) fakultativ (3a). Bei ungewisseren Aussagen, die sich auf die Zukunft beziehen, ist die modale Komponente „Vermutung" obligatorisch (*wahrscheinlich, vermutlich, wohl, vielleicht*) (3b)

– bei energischen Aufforderungen in der 2. Person und bei leichten Drohungen (4).

Das Futur steht auch bei Vermutungen:
Futur I steht bei Vermutungen, die sich auf die Gegenwart beziehen (5a), Futur II bei Vermutungen, die sich auf die Vergangenheit beziehen (5b). Hier ist die modale Komponente „Vermutung" fakultativ, beim ersatzweisen Gebrauch von Präsens bzw. Perfekt obligatorisch (*vermutlich, wahrscheinlich, wohl*; Modalverb *dürfte*). In diesem Fall muss auch der Zeitbezug (Gegenwart bzw. Vergangenheit) verdeutlicht werden.

3 Was bedeutet das Futur?

Trends in der Arbeitswelt
1. Viele der traditionellen Strukturen der Arbeitswelt werden sich auflösen.
2. Auf die sich ständig verändernde Arbeitswelt werden Sie, liebe Kollegen, flexibel reagieren müssen.
3. Als Erstes werden alle, die noch nicht mit Computern gearbeitet haben, einen Computer-Kurs besuchen!
4. Ich werde mir morgen einen Computer kaufen.
5. Aber auf meinem Konto wird nicht genügend Geld sein.

6. Spätestens die übernächste Generation wird sich an die veränderten Arbeitsbedingungen gewöhnt haben.
7. Nächste Woche werde ich mich nach einem neuen Job umsehen.
8. Die Jobs der Zukunft werden sehr viel mehr mit Kreativität zu tun haben.
9. Manche Menschen werden das Ausmaß der Veränderungen noch gar nicht
   begriffen haben.
10. Die Betriebsleitung wird Sie, liebe Kollegen, aber nicht überfordern. Wir werden
    Sie nicht im Stich lassen.

4 Bilden Sie Sätze im Futur II.

Beispiel: der pazifische Raum / wirtschaftlich an Bedeutung zunehmen
             Der pazifische Raum wird wirtschaftlich an Bedeutung zugenommen haben.

Was wird die Menschheit in 100 Jahren erreicht haben?
1. die Medizin / die meisten Krankheiten besiegen
2. die Menschen / viele Wüsten und Steppen fruchtbar machen
3. die Biologie / zur wichtigsten Wissenschaft werden
4. die Menschen / weitere Galaxien erforschen
5. es / ein kosmopolitischer Lebensstil / sich herausbilden
6. die Grenzen zwischen den meisten Staaten / verschwinden
7. viele Völker / Frieden miteinander schließen
8. man / den Traum vom Paradies auf Erden / noch nicht verwirklichen

5 Eine Kollegin sieht heute glücklich aus und strahlt über das ganze Gesicht. Äußern Sie Vermutungen über die Ursachen. Verwenden Sie Futur I bzw. Futur II.

Beispiel: Für ihre Zufriedenheit gibt es vermutlich verschiedene Gründe.
             Für ihre Zufriedenheit wird es verschiedene Gründe geben.

Die zufriedene Kollegin
1. Sie freut sich wahrscheinlich schon auf ihren Urlaub in der nächsten Woche.
2. Sie hat ihr heutiges Arbeitspensum vermutlich schon geschafft.
3. Sie dürfte gerade ein schwieriges Problem gelöst haben.
4. Sie ist wohl deswegen vorhin vom Chef gelobt worden.
5. Vermutlich bekommt sie demnächst eine Gehaltserhöhung.
6. Sie hat wahrscheinlich Spaß an ihrer Arbeit.
7. Sie dürfte eine motivierte Arbeitnehmerin sein.
8. Sie hatte wohl mal wieder eine gute Idee.
9. Sie hat wahrscheinlich heute abend ein Rendezvous.
10. Vermutlich ist sie mit ihrem Freund verabredet.

III Die Zeitenfolge

(1) Wenn er lernt, lässt er sich nicht ablenken.

(2) Als er seine Lehre machte, besuchte er einmal wöchentlich die Berufsschule.

(3) Als er seine Lehre machte, hat er einmal wöchentlich die Berufsschule besucht.

(4) Wenn er sein Meisterstück machen wird, wird er sich anstrengen müssen.

(5) Wenn er sein Meisterstück macht, wird er sich anstrengen müssen.

(6) Wenn er sein Meisterstück macht, muss er sich anstrengen.

(7) Wie lange er nach einer Lehrstelle gesucht hat, weiß ich nicht.

(8) Wie lange er nach einer Lehrstelle suchte, weiß ich nicht.

(9) Nachdem er die Lehre abgeschlossen hatte, suchte er einen Arbeitsplatz.

(10) Er hat einen Arbeitsplatz gesucht, nachdem er die Lehre abgeschlossen hatte.

(11) Wenn er genügend Berufserfahrungen gesammelt hat (statt: gesammelt haben wird), wird er sich bestimmt selbständig machen.

(12) Wenn er genügend Berufserfahrungen gesammelt hat, macht er sich bestimmt selbständig.

(13) Bevor er zur Arbeit geht, hat er schon ausgiebig gefrühstückt.

(14) Bevor er zur Arbeit geht, frühstückt er ausgiebig.

(15) Bevor er eine Lehre begann, hatte er schon in einem anderen Beruf gearbeitet.

(16) Bevor er eine Lehre begann, arbeitete er schon in einem anderen Beruf.

(17) Bis er sich selbständig machen wird, hat er genügend Geld zurückgelegt (statt: wird ... zurückgelegt haben).

(18) Bis er sich selbständig macht, legt er genügend Geld zurück.

Aussagen in Haupt- und Nebensatz stehen in einem zeitlichen Abhängigkeitsverhältnis. Je nachdem ob das Geschehen des Nebensatzes gleichzeitig mit dem Geschehen des Hauptsatzes oder vor bzw. nach diesem abläuft, spricht man von Gleichzeitigkeit, Vorzeitigkeit oder Nachzeitigkeit. Für die Zeitenfolge gelten bestimmte Regeln. (Vgl. auch Temporalsätze S. 217ff.)

Gleichzeitigkeit wird durch die gleiche Zeit ausgedrückt (1) (2) (4), kann aber auch durch verschiedene Zeitformen ausgedrückt werden, weil Perfekt und Präteritum (3) sowie Futur I und Präsens (5) (6) oft austauschbar sind.

Vorzeitigkeit wird durch verschiedene Zeitformen ausgedrückt: Vorzeitig zum Präsens ist das Perfekt (7), zum Präteritum das Plusquamperfekt (9), zum Futur I das Perfekt (statt Futur II) (11). Erweitert werden auch hier die Möglichkeiten durch die teilweise Austauschbarkeit von Perfekt und Präteritum (8) (10) sowie von Futur I und Präsens (12).

Nachzeitigkeit (= umgekehrte Vorzeitigkeit) wird durch verschiedene Zeitformen ausgedrückt: Nachzeitig zum Perfekt ist das Präsens (13), zum Plusquamperfekt das Präteritum (15), zum Perfekt (statt Futur II) das Futur I (17). Sehr häufig wird statt Nachzeitigkeit aber Gleichzeitigkeit gebraucht (14) (16) (18). Zusätzlich gilt auch hier die teilweise Austauschbarkeit von Perfekt und Präteritum sowie von Futur I und Präsens, die aber in den Sätzen nicht angegeben ist.

6 Setzen Sie die Verben in der richtigen Zeit ein.

Erdgeschichte und Klima

Nachdem es vor 450 Mio. Jahren schon eine Eiszeit auf der südlichen Halbkugel der Erde (geben), (beginnen) vor 2,5 Mio. Jahren auf der nördlichen Halbkugel fünf Eiszeiten.
5 Während auf der Nordhälfte der Erde eine dicke Eisschicht (sich bilden), (entstehen) auf der Südhälfte die heutige Tier- und Pflanzenwelt und der Mensch (treten) in Erscheinung. Während der Meeresspiegel in den vier
10 Haupteiszeiten weltweit um 100 bis 200 Meter (fallen), (sein) viele Wüsten und Trockengebiete der Erde feucht und grün. Bevor das Eis auf der nördlichen Halbkugel der Erde langsam bis nach Grönland (sich zurückzie-
15 hen), (ruhen) der nördliche Erdteil unter einer teilweise weit über 1 000 Meter dicken Eisschicht. Als es 65 Mio. Jahre vor unserer Zeitrechnung weltweit warm (sein), (sich entwickeln) Säugetiere und Vögel. Bevor es wie-
20 der kühler (werden), (geben) es weltweit Palmen. Als es vor 100 000 Jahren auf der Erde wieder einmal sehr warm (sein), (leben) nördlich der Alpen, wie heutige Knochenfunde (belegen), Löwen und Elefanten. Nachdem
25 vor 10 000 Jahren die letzte Eiszeit (enden), (sich erwärmen) die Erde von durchschnittlich 11,5 auf 14,5 Grad Celsius. Dabei (ansteigen) der Meeresspiegel allmählich um über 100 Meter. Erst nachdem das Eis auf den heu-
30 tigen Stand (schmelzen), (erhalten) die Küsten der Erde ihre heutige Form. Historiker und Klimaforscher (ausgehen) heute davon, dass das Klima die bisherige Menschheitsgeschichte wesentlich (beeinflussen): Als die Erde wärmer (werden), (betreiben können) die
35 Menschen, die vorher als Nomaden (leben), Ackerbau. Als um das Jahr 0 unserer Zeitrechnung ein für das Leben auf der Erde optimales Klima von durchschnittlich 15 Grad Celsius (sich entwickeln), (werden), so (sagen) die
40 Klimaforscher heute, die Blütezeit der römischen Kultur möglich. Nachdem die Erde wieder einmal minimal (sich abkühlen), (fliehen) die germanischen Völker ab dem Jahre 375 n. Chr. in den warmen Süden. Als da-
45 nach ein mildes Klima (sich durchsetzen), (erreichen) die mittelalterliche Kultur einen ersten Höhepunkt. Auch die Herrschaft des Islams (sich ausweiten), bevor im nachfolgenden Zeitalter eine kleine Eiszeit in Europa
50 Einzug (halten). In dieser Zeit (dezimieren) die Pest die Bevölkerung Europas um ein Drittel. Erst als die Industrialisierung (zunehmen), (sich erwärmen) die Erde wieder. Diese Klimaerwärmung um bislang 1,7 Grad ist auf
55 die vom Menschen verursachten Gase wie Kohlendioxid und Methan zurückzuführen. Wenn die nächsten 100 Jahre (vergehen), (sein) es auf der Erde im Durchschnitt drei Grad wärmer. Und wenn, wie Wissenschaftler
60 heute (befürchten), die Kohlendioxid-Emissionen in den nächsten Jahren weiter (zunehmen), (schmelzen) die arktischen Eisberge und das Meer (überfluten) Teile unserer Erde.

IV Gesamtübung

7 Setzen Sie die Verben in der passenden Zeit ein.

Das Jahrzehnt der Frauen: Zukunftsprognosen

Die nächsten zehn Jahre werden die Jahre der größten Herausforderungen sein, die die Wirtschaft bis heute (erleben). Europa, das bald der größte Markt der Welt (sein), sowie
5 die USA und die zu Wohlstand gekommenen asiatischen Länder (sich schlagen) in den nächsten Jahren bei der Erschließung ausländischer Märkte. Zukünftig (ausgehen) die Führungsimpulse zu einem großen Teil von Frauen.
10 Seit dem Zweiten Weltkrieg (steigen) die Zahl der berufstätigen Frauen um 200 Prozent. In

den letzten zwanzig Jahren (besetzen) Frauen zwei Drittel der unzähligen neuen Arbeits-
plätze, die durch den Einbruch des Informationszeitalters (entstehen). Diese Entwicklung (sich fortsetzen) in den nächsten Jahrzehnten. In der Wirtschaft und den freien Berufen (anwachsen) die Anzahl berufstätiger Frauen in den letzten zwanzig Jahren von einer 10-Prozent-Minderheit auf gegenwärtig 30 bis 50 Prozent. Heute (gründen / Passiv) neue Unternehmen doppelt so oft von Frauen wie von Männern. In Kanada (gehören) derzeit schon ein Drittel der kleinen Unternehmen Frauen. In Frankreich (sein) es zur Zeit ein Fünftel. In Großbritannien (sich erhöhen) gegenwärtig die Zahl der selbständigen Frauen dreimal so schnell wie die der selbständigen Männer.

Bald (dominieren) Frauen als Arbeiterinnen, Freiberuflerinnen und Unternehmerinnen die Informationsgesellschaft. In der Zukunft (sein) es kein Nachteil mehr, eine Frau zu sein, wenn man eine Führungsposition in der Wirtschaft anstrebt. Nach zwei Jahrzehnten der Vorbereitung im Stillen, in denen die Frauen viele Erfahrungen (sammeln) und immer wieder durch das männliche Management in die Knie (zwingen / Passiv), (erreichen / Zustandspassiv) heute der Zeitpunkt, an dem sich eine Veränderung bemerkbar (machen). Heute (sein) die Frauen endlich so weit, dass sie die Hürden (nehmen), die sie in der Vergangenheit von der Spitze (fernhalten). Im Verlauf des nächsten Jahrzehnts (sich durchsetzen) die Überzeugung, dass Frauen und Männer für leitende wirtschaftliche Positionen gleichermaßen (befähigen / Zustandspassiv). Die Frauen (einnehmen) in Zukunft die Spitzenpositionen, die ihnen früher (verwehren / Zustandspassiv). Frauen (sich erobern) schon bis zum heutigen Tag einen großen Anteil in praktisch allen Angestelltenberufen. Noch vor zwanzig Jahren (sein) Frauen, die als leitende Angestellte (arbeiten), eine absolute Minderheit. Die Frauen, die damals in den Unternehmen (aufsteigen), (abschieben / Passiv) auf Positionen wie Assistentinnen. Heute (machen) Frauen in der von Männern dominierten Welt große Fortschritte und diese Entwicklung (anhalten) weiterhin.

(Nach: Trends für das Jahr 2000.
Psychologie heute 3/1990)

Anhang

Register

Textquellen

Seite

21 Nach: Letzter Ansturm auf den Schiefen Turm. dpa vom 8.1.1990; Dem „Schiefen" droht der Einsturz. AP vom 24.4.1992

55 Nach: F.-Ch. Schubert: Traumwach im Schlaf. In: Psychologie heute Nr. 9/1986; Nach: Haushalte verbrauchen zu viel Energie. In: RNZ vom 14.5.91, dpa

60 Nach: Heftige Gewitterstürme ...; Bei Montagsauto Geld zurück. dpa vom 7. und 9.11.1994

61 2b) Aus: Das Geheimnis der Pulpe. In: DER SPIEGEL vom 6.8.1990, S. 169f.

70 Nach: Macht Sicherheit sorglos? In: Psychologie heute Nr. 7/1986

73 Nach: Sicherheit im Atomkraftwerk. In: Informationsbroschüre der Kernkraft GmbH

76 Nach: Abiturwissen, Biologie. Weltbild Verlag Augsburg; Nach: Albert Bechtold: Zum Glimmstengel greift nur noch die Hälfte. In: RNZ vom 21.11.1989

89 Nach: Liebe vom Vater. In: GEO Nr. 11/1989; Nach: Aids-Aufklärungstage. Gesundheitsamt will nun Programm. In: RNZ vom 23.11.1989

98 Joachim Ringelnatz: Göttlich. Aus: Das Gesamtwerk in sieben Bänden. Diogenes Verlag AG, Zürich 1994

102 Zitiert nach: Christian Graf von Krokow: Wir brauchen die „Ausgeflippten". In: DIE ZEIT vom 15.2.1980

106 Nach: Sigmund Freud: Studienausgabe Bd. 1, Vorlesungen zur Einführung in die Psychoanalyse. S. Fischer Verlag GmbH, Frankfurt am Main 1969

107 Bertolt Brecht: Fragen eines lesenden Arbeiters. Aus: Gesammelte Werke. Suhrkamp Verlag Frankfurt am Main 1967

121 Aus: Paul Watzlawick: Anleitung zum Unglücklichsein. R. Piper GmbH & Co.KG., München 1983, S. 37; Aus: Christa Reinig: Orion trat aus dem Haus. Verlag Eremiten-Presse, Düsseldorf 1968

122 Aus: Manfred Kyber: Gesammelte Tiergeschichten. Rowohlt Verlag GmbH, Reinbek, 1972

123 Aus: Bernhard Borgeest: Samen seltener Pflanzen finden Zuflucht in der Genbank. In: ZEITmagazin vom 13.1.1995

124 Aus: RNZ vom 11.1.1994, AP

125 Aus: Frankfurter Allgemeine Zeitung vom 30.3.1994; Aus: DIE ZEIT vom 11.9.1987

138 Nach: Hauptsache, sie kann Spaghetti kochen. In: RNZ vom 28.6.1990, AP

139 Nach: Eltern dürfen ihre Tochter nicht sterben lassen. AP vom 27.6.1990

149 Nach: Franz M. Wuketits: Charles Darwin - der stille Revolutionär. R. Piper GmbH & Co.KG, München 1987, S. 55f.

169 Nach: Schadensquelle Tourismus. In: Politische Ökologie Nr. 11/1988

173 Nach: Eine Aussteiger-Kommune auf Ithaka. In: stern Nr. 50 vom 8.12.1994

196 Aus: RNZ vom 3.5.1991, dpa

201 Nach: Gudrun Dalibor: Frauen sind geduldig, allzu geduldig. In: epd vom 21.1.1984

205 Aus: Irenäus Eibl-Eibesfeldt: Der vorprogrammierte Mensch. Orion-Heimreiter-Verlag, Kiel 1985

207 Nach: Streicheln macht stark. In: GEO Nr. 4/1988, S. 188f. Nach: Soziale Rangordnung. Aus: Irenäus Eibl-Eibesfeldt: Der vorprogrammierte Mensch. Orion-Heimreiter-Verlag, Kiel 1985

209 Nach: Das Grüßen auf Distanz. Ebd.

214 Nach: Lob des Mittagsschlafs. In: Psychologie heute Nr. 2/1990

215 Nach: Das Ich im Test. In: Psychologie heute Nr. 9/1986

220 Nach: D.E. Zimmer: Ich Gorilla gut. In: DIE ZEIT vom 28.10.1988

227 Nach: Schwertwale. In: ZEITmagazin vom 18.11.1988

228 Zitiert nach: H.H. Bräutigam: Operation ohne Schnitt. In: DIE ZEIT vom 2.2.1990; Nach: H. Häußermann: Vom Müsli zum Kaviar. In: DIE ZEIT vom 3.10.1986

239 unten: Nach: Jaques Le Goff: Kaufleute und Bankiers im Mittelalter. Presses Universitaires de France, Paris 1956. Deutsche Ausgabe: Fi-

scher Taschenbuch Verlag GmbH, Frankfurt am Main 1989

244 Aus: RNZ vom 27.6.1992

254 Nach: Wolfgang Kaden: Dinosaurier auf Rädern. In: DER SPIEGEL Nr. 1/1991, S. 36ff.

255 Nach: Harald Steiner: Was im Knoblauch wirklich steckt. In: RNZ vom 24.4.1989;
Nach: Irenäus Eibl-Eibesfeldt: Grundriss der vergleichenden Verhaltensforschung. R. Piper & Co. Verlag, München 1967, S. 530ff.

256 Zitiert nach: Hans Schuh: Suche nach den Krebsursachen. In: DIE ZEIT vom 12.9.1991

257 Nach: Wolfgang Kaden: Dinosaurier auf Rädern. In: DER SPIEGEL Nr. 1/1991, S. 36ff.

262 Aus: Bertolt Brecht: Gesammelte Werke. Suhrkamp Verlag Frankfurt am Main 1967

263 Nach: Erik Ziemen: Der Wolf. Das Verhalten, Ökologie und Mythos. Knesebeck Verlag München 1990, S. 95ff.

271 Aus: Peter Handke: Die Angst des Tormanns beim Elfmeter. Suhrkamp Verlag Frankfurt am Main 1972

272 Zitiert aus: Thomas Mann: Tod in Venedig. S. Fischer Verlag, Frankfurt 1973, S. 10

273 Aus: Thomas Mann: Bekenntnisse des Hochstaplers Felix Krull. S. Fischer Verlag Berlin und Frankfurt 1954

274 Zitiert aus: Wolfgang Hildesheimer: Mitteilungen an Max über den Stand der Dinge und anderes. Suhrkamp Verlag, Frankfurt am Main 1986, S. 7

277–
281 Nach: Jugend 94. In: DER SPIEGEL Nr. 38/1994, S. 58ff.

283 Zitiert aus: dtv-Lexikon, Mannheim und München 1992;
Aus: Erfindungsberichte. Arbeitstexte für den Unterricht. Hrsg. von Heinrich Pleticha, Philipp Reclam jun. GmbH., Stuttgart

286 Nach: Abschied vom Schmalspurhacker. In: DER SPIEGEL vom 1.11.1993

301 Nach: Wolfgang Schievelbusch: Das Paradies, der Geschmack und die Vernunft. Eine Geschichte der Genussmittel. Carl Hanser Verlag München Wien 1980

319 Nach: Wende auch für Christo: In: RNZ vom 17./18.6.1995, dpa;
Zitiert nach: Meyers Großes Taschenlexikon in 24 Bänden. Bibliographisches Institut Mannheim, Wien, Zürich 1987

321 Nach: Storchenmänner als Pinguin-Eltern. In: RNZ vom 28.6.1995, dpa;
Die Legenden …, zitiert aus: Christoph Meckel: Im Land der Umbramauten

326 Nach: Trends für das Jahr 2000. In: Psychologie heute Nr. 3/1990

Bildquellen

75 Globus-Kartendienst, Hamburg

108 © The Munch Museum / The Munch Ellingsen Group / VG Bild-Kunst, Bonn 1996

147 Historisches Farbarchiv Christa Elsler, Norderney
Werner Stuhler / Süddeutscher Verlag Bildarchiv, München

258 Frederic Vester, München. Aus: „Crashtest Mobilität", Heyne Verlag, München 1995